Histoire de l'alimentation

Sous la direction de Jean-Louis Flandrin et Massimo Montanari

食の歴史 II

J-L・フランドラン／M・モンタナーリ編

宮原信・北代美和子監訳

菊地祥子・末吉雄二・鶴田知佳子訳

藤原書店

第Ⅰ巻　目次

第Ⅲ巻　目次

食の歴史 第Ⅱ巻

凡例

一　本書は、*Histoire de l'alimentation*, sous la direction de Jean-Louis Flandrin et Massimo Montanari, Fayard, 1996（*Storia dell'alimentazione*, Laterza, 1997）の全訳である。原文は章ごとに異なり、フランス語、イタリア語のほか、スペイン語、ドイツ語、英語である。

一　参考文献は、原則として、フランス語版の表記を採用した。ただし、イタリア語版の表記を採用した章もある。読者の便宜を考え、邦訳のあるものは可能な限りこれを付記した。

一　原文の言語以外の言語（原著では、原則としてイタリックで記載）は、本邦訳書ではカタカナで表記、もしくはカタカナ表記でない場合は〈　〉で括り、適宜、原語を付記した。

一　引用文などにおける原著者による補足説明には［　］を用いた。

一　訳者による補足説明には〔　〕を用いた。

一　右記以外に、注意を要する訳語に対して、原語を付記したところがある。

SOL
LV
AQVIL

VCE NOSCITVR INFANS
PROFVNDI

食のモデルと文化的アイデンティティ

マッシモ・モンタナーリ

西暦九八六年、キエフ大公国の君主ウラディミール一世は自分と臣下の人民のために多神教を放棄して、新たな信仰を受け容れようと決意したとき、主要四宗教の代表者——ローマのキリスト教徒、ビザンティンのキリスト教徒、イスラム教徒、ユダヤ教徒——を宮殿に呼び、それぞれの宗教について、どこまで信頼しうるか、またどれほど真面目なものかを検討した。このとき展開された長い神学論争を記録するロシアの年代記[1]によれば、この論争のなかではさまざまな食品の選択や信者の生活規則として勧められたり禁じられたりした行為が、少なからぬ重要性をもった。たとえば豚肉の禁止というイスラム（とユダヤ）の戒律は、まったく大公のお気に召さなかった。ワインの飲用について、大公はブルガリア人イスラム教徒の使節に、「われわれロシア人は飲酒を好む。酒なしですますのは本当に不可能だ」と言った。ローマ教会の信徒が、魂を浄化する手段として断食の重要性に固執したことも大公には気に入らなかった。「われらが先祖は断食に賛同はしなかったであろう」というようなことを言ったらしい。たしかに、大公が最終的にギリシア人〔ビザンティン人〕に惹かれ、その教義と典礼を支持したのは、これだけがその理由だったわけではない。しかし、この年代記からは、宗教的、民族的、文化的アイデンティティの徴としての食行動の重要性が、明らかすぎるほど明らかになる。したがって、西欧キリスト教世界における食文化の旅を続ける前に、中世後期以降、敵対と交流、つまり差異の確認と実り豊かな浸透という複雑な関係のなかで、この食文化が出会い、対立してきたさまざまな現実——まさにギリシア正教、イスラム教、ユダヤ教の現実——に焦点を合わせる必要があるだろう。

食物と食卓とはしばしば、文化的特性、民族としての自覚の主張、あるいは宗教対立の絶好の表現手段となってきた。自らの信仰の徴をもって食物を祝福するとはつまり、その食物にきわめて明確なアイデンティティを付与し、他者がその食物を口に入れるのを妨げることである。トゥールの司教グレゴリウス〔五三八頃—五九四頃〕はこれを象徴するようなふたりの司祭（ひとりはカトリック、もうひとりはアリウス派）の逸話を語っている。夫と妻のそれぞれが異なる宗教に帰依する夫婦から食事に招かれたふたりは、一種のスピード競争に身を投じ、次々と食卓に運ばれてくる食物を先を争うように祝福して、祝福しそこなった相手がそれを食べるのを阻止した。[2] 異なる宗教をもつ者と同じ食卓につくことは明白に禁止はされていなかったものの、中世のメンタリティにとっては疑わしく思われる行為だった。なぜならば宴会とは、思想感情の共有と同一性の象徴、同じ集団への帰属を意味するからだ。[3] イスラム教徒が非イスラム教徒とともに食事ができるか否かは（ロザンベルジェが第二〇章で論じるように）長いあいだ、論議の的となってきた。しかし、食習慣とそこからの逸脱が、集団のアイデンティティと「差異」の徴となり、強力な文化的結合剤として機能したのは、なんといってもユダヤ人共同体においてであり、しかもそれは二つの方向に有効に機能した。ユダヤ人が食物摂取の方法と儀礼を通して自らを差異化するのに固執したのと同様に、キリスト教徒の側にもユダヤ人をその差異のなかに追いやろうとする強い意志があった。そのために、たとえばユダヤ人にはキリスト教徒の肉屋で買い物をすることが禁じられた。あるいは（一四〇三年のバレンシアでのように）キリスト教徒の店の陳列台で「ユダヤの」肉を販売することが禁じられた。これらの規則がなによりもまず、簡単に識別できる指標によって文化的アイデンティティを強化し、徴づけようとする意図（時代によって強弱はあるが）によって課されていたのは明らかだ。しかしそこではまた、食物摂取がもつ一種の「魔術性」が――多かれ少なかれ意識的に――知覚されていたとも思われる。つまり、食物は、それが物理的に「伝達」しうる特質と価値を身体に取り入れるための（暗喩や象徴としてだけではなく）現実の仲介者として、重要だと考えられていたのである。そうでなければ、一四世紀イングランドの年代記作家ウォルター・マップの語る風変わりな逸話は説明がつかない。マップによれば、異端「パターリ派」は、強情な客を自分たちの信仰に「生け捕りにする」ために、きわめて精密な食の戦略を実行したという。「パターリ派は特別な料理を出すことによって、言葉では説得できない人びとを自分たちのよう（つまり異端）にしてしまう」。[4]

そうは言っても、中世ヨーロッパ世界とその境界地帯において顔を合わせたさまざまな信仰と宗教文化のあいだには、聖書という共通の母型と関連する多くの接点があった。中世初期において、聖書に基づく暗黙の合意は——見かけとは異なり——特別に強固であることが明らかになる。旧約聖書の言葉と精神は、福音書の伝統よりもなお明確に、中世初期のキリスト教を支配していた。食品の選択について言えば、伝道のための文書や贖罪の手引書が繰り返し確認するタブーと『レビ記』の痕跡が明白に見られる禁止（とくに「血で汚れた」肉を食べることの禁止）が、教会規則のなかにしつこく残ったことを考えれば充分だろう。修道院が肉の拒否を選択したのは、肉を「汚れたもの」と認識したことを表し、新約聖書のメッセージとは明らかに対立する。(5) だいいち、このようなユダヤの文化モデルとの過剰な接近は、一一世紀の教会分裂以降、ギリシア正教がローマ・カトリック教会を非難した点のひとつだった。ユダヤの伝統を継ぐ無酵母パン（カトリックの聖体拝領における聖体としてよみがえる）と、異なる宗教的アイデンティティの象徴として正教の儀式に誇らしげに保存された、原始キリスト教の「本物の」発酵生地のパンの対立にも、教会分裂の決して副次的ではない動機として、食の象徴が見いだされる。

中世初期の食の世界を貫く文化的宗教的差異化のメカニズムのなかで、中心となる重要性をあたえられたのは肉の摂取である。心理的文化的視点から見て肉の摂取そのものに内在する問題性のためばかりでなく、すでに論じたように、肉——なによりもまず豚の肉——がこの時代に特有の生存システムに占めるようになったきわめて特殊な重要性のためからも、これは微妙な、そして実際に多くの議論を呼んだテーマだ。中世初期の「肉食のヨーロッパ」、森林＝牧畜経済と養える豚の頭数で森の広さを測ったヨーロッパは、豚を自らの差異の象徴と感じずにはいられなかった。サラセン人の手から奪い戻された聖マルコの遺骸——聖人伝は語る——は、豚の塩漬け肉のあいだに注意深く隠され、守られて祖国へと運ばれた。これはひとつの戦略、ひとつの「技術」ではあるが、その裏に象徴的意味合いを読みとるべきだろう。さらに豚は——聖アントニウスを描く中世の図像のなかでは、聖人の守り手として描かれている——祭壇に飾られる栄誉をあたえられた唯一「本物の動物」(象徴としてではなく、具体的な現実の動物という意味で)ではないだろうか?

豚は食の中心として、なによりもまずイスラム世界に対して(豚はユダヤ人からも排除されたが、この場合はいくつもある禁止のなかのひとつにすぎない)、キリスト教ヨーロッパをひとつに統一し、まさに他から区別する象徴の役割を担った。もうひとつ対立の基本的モティーフとなったのがワインである。ワインはキリスト教徒の食卓では主役であり、イスラム教徒の食卓からは——事実としてつねにそうだったわけではないにしても——イデオロギー的には排除された。この観点から見れば、地中海世界へのイスラムの侵入はヨーロッパの食モデルの規定に決定的となる要因だった。[6]ローマ時代には地中海が一種の内海であり、その周囲には単一政体による支配と地理的連続性の両方による、同質的傾向をもつ文明と(食も含めた)文化の地域が形成されていたのに対して、七世紀のアラブ人による占領は突如として、地中海に境界を画する海としての役割をあたえた。アンリ・ピレンヌは有名になった理論で、この変化のなかに、古代から中世へ、重心を地中海にもつ世界からしだいにもっと北、ヨーロッパ大陸の心臓部に新たな重力の中心をもつ世界への移行を示す真の断絶を見た。この新たな世界はその後、カール大帝が建設したゲルマン民族の「新」ローマ帝国によって政治的に実現される。「ピレンヌ説」は近年の批判によって見直されてはいるものの、食文化の観点から見た場合、基本的な真理をもち続けている。事実、ヨーロッパの食のおもな象徴(豚、ワイン)が、すでに述べたように、地中海の北側に追いやられたことに疑いの余地はない。これは古代において、もっとも純粋な地中海的伝統から生み出されたワインのような産物にとっては、なおいっそう逆説的な事実である。パン——キリスト教世界同様にイスラム世界でも基礎的な食品——さえも、ヨーロッパではそれまでもっていなかった聖性を帯びるようになり、いわばキリスト教徒の食の典型と定義されえた。かくして、かつては地中海文化を識別する象徴だったパン＝ワインの組合せが――肉、とくに豚肉とともに――キリスト教大陸ヨーロッパの食空間を規定するようになる。

しかし、イスラムは、中世ヨーロッパが古代ローマ世界に対する「新たな」食のアイデンティティを規定するに際して、「消極的」意味だけで重要な役割を果たしたわけではない。アラブ文化の「積極的」貢献もまた同じように、新たなモデルの構築に決定的だった。この貢献そのものは、しばしばペルシアの伝統から変化してきたのであり、（第二〇章にあるとおり）その真のインパクトと具体的影響を判断するのは難しい[7]。しかしながら、イスラムの食文化のさまざまな様相が、キリスト教ヨーロッパに見出されることに疑いの余地はない。まず第一にスパイスの使用がある。スパイスは確かに古代ローマの料理においても日常的に使われてはいたが、中世にはまったく新しい広がりと様相を見せる（サフランのように、ヨーロッパにおいて栽培が開始された品種もあった）。ナスやホウレンソウのような新種の野菜、新種の果物と柑橘類、糖菓やマジパン、ヌガーのようなフリアンディーズ類をともなうサトウキビ、クリーム状のねっとりとした食感、香り、甘酸っぱい味への嗜好が導入された。しかしシチリアとスペインのアラブ人によって導入され、ヨーロッパの食のなかで大きく発展することになるコメやパスタのようなより実質的な面での貢献についても考えてみよう。これらすべてはヨーロッパ文化に意味のある影響をあたえ、同じイスラムによる侵入が危機に陥れた〈われらが海 mare nostrum〉周囲の統一性を強固にする（いやむしろ、新たな土台の上に結合する）のに貢献した。いずれにせよ、中世ヨーロッパ料理の強い大陸的性格（カタルーニャやイタリア半島のようなより南の地方においてもまた、ゲルマンの影響による「北方的特徴」が否定しがたく存在する）に、アラブの貢献による同じように強い地中海的性格が重なり合い、混ざり合っている。

それでは、このアラブの貢献が本質的に独自のものとして評価できるのか、あるいはむしろ古代ローマ料理の一部の復活あるいは再構築なのかは、第二〇章でロザンベルジェも提起するように、明らかに歴史的、文化的な意味をもつ問題である。おそらくはそのどちらもが正しいのだろう。なぜならば、イスラム文化の蓄えが中世ヨーロッパの構築に寄与したことに疑いの余地がないのと同様に、ローマ＝ヘレニズムの伝統もまた疑いもなく、この蓄えを構成する基礎の一部だからだ。このことは食とガストロノミーの面で、さらに栄養学の面ではいっそう明確に、正しく思える。栄養学は、中世において、ギリシア語とラテン語の「古典」を基礎に、しばしばアラブの医学者や著述家の考察を通じて発展した。さらに当時、ガストロノミーと栄養学のあいだには、本質的な関心の一致があった（実際の料理と消化しやすさについての考察におけるスパイスの役割を考えれば充分だろう。この主題については、第五部でふたたび触れる）。

　ローマ＝ヘレニズムの伝統の遺産は、ローマ帝国とその生産モデル（商業と都市の市場にその基礎をおく）の直系相続人である東ローマ帝国ビザンティンに、より直接的な遺産を残している。中世末までギリシアとアドリア海東岸で生産され続け、西ローマ帝国にも輸出されたアピキウスの形見ガルムのように独特で、技術としての具体的な遺産もあれば、海水魚に対する好みやヒツジ類の肉の偏愛（これにヨーロッパ＝西ローマ帝国の豚と牛が対置される）のようなより抽象的な遺産もある。第一九章では、西ローマ帝国とビザンティンのあいだの微妙な文化的政治的関係が——例によって——食のイメージと象徴によっても関係づけられたようすを見る。西ローマ帝国皇帝から「ギリシア人の王」のもとに派遣された大使、クレモナのリウトプランドはその旅の報告書のなかに、宮廷で出された脂ぎったヒツジ肉を前にして感じた嫌悪や、油のかかった料理のしつこさ、臭い魚ソース——ずばりガルムそのもの——の嫌らしさを記すのを忘れはしない。ガルムの前からはぞっとして身を引いている[8]。おそらくガルムのことは本当に知らなかったのだろう。あるいはこういった食品や文化に対する自らの異質性を示すために知らないふりをしたのか。いずれにしても、この記述は政敵を軽蔑する手段のひとつにすぎない。

　つまり、あらゆることが論争の的になり、食物によってつねに自分と相手のアイデンティティを「示し」「探った」のである。そうは言っても、異なる文化間の出会いと交換があり、相互の浸透によって豊かになっていったからこそ、複雑で独特のアイデンティティが中世ヨーロッパに育成、構築されえたことを忘れるわけにはいかない。当時の人びとがそれを完全に自覚していたのは、たとえば異なった国と文化をもつ四人の医学者——ラテン人、ギリシア人、アラブ人、ユダヤ人——の出会いを、中世の栄養学とガストロノミー文化の普及に決定的役割を果たした場所のひとつ、サレルノ医学校の起源とする伝説が示している。

（北代美和子・末吉雄二共訳）

ボスフォラス海峡に面したコンスタンティノープルは、四世紀から五世紀にかけて実現されたローマ的国家概念とキリスト教徒の融合を象徴する大都会である。この「新しい」ローマは、帝国としてはローマ帝国の遺産に結びつけられていたが、同時にきわめてギリシア的であり、オリエントに近かった。そのため、この地に形成された生活様式と文明は、ラテン＝ゲルマン的な西ヨーロッパとイデオロギー的＝精神的基盤を共有しているにもかかわらず、しだいにその独自性を強めてゆくことになる。現代の学問はその文明を、コンスタンティノープルに先立つ古いビザンティオン Byzantion から派生した用語を使って「ビザンティン」文明と呼ぶ。

帝国の領土とその生産力

古代末期から一四五三年のコンスタンティノープル陥落にいたるほぼ一千年の存続期間を通して、ビザンティン帝国の実質的領土はときにはかなりの振幅で増減を繰り返した。七世紀、アラブ人の前進初期までは、東地中海全域が含まれていた。それに先立つ皇帝ユスティニアヌス一世の治下（五二五—五六五年）で、イタリア、北アフリカ、スペインの一部を獲得し、バシレイオス二世時代（九七六—一〇二五年）にはふたたびカラーブリアからシリアまで拡大する。しかしながら中心的な領土——本章でおもに扱う——は、つねにバルカン半島（だいたい今日のベオグラード以東、ドナウ河以南）、クレタ島を含むエーゲ海諸島、コーカサス山脈までの小アジアにとどまっていた。

周知のとおり、地質と気候要因が農業開発の形態と収穫量に（間接的にはその人口密度に）もっとも大きな影響をあたえる。トラキアやテッサリアの平野の肥沃な土壌、アクシウスとテサロニカ周辺のアリアクモンの沖積土壌、小アジアのビテュニア、エーゲ海に流れ込む小アジア西岸の渓谷、黒海沿岸のポントスは、穀物（小麦、大麦、キビ)、オリーヴ、果樹(リンゴ、ナシ、プラム、アンズ、モモ、ザクロ、イチジク、ヘーゼルナッツ)、多様な野菜、とくにマメ類の広範な栽培と、さらに森林での豚の飼育を可能とした。一方、乾燥した中央アナトリア高原やバルカン半島の山岳地帯、ロドペ山地とピンドス山脈は広範囲の牧畜経済に適した。沿岸地帯ではどこでも漁業がおこなわれ、海水からの製塩(マケドニアおよび黒海沿岸)は塩水による魚の保存を可能にした(とくにクリミアに大規模な作業場があった)。クレタ、エウボイア、レスボス、ロードスなどの島が高級ワインを産したが、小アジアのフリギアのような内陸部でも、海抜一五〇〇メートルまでブドウの栽培が広がっていた。キリキア商人はワインをコンスタンティノープルに輸出していた(五〇〇年頃)[1]。ひとことで言えば、地中海地域に典型的な基本的食用作物が種類豊かにあったことがわかる。

農民法(ギリシア語でノモス・ゲオルギコス nomos gheorghikós)が開墾にともなう諸問題を規制し、耕作地や放牧地に損害があたえられた場合の紛争を解決した。その八五の項目からは、ビザンティン時代中葉の農村共同体における日常生活の重要な一面がうかがえる。

「他人の森林を耕作可能地とした農民は、三年間、その土地からの収穫を手にしたあと、それを所有者に返還せよ。ブドウを育てるために、貧しい農民からブドウ畑の半分を引き受けながら、必要な剪定、耕耘、囲いをしなかった農民は、収穫になんの権利ももたない。収穫時期に他人の土地に侵入し、穀物の穂、ブドウの房やインゲンマメを切った者は、衣服をはぎ取られ、鞭で打たれる。森に火をつけて開墾する者、あるいは野焼きをする者は、強風のときにおこなったのでないかぎり、火が燃え広がり、家屋や作物を焼いても罰せられない。果樹園(oporophylax)の管理人が、仕事の場で盗みの現行犯として捕らえられたときは、受け取るべき報酬のすべてを失い、厳罰に処せられる。豚あるいは犬を閉じこめ、死なせた者は、動物の価格の二倍に相当する賠償金を支払う。」

大規模な土地所有者は、当然ながら、以下の描写に類する構造をもつ農場の良好な運営に、より大きな関心を示している。

「土地の耕作と栽培にまさる収入源は存在しない。製粉場、庭園その他、毎年果実をもたらすすべてのものを入手せよ。あらゆる種類の樹木を植えよ。畜産資産には、耕作用の牛、豚、ヒツジ、その他毎年仔を産み、成長し、数を増やす家畜類が含まれているように。これらは、おまえの食卓に余剰を提供し、たっぷりのワイン、小麦その他すべての穀物、種子、食用や牽引用の家畜など、あらゆるものに恵まれることを可能にする。」(『ケカウメノスの訓戒』*Consigli di Cecaumeno*, 三五節)。

政治状況と食品市場——需要と供給

一方では五四二—四五年の壊滅的なペストの発生とそのあとに続く伝染病の流行、もう一方では小アジアへのアラブ人の侵入とスラブ人によるバルカン半島の占領が、本章で問題とする地域の人口構成を六—七世紀に根本的に変化させた。広大な地域が人口過疎となるか外国の支配下にはいり、古代(末期)の都市(poleis)は小規模な城塞居住地(kastra)に縮小された。食の領域でも同様に、急速に新たな均衡が創出された。耕作地の縮小とその結果としての農作物の減少は、やはり減少した人口には不都合とはならず、年に数回の市で地域の交易に必要な量を保証するには充分だった。生産者と消費者の階層は概して同一か、少なくともしだいに接近していった。

テサロニカの住人が市壁外の畑で収穫をしていたとき、アヴァール人〔トルコ＝タタール系。七世紀に侵入〕の襲撃を受けたのは偶然ではない（『デメトソウスの奇蹟』*Miracula Demetrii*, II/1）。パトラスは近郊に住むスラブ人の労働のおかげで食料を供給されていた。

この地域的な自給自足には、一一―一二世紀のブルガリア地方の例が明らかにするように、住民にとって利益と不利益の両方があった。オホリッドの司教テオフィラクトスはオホリッド湖の水産物をたやすく入手でき、それを塩漬けにしてよそに住む友人に特産品として送った。フィリッポポリス（現プロ―ブディフ）のミカエル・イタリコスとセルディカ（現ソフィア）のグレゴリオス・アンティオコスは土地のチーズ（valacco）をほめている。しかし、グレゴリオスは地元ではたった一種類のパン、キビのパンしか手にはいらないと嘆いた。ニケフォロス・バシラクスのほうは、土地で最高と言われるワインから松脂が浸みでてくると言って、フィリッポポリスのワインを非難した(2)。

ビザンティン帝国の政治状況は、九世紀末にはすでに安定していた。外敵は押しもどされ、国内ではそれまで国家の統制を逃れていた多数の領地が再征服された。農業開発の形態として、ラティフンディウム latifundium〔奴隷使用に立脚する大土地経営〕が一〇―一一世紀に著しく増加し、収穫率が通常一対三から一対四の土地では余剰が生み出された。余剰の買い手は、もはや自国内の資源では増大する需要を賄いきれなくなったイタリアに見つかった。東西の交易路が（ひとつには、九六一年にクレタ島、一〇六一年にはシチリアも失ったアラブ勢力の衰退もあって）比較的安全だったことに助けられて、ジェノヴァとヴェネツィアを始めとする共和制海洋国家が、それまで東方の贅沢品（スパイスと絹織物）に限られていた交易を、あらゆる商品に広げることによって拡大発展させた。

初めは、生産者とともに、ビザンティン国家もまた税と貢納のおかげで、交易拡大の利益を享受した。しかし、時とともに、ヨーロッパ商人は、国内の商取引をもだんだんと奪いとってゆき、ついには食料品の小売まで手にした。黒海沿岸ヘラクレイアのある仲買商人の会計簿（一三六〇年頃）にはヴェネツィア産チーズ（クレタ経由）やヴェネツィア植民地タナ（アゾフ海沿岸）のキャヴィアが何度も記載されている。一四三六―四〇年、コンスタンティノープルのペラ地区では、多数のビザンティン人がジャーコモ・バドエル〔ヴェネツィア人の名前〕から日用品を購入している。経済的に脅かされたビザンティン世界（oikumène）は、なによりもまず第四次十字軍の「おかげ」で、しばらく前から一連の小さな政体に細分化されており、ヴェネツィアとジェノヴァの強大な政治的＝経済的権力に対し有効な超地域的均衡勢力を構成できず、せいぜいがジュニア・パートナーの役をあたえられるだけで、結果として脅迫には屈しやすかった。たとえばジェノヴァは一三四八年に、自分たちの植民地ペラに対するビザンティンのダンピング関税政策に対抗して、コンスタンティノープルへの小麦とワインの供給を差し止めた（『歴史』Alexis Macrembolites, *Logos historikos*, 147）。結局、オスマン・トルコによる征服のみが、単一で均衡のとれた新しい市場の創設に成功した（〈トルコによる平和 pax turcica〉）。

コンスタンティノープルの特殊事情――首都への食料供給

コンスタンティノープルはローマ帝国から、歴史的役割ばかりでなく、首都としての都市構造と並はずれた大きさとを受け継いだ。テオドシウス帝建造の市壁に囲まれる地域は約一四〇〇ヘクタールだったのに対し、同時期のテサロニカは二七〇ヘクタール、トレビゾンドは九〇ヘクタールにすぎない。したがって「都のなかの都」の異名をとるこの都市は、ほぼどの時代にも何十万もの養うべき人口を抱えていた。

初期のビザンティンはエジプトからの小麦輸入というローマのシステムを実践し続けた。この目的のために、年に三回、アレキサンドリアから艦隊が出港し、ユスティニアヌス帝勅令第一三の八号が要求する八〇万単位の小麦を輸送した。この供給量を測る単位については、研究者の見解はいまだに一致を見ていない。一ブッシェル＝八・一リットル＝六・八キログラムという標準的なブッシェルを基準とすると、ほぼ五万四五〇〇トンとなる。一方、四・五モディウス＝三〇・六キログラムに等しいプトレマイオス時代の単位アルタバで計算すると、二四万五〇〇〇トンとなる。一千人の一日の配給には一二五ブッシェル（＝八五〇キログラム）で充分だから、一人あたりの配給量はパン八五〇グラムとなる。パンは二一軒の国営製パン所で焼かれ、割引料金、あるいは無料で、受給権利者に配給された(3)。

不作年は考慮せずとも、輸送距離の長さのせいだけで、このシステム全体は不安定で危機に陥りやすかった。マルマラ海の入口で逆風がしばしば船を阻んだ。ヘレスポントス〔ダーダネルス海峡〕入口のテネドス島では、船団を速やかに次の航海に送り出せるように、中間穀物倉庫がおかれ、積荷の陸揚げを可能にした。それにもかかわらず、食料供給の危機があったことは一度ならず確認できる。五八二年、小麦のパンが入手不能になったとき、皇帝は帝国備蓄の大麦による製パンを命じた。しかし状況は緊迫したままにとどまり、大麦粉をマメ粉で増量しなければならなかったが、それも役には立たなかった。なぜならば人びとはどんどん死んだからである。奇蹟的なマグロの豊漁がようやく救いをもたらした（Michael Siros, X, 19）。

上述した伝染病の流行によって開始され、それ自体激しかったコンスタンティノープルの人口減少に、これに類する飢饉の犠牲者が拍車をかけた。人口減少は食料供給を容易にするという副次的な効果をもっていた。すでにササン朝ペルシアによるエジプト占領時代（六一六年以降、数年間続いた）には、短期間で、エジプト産小麦なしですませる態勢をとることができた。これ以降はトラキアとビテュニアの生産で——のちには黒海北岸地帯の生産を合わせて——充分だった。エジプトからの供給は、最終的なエジプト失地（六四一—四二）以前にすでに打ち切られていた(4)。

首都の食料部門がふたたび資料に登場するまで、しばらく「暗黒の世紀」が続いた。食料に関する新たな記述は『総督の書』*Eparchikòn Biblìon* のなかにある。これは皇帝レオーン六世（八八六―九一二）の命令で起草された同業組合規定集で、買い手を法外な高値から、生産者や職人を好ましからぬ競争から守った。

「肉屋（makellàrioi）は豚購入の認可をもたない。肉屋は総督府に出向き、総督の許可証をもって金貨一枚に相当するヒツジを購入する。しかし、市外（つまりアナトリア高原）からきて卸で売るヒツジ飼いとは、売買がより安値でなされるように、市内ではなく、郊外のサガロス川対岸で会わなければならない。豚を購入し、処理し、小売りする者（choirèmporoi）は、タウルス地区で購入しなければならない。豚を直接買って価格をあげるために、市内のどこかで豚の売人と隠れて会い、現行犯逮捕された者は組合から除名される。魚屋（ichtyhopràtai）は新鮮な魚をポルティコで販売し、魚売りのひとりひとりは頭領によって管理される。頭領は毎朝、総督のもとにいき、総督が市民への販売を調整できるように、前夜漁獲された白魚の量を報告する。魚の小売人には塩漬けにしたり、輸出する外国人に販売することは許されない。ただし腐敗を避けるために、売れ残った分については許される。雑貨の小売人（saldamàrioi）は、全市民が容易に生活必需品を購入できるように、市内のすべての大通りと小路に店を開かなければならない。雑貨商は、肉、塩漬けの魚、燻製のウナギ、チーズ、ハチミツ、油、各種マメ類、バター［……］を販売するが、肉屋、飲食店、スパイス商などの専門商品を商ってはならない。」

国家の統制は、ビザンティンの食に基本的な生産物のほぼすべてに広がっていた。「肉」の概念が豚とヒツジに限られていたのは重要である。牛は肉の供給源としてはなんの役割も演じず、なによりもまず役畜と考えられた。

ルキアノス風〔一一二五頃―一九二頃。古代ローマのギリシア人作家〕の諷刺話で、来世から買物リストを指示したグルメも、コンスタンティノープルが提供するものには満足しただろう。「だから生後五カ月の仔ヒツジ一頭、三年間肥育したトリ二羽、トリ屋（ornithopolai）が市場で売っているようなやつ、つまり腹の脂が股まで垂れているのを送ってくれ。最後に生後一カ月の仔豚、おまえが見つけるなかでもっとも脂がのった雌豚の乳房」（『ティマリオン』*Timarion*, 一二世紀）。これに類する豊かな生産物が、一五世紀、海沿いの市場にあふれていた。そこでは――当時の資料（Katablattas）によれば――肉屋、塩漬け肉屋、魚屋、八百屋（lachanopolidai）、果物屋が商品陳列台をもっていた。

果物と生鮮野菜は周辺地区および市内にも栽培が広がってはいたものの、『総督の書』には記述がない。おそらくこの高い生産力のおかげで、市場の規制による予防策を放棄できたのだろう。第二次十字軍（一一四七年）の年代記作者オドン・ド・ドゥイユはコンスタンティノープル訪問時、「市壁の内側に空き地があり、この空き地を分けて耕し、畑をつくってすべての種類の野菜を市民に提供している」ようすを、驚きとともに記している。『ゲオポニカ』*Gheoponikà*――六世紀に編纂され、一〇世紀に再版された畑や菜園の耕作に関する規則集――には、季節ごとにコンスタンティノープルの気候風土が生育させるものが列挙され、どんな農産物があったのかをうかがい知ることができる。

「一月には、パセリとともに、リーキ、タマネギ、ニンジン、テンサイ、インゲンマメ、各種サラダ菜、キャベツ、芽キャベツ、コリアンダー、ディル、ヘンルーダの種を蒔く。サラダ菜、エンダイブ、レタス、フリジア・サラダ菜は移植する。――五月には、テンサイ、フダンソウ、ミントの種を蒔く。――九月には、バルバビエトラ（?）のゼニアオイ、遅蒔きのチコリ、野生のテンサイの種を蒔く。カブ、冬チコリ、コリアンダー、ホースラディッシュを移植する。――一〇月には、サラダ菜、エンダイブ、レタスの種を蒔く。ナタネ、テンサイ、チコリ、クレソン、ロケット、キャベツは移植する。――一一月には、コロハの種を蒔く。テンサイとゼニアオイを離して移植する。」

国家はパライオロゴス朝（一二五九―一四五三）になってもなお、需要と供給の相互作用に介入を続けた。しかし介入の理由はなによりもまず歳入確保への国家の思惑だった。たとえば一四世紀中葉、コンスタンティノープルでヴェネツィア人経営のタベルナがまさにブームとなったことがある。契約によって商業税の免除が定められていたおかげで、タベルナの所有者はクレタ島その他からきたワインをより安価に販売でき、地元住民の愛顧を受けたからだ。皇帝権力はビザンティン産ワインの取引――および税金――を増加させるために、輸入禁止や特別税で繰り返し脅しをかけた。長い交渉のすえ、一三六三年に妥協に達する。ワインの量り売り（ad spinam）をするヴェネツィア人のタベルナの数は一五に減らされたが、免税のボトル・ワインの販売は制限なしのままだった。したがって、購入者のグループが共同でワインを買い、その後、店の外でそれぞれ分けあったり、その場で飲むこともできた。(5) このように効力が薄められて、この取決めはビザンティンの歳入増加にはほとんど貢献しなかった。

軍隊――兵站の負担

「全軍を集結させたときには、国内、あるいは同盟国内に、理由なくとどまってはならない。なぜならば、おまえは自分の蓄えを消費し、敵よりも味方の害になるからだ。」皇帝レオーン六世の『戦術』*Taktika* から引用したこの忠告を通して、軍隊が国の食のバランスにあたえる潜在的な脅威が自覚されていたことがわかる。平時には、軍隊を分散して駐屯させることによって危機を防げるが、戦時には、武装した軍の集結が、継続的供給と予防的調達の両方のために、二重の負担となる。一回の対アラブ戦役には、少なくとも二四日分の備蓄が必要だった。それというのも、敵地の食料資源で生き延びるのは不可能、攻めてくる相手を弱体化するために、あらかじめ略奪されてしまうからだ……。

戦場における兵士一名の糧食は、実質的に個々の食品の保存性に応じて構成された。パンのかわりにパキシマディオン paximádion（ラテン語で buccellatum）を受け取る。これは現代のラスクに類し、かまどで二度焼きして乾燥させ、軽量化した。肉と豚脂が、行軍中には塩漬けで、戦役中は塩水に漬けて手にはいった。しかし野営地では、わざわざ連れてきた食肉用の動物が生肉を供給した。飲用水の品質は文句のつけようがないように、細心の注意を払ってチェックされた。水はワイン酢と混ぜてフスカ phouska（ラテン語でポスカ posca）とされた。もっとも軍事文書に繰り返される「水筒にはワインではなく水を詰めよ」という警告は、兵士が好んだのがどちらだったのかを明らかにしている。

料理法

ビザンティンの料理はつねに、そしてどこでも加熱された温かい食べ物を提供するわけではない。イデオロギー的＝社会的性格の制約とともに、農民の労働リズムが日中の供給を、パン、チーズ、オリーヴその他の果物に限定した。一方大都市では、燃料の入手困難の影響が感じられた。『ノルマンディー公武勲記』*Gesta Normannorum ducum*（一一世紀）によれば、贈り物を拒否されたのに怒ったビザンティンの皇帝が、ノルマンディー公ロベールに、コンスタンティノープルで薪もふくめて物を買うことを禁じた。しかし、頭のよい公爵は従者にアーモンドとヘーゼルナッツを採集させ、それを食事を作るのに使うよう命じた。この逸話が歴史的に真実かどうかはともかく、コンスタンティノープルの状況が本当にこうだった可能性はある。一三〇六—〇七年、傭兵の叛乱が農村を恐怖に陥れていたとき、総主教アタナシオス一世は皇帝に手紙を送り、不足している薪を山から運ばせるよう頼んでいる。実際に、そうして初めて、温かい粥（athèra）を提供して、コンスタンティノープルの貧民を救えたのだろう。一五八七—八九年にオスマントルコを横断したルーベナウのラインホルトはコンスタンティノープルについて、薪が高価なために、何千もの家庭で一年中、火もつけず、料理もしないと記している。人びとは飲食店で調達するほうが便利だと考えていた。

こういった飲食店は、古代ローマのポピーナ popina、ビサンティンのカペレイオン kapeleíon の亜流だった。そのメニューは主として、野菜、とくにマメ類で、水と油とともにマルミットのなかでスープのように加熱し、とろ火にかけて保温した。串に刺してローストした仔ヒツジや豚は、ホメロスの愛読者には脂がたっぷりの肉を、旅行者にはギリシアのタベルナが出すスヴラキア suvlakia を思い出させるだろう。串に刺したローストや魚のフライ、ニンニク、タマネギ、リーキの多用によって、ビザンティンが何世紀にもわたる伝統の流れにのっとっていることは疑いようもない。しかし、食の分野でも、完全な連続性があることを前提とするのは避けるべきだ。漬けた小魚から抽出した液体ガルム（ガロス）は古代以来、調味料あるいはソースとして大いに賞味されたが[6]、現代ギリシア語では魚の保存用の塩水の名称であり、それ自体としての調理上の価値は失われている。現在の主な甘味料は砂糖だが、ビザンティンでは甘味をつけるのにハチミツを使った。たとえば油でフライしたガレットにハチミツを塗る習慣があった。ハチミツ添えシトロンのような柑橘類のデザートは一九世紀でもまだめずらしかった。柑橘類の栽培が西ヨーロッパから導入されたのはもっとあとのようである。飲料も、ビザンティンの習慣は今日とは異なっている。ワインはそのままでは飲まず、ぬるい湯で割って飲んだ（現代ギリシア語の〈ワイン krasi〉は〈混ぜる kerànnymi〉から派生したが、この習慣が言葉に残ったものである)。ワインの保存を確実にするための松脂の添加、ブドウ・ジュースやバラの花びら、フェンネルやセロリの混合はワインに奇妙な風味をあたえた。(7) しかし、ワインを不凍液で「洗練」させたり、メチル・アルコールを市場に出したりする時代に属するわれわれには、他者の習慣について厳しい価値判断を下す権利はないのだろう。

食の規則

ここまでは、自然環境と具体的な状況の両方、あるいはそのそれぞれが、そのときどきで理論的にビザンティンの食卓に提供しえたものすべてを列挙してきた。しかし、実際には、心理的な基準と人間社会の要請が、個人の食の範囲を大きく規定していた。

キリスト教禁欲主義の影響

「肉体の奴隷にならずに、魂にとってよりよきものを手に入れることに専念せよ。肉の情熱から魂を引き離せば、われわれはそれをいわば牢獄から解放する。」(カイサリアのバシレイオス『異教徒の伝説についての本』*De legendis gentilium libris*) この牢獄を弱体化して、魂を足かせから解放するために頼ることのできるいくつかの手段のなかで、主要なひとつが断食 (nestèia) だった。グルマンディーズが官能の誘惑に対する全面的敗北への第一歩を意味するとすれば、反対に断食は治療薬として機能する。「毒をもって毒を制す」(逆症療法) というわけだ。豪奢悪しき情熱に影響されやすい肉体もこうして力を奪われ、悪魔の影響は阻まれ、アダムの罪は無とされる。豪奢や豊穣からは遠く離れた荒野が、その勤め (àskesis) ——すでにユダヤ教や犬儒学派などによって規定されていた——つまり神からあたえられた生命の究極の放棄とその維持のあいだの平衡の保持に最適な選ばれた場所となった。三―五世紀の隠修士（èremos ＝孤独な人）はアパテイア（apàtheia）——感覚が地上の情念を無視すること——を身につけようと努力した。目的を達成し、いわば精神化されて地上に帰還した隠修士もいた。その地上はますます異教から距離をおくようになっていたのである。すでに勝ち誇った信仰のパイオニアたちは、いまやキリスト教化した世界で、他人を強化・刺激する模範、自らは外側にいながら、内部で活動する忠告者という新たな任務を背負うことになる。聖人は、皇帝のとなりにいて、ビザンティン社会第二の導き手であり、同時に普通の市民には到達しがたい模範だった。聖人はまさに到達しえぬ存在でなければならなかった。なぜならば、完全に聖人だけで構成される社会は明らかに機能しえないからだ。したがって大衆を地上の誘惑から引き離し、救済へと導くためには、社会的＝経済的見地から実践可能な他の方法、他の道が必要だった。[8]

修道会という環境のなかでは、信者は自らの魂の救済のために、有効な競争に身を投じることができた。どの社会階級に属するかとは無関係に、人口の一割強がこの道を選択した。土地の隠修士運動から発展したエジプトやシリア＝パレスティナ地域の初期の修道院は、世俗社会に代わる厳格な世界として了解されていた。アレキサンドリア西方のテス・ニトリアス山の修道士共同体は、「さまざまな生活習慣をもつ」五千人の男を擁していた。「それぞれが自分のできること、望むことをおこなったので、ひとりでいることも、一名あるいは複数とともにいることもできた。これらの男たちと砂漠の隠修士に供するパンを焼くために七つのかまどがあった［……］大きな教会があり［……］そのとなりに宿泊所（xenodochèion）があった［……］山にはまた、医師とパティスリー職人もいた。ワインも利用され、飲用された」（『善行の歴史』*Historia Lausiaca*, 五世紀）ビテュニアのオリンポスやミレトス近郊のラトモス、現在もまだ存在するアトス山の〈聖山 hàghion oros〉などの大規模な修道センターは、原則としてこの綱領を存続させた。しかし社会に対立するものとしての修道院システムは、〈隠修士＝聖人という人物像と平行して）社会との共生（場所に関して）および接続（経済的）という形態へと急速に変化し、社会に組み込まれていった。当時は不毛の島だったパトモスに一〇八八年、創設された聖ヨハネ修道院は、早くも一二世紀末には四隻の船を所有し、エーゲ海にある大所有地間の物資輸送を確保した。皇帝から「修道士の島」と定められたにもかかわらず、パトモスには俗人も住んでいた。世俗の男たちは一週間に五日、修道院のために働き、あとの二日は家族のもとに帰った。修道院から提供される食事は必要最小限で、加熱されず、生のままで、一日一回だけだった。しかし、食事の回数と量はそれぞれの修道院の個々の規約によって、ときには著しく異なっていた。ケカリトメノス女子修道院の一一一八年の「修道院規定 Typikòn」は、平日に二回ないし三回の食事を許可する権限を女子修道院長にゆだねていた。食事は、火曜、木曜、週末がパン、チーズ、魚で、月曜には魚が甲殻類と置き換えられる。断食日である水曜と金曜も食事の回数は減らさず、油で加熱したマメ類と生鮮野菜が供された。ただ長い断食期間（その複雑な規則については、紙数の関係で、ここでは指摘しかできない）のあいだだけ、魚と油の使用を大部分放棄し、ワインをクミンで香りをつけた水（kyminothèrmon, èukraton）で置き換えた。パトモスと較べれば、これらの食物はたしかに贅沢だが、ビザンティンと西ヨーロッパの修道院どうしを比較すると、ビザンティンでは平均的な食事の量が西ヨーロッパより三分の一少なく規定されていたことがわかる。

毎週の断食日と前述の総計一六週におよぶ長期の断食期間（四旬節、六月二八日の聖霊降臨祭の使徒の断食、八月前半の聖母の断食、一一月一五日から始まる四〇日間の降誕祭の断食）のおかげで、東方教会は、修道院をはるかに超えて世俗の食生活に侵入し、地上の生のあいだに聖化されるための新しい穏健な手段を提供した。

しかし、信仰で定められた断食は自発的な放棄という性格だけをもっていたわけではない。二名の豚飼い、レオーン・タラナプロスとゲオルギオス・ストラティオプルスがボンディッツァ（エペイロス）近郊で、喧嘩をして、仲間を殺害した。総主教ヨハネス・アポカウコスは一二二八年に、三年間の破門を宣告し、さらにそのあいだ、犯人たちに肉と卵、チーズを禁じた。水曜と金曜は乾いたパンと水だけ、月曜と火曜は油を使ったマメ、木曜にはワイン、土曜と日曜にはさらに魚が許された。要するに、罪人たちは、修道士とほぼ同様の食生活に身をゆだねることで、救済におけるキリスト教徒としての不足額を他の功績によって償わなければならなかった。(9) 放棄によって贖罪をすることは、放棄の対象そのものが通常の生活では入手可能であり、好まれたことを意味する。食の規則が食の現実に光を投げかける。あらかじめ修道を理想化するように義務づけられていた聖人伝さえも、ときおりそのヒーロー、つまり聖人たちの影響力の届く範囲が限られていたことを明らかにする。総主教「慈悲深い」ヨハネス三世(六一二―六一九年)(『聖ヨハネス伝』)の高潔さも、アレクサンドリアの聖職者の心を変えることはなく、アレクサンドリアの教会のワイン貯蔵庫管理係は安いマレオティスのワインで倹約せずにパレスティナの高級ワインを購入した。シケオンの聖テオドロス(『聖テオドロス伝』七世紀初頭)は自分の修道院内では肉を禁じた。しかし、そこで働いていた職人、さらにはある巡礼までもがこの禁令を無視した。ふたりは「聖地の清浄」に対する配慮よりも自分の食習慣のほうを優先させたのである。

ビザンティン人はビールを野蛮の典型と考えていたので、アルコール飲料と言えば、実質的にワインのことだが、ワイン飲用にキリスト教があたえた攻撃は、断食とはまた違った意味で徹底的な効果をあげた。おいしいワインを過度に讃美したことで、ほかの点では史書のなかでもっとも称讃された皇帝ヨハネス一世ツィミスケス(九六九―七六)に向けられた批判、ミカエル三世(八四二―八六七)につけられた「飲んだくれ」(methystēs)という侮蔑的なイメージはなおいっそうのこと、ビザンティンのメンタリティがアルコール飲料の濫用にどれほど敏感に反応したかを示している。「あいつらにとって、酩酊は勇気、泥酔は大胆さ、素面でいるのは臆病のしるし」とニケフォロス二世フォーカス(九六三―九六九)は、神聖ローマ帝国皇帝オットー二世の軍隊を嘲笑ったが、西ヨーロッパ人のワインへの情熱について、この判断はそう間違ってはいなかった。一一一一年、ビザンティンに滞在したノルウェーのジークワルド王は、部下たちが蝿のように死んでいくのに気づき、心を悩ませた。死因にはなんの疑いもないと思われた。王はすぐに、ワインの量を減らし、水で薄めたものだけにするよう命じた。底なしの飲み助どもはこうして免罪を得た。罪はまずワインにあった。ためしに豚の肝臓を生のままのワインに漬けるとたちまち溶けてしまったのである。[10]「飲むのをやめろ。こいつが悪魔だと知らないのか？」すでに数世紀前、ひとりの修道士が、差し出された液体の真の性質を悟って叫んでいる。もっともすでにグラス二杯も飲んでしまっていたのだが――「真実はワインのなかにある」。

社会的差異

ビザンティン皇帝イサキオス二世アンゲロス（一一八五―一一九五年）の豪華な食卓はパンの重さできしみ、魚が山と積まれ、ワインが豊かに流れた（Nicetas Choniates, 四四一年）。全粒粉パン（psomòs pithyródes）とフレッシュ・チーズ（asbestótyron）が平民女性の食料貯蔵室が提供するすべてだった（Theophanes Continuatus, 199）。一見したところでは、この二つの食の世界を分ける距離は尨大に見える。しかし、王と庶民の女はどちらも、広い意味で同じビザンティン社会の一員である。手に入る生産物の量と質は、消費者の社会的地位と、それに付随する経済力と相関関係にある。言いかえれば、供給は、頂点に皇帝とその宮廷が位置する社会的ピラミッドに反比例する。

コンスタンティヌス大帝の帝位後継者たちはアピキウスの食文化に忠実にとどまった。「皇帝権威の自画像に敬意を表して」（Giorgio Tornicio）宮廷の食卓に供されたのは、骨を抜き、アーモンドを詰めたトリ一羽のハチミツソース添え、まさに丸一頭の雌ヒツジのローストだった。ヒツジは内臓を除かれ、腹からは生きた一群のスズメが飛び立った（テオドロス・プロドロモス『ロダンテとドシクレス』*Rodante e Dosicle*, 一二世紀）。フリギアのテンプロス川（現在のポルスク川）の漁師たちが宮廷のために網を投げ入れた。少なからぬ数の皇帝の個人的な節制とは関係なく、コイ（kyprinos）その他の淡水魚が皇帝のメニューに含まれていた。荘厳な豪奢が無礼講に堕落しないこと、神によって望まれた（ek Theoû）権力の顕示がキリスト教原理の範囲内に保たれることを、王（basilèus）に典型的な二つの徳、中庸（metron）と礼節の感覚（prosèkon）がつねに保証しなければならなかった。さらにまた、豪奢のなかにおいても、一部の宴会に貧者を招くことによって、博愛と臣下への実践的慈悲（phrontìs, euerghesìa）を目に見える形で行使しなければならなかった。

上流階級は皇帝位との近さを、たとえば洗練された食品の使用というような外見によっても示そうとした。宮廷人であり碩学でもあったミカエル・プセルロスは穴がいっぱいあいたパフラゴン・チーズ（『年代記』書翰二〇六）とリディアのグジナス・ワイン（書翰六八）を、栄養価の点以外からも評価した。高価なもの、遠方からきたものがもつ魅力が疑いもなく重要な役割を果たしていた。野心的な文人ヨハネス・ツェツェス（一二世紀）は、オクソス川（現在のドン川）からのチョウザメの塩漬け二匹を受け取ってたしかに満足したにちがいない。チョウザメの塩漬け（berzitikòn）は、事実、宮廷でも特別料理と見なされていた。アムニアの小村の主だった者たち（protoi tou choriou）は、皇帝から派遣された使節になんとかいいところを見せようとした。高貴な客たちが落魄した地主フィラレトスの家にどうしても泊まろうとしたので、村人たちは横手の門から去勢ヒツジ、仔ヒツジ、ハト、上等のワインを運び込んだ（『聖フィラレトス伝』八世紀）。階級のイメージは集団全体の連帯のおかげで保たれた。

しかし、慈善によって貧者の苦しみを軽くしようとする富裕者の努力が広くあったことを思い出しておくべきだろう。宿泊所、病院、療養所などの慈善団体（euaghèis oikoi）の社会組織のなかに、公共食堂も含まれる。ミカエル・アッタレイアテスの救貧院では、共同食堂で毎日六人の困窮者に食事を出し、パン一切れと肉あるいは魚のほかに、チーズ、マメ、火を通した野菜を提供した。トラキアのアイノス（現エネズ）の類似の施設では、聖母被昇天の祝日のために、パンのほか、一〇〇人に充分なソラマメ（phàbata）と場合によっては魚を貯蔵していた。[11] どちらの場合にも、パンとともに配給されたもの、つまり文字どおりのコンパナギウム（prosphàgion）は、通常の入手可能性からは例外に属する。シリアの聖愚者シメオンから晩餐に招かれたエメサ（現ホモス）の庶民五人は簡素な野菜（chorton）を予想していたが、シメオンは精白小麦のパン（silignion）、ガレット（plakiste）、パテ（sphària）、魚、菓子で驚かせた。このような背景に立てば、六世紀、コンスタンティノープルで配給されたパンの一日分の割当量（八五〇グラム）の多さがよりよく説明できるだろう。セロリ、アブラナ、ブロッコリー、レタス、リーキ、クレソン、ひとことで言えば野菜とふすま入りの堅いパン、それだけが貧しい学者の惨めな日常の現実だった。この男の望みは仕立屋、靴職人、行商人のあふれんばかりの鍋に凝縮された。

「学問と学問を求める者よ、呪われろ！　それよりも、あれほど軽蔑されている刺繍職人の技術を学んでいればよかったのに！　そうすれば食料戸棚の扉を開けて、上から下までパンとワインたっぷり、調味したマグロ、カツオの切り身、サバの干物が詰まっているのを見ることができただろう。隣人の靴直しは本当の靴職人ですらないのに、グルメで享楽家だ。食事の時間が近づくと、木型も仕事台も、錐もナイフも放り投げて、女房に言う。『奥さん、第一の皿にはボイルした肉をオムレツと一緒に、第二の皿には塩漬け肉をもってこい。だが、あんまりぐつぐつと煮すぎないように注意してくれよ。』私は野菜スープと肉汁のたっぷりある肉の切り身がたくさんはいった塩味の料理、最後に腹からとった仔ヒツ肉の大きな塊がいい。」

動物性蛋白質が豊かなこのメニューは、量の観点から見ると上流階級のメニューに近い（そうは言っても上流階級の品質的な優位はくつがえしようがない）が、中産階級の典型的な栄養水準については、限定的なことしか言っていない。この資料、『貧しいプロドロモス』*Ptochoprodromika*（一二世紀）と呼ばれる詩集は、たしかに庶民を装ってはいるが、実際はエスタブリッシュメントの視野から職人や商人の社会的上昇を批判しており、聖人伝で禁欲の理想のために誇張が生じるように、まさに現実を歪めることによる風刺的誇張を免れない。さらにこのような社会的上昇は、都市という環境においてのみ確認できるのであり、農村人口――ビザンティンの八〇パーセント以上を構成していた――は、逆に、土地の産物で暮らし続け、質素だが比較的堅実な栄養水準を保っていた。地方に移動させられた役人や上位聖職者が、都市在住の同役を社会的基準とすることなく、〈中流 mesoi〉と同じ水準の食事をしていた可能性はある。

『魚の本』*Opsarologos*（一四世紀）は、上述した社会的差異を食の世界に縮小して映し出す。舞台は国家反逆罪の裁判。料理に一般的に使用された五〇種類の魚が、高級か低級かに応じて、それぞれ役をあたえられている。ボラ（kephalòs）、スズキ（labrax）、シタビラメ（pression）など高級魚は高級官僚を、イワシ（engraulis）、カサゴ（skòrpios）、スマリス smaris など、安価で味の劣る魚は下級役人を表す。被告はまさにサバの干物で、一方皇帝は――だれも驚かないはず――チョウザメだ。

医師の処方箋

ビザンティンの医学はヒポクラテス＝ガレノスの伝統に根をおろし、体液病理学説を引き継いでいる。病気は四体液、つまり血液、粘液、黄胆汁、黒胆汁の混合バランスの崩れに帰せられた。このバランスの崩れは、心理的不調と外からの季節的影響、間違った食生活によって起こる。個々の食品に熱・乾・湿・寒の四つの性質があたえられており、四体液にもそれぞれこのうちの二つがあたえられたので、その時どきに応じた正しい食品の選択が、精神身体の健全な均衡を保つのに基本的に貢献することになる。

学術的論考（たとえばシメオン・セツの『食品の影響に関する概説』一一世紀）よりも、月ごとに整理された健康学入門のほうが一般人にとってはたしかに平易だった。このような「食養生暦」のなかの一冊は、次のようなことを勧めている。「五月——頻繁に頭を洗う。生温かい食物、フェンネルを食べ、胆汁を取り除くためにその汁を飲む。六月——水で割っていないワイン（akraton）を、朝グラスに一杯飲む。白ワインにするように。胃によいから、レタスを酢で食べる。七月——禁欲せよ。瀉血と嘔吐はするな。ときどきセージとヘンルーダを食べ、汲みたての混ざりもののない水を飲め。」栄養食品に関しては、しばしば『ヒエロフィロス』Hierophilos の名で伝えられた食のプログラムのなかにさらに豊かな資料が含まれる。たとえば一一月には、「湿」の食物をすべて避けるように忠告される。反対に、シカ、ノロジカ、イノシシ、ウサギを「乾」の調味料とともに食べるよう勧められる。他の資料と比較すると、野禽獣が過剰なほど登場する点に注目すべきだ。狩猟は権力者に愛好された趣味なので、この種の著作が読者を権力者階級に見出したという仮説は納得がいく。医師ヨハネス・カロエイダス（一五世紀）は、通風を病む貴顕のビザンティン人に手紙の形で、適切な食餌の処方を送った。患者は脂の多い肉、マメ類、レーズン、マツの実を避けねばならないが、仔ヒツジやヤマウズラやツグミの肉のはいった野菜スープは許される。震えと頭痛の原因を肉体疲労時にカボチャを食べたという事実のなかに認めている。ヨハネス・コルタスメノスは、同じコルタスメノスの意見では、自分に呼吸困難を生じさせたのは、適切でない時期に朝食で食べたブドウとポントスのキャヴィアだ。[12] しかし、おそらくは文字が読めない中流のビザンティン人が、フリギア・キャベツのソースのなかの塩漬け豚肉の皿を前にして、夢中でそれを食べもせずに、自分の体液の調和について余計な考えを巡らせたとは思えない。プセルロスさえも、トリュフ（hydnon）が悪い体液の原因になるという警告はすっかり忘れて、トリュフをたらふく食べた歓びに書翰一通すべてを宛てている（書翰二三三）。

飲食における他者のイメージ

クレモナのリウトプランドによる『コンスタンティノープル使節記』*Relatio de legatione constantinopolitana*（一〇世紀中葉）は、確かに外国人によるビザンティン生活についてのもっとも有名な著作だろう。司教で外交官だったリウトプランドは、ギリシア語を理解したにもかかわらず、この世界を前にして当惑している。ギリシア側外交官の質素な食事――レタスで始まり、終わるけちな正餐――も、油があふれ、恐ろしくまずい魚ソースに漬かった宮廷の食物も、あるいは皇帝その人も食べたニンニクで調味した脂ぎったヒツジも、リウトプランドの好意的評価を得ることはできなかった。一方、ニケタス・コニアテスが一二〇四年〔第四次十字軍によるコンスタンティノープル占領の年〕に語っていること、あるいはテサロニカのエウスタシオスによる同様の報告を信じれば、あるラテン人は一切れの牛のヒレ肉、インゲンマメのピュレをつけ合わせた塩漬けの豚肉――どれもニンニクのソースで調味した――のためには、魂までも売りかねなかった。

こうしたおたがいの非難合戦を考慮すると、ひとつの疑問が浮かびあがる。リウトプランドは現代の「ヌーヴェル・キュイジーヌ」の知られざる先駆者だったのか、あるいはビザンティン人は一〇〇〇年から一二〇〇年にかけて、味覚を根本的に変化させたのか？　筆者の意見では、そのどちらでもない。われわれの情報提供者三人が他者に抱いたイメージは、個人的な感情によって曇らされずにはいなかったのだという事実を考慮すれば、三人ともが主観的に正しいのである。欲求不満の外交官リウトプランドも、ノルマン人の掠奪（一一八五年）に遭った都市の手ひどく扱われた司教エウスタシオスも、一二〇四年にその世界が崩壊してしまった裕福な家庭出身の高級国家官僚ニケタスも、全員が客観的判断を下せる状況にはなく、さらに出自の違いがこれを心理的にいっそう難しくした。リウトプランドがその拒絶により暗黙のうちに、そして引用した二人のビザンティン著述家がはっきりと言葉にした証言で確認するように、豚と牛は（北）西ヨーロッパの肉市場を二分し、食卓にヒツジの類がのぼることはめずらしかった。

一二九二年、ラングレーのジョフロワに率いられて、ペルシアのイル汗国に派遣されたイングランド王エドワード一世の使節団もまったく同じであり、遠い国にいても、できるときにはヨーロッパの食習慣を守った。トレビゾンド往復旅行のもののような詳細な支出記録には、おもに牛肉（「大きな肉」）、次いでトリ類が見られる。内陸部のアナトリアではヒツジ肉が支配的だが、これはおそらく供給が限られていたためだろう。「牛乳とチーズ」の項目にしばしば「サラセン人のために」という言葉が付記されている。つまり現地人同行者のためだ。大酒飲みというヨーロッパ人の評判は熱心に守られた。一週間分のワインに必要な額は支出の三分の一にあたる。

最後に、一五―一六世紀のフランス人旅行者もまた、いまやオスマントルコとなったかつてのビザンティン帝国の中央部で、本稿ですでに述べた食の地誌学的特徴と出会っている。ピエール・ブロン（一五四七―一五四九）はカッパドキアでの「モモ、セイヨウサンシュ、プラム、リンゴ、ナシ、アーモンド、オレンジ」の栽培を報告している。ブロンによれば、コンスタンティノープルでは、ミティリニ（レスボス島）のワインがキオス島やキクラデス諸島のワインよりも高級と見なされていた。リウトプランドとは反対に、ベルトランドン・ド・ラ・ブロキエール（一四三二）は、「いままで食べたなかで一番旨い……ヒツジの脚肉」を楽しく回想している。トルクメスタン人のところでは「彼らがヨーグルトと呼ぶ凝乳」を「大鉢一杯」ごちそうになった。コンスタンティノープルの路上ではすでに一二世紀、オクシュガラタス oxygalatàs が酸乳を売っていたことが立証されている。しかし、この種の乳製品は、遊牧民の牧畜経済を起源とするトルコ人の食習慣を通じて、初めて広く普及した。「トラキアの隊商の馬車引きやラバ引きはすべて、皮をむいたニンニクを木製の器のなかですりつぶし、オクシュガラ

oxygala と混ぜる習慣をもつ。」土地の海産物もまたトルコ人の食に影響をあたえた。「ある液体があり［……］私（すなわちブロン）はトルコではそれがかつてないほどに流行しているのに気づいた。〔……〕人びとは毎日、生きのいい魚を下ごしらえし、フライにしたものを店に並べる。〔……〕そのあと塩水に漬けこみ、ガルムにする。」ビザンティンの一千年のあと、トルコとのこの相互関係のなかで、ギリシア料理の新たな一章が開始される。[13]

（北代美和子・末吉雄二共訳）

第二〇章

アラブ料理、およびそのヨーロッパ料理への寄与

ベルナール・ロザンベルジェ

パキスタンのインダス川からスペイン東部のエブロ川にわたってアラブ人が築き上げた帝国では、気候、植物相、動物相、生活様式すべてが、イスラム発祥の地のものとかなり近い。反対にビザンティン帝国の各地域（シリア、エジプト、アフリカ、ササン朝ペルシア、マグレブ、西ゴート王国時代のスペイン）の文化的伝統は、まったく異なっているが、二世紀とたたないうちに、これらの地域にコーランの戒律がしみつき、アラブ語で自らを表現する文明が生まれた。というわけで、ここでいう「アラブ料理」は、アラブ語が国語になった国々の料理、そのレシピ集がアラブ語で書かれて今日まで伝わっている料理を意味することにする。

アラブ文化としての統合は、交易によって活気づいた新旧の町々で行われた。帝国の細分化は、人や財の循環、八―一五世紀のイスラム世界を特色づける思想の流布を妨げなかった。政治的な分断とそれぞれの地域の独自性の存続（農村部や政治の中心地から遠い地域ではこの傾向が強い）にもかかわらず、文化的統一は見事だ。イスラム思想は食生活を含む暮らしのあらゆる面に影響を与えた。征服で豊かになったアラブ人は、自分たちの習慣のいくつかを維持しながらも、征服した貴族たちの習俗に影響を受けて、生活様式を取り入れた。一方、従属させられた住民は新しい規則と習慣を受け入れはしたが、自分たちの習俗の大部分はそのまま残した。

キリスト教徒は敵の豊かさに魅惑され、彼らから多くを取り入れた。地中海沿岸諸国、次いで西ヨーロッパ諸国の食習慣に、古い時代のイスラム世界の食品や味を導入したのは、十字軍の遠征よりもスペインとシチリア島の「再征服」だった。

イスラムの規範

イスラムの啓示は、アラブ世界の異教ともユダヤ教の教義とも異なる適法と不法、清浄と不浄の概念を示した。

禁止事項はユダヤ教ほど多くはないが、豚を初め、動物を偶像に捧げたり、法に則らずに殺したりした動物に関するものは同じだ。血のタブーもある。発酵飲料の禁止はイスラム教徒が酩酊状態で祈らないようにするためである。もっとも、豚への嫌悪感が強いほどには、酩酊の禁止の方はそれほど守られていない。

断食はユダヤ教と比べて厳しく、期間も長い。イスラム暦の第九月に当たるラマダンの一カ月間は、明るいうちは飲食を慎まなければならない。この期間が一年で一番日が長く、しかも一番暑い時期に重なるときは、耐え難い試練だ。その代わり夜の食事はいつもよりご馳走で、忍耐を支える助けになるようなお祭り的性格を帯びる。食事は必ず祈りによって始まり、神への感謝によって終る。食卓作法は、何ごとにつけイスラム教徒のお手本になるムハンマドの行動をまねるところから生まれた。会食者はあぐらを組んで座り、低い食卓か皮の敷物の上に置いた大皿から、みんなで、あらかじめきれいにしておいた右手の三本指だけを使って食べる。食物は道具がなくても食べられるように調理し、唯一、汁物のときはスプーンを使う。

イスラムの教えは食べ物を神からの恩恵と見なし、控えめに食べ、食べ物を必要としている人々と分かち合わなければならないとする。律法違反は無意識なもの、状況によっては不可避なものは許される。すべてこれらの規則は、イスラム誕生の土地と環境によく調和している。むろん、後世のさまざまな教派や宗派が、教義の細かな点について独自の解釈を導入している。例えば、非イスラム教徒と食事をする権利があるかどうかという議論がある。旧約聖書の最初の五書を共有する「聖典の民」、つまりユダヤ教徒とキリスト教徒とは認めるという人がいるが、その場合でも、彼らの提供する食品のうち、何が法にかなっているかは、あらためて考慮しなければならない。そのため、不浄な食物をおそれるあまり、最も厳格なイスラム教徒は外部との接触をいっさい禁止しようとする。

アラブの遺産とペルシア様式、および両者の普及

アラブの遺産は、発祥の地での暮らしのつましさからは考えられないくらい重要なものだ。イスラム教以前の遊牧民は、乳製品に少しの肉とナツメヤシの実で暮らしていた。アラブ半島の南部やオアシスの気候は、ほかの地域ほど乾燥していないため、穀物、野菜、果物がそれなりに育ち、食べ物の種類も多い。不毛で過酷な環境では、例えばバッタやトカゲをあぶって食べるなど、手に入るものを食べなければならなかった。しかし「もてなし」が砂漠の定めであり、旅人にはとっておきのものを与えた。

食料資源の貧弱さと素朴な味への好みは、タリード tharid の人気がよく表している。これは香味をつけた肉のブイヨンに薄切りパンを浸して、ブイヨンの肉といっしょに供するという簡素な料理だが、預言者ムハンマドに賞賛され、これだけで十分に食事になり、また大小宴会の贅沢な料理にもなる。考案は、メッカの支配階級、ダマスカスとコルドバのカリフの始祖、クライシュ族といわれる。おそらくこのため、モロッコのフェスにあったマリーン朝の宮廷では、一四世紀になっても王家にふさわしい料理として扱われていた。

一方、乳製品、ナツメヤシの実、脂の多いヒツジ肉、ラクダのこぶに対する好みは、ベドウィンの嗜好がアラブ人の移住や異文化への同化後も残ったことを示す。一九世紀のモロッコではラクダの乳がスルタンの飲み物であり続けたが、この儀式化したというよりも、ほとんど神聖化した象徴的な食べ物への執着は、今や美化されて神話化したアラブへのノスタルジー、開祖民族への帰属を表しているのだろうか。こうした好みを公然とひけらかすのは、実際の、あるいは推測に過ぎない己の家柄を誇るに急な貴族にとっては、互いにそれと知る目印だが、他方、彼らの仲間入りを願う人々の中からも同じ好みをひけらかす者が出てくる。もっとも、遊牧はアラブ半島

だけではなく、中東とマグレブでも広く行われていたのも事実だ。

ペルシアの料理文化は、アラブ料理に長期にわたって深く痕跡を残した。初期のイスラム王朝であるアッバース朝時代は、なにかにつけ歴代ペルシア王の威風を受け継いだが、そこではイスラム教に改宗した多くの元ペルシア人が高位の役職につき、ペルシア風が幅をきかせた。バグダッドの宮廷料理のどの点がそうなのかを確実に言えるほどにはササン朝ペルシアの料理は知られていないが、それでも肥育した若い動物の肉を、バターか油でフライかローストにするのがペルシアの宮殿で好まれていたことはわかっている（砂糖か氷砂糖といっしょに食べることもあった）。肉と内臓類はサワーミルクとスパイスと混ぜたものの中に漬け込み、シチュー、パテ、煮こごりにつくった。コメとホウレンソウがよく食卓に上った。甘いデザートはクルミとアーモンドの粉をベースにしたものが多かった。果物は食事の重要な位置を占め、より抜きのワインと組み合わせた。アラブ料理の本の中にふんだんに現れるねっとりした料理の数々、脂っこさと甘みの追求、こうしたものをこのような伝統に結びつけて考えられるだろう。ペルシア語の名前がついた料理は多く、そのいくつかはロマンス諸語に取り込まれた。

アラブ世界の文化的なまとまり、また異文化との密度の濃い、頻繁な交流のおかげで、すでにペルシアの風土に適応していた熱帯地方原産の植物が、すみやかにアラブ全域にわたって普及した。特にモロコシ、コメ、サトウキビ、ナス、ホウレンソウ、柑橘類、バナナなどである。

人々の好奇心、贅沢と独創性の追求が、市場経済の発展とあいまって、大きな町でなら、イスラム世界の産物はむろんのこと、遠く離れた外国からの輸入品でも容易に手に入るようになっていた。アッバース朝七代目カリフ、マームーンの名前から名付けられた料理マームーニヤ ma'mûniya のように、高位高官の名前に由来する料理名がいくつかあるが、これはその名の人自身あるいはその人に仕える料理人が考案した料理である。当然、人々はそれをまねようとし、レシピは口づてやメモの形でまず広がり、その後で誰かがそれを書物の形にまとめ上げ、多くの人々、特に料理人の役に立つことになる。伝播の経路はほとんどが東から西へと向かい、マグレブ諸国のクスクスはスペインに普及したが、オリエントではほとんど知られていない。

地域的な多様性と社会階級による相違

イスラム世界がひとつにまとまっているといっても、広大な地域に見合った多様性が覆い隠されてしまうはずはない。料理書というものは「裕福なごく限られた階層だけにかかわる」という本来の性格から、私たちにあやまった印象を与えがちだ。イスラム社会中どこでも裕福な階層は似ているが、一方、庶民の食べ物が料理書に登場することはまずありえないし、それに地域的な産物と習慣に大きく依存している。レシピの由来が明記されている場合もあるが、多くはエジプト風やアンダルシア風、アルジェリアのブジャーヤ風など、ある料理からの派生としてしか記されていない。自然条件が各地の産物を大きく左右するにしても、地域の特性を説明するには、文化的特徴も考慮しなくてはならない。例えば、碾割小麦を蒸す調理法はマグレブ諸国には古くからあり、地域の人々には愛着が強いが、オリエントでは見られない。オリエントで病気になったマグレブ人が、碾割小麦の料理クスクスを食べただけで元気になったという話もある。エジプト人のソラマメ好きは今日でもよく知られている。トルコ人がヨーグルトやブルグル（碾割発芽小麦）を中東にもたらしたように、多人数の移動は新しい料理をもち込む。

食べ物の種類や好みも暮らしの状況に支配されている。遊牧民は野菜と果物をあまり食べないが、反対に都市生活者は大量に消費し、白いパンの質のよさとともにヨーロッパの旅行者を驚かせた。このパンはただし金持ち用で、医者によれば「体力の消耗が激しくない人向きであり、労働者はもっと粗末なパンを消化できる」。こうして本来は社会・経済的な区分に過ぎないものを、科学が自然とみなして正当化してしまう。貧しい人々は大麦やモロコシ、ミレット、さらにブドウの種やドングリに至るまで、およそ粉にできるいろいろな種実を混ぜた黒いパンで満足して当然というわけだ。

これは町と農村の違いが大きいことの一例だ。一般に、農民はパンよりもスープ、粥、ガレットなどを食べる。彼らの食べ物は地域の産物の季節ごとの変化に左右され、量も不足気味だし、栄養バランスも悪い。調理法は単調で貧弱、「調理」と呼ぶのがはばかれるほど簡単なものもある。他方、上層階級の豊かで変化に富んだ食生活では、健康への配慮と同じくらい食べる喜びが重視され、当時の栄養学の原則を尊重しているレシピも多い。調理は複雑な手順を踏み、盛りつけは凝っている。高価で珍奇な食品、特にスパイスをいくつも用いるところには顕示欲が見られる。

食品の保存、加工、販売

アラブでは、すでに古代文明から発展していた食品の保存技術を引き継ぎ、そのいくつかは広く普及した。穀物は地中に埋め込んだサイロでストックすることが多かったが、サイロの建設と穀物の充填時に十分に注意を払えば、有効な方法だ。寄生虫や微生物が繁殖しないように空気を密封する必要があるが、屋根裏に置く場合は反対に、蒸れて腐らないように穀粒をかき混ぜなければならない。財力のある人々は自家用に穀物を備蓄した。支配者は税金として集めた穀物を蓄え、自分自身の暮らしに当て、また不作の年への対策にした。

アラブ世界の気候では、乾燥が肉と果物を保存する最も簡単な方法だ。魚は塩漬けにし、燻製にはほとんどしなかった。食品を脂、ハチミツ、砂糖で覆ったり、塩漬け液や酸性溶液に（香草を加えると効能が高まる）つけたりして、空気から遮断する保存法もあり、これらの加工は一般に家庭で行った。

食料品には、加工してから販売するものもある。高価な設備を必要としない簡単な作業で、ミルクからバターとチーズができる。反対に、砂糖製造は市場での販売を目的にするなら、家庭や職人仕事の枠に納まらない。実際、サトウキビを搾ったり、煮詰めたり、結晶させたり、精製したりするには大規模な設備がいる。そのため、大規模な投資を前提にした製糖業は、今日的な意味での工業になったごく稀な例のひとつだ。ほかには、マグロ漁とその保存食品製造業をつけ加わえておくべきだろう。

製粉業も、多数の水車を動かせるほど大量の水に恵まれている町では、工業に近い性格を帯びた。モロッコのフェスにはいくつもの水車を所有する人達がいて、間断なく働いた。しかし、ふつう製粉には、動物の力で動かす臼を用いていた。多くの家庭では手回し臼を使い、パンをこねるのも一般に家庭の仕事で、町でも同様だった。ただ、町でパンを焼くのはパン焼き職人で、少量の生地を報酬として受け取り、小さなパンに焼いて売っていた。ムフタシブ muhtasib という食物の質と価格を監視する役人は、野菜と果物、乳製品、家禽それぞれの商人、肉屋、魚屋、ロースト肉屋、揚げ物屋、パティスリー職人、糖菓職人などを監督した。町では調理済み食品が大量に売られ、それらが住民の食卓のかなりの部分を占めていた。

調理場と料理人

調理は戸外で行うこともあった。場所がどこでも、調理に当てられたスペースは、居住用の部屋とはっきりと区別していた。主要な設備はかまどで、多くはそれがひとつあるだけだが、コンロ状のものでしかないこともある。煙がでる薪よりも、運ぶのも簡単な炭を使う。ほかにタヌール tannūr と呼ぶ上部から出し入れする縦型オーブンを備えていることもある。欠かせない水は、井戸や泉、川から、燃料同様に掘割を通って町の給水場に運ばれてくる。

調理道具は西洋のキリスト教社会のものと大筋において変わらない。料理書は新しい土鍋で調理することを勧め、「磁器化した鍋は五回まで使えるが、その後は脂がしみ込んでいやな味がつく」といっている。この助言にみんなが従えたかどうかは別問題だ。つましい暮らしの家庭では、主婦や女たちが料理をつくり、金持ちの家では調理したのが男か女かわからない。宮廷では大きな宴会の場合、料理人頭が、専門ごとに序列づけられた大勢のスタッフを指揮した。彼は浪費や暴利を防ぎ、食品や料理の質に留意し、君主の健康や命の安全さえもが彼の手にかかっている。実際、食中毒とほとんど区別がつかない毒殺の絶えざる危険が、この役職の責任者に、ほとんど政治的な役割を与えていた。エジプトの女料理人は優秀だという評判があった。調理スタッフが高価な値のついた奴隷のこともあった。この職の多くは、親子代々で引き継いだ。料理書は一般的な助言として、身の回りを清潔に保ち、作業はきびしく衛生を徹底するように強調する。肉からは骨のかけらを残らず取り去り、血の跡は水で洗い流し、使った後の容器や道具も徹底的にきれいにする。しかしこれらは衛生の決まりであると同時に儀式としての清浄への配慮でもあった。ほかには、タマネギやリーキ、ニンジンなどを切るのに使った包丁で肉を切ってはならないなど、味に配慮しての指示もあった。

調理は調味技術

アラブの調理技術の特殊性は、材料そのものとその組み合わせ、加熱調理法、料理の風味と口あたりにある。古典時代の著述家にならって、食品の風味と特性を変え得る材料から検討を始めよう。

彼らのひとりによる食品の分類は、意表をついているが、さまざまなことを明かしてくれる。まずスパイスから始まり、これはアラブ人にとって最も高貴な添加物だ。筆頭は麝香〔ジャコウジカの雄が包皮腺に蓄積する有香物質〕と竜涎香〔マッコウクジラの腸内の結石様分泌物〕で、これはよほど裕福な人でなければ使えないほど高価だ。続いて、はるかに手頃な値段のローズウォーター、サフラン、シナモン、ガランガ、クローヴ、乳香〔ウルシ科の植物の樹脂〕、ナツメグ、カルダモン、メースと続く。二番目のグループはドライフルーツとナッツからなる。ナツメヤシの実、レーズン、アーモンド、クルミ、ヘーゼルナッツ、マツの実、ピスタチオ。三番目は新鮮な果物で、リンゴとザクロなど、酸味のあるものと甘いものに分けている。四番目には砂糖とハチミツがくる。次いで、刺激物のモッリ morri とブンン bunn。モッリは醤油やニョクマムに似た発酵調味料、ブンンはコーヒーノキの実を指すと考えられているが、用途についてはまったくわかっていない。次にくる穀物類とマメ類は、料理にとろみをつけるために加える。次はハーブと野菜、つまり、タマネギとニンニク、リーキ、セロリ、コリアンダーの生葉、ミント、ビターオレンジの葉、タイムとマージョラム、スマック〔ウルシ科の植物〕の実、ディル、そしてニンジン、キャベツとホウレンソウ。その後でようやく塩、コショウ、コリアンダーシード、クミン、キャラウェー、ショウガ、酢、乳製品など、なじみ深い調味料がくる。そしてワインがくるが、長期間、太陽にさらしてどろっとさせたものので、正確な用途はわからない。最後は着色料として、すでに登場したサフランとホウレンソウを挙げて終わる。これから見る限り、味だけでなく、口当たりや見た目を変えることができる材料を多岐にわたって用いており、香味料とスパイスの概念を拡大させているといえる。

「スパイスの知識は調理技術の基本である」と、著者不明のあるアンダルシアの書物は記している。「スパイスが料理に味をつけ、味を引き締め、特徴を与える。」そればかりか「福をもたらし、有害なものを防ぐ」。これは「善＝福を助長し、悪＝禍と闘う」というイスラムの理想である。スパイスのもつ薬効は、食物摂取がもたらすある種の影響を和らげる。スパイスを上手に使って、グルマンが体質や年齢や健康状態を気にかけずに、好きなものを食べることができるように、医者が料理人に協力した。

加熱調理では油脂が重要な働きをする。肉を揚げるにはヒツジの尾から抽出した風味が強い脂を勧めている。脂の抽出、清澄、保存、着香、着色法を説明するレシピがある。それより安価なヒツジの腎臓の周りの脂やほかの部分の脂、また豚は別にして、ほかの動物の脂も使う。植物油ではオリーヴ油をいちばんよく使う。アンダルシア、マグレブ諸国、シリアはオリーヴ油の産出地として評判が高く、オリーヴの木はほとんど見当たらないイラクやエジプトの市場に供給する。イラクやエジプトではゴマから油をとっており、あまり特色がないこの油は魚や家禽用に向いている〔白絞油?〕。ベニバナ、クルミ、アーモンドの油はそれぞれ特有の用途が知られている。バターは重要な位置を占めているが、それは溶かして澄ました保存用バター(saman)を指す。保存用ではない新鮮なバターはパンといっしょに食べる。ほかの乳製品も料理に使う。生乳はコメを炊くのに使い、サワーミルクはいろいろな料理に使う。チーズはフレッシュ・チーズもハードチーズも料理に味を添えたり、つなぎに使う。卵も同様に用い、卵自体の料理はほとんどない。

酢の用途の広さは少々意外だ。なぜなら、酢は禁止されているワインからつくるからだ。ほかの酸味料もよく使い、西洋のキリスト教徒と同様に、ヴェルジュをはじめ、柑橘類や酸っぱい果物の汁などがある。これらは、前菜として好まれるオリーヴ、ケイパー、さまざまな野菜の酢漬け、肉や魚のマリネ、多くの料理、特に肉料理のソースづくりに用いる。

肉料理

料理書には、肉料理(家畜、家禽、野禽獣)のレシピが一番多い。動物は戒律に従って喉を切って処理するが、その後の切り分け方や、肉の部位の格づけはわからない(それぞれの料理にどの部位の肉が向いているかの指示はあるが)。一般には柔らかくて脂の多い肉を好み、臓物・屑肉類は別に扱う。ヒツジの頭肉は、現在でも選りすぐりの料理として評判が高い。

牛肉は肥育改革前のヨーロッパ同様、ほとんど食べることはなく、喜ばれもしない。畑を耕したり、乳を搾られたりした牛の肉はかたく、ぱさついている。若い牛は美食の対象になるが、殺すのはためらわれる。一方ラクダ肉の料理はかなりある。アラブ人が古くから代々引き継いできた料理であり、この肉が好物だった大預言者ムハンマドへの思慕も加わる。もちろん、主に若いラクダを食べる。食肉の一番の供給源は、飼育しているヒツジの大きな群れだ。特有の風味とたっぷりついた脂が好まれ、値段も手頃だ。医者から見ると、一歳の仔ヒツジ肉は完璧に近い。「熱」と「湿」のバランスによって、当時の見解では、年齢や体質を問わず誰にでも適していた。

ヤギはヒツジの群れに混じっているが、ヒツジほど食用にしない。また去勢したヤギが特別に好まれたようにも思えない。馬の肉は禁止されていないにもかかわらず、食用にしない。ロバとラバの肉は嫌われ、凶作のときなど、食べざるを得ないときにしか食べない。しかし野生のアジアノロバの亜種、オナガーについては、複数のレシピーが見られる。ガゼルは、九世紀の医者ラージーによれば「野獣肉の中で一番自然の状態に近く、一番おいしく、一番身体によい」。スペインにたくさんいるアナウサギは評価されず、ノウサギも同様である。イノシシ猟は行うが、食べるのは掟に反するとみなされることが多い。

最も好まれる肉は家禽肉で、町なかでも飼育している。まずメンドリ、次いでオンドリと若ドリ、いずれもおいしくするには肥育しなければならない。値段は安く、さまざまな方法で調理できる。オリエント地域のある料理書には七四のレシピが出ている。ハトはメンドリや若ドリと同様の評価を受け、ガチョウの方がカモより好まれる。わなをしかけてとるイワシャコとヤマウズラの仲間は豊富で、味の評判もよい。シャコとウズラの評価はこれに近い。ツグミ、イソヒヨドリ、ムクドリなどは、ただ「小鳥」として記されている。

肉に香味料やスパイスをしみ込ませるためには、加熱した漬け汁か加熱しないで混ぜただけの漬け汁に少なくとも一晩つける。漬け汁はサワーミルク、酢、調味料のモッリなどをベースにする。ロースト肉のレシピは少ないが、ひとかたならぬシュワ shuwa（ヒツジ肉のバーベキュー）好きで、モロッコのフェスにはロースト肉屋が品揃えが豊富な「煙の市場」と呼ぶ市場を持っているほどだ。ローストはいやなにおいを出すので、広い屋敷の中でよりも屋外で行う。またこの焼き方は、肉をぱさつかせやすい。この二つの欠点を防ぐためにオーブン（tannûr）を使う。グリルをほとんど使わないのは、長時間煮込むとばらばらにほぐれるような肉を好むからだ。一方、肉を乳鉢ですりつぶしたり刻んだりして肉団子（banâdiq）をつくったり、庶民的なハリーサ harîssa などの料理や詰め物用の具の材料にしたりする。マグレブの代表的な唐辛子を使った調味料ハリッサ harissa と混同しやすいが、料理のハリーサは、脂身の多い肉をつぶし、水につけて砕いた小麦と混ぜ、低温のオーブンで長時間加熱してつくる。肉の最も一般的な調理法はボイルで、大鍋に塩、タマネギ、香味料とスパイス（コショウ、生あるいは乾燥したコリアンダー、シナモン、ショウガなど）を加える。ほかの材料もいろいろ加え、野菜は種類と仕上げたい状態によって時間を見計らって入れる。料理の口当たりをよくするために、ヒヨコマメを水につけて挽いたものをひとつかみ加える。レンズマメやソラマメのこともある。同様にブイヨンを吸収するコメやパスタを使うこともある。

料理は、使う酸味料（サワーミルクや乳清、酢、ヴェルジュ〔未熟ブドウの搾り汁〕、レモンやビターオレンジ、酸味の強いザクロやリンゴ、オレンジ、アンズ、スマックの実の汁）によって特徴が生まれ、その酸味料が料理の名前につくことが多い。酸味が強過ぎると、砂糖、場合によってはハチミツ、ときには煮つめたブドウ汁を加え、甘酸っぱく味を調える。ナツメヤシの実、レーズン、アーモンド、クルミ、ヘーゼルナッツを砕いたり細かく刻んだものはどれも、料理に加えてとろみをつけ、味をまろやかにする。肉はボイルする前にフライすることもある。多くの場合、ブイヨンは別にしておいて、肉だけを甘酢味を添える材料といっしょに、肉と同じ動物の脂の中で長時間とろ火で煮る。逆に、肉は一度ボイルしてからヒツジの尾の脂でフライすることもある。ときには、肉といっしょに煮たものと合わせて刻み、卵でつなぎ、十分にスパイスを効かせ、フライパンでフライする。しかしこうした汁気のない炒め料理は、甘酸っぱくて柔らかく、脂と結びついた料理ほど多くはない。肉はたいがい取り合わせた料理の主材料になる。

家禽、小鳥、特にハトは、主に串焼きにし、詰め物をすることが家畜肉の場合より多い。材料の組み合わせも家畜肉と同じではない。家禽肉と果物で甘いもの（halâwat）をつくり、料理に使った果物の名前をつける。例えば、ルムマーニヤ rummâniya はルムマーン rummân（ザクロ）から、トゥッファーヒヤ tuffâhiya はトゥッファーフ tuffâh（リンゴ）から、ミシュマシヤ mishmashiya はミシュマシュ mishmash（アンズ）からなど。ペルシア風に、若ドリにはプラムかクワの実のゼリーを添える。アーモンド、ピスタチオ、ヘーゼルナッツ、ケシの実などを使う料理もある。手の込んだ料理も見られ、一例を挙げると、若ドリの皮をていねいにはぎ、それで若ドリの肉、パン、アーモンド、香味料とスパイスからつくる具をくるんで縫い合わせる、というものがある。最良のイスフィードゥバージ isfîdbâdj——この名はペルシア起源を示す——は、若ドリの胸肉を香味料とスパイスを精妙に使ったブイヨンで肉が簡単にほぐれるほど長く煮てから、つぶしたアーモンドといっしょにごくとろ火で煮て、挽いたシナモンで風味をつける。この繊細な料理は、否応なくブラン＝マンジェを思わせるところを見ると、その原形かも知れない。

家畜肉と家禽肉は供するとき、ローズウォーターを振りかけ、おいしそうに盛りつけるのが望ましい。例えば、殻をむいたゆで卵を丸ごとか半分に切ったものを水仙の花に見えるように並べると、この場合の料理の名前はナルジシヤ nardjisiya になる。ここでは味よりも見かけに重きが置かれる。

魚

魚はいくつかの地域の住民にとっては基本的な食べ物で、エジプトのカイロやスペインのセビリヤなどの市場で見られる。しかし、料理書にわずかのレシピしか出ていないのは、栄養の面でも美食の面でも、たいして価値が認められていないためだ。

魚は、淡水魚の鯉とニシンの仲間アローサ〔アローサ属の魚。属名はタイセイヨウヒラともニシンダマシとも。英語ではshad〕、地中海で捕れるマグロとイワシなど、脂が多いものが好まれる。イワシはアンチョビー同様、スペインとマグレブの沿岸で保存用に塩漬けにしたものを、塩抜きしてから使う。鮮魚はていねいに掃除してから使い、マリネすることもある。魚は「寒」で「湿」の食品とみなされているので、「乾」にするため、グリルやオーブン焼き、フライに調理する。めったにないが、クル=ブイヨンでゆでる場合は、ゆでてからオーブン焼きにしたり、フライにしたりする。オーブンに入れるときは、腹に香草か具（パン、アーモンド、クルミをベースにした）を詰めて釉薬をかけた陶器の皿に入れ、酸味を効かせたソースをかけて加熱する。ソースの代わりにブドウ果汁を使うこともある。オリエントの有名な料理に、トルコのヴァン湖の小魚ティッリクフ tirrikh を塩漬けにして刻み、オムレツのようにつくるものがある。

野　菜

野菜は都市の市場なら、どの季節にも見られる。野菜には栽培したものと、野生のアスパラガスやアーティチョーク、ゼニアオイの葉などの採集したものとがある。地域ごとに変化に富んだ品種があり、つましい庶民にとっては重要な食品だ。肉と組み合わせることが多く、ありきたりな味を引き立てるために使うこともある。前菜として好まれる野菜の酢漬けは大量につくる。野菜の中でもマメ類の役割は特別で、端境期や食料難のときには穀物に代わって貧しい人々の基本食品になる。筆頭は中東のレンズマメ、エジプトのソラマメ。ヒヨコマメはどこでも大量に消費している。同様にインゲンマメもかなり食べるが、もちろん現在のアメリカ原産種のインゲンマメとは別の種類だ〔ドリコスを指す〕。エンドウはビターベッチと混同されることがある。ソラマメ、エンドウ、インゲンマメは、未熟なものをサヤごと食べたりもする。

いくつかの野菜は目覚ましい評価を得て、スペインにまで速やかに広がり、一二―一三世紀にかけての料理書の中で栄誉ある地位を保持していた。第一に挙げるナス（ペルシア語では bâdindjan, アラブ語は al-bâdindjân, スペイン語では berenjena）は、黒い色と有毒とみなされた汁にもかかわらず、低価格と、簡素な料理にも贅沢な料理にも合う調理上の利点から人気を博した。沸騰している湯と塩に入れていったん苦みを除くと、目だった味がほとんどなくなり、さまざまなものと組み合わせることができる。肉料理に添えることが多く、メンドリに詰めることもある。フライ、詰め物をしてオーブン焼き、肉もどきなどに調理し、酢、モッリ、コリアンダー、ミント、タイム、ニンニクなどで調味する。ほかのいろいろな野菜、クルミやアーモンドなどとも組み合わせる。今日のジャガイモの使い方にやや似ている。

ナスとはまったく別の口当たりの野菜、ホウレンソウ（スペインのアラブ語で isbanâkh, スペイン語で espinaca）は、栄養価も高いということで広まった。「イエメンの野菜」と呼ぶこともあるフダンソウも人気が高く、多くの料理に使う。ニンジンは赤、黄、白があり、日もちがよく、青物が不足する時期に重宝する。甘みと見た目のよさから肉の添え野菜として定評がある。

もちろん、新顔の野菜が入ってくる以前に食べていた野菜も残っている。根菜類の中ではカブが一番よく引き合いに出される。ラディッシュについて料理書が触れていないのは生で食べていたためだ。カリフラワーはキャベツ同様に頻繁に登場する。サラダ菜は、さまざまな温かいつけ合わせ野菜のひとつとして肉料理に添える。タマネギは基本材料だが、生で食べると息が臭くなるし、また大預言者ムハンマドが嫌ったことも考慮しなければならない。同様のことがニンニクにも言える。リーキはタマネギと同じように使うことがあり、シリアやイラクでは貧しい人々の食べ物だ。カボチャ（といっても旧世界の種類で、ヒョウタンといった方がいいが）も人気があり、アンダルシアのあるレシピによれば、これを魚の形にして病人の欲求を満足させ、健康を回復させることができる。キュウリはどこにでも大量にあり、メロンと区別がつかないこともあるが、ほかの夏野菜といっしょに料理に使う。アスパラガスは肉料理のつけ合わせになる。カルシャフ kharshaf（スペイン語で alcachofa）と呼ぶのは、アーティチョークよりもむしろカルドンかもしれない。古代の昔からずっと、頭花を食べている植物の葉肋である。エジプトと中東ではモロヘイヤ（mulūkhīyā）とタロイモ（kulkās）をよく食べる。タロイモは古くから知られている芋で、湯通ししてから揚げて食べる。オクラはアオイ科の粘液のある果実で、ポタージュとソースに使う。

ハーブ類ではフェンネル、セロリ、野生のセロリといわれるスモリッジ、パセリなどを料理の味を引き立てるために使う。キノコでは特に催淫薬と思われている白と黒のトリュフを食べる。セビリャのムフタシブ muhtasib はトリュフを遊び人の食べ物とみなし、モスクの近くでの販売を禁止している。

スープ

ヨーロッパの料理書ではスープから説き起こすのが習慣になっているが、スープはむしろ肉と野菜の料理からの派生物ではないだろうか。滋養に富む肉のブイヨンと残り物をむだにしない方法なのだ。大衆的でシンプルな食べ物だが、金持ち向けの本にも数多くのレシピが見られる。すでにタリードの評判からもわかるように、煮詰まり具合が変わっても、味の変わらないこうした食べ物に人気があった。刻んだりつぶしたりした肉、さまざまな野菜など、材料のヴァラエティに富んでいる。粉とコメでとろみをつけたり、卵でつないだりすることもある。

穀物料理

粉類は、ブイヨンやミルクや水で溶いて、一般に朝に食べる粥をつくる。このシンプルな食べ物はつくり方次第で贅沢なものにもなるため、つましい人々と同様に裕福な階級でも好まれていたことがレシピの数の多さからもわかる。パンづくりは特に料理人の仕事ではなく、したがって料理書にもレシピは出ていない。ただし、アンダルシアのトゥジービーの本は例外で、これはおそらく家でパンをつくる習慣がオリエント以上にこの極西の地域では定着したためだろう。パンは種類が多く、タリード（具）の種類によってどんなパンを使うかが記されている。最良のパンは小麦の精製粉か粗挽き粉を用い、古代からパンづくりに用いているオーブン（furn）か縦型のタヌールで焼くとよく膨らむ。胚芽入りの褐色パンや黒パンは田舎の粗末な窯や灰で焼く膨らみの悪いもので、医者によればこうしたパン、というよりガレットやクレープは、それを消化できる体質の持ち主や体力の消耗が激しい人々にしか向かない。

パスタには二種類あり、長いものはスパゲッティに近く、東部ではリシュター rishtâ、西部ではイトゥリヤ itriya（そこからカタラーニャ語の aletria）といい、ヴェルミチェッリに近い小さいものは、東部ではシャアリヤ sha'riya（sha'r は「髪」）、西部ではフィダーウシュ fidâwsh（そこからスペイン語の fideos）という。料理書にはパスタの製造法と肉入りブイヨンでの調理法が記されている。オリエントではなんらかの肉料理と組み合わせ、さらにレンズマメを添える。コメは同様のブイヨンかミルクで炊くか、オーブンで加熱し、砂糖を加えたりスパイスで香りをつけたりすることが多い。クスクスのつくり方が詳しく書かれていないのは、よく知られているためである。料理書は、地域的や地方的なヴァリエーションなど、別の料理といえるほど異なった加熱の仕方を詳しく記す。菓子製造における穀物の役割はごく限られている。それについては少し先で述べよう。

果物

食品全体における果物の重要性は、果物の豊富さ、多彩さ、品質が証明する。バグダッドの王族はかなりの遠隔地から果物を運ばせていた。例えば、鉛の箱に氷といっしょに詰めて運ばれるメロン、一番おいしいと評判のダマスカスのブドウとプラムなど。中東は、古代ギリシア・ローマ時代に知られていた多くの果物のふるさとのようだ。そこでアラブ人が果たした役割は重要で、果樹の改良と広い地域への伝播だった。その例が、プラムと混同されることもあるアンズ（プラムを指すアラブ語の barkûk から、アンズを表すスペイン語の albaricoque, フランス語の abricot が派生）と、極東地域からイランに早い時期に順化したモモだ。

柑橘類がどのような段階を踏み、どのような経過をたどって普及していったかはよくわかっていない。古代から知られていたメロンと、インドから伝わったスイカは、喉の渇きを潤す甘い汁気をたっぷり含む果物として、大量に栽培されていた。ワインの禁止はブドウを減少させたが、生食用果物としてのブドウと特に干しブドウ（zabîb）は、ヨーロッパに大量に輸出して名産品になった。ところが、甘みが強いブドウとイチジクを別にして、滋養の上で果物はさしてよい食品とは一般にみなされていなかった。おそらく、調理して砂糖を加えると、栄養の不足をカバーできると考えたのだろう。マルメロやリンゴ、酸っぱい果物の酸味を和らげて、肉に添えることが多かった。果物と砂糖でゼリーや大量のシロップもつくっていた。

甘味

多くの料理に甘みがあり、甘みは明らかに好まれている。パティスリーやコンフィズリーのレシピも料理書にたくさん出ている。甘味菓子類の質と量は、アラブを旅するヨーロッパ人を驚かせ、食事を締めくくるパティスリーや砂糖菓子への賛辞はつきない。まだあまり知られていないこの分野について、料理書やそのほかの文献に基づいて検討する価値がある。ヨーロッパ人が夢中になったおいしくてヴァラエティに富む飲み物（sharâb）は、実にさまざまな果物と砂糖でつくり、ヨーロッパでシロップやシャーベットと呼ぶものに相当し、砕いた氷を混ぜた高級なものもある。氷は高山から運び出し、穴蔵で保存することもある。リンゴ、マルメロ、未熟クルミなどと砂糖で薬効のある果物のパート〔ペクチンゼリー〕もつくり、ここでは糖菓職人と薬剤師は区別がつかない。

旅行用のビスキュイ（二度焼きパン）とジャンブレット類の菓子は両方とも同じカアク kak と呼ぶが、配合も作り方も異なる。焼き菓子には、卵と小麦の粗挽き粉を使うことはほとんどなく、アーモンド、クルミ、ピスタチオ、デーツ、砂糖、ハチミツ、スパイスを大量に使う。スパイスはシナモン、サフランなどで、まれにナルド香油と樟脳を使う。生地はかなり厚く、多くは幾何学的なさまざまな形につくり、低めの温度で焼く。また、いろいろな種類の揚げ菓子〔ベニエ〕もつくり、粉と水が主材料のやわらかい生地か半液体状の生地を油で揚げるが、揚げる前に発酵させることもある。アンダルシアでは白チーズ（mujabbanat）を詰めたものが好まれる。焼き菓子と揚げ菓子は加熱してからハチミツに浸したり、ローズウォーターを振りかけたりするものが多く、ローズウォーターは砂糖とアーモンドでつくる糖菓の香りづけにも使う。ヌガー様のものはハチミツ、砂糖、アーモンド、クルミ、ヘーゼルナッツ、ピスタチオを主材料にしてつくる。粉末アーモンドと砂糖でマジパンのような菓子（lawzinadj）をつくり、菱形に切り分けることもある。デンプンと砂糖が主材料のロクム〔ターキッシュデライト〕のような小菓子もある。

味ととろみの特徴

動物性や野蛮を思わせる生の食べ物は、料理書では扱っていない。食品の鮮度と品質への要求は、清浄に関する宗教上のこだわりと匂いに関する文化的感性に一致する。キリスト教徒の西洋とは異なり、塩漬け製品をあまり使わないのは、気候と深く関係しているに違いない。多くのレシピが、十分過ぎる加熱調理、濃いとろみ、はっきりした風味への好みを示している。おき火やオーブンのとろ火で長時間加熱するのは、おそらく用いている燃料とかまどに連動している。長時間の加熱を繰り返すのは、固いものをやわらかくしたり、反対に、水分の多いものにとろみをつけたり、水分を飛ばしたりするのが目的で、固過ぎもせず、さらさらし過ぎもしない状態にするのが理想だ。

多くの料理で——たいがい肉料理を中心にして——、今日では考えられないほど多様な材料をいっしょに組み合わせる。調味も現代では相いれないと思われる風味を何種類も合わせる。「全部をひとつ鍋で煮なければならないから」という説明では納得できない。こういった料理を信奉する大きな屋敷で、かまどにかける大鍋がひとつしかないとは考えにくい。組み合わせる材料を、中でもとろみがつく材料を次々に足し、さらにつなぎとしてナッツ類の粉末と卵を使い、香りが強くて甘く、脂っこくてやわらかい、ねっとりとした料理に対する好みを満足させようとしているのだと考えるべきだろう。大衆向けのハリーサ、ずっと上品なイスフィードバージは、数あるこの種の料理の筆頭格だ。あるレシピは、多くの食品を「まろやかな口当たりになるように」鉢で砕いたり刻んだりするのがよいとすすめる。「食器を使わずに指で食べることを前提にしているためだ」という実際的な説明も可能だろう。

豪華さや見栄だけでは、材料とスパイスを次から次へと加えていく根拠には十分ではない。このような材料の積み重ねは、食餌療法の働きをしているからだ。著名な医師ラージーが『食品矯正剤』*Correctifs des aliments* についての論文を記したのは偶然ではない。こうした観点から料理の材料を研究すると、組み合わせについての規則といったものがわかるようになるのではないだろうか。

料理はまた、思いがけない効果で人の意表をつこうとする。それも必ずしも味の上だけではない「もどき」料理を提供する。例えば、肉や魚料理にしか見えない野菜料理で、味まで近づけようとしている。驚かせたい気持ちがよく現れている料理に、次のものを挙げよう。一二一一三世紀のムワッヒド朝の首長に供したもので、オーブンでローストした仔牛一頭に、同様にローストしたヒツジ一頭を詰め、その中にはガチョウ一羽を、さらにその中に若ドリ一羽、そしてそこには一羽の小鳥を詰めたハト一羽が詰められていた！　というように見かけに心を砕く。料理はまず目を喜ばせなければならない、これがおいしそうな色をつけるサフランをよく使う理由なのだ。

ヨーロッパへの寄与

熱帯植物――コメ、モロコシ、サトウキビ、ホウレンソウ、ナス、スイカ、アンズ、レモン、ビターオレンジなど――のヨーロッパへの導入といったいくつかの点を除くと、一般にアラブに由来するヨーロッパ料理についての見解は、研究者によって異なる。アーティチョーク〔アラブ語 al-harsūf が語源〕とシャロット（パレスチナ地方のアスカロンでシャロットを産したところから「アスカロンのタマネギ」を意味する Ascalōnius が語源）は、語源が原産地を示しているかは疑わしく、むしろ以前から知られていた植物の新しい品種と考えられる。コメと砂糖は、アラブの手からキリスト教徒の土地に戻ったイタリア、シチリア、スペインの限られた場所で生産するようになるずっと以前から用いていた。砂糖の普及はずっと遅くに起こった複雑な現象で、普及にはアラブ人が取り立てていうほどの役割を演じなくなっていた。スパイスは――砂糖もそのひとつだが――、一六世紀までイスラム諸国を通じて大規模に輸入されていた。多くはギリシア人やローマ人によく知られ、特にコショウは広く使われていた。中世には種類も増え、用途も増大したが、そこでアラブ人が果たした役割を正確に定義するのは容易ではない。例外がサフランで、スペインからヨーロッパに入って馴化した。

同様に、アラブ特有のいくつかの料理が、どのようにヨーロッパの国々の食生活に根を下ろすことに成功したかはわかっていない。ヨーロッパ人がオリエントでじかにアラブ料理に触れたケースは限られているし、その影響も少ない。確かに、十字軍の騎士がシリアでエジプト人の女料理人を雇い、イスラム教徒と同じように食べていた例を挙げることはできる。しかし、個々人がオリエントの食べ物を好んだとしても、遠征地からアラブ料理を持ち帰ることはほとんどできなかったし、遠征地に居続ける人もほとんどいなかった。ラテン王国〔一二〇四年に第四次十字軍とヴェネチアがコンスタンティノープルを首都に建国。約半世紀で滅亡〕に定住した西洋人の場合は、出生国に戻った人はほとんどいなかった。しかし、シチリアとスペインでは事情が違っていた。一二世紀、ノルマン王朝下のパレルモでは、多くのアラブの習慣が取り入れられた。イベリア半島ではキリスト教徒とイスラム教徒の接触は恒常的で、以前からモサラベ〔アラブ化したキリスト教徒〕を受け入れていた半島北部の国々は、一一世紀になると今度はイスラム教徒を服従させた。一四世紀と一五世紀を通じて、もはやおそれる心配のなくなった敵対者のライフスタイル、服の着方や遊び方、そしておそらく食べ方までも、まねることが流行した。同じ頃『タクイヌム・サニタティス』*Tacuinum sanitatis*〔健康暦〕といった暦の類が多く出回ったが、これは書名からもわかるように（アラブ語でタクイーム taqwim はカレンダーの意）アラブ起源を示す食餌療法に関する著作の翻訳で、アラブの食物に対する考え方を広める役割を果たした。

料理書を調査すれば、アラブの影響を受けた時代、伝わった経路、影響の大きさについての情報が得られるはずだ。しかし、調査が実際には着手されていないのは、言葉の読み違いの危険が大きく、慎重さが求められるためだ。たとえば、フランス語の形容詞サラザン sarrasin は〔名詞と同様にサラセン人やソバを意味するほかに〕単に「くすんだ色」を意味することもある。サラセン風ブルエ brouet sarrasinois（sarrasinois は sarrasin の古形）といっても、材料や作り方がアラブ料理から来ているかどうかは、種々の料理書に認められる調理法と比較して確認する必要がある。ソース・カムリーヌ sauce cameline〔ラクダソース〕はシナモン cannelle を含み、その色合いはラクダを連想させなくもないが、それとは別に、綴り字または音声の変化がおきて cannelle の二つの n が m に変わったのかもしれない。もっとも、このソースの甘酢味とつなぎのための粉末アーモンドは、オリエント料理でよく使っているソースのタイプを思わせる。一三世紀末か一四世紀初めのある『リベル・デ・コキナ』*liber de coquina*〔料理の本〕に、また一四世紀のイタリアの四種の料理書に登場するレシピに、名称が注意を呼び起こすものがある。ザクロ風味の若ドリ料理ロマニア romania, スマックとアーモンド風味のソマッキア somacchia, レモン汁風味のリモニア limonia は、名前も作り方もアラブ起源であることは疑いようがない。アラブ語でザクロはルンマーン rummân である。スマッキアのレシピはアラブ料理のスムマーキヤ summâqiya, リモニアはアラブのライムーニヤ laymûniya (laymûn は「レモン」) のレシピと同じだ。同じ『リベル・デ・コキナ』には、本章ですでに取り上げたマームーニヤに由来するマモニア mamonia も載っている。時代が下って一六世紀には、起源が明らかなリソ・アッラ・トゥルケスカ riso alla turchesca〔トルコ風ライス〕に出会う。

イベリア半島の料理には、イスラム時代の思い出があふれている。しかし、状況は単純ではない。アル＝アンダルス〔八―一五世紀のイスラム支配下の南スペイン〕は古代ローマや西ゴート王国時代の習慣もそのまま維持していたからだ。今日まで知られている二冊の本に登場する独特の料理にしても、中東料理が地域的に発展した結果なのか、それともこの地域の伝統が復活しただけなのかはわからない。イスラム支配下には入らなかった近隣諸国の伝統とほとんど変わらない習慣が、ここではアラブの文化遺産という形で、かえってよく維持できたのかもしれない。例えば、アラブ語のアル＝バナディック al-banadiq に由来する名前の肉団子アルボンディガス albondigas は今日でも見られるが、そのレシピと共通するものが、中東とイスラム＝スペインに認められる。ただし、古代ローマ時代にも同じような種類の料理があったことがわかっている。

一四世紀の『セント・ソビ』*Sent Sovi* というカタルーニャの料理書では、レーズンとマージョラムといったごくふつうの材料が、それぞれアトゥセビブ atsebib (zabîb から) とマルデュイック marduix (mardadûsh から) といったアラブ起源の名前をもっている。アルロプ arrop はいろいろな料理の甘味料に使う濃縮ブドウ果汁で、アラブ語ではアル＝ルッブ al-rubb と呼ぶ。レモン（limona）、ザクロ（magrana）、ビターオレンジ（toronja）の汁は酸っぱいソースをつくるときによく用い、そのひとつはレモネハ lemoneha という。砂糖で酸味を和らげることもあり、甘酸っぱい味は多くの肉料理の特色だ。魚のフライ用の酸っぱいソース、エスカベイグ escabeig は、アラブ＝ペルシアのシクバージ sikbâdj に由来する。粉末アーモンドかアーモンドミルクと、シナモン、ショウガ、ナツメグ、サフランなどのスパイスを驚くほど大量に使う。ナス料理四種とコメ料理二種（うちひとつは、アーモンドミルクを入れて調理している）も注意を引く。ホウレンソウは、肉食を断つ四旬節の間に食べる。一六世紀の初頭の『リブロ・デ・コジナ・ダ・インファンタ・ドナ・マリア』*Livro de cozinha da Infanta Dona Maria* には、アラブ起源が明らかなレシピがいくつも載っている。その中に出ている甘味をあげると、アルフィテテ alfitete は粉とハチミツを蒸してつくるフリアンディーズ（アラブ語で alfitât）、アルモジャベナス almojavenas は言葉の中にすぐにムジャッバナート mujabbanât が見てとれるアル＝アンダルスの人々の好物フレッシュ・チーズの揚げ菓子、アルフェロアス alfeloas（al-halâwat）とマジパン（maçapães）である。メンドリのレシピは二品ある。ひとつはガリンハ・モウリスカ galinha mourisca で、「ムーア人風メンドリ」という名前からして起源が明らかだが、イスラム教徒に禁じられている豚の背脂を使うところを見ると、土地への適応が見られる。もうひとつガリンハ・アラバルダダ galinha alabardada は、アラブ語のアル＝バルダア al-barda'からきていて、溶き卵をつけたフライである。コメのミルク煮も同様に卵を混ぜてからフライにする。ローズウォーターとアーモンドはかなり幅広く使う。

アラブからの影響の程度を判断するには、キリスト教徒のヨーロッパでいちばん古くに書かれた料理本の中で、アラブ料理の典型とみなされる産物（ある種のスパイス、砂糖、アーモンド、ローズウォーター、酸味のある果汁など）、および調理法と風味（甘い、辛いなど）の占める位置を検討するとよい。しかしいうまでもなく、資料を解釈するには慎重さが欠かせない。いろいろな要素が絡み合い、アラブ特有のものであることを確認できる場合だけ、検討に値する。したがって、古代ギリシア・ローマ時代からすでに知られていたスパイスの中でコショウ、サフラン、クローヴなどは指標にならない。同様に甘酢味はペルシアから相続したものだが、古代ローマで知られていた。

アラブの影響力は一三世紀から一五世紀にかけて作用し、それ以降は完全に消え去ることはないが衰えていく。新しいエキゾチスムがヨーロッパ人を魅惑し、世界を変えたからである。また、トルコ人が中東を支配し始めて自分たちの習慣を持ち込み、仲介役としてのイスラム諸国の立場は影が薄くなっていった。アメリカからの新しい到来物(トマト、トウガラシ、ジャガイモ、トウモロコシ、インゲンマメ類)はイスラム諸国にも到達し、食べ物は著しく変化した。したがって、アラブの寄与で豊かになった中世の料理伝統が、どこで、どの程度、いつまで保持されたかを知ることが重要である。スペインでは、キリスト教徒に服従し(キリスト教王国の支配下で定住したイスラム教徒をムデハルという)、次いで改宗させられた元イスラム教徒(一六世紀にキリスト教徒に改宗させられたイスラム教徒をモリスコという)が、一七世紀の初めまでずっと暮らしていたことが継続要因として働いている。これに反して、社会や経済の変化を伴って味覚も変化していった国では、アラブ起源の料理はそれほどよくは生き残らなかった。アラブの影響力が著しかったのは、新しい産物の導入の段階においてだった。つまり、野菜と果物、スパイス、砂糖などがアラブから導入され、続いてヨーロッパ内部に広がり、やがて日常的な品にまでなる。イベリア半島を除いて、中世の末までに西欧のオート・キュイジーヌに導入されたほとんどの料理は、続いての世紀を通して次第に忘却のかなたに消えていった。

(菊地祥子・宮原信共訳)

第二章

中世のユダヤ教徒の食

ミゲル・アンヘル・モティス・ドラデール

中世のユダヤ人共同体は、一体化を目指すさまざまな文化的、社会的な要素をもち、なかでも彼らの食生活は、こうしたユダヤ的伝統のきわめて注目すべき表れだった。しかし、聖書という太い幹は共通していたが、各共同体と近隣文化との相互浸透の結果生まれた多種多様な個別性も無視できない。ここでは、特に地中海沿岸地域に暮らすユダヤ教徒の食について、そのアウトラインを描き出すつもりだ。そうすることで、この少数民族の文化を、政治、経済、宗教、すべての力を握るキリスト教徒の大海の中で呑み込まれまいとして絶えざる抗争を続けるこの民族を、よりよく理解できるだろう。

祭事

典礼暦は、ディアスポラ〔パレスチナからのユダヤ人の離散〕の記憶に合わせて、宗教的、人間的、歴史的な側面を作り上げてきたが、その中心になっているのはユダヤ教のしきたりや儀礼といったものだ。ユダヤ人はどの国に定住しても、完全な市民権をもった国民になることはなかったから。

シャバット〔安息日〕

シャバットの休息は、主が己の姿に似せて人間を創造した後での休息を思い起こして賞賛するもので、ユダヤ教の重要なしきたりのひとつであり、キリスト教の主日〔日曜日〕に当たる。この日は、再生を象徴するものとして照明、そして食器とテーブルクロスの交換に特別の注意を払う。しきたりに従って、メノラ〔七枝の燭台〕の点灯は食卓に白いクロスをかけてから女〔主婦〕が行った。ろうそくは燃えつきるまで灯し、炎が消えないように芯に少しの塩と油をつけた。

ミシュナ〔口伝律法〕は、食べ物の調理、動物の処理、塩漬け、粉を練ること、火をたくことなど、シャバットにしてはいけない労働を全部で三九種類あげている。したがって調理はアパラティオ〔支度の日〕と呼んだ金曜日の日没までに行なわなければならない。

シャバットの代表的な料理は「ユダヤ教徒のポタージュ」ハミンで、「温かいもの」という意味のアダフィナの名でも知られる。これは固ゆで卵、ヒヨコマメ、肉をベースに、ときにはキャベツやほかの野菜を加えてつくる。〔シャバットは金曜日の日没から土曜日の日没までを指し、ろうそくの点灯がシャバット開始の合図になる。この一日は原則的に労働をしないで、静かにお祈りをして過ごす。そうするために、金曜の午後は食事の支度など家事労働が増えるため、仕事は早じまいになる。ハミンはオーブンの意で、オーブンの余熱やおき火を利用したシャバットの昼食用煮込み料理。ろうそくを消したり灯したりもしてはいけない労働になるため、炎が消えないように対策を講ずる。〕

ローシュ・ハシャナ〔新年祭〕

ローシュ・ハシャナ〔新年祭〕はティシュレ月〔第七月。西暦の九月か一〇月〕の最初の日を祝い、シナゴーグ〔ユダヤ教会堂〕で吹き鳴らすショファル〔角笛〕の音で始まる。これは、モーセが十戒を刻んだ律法の石板を授けられて、シナイ山を下山したことを象徴している。この祝賀は一〇日後のヨム・キプールを予告し、「甘い年」に恵まれることを祈ってハチミツをかけたリンゴに、豊饒の印としてナツメヤシの実、ザクロ、煎ったヒヨコマメ、ヌガー（turrado）、リーキ、そのほかの野菜を添えて食べる。

ヨム・キプール〔贖罪の日〕

ヨム・キプール〔贖罪の日〕は特に厳しい断食の日。悔悛と贖罪、そして和解のときであり、同時にユダヤ民族の神への帰属を記念し、祝うときでもある。これはローシュ・ハシャナから始まる懺悔の一〇日間の頂点とみなされるティシュレ月の一〇日に行う。この日は、たいがい九月のブドウの収穫期に当たる。

人々は家を整頓し、新しい清潔なテーブルクロス（tovajas）をかけ、ふだんよりも明かりを増やす。祝いは前日の晩餐（日没前に食べる）で始まるが、その前に入念な宗教的な準備がある。食事は軽いものでなければならないため、メンドリや若ドリなどの家禽が好まれ、「火照」ったり喉が渇いたりするアルコール飲料、およびサフランやコショウなどのスパイスは避ける。また、幸先のよい年が始まるようにパンにハチミツを塗る。星が出て、断食が終わった晩餐は、ごちそうのことが多い。肉料理がメインだが、ほぼ何でも食べる。家禽が一番多く、魚はずっと少ない（マグロのシチュー、メルルーサのナス添えなど）。ブドウ、イチジク、アーモンド、卵も食べる。

スコット（仮庵の祭り）

スコット（仮庵の祭り）は、「仮庵の過越し祭り」、「幕屋の祭り」とも呼び、ヨム・キプールの五日後に始まる。この祝いの間、イスラエルの子孫がエジプト脱出後の四〇年間、荒野をさまよいながら組み立てていた仮の住居（「スカ」。複数形が「スコット」）に似せて、木々の枝葉で仮小屋をつくり、主が彼の民に与えた保護を喚起する。感謝の思いは秋の実りを捧げることで表す。

ユダヤ人街の通りや広場は小屋がけにうってつけの環境になっていた。そうした場所がない場合は、有志の家族が自宅の食堂や内庭を提供し、七日間を通して料理と甘いものを並べた食卓を用意する。過越し祭りのときと同じように、ガレット（turradillos）とドライフルーツを食べ、赤か白の「適正」ワインを飲む。キリスト教の宗教裁判所の検事がこの儀式を記述している。

「被告人は、俗に『仮庵の過越し祭り』と呼ぶ日を敬い、祝う習慣をもっていた。祭りの期間、自分の家にフェンネルとそのほかの野菜で小屋をつくらせ、その中で家族とユダヤの伝統に則って食べた。また、隠密裡にそのような小屋をつくることができない場合には、キリスト教に改宗した親類や友人の許に出向いたり、ときには彼らとユダヤ人街に出かけて小屋を共有した〔略〕。この祭りのしきたりを守って、ユダヤ式に新しい皿と椀を使って食べた。」

プーリム

プーリムは、シュバト月〔第一二月アダル月の間違いか〕に祝い、起源はペルシア王アハシュエロス〔聖書ではクセルクセス〕の妻、ユダヤ人のエステル妃が、大臣ハマンの野望〔ユダヤ人絶滅〕を捨てさせ、イスラエルの民を解放したことにちなむ。そのため、この祭りは「エステル妃の祭り」とも呼び、差し迫った危機の状況を再現し、ユダヤ民族の心情を忠実に表わしている。祭りの中心はメギラ〔巻物に記された『エステル記』〕の朗読で、地域によって異なるさまざまな伝統を生んだ。

日が沈むと断食は終わり、たいがいメンドリと固ゆで卵をパセリといっしょに食べる。また、ワインを大量に、ほとんど酩酊するまで飲み、賭け事にふけったり、カーニバルもどきの異様な色合いの衣装をつくって仮装したりする。パティスリーやコンフィズリーを贈り合う機会でもある（miskloaj manot）。

ペサハ

ペサハ〔過越し祭り〕は、ニサン月〔第一月。西暦の三—四月〕一五日から始まって一週間続き、その間、エジプトの七の災い〔『出エジプト記』では十の災い〕とファラオの抑圧からの解放を記念して祝う。発酵ダネを入れないコタゾパンが一番特徴的な食べ物で、パート・ダマンド〔アーモンドと砂糖を混ぜてつぶしたペースト状の菓子〕、ヒヨコマメのあめがけ、アルカケス arrucaques が続く。「紅海を渡るときにイスラエルの子らが肩にかついだガレット」を思い出すために、発酵させたパンは食べない。発酵ダネそのものが、ほんの少しでも家庭にあることを禁じている。

発酵させないパンとセロリ〔一般に「ニガナ」とされ、地域によってニガヨモギ、ホースラディッシュなど、苦みのある野菜で代用するようだ〕は悲しみの印だが、サラダ菜は喜びを象徴する。そこから、過越し祭りの終わりに、ユダヤ人は家族と友人、特にコンベルソ〔キリスト教に改宗したユダヤ人〕に、無酵母パン、アルカケス、アルコホリヨス alcoholillos, セロリを贈った。これに対する返礼は、伝統的にチーズ、卵、フリアンディーズ、サラダ、ラディッシュ、チャイブ、アーモンドなどだった。

過越し祭りの晩餐は、最初の晩に、セロリのサラダと酢をかけたサラダ菜、あるいはかつてのスペインのアラゴン王国で食べていたものと同じような、野菜をベースにして、ヒヨコマメ、パン、ソース、卵、ハチミツからなる食事から始まる。

人生の節目

生まれてから死ぬまでの間に、ユダヤ人は人生のたいせつな節目節目を通過する度に儀式を行う。人生の入口では割礼とハダス hadas, 家庭の創設に当たっては婚礼、死（あるいは不滅への移行）に際しては葬儀が。そして、それぞれに応じた食べ物がある。

人生と社会への入口では甘味

子供の誕生、とくに男児の場合は盛大に祝う。さまざまな品が贈られる機会でもあり、特別な料理を何品も準備する。カタルーニャはじめ、いくつかの地方では、子供をお披露目する前に、メンドリ料理と揚げ菓子〔ベニエ〕、ハチミツと油入りコメを食べていたことはよく知られている。近東のユダヤ人街では、産婦をねぎらって「出産の薄切り」トルリッハ torrija を食べた。この習慣はつい最近まで、スペインのトレドに残っていた。

ハダス（fadas あるいは vijolas, ヘブライ語の bessorah に由来）の儀式は新生児に敬意を表すもので、誕生から七日目の晩に催した。男児の場合は割礼式の序幕になり、若い婦人と親類が子供の母親の部屋に集まって、ガレットのほかに、菓子やドラジェ、ハチミツを塗ったパンの薄切り（melados）も食べた。

結婚披露宴——魚と豊饒

結婚祝いの行事の前奏、アルモサナ almosana（ギリシア北部サロニカのユダヤ人はそう呼んでいた）は、婚礼を行う週に先立つ土曜の午後に始まった。出席者はほとんどが女性で、飲み物と菓子を配った。未来の新郎は宗教行事（キドゥシンと呼ぶ結婚誓約式）を行う場所を探し、楽士を雇い、披露宴を準備する。ずっとつましい階層の場合、結婚式の前に新郎の家族は、近親者と婚約者の家族に小型ゴマ入りパンを配る。このしきたりはコルバン（「犠牲」）の名で知られ、新郎をのろいの視線から解放するためだった。

結婚披露宴は、親しい仲間や贈り物をくれた人たちを呼んで日暮とともに始めるが、その前にささやかなレセプションを開いて、砂糖入りジャンブレットとタラレス tarales（粉と油と砂糖をベースにした大きなブレスレット形のガレット）といったフリアンディーズを出した。飲み食いには音楽とダンスがつきものだった。

食事の準備が整ったことを客に告げた後、新郎新婦は寝室に引き取る。ベッドに横たわる前に、アブラハム、イサク、ヤコブの神に、二人の幸せと平和、富、子孫繁栄を祈る父親の祝福を受ける。今日でもセファルディム〔イベリア半島に暮らすユダヤ人〕の場合、新婦の母親は婚姻のベッドの枕の下に新郎新婦の口が「和らぐ」ようにと、ちょっとした菓子とボンボンをしのばせておく習慣が残っている。

結婚式（フッパ）の後、結婚祝いの一週間が始まる。新郎は、母親が何日か前に準備しておいたジャンブレットとタラレスを訪問客に配って礼をいう。

共同体によっては、「魚の日」を祝って結婚祝いの一週間を締めくくった。夫は夜明けに市場に行き、魚を取り合わせよく買ってくる。床に置いた盆に魚をのせ、妻が三度またぎ、親類と近所の人たちに魚のように子宝に恵まれることを願ってもらう。盆を運び去る前に、参集者は心づけを盆にのせ、新婚のカップルと客のために料理づくりに専念してくれた女料理人の労をねぎらう。

妻には、子として自分の家族の心のつながりを破らない務めがあった。古いしきたりに従って、娘が生家の敷居を越える前に、母親はボンボンをひとつ、砂糖のひとかけらを娘の口に含ませてやった。

葬儀——卵、永遠のシンボル

一番の近親者が守る厳密な喪は食べ物にも及んだ。最初の七日間（シブア）の間、食事は一般に調理した魚、固ゆで卵、青野菜、果物、オリーヴ、その他の植物性食品（cochuerzo）だけからなっていたが、卵と乳製品だけに限ることもあった。肉は完全に除外する。食事は床（ときにはクロスを敷くこともあるが）か低いスツールの上でとる。飲み物は水だけに限り、それも共同井戸、または少なくとも七ブロック離れたどこかの遠い家から汲んでこなければならなかった。

食物

食品に関する禁制は、さまざまなタイプの考えを取り入れている。例えば、食品に課された十分の一税の不払い、偶像崇拝とのつながり、不当な所有（盗み）による不法性、発酵にちなむもの（ハメッツ〔酵母入りパン〕）、過越し祭りの期間には「不浄」と見なすもの、など。これらの規定は、ユダヤ法のハラハ〔日常規範〕やカシュルート〔食事規定〕の基準に基づき、広範な食品にかかわり、完全な廃棄が義務づけられているある種の「汚れた」肉(toeva, shikoutz〔どちらも忌み嫌う意〕)から、異教徒には販売が許されるもの（血、腹部の脂、ミルクといっしょに調理した家禽〔家畜の誤りか〕）にまで及ぶ。トーラ〔成文律法の中心になる旧約聖書の最初の五書。「モーセ五書」ともいう〕によって禁じられた食品の場合も（調理が摂取に適していない場合や食品自体が法に反しているもの）、何が中世の人々にとってこれらの規則を動機づけていたのか正確にはわかっていない。ただ、さまざまな理由を当てはめてみることはできる。衛生上（病気を媒介する動物）や心理的（食べると残忍な本能を呼び覚ますとみなされている禁制食品への嫌悪感）な理由、また、自分たちと近隣の異教徒とを区別する必要性、など。

肉と魚

基本的に肉食のヨーロッパでは、食に関する禁止事項がユダヤ人にときおり解決し難い問題を投げかけていた。宗教上の禁止事項の大半が動物性食品を対象にしているからだ。無脊椎動物ではイセエビという唯一の例外があるが、爬虫類はすべて食べてはいけないことになっている。哺乳類の厳格な区別は、動物の分類学に結果として沿っており、蹄が別れている反芻動物だけが食用にできる。スペインで頻繁に名前をあげている大型家畜は、去勢牛、ベデッラ vedella〔カタルーニャ語で仔牛の意〕、雄ヒツジ、これらと並んで雌ヒツジ、雌ヤギ、仔ヤギである。一般にユダヤ人はキリスト教徒よりも、好みや経済力に関係なく、仔ヒツジ肉を多く食べていた。

さらに、動物の体の部位による禁止事項がある。家禽や哺乳類は、食べる前に血を抜かなければならず(『申命記』に「血は命であり」、血に魂が宿る、と明記)、肉はメリハ〔塩漬け〕——塩は重要な吸湿剤である——にしてカシェール〔適正〕にしなければならない。獣脂(helev)も、腿の腱も同様に食べてはならない。また、野生動物に切り裂かれた家畜(terefot)を食べることも禁止している。

ヒツジとヤギは二歳になる前に犠牲にする。牛の飼育はずっと少ないが、畑仕事や運搬などをさせて成年に達してから殺す。鳥類の場合は複雑で、律法の伝統は猛禽を中心に二〇種以上を不浄な鳥として伝えている。家禽類は、メンドリ、シャポン、カモ、若いガチョウをはじめ、タンパク質の摂取のためだけでなく、安価であることからも大量に消費する。ほかに狩りも行う。

こうした肉に関するいろいろな禁止事項のために、中世の人々はタンパク質とエネルギー源の不足分を、鮮魚や塩漬け魚(saladuras)に求め、シャバットの日〔安息日〕も同様だった。食用の魚はヒレとウロコがあるものでなければならない。

植物性食品

こうして、植物は食品の中で最も重要な位置を占めることになる。パンを大量に消費するからであるのはいうまでもなく、マメ類と生鮮野菜を混ぜたりスープにしたりして食べたり、また果物も食べるからだ。

パンに使う一番普通の穀物は、小麦、大麦、ライ麦、エンバクで、パンだけではなく、碾割やパスタにもする。物価高の時期には、肉が欠けた分の栄養を穀物で補う。パンはほぼ毎日食べ、中世の貧しい家庭では毎日四リーヴル（一・七二キログラム）前後を消費していたので、基本食品だったといえる。同じ時代に、スペインでコンベルソの平均的な家庭は、過越し祭りの無酵母パンをつくってもらうために、ユダヤ人街に小麦を一ファネガ（約五五リットル）送っていた。使う粉によって異なったパンができるが、この時代、もっとも一般的だった小麦粉のパンには、発酵させない無酵母パン（典礼用だが、コンベルソはふだんも食べていた）と発酵パンと二つのタイプがあった。

一五世紀末には、過越し祭り特有の無酵母パンに対して、「きれいなパン」という表現を日常のパンを指すのによく用いた。ユダヤ教の伝統には、三種類の無酵母パンがある。円形のトルタ torta, 大昔に生まれたかなり軽いラガヌム laganum, 皮ばかりのクルストゥルム crustulum だ。クルストゥルムを鉄板の上で焼くと穴のあいた薄いガレットができ、「やせたパン」と呼ぶ。紙のように白く、「全体に色を塗り、指ぬきで模様をつけ」た。

マメ類はカロリーを補う食品として評価が高く、パン作りに用いることもあった。地中海沿岸地域のユダヤ人は、ヒヨコマメ（ハミンやヌガーにして）、レンズマメ、ソラマメ、サヤインゲンが大好きで、これらのマメはいずれもスープやシチューに変化をつけるのに重要な役割を果たしていた。菜園では、ベルザ belza〔スペイン語でキャベツの一種を指す〕、フダンソウ、キャベツ、ホウレンソウ、ナス、セロリなどを栽培した。ドライフルーツ類は栄養価が高く、とても好まれた。ドライフルーツ類がどんなに料理をバラエティに富むものにしたかを示すために、ヨム・キプール〔贖罪の日〕の終わりを祝うスペインのサラゴーサでつくっていた料理を挙げよう。宗教裁判所の役人が残した記述である。

「彼らは『幸運な水』の中で卵二ダースをゆでた。固くゆであがると、その一部を刻み、残りはハチミツ、アーモンド、ドライフルーツ、マツの実、干したクリとソース、油、さらにほかのものといっしょに混ぜ合わせた。全部を鍋に入れ、二、三時間煮た……。」

飲　料

ワインが代表的な飲み物で、中世末には食事のときだけでなく、一日中飲むようになっていた。イサク・ベン・シェシェット・ペルフェットの『レスポンサ〔律法に関する質問への回答状〕』は、ユダヤワインに「適性食品」としての特性を保証することがいかに難しいかを教えてくれる。また、一三九六年頃にアルジェリア北部オランのユダヤ人共同体のラビ、アムラム・エフラティ・ベン・メルアアムに宛てた書簡で、マリョルカ島のコンベルソにとっても、ほかの地域のコンベルソにとっても、適正ワインをつくるための監視は不可能で、例えできたとしても、キリスト教徒に触れられるのは避けられない、と書いている。

ワインの輸入も、税（sisa）の徴収に関連した問題を引き起こした。スペインのハティバで、シナゴーグは、桶詰め税を支払った場合だけ、ワインの輸入を認めた。共同体は、地元の自分たちのワイン以外に対する禁止令を尊重した。実際、ラビの裁判所か審議会メンバーの同意を得て導入したものでない限り、他地域のワインは不浄とみなした。ユダヤワイン（赤と白）は市場に出回っているほかのワインよりも「うまく熟成していて優れている」といわれ、キリスト教の修道士や司祭も好んで飲んだ。

ユダヤ人の共同体は、ワインを輸入せざるを得ないほどブドウの収穫が少なかったときと、反対に収穫が過剰だったときに、重大な問題に直面した。カタルーニャ地方の数多くの共同体、特に一三―一四世紀に見られた恒常的な移民の流入と人口増加が原因でブドウの生産が需要に追いつかなかった共同体では輸入を強いられた。共同体同士が対立することもあった。一二八八年、モンソンのシナゴーグが、バルバストロのユダヤ人がつくったワインを飲むことも買うことも禁じたのがその例だ。この禁止は王自身が命じて廃止させなければならなかった。

毎年、ユダヤ人住民の一部はブドウの収穫に従事した。また、ブドウ圧搾機を所有していたので、ワインを自家醸造することも少なくなかった。収穫後、ブドウを搾り、醸造桶（adreçar）にワインを入れ、地下倉に鍵をかけ、熟成中に異教徒が立ち入らないようにしなければならなかったことを思い出しておこう。

水についての記録は残っていない。水の消費は、ことさら指摘するにはあまりに日常的すぎたのだろう。運搬人に頼ることがあっても、水自体は商品にならなかった。とにかく、水の栄養価はワインに比べるとゼロに等しく、少なくとも食事中は背景に追いやられた。ユダヤ人の家には一般に地下水を汲み上げる掘り抜き井戸があるか、あるいは共同体を横切る川があった。しかし規則が厳しくなって、井戸も川も利用できないことがあった。一四世紀末のペストの流行と混乱の時期には、井戸に毒を投げ込んだとがめられさえした。シチリア島のトラパニ、テルミニ、コルレオーネのように、自分たち専用の貯水槽を備えることもまれではなかった。パルマ・デ・マリョルカにあったような、恵まれた共同体では、高度な導水網を備えていた。

乳製品は重要な位置を占め、タルムッド規定によって、ミルクやチーズは特別な食器に入れて食卓に出した。ほかにもセファルディム社会にはいくつもの特産品があった。ここではトルコのイズミールでつくるペピタダを挙げておく。メロンの種子をベースにしたアーモンドシロップ〔アーモンドミルク、砂糖、オレンジの花水を水で割ったもの〕の仲間で、ミルクのような色と濃度があり、夏の暑さに立ち向かうのに、得がたい爽やかさをもっている。

食事関連施設

台　所

食事にかかわる一番神聖な場所「台所」はパラショ palacio つまり正面玄関のホールとそれを取り囲む部屋の真

上、寝室と同じ二階にある。台所には専用の出入り口があり、天井は柱の上の梁と梁の間に板をわたしてある。石灰を塗った床の中央にかまど、その周りに家具があり、カディエラ cadiera（ベンチシート）が二方か三方を囲んでいる。専用の台所がない家では食堂と兼用する。

食堂

スペインのサラゴーサでユダヤ人を追放したおり、作成した一〇〇件ほどの住居の財産目録のうち、食堂と示した部屋がある家はわずか三・五パーセントだった。しかし家具から判断する限りでは、公証人証書に別の名前がつけられたり、食事以外の用途に使っていたりしたとしても、これらの家の三分の一は「食堂」をもっていたと思われる(1)。

食堂にはふつう、家具が多く、壁には壁紙が張ってあった。ラセレス raceles という羊毛の長枕やたくさんのクッションもあった。照明は二、三本のろうそくを立てる壁にとりつけた突き出し燭台と、持ち運びできる小さな燭台だった。戸棚は、真鍮製の枝つき燭台、皿やグラス、ゴブレット（スズ、真鍮、鉄製）、乳鉢、壺、おまる、手洗い鉢をしまうのに使った。

裕福な家では、塩入れ、食事を保温しておくフォガリレス fogariles やスカルファドレス scalfadores をふつうに使っていた。長持ちと大小さまざまな箱は、身の回りのもの、特に衣類を片づけるのに用いた。

食堂に必須な家具はテーブル（arcamesa）で、財産目録には「食事用」と明記してある。テーブルは足か架台（小さいテーブルなら一台、大きい場合は三、四台）で支え、敷物で覆ったベンチが取り囲む。ベンチの一台は固定してあるが、ほかのベンチ（普通は三台）は動かせる。王家の紋章で飾り立てたり、とりどりに彩色したりしてある。こうして、テーブルを四方から囲んで座ることになる。

家によってはテーブルを複数備えていることがある。小さいのを玄関ホールに、大きいのを食堂に。この状況は一五世紀のフランスとイベリア半島の諸王国で確認され、おそらくさまざまに説明ができるだろう。これは筆者が金持ちのユダヤ人の家で確認したことだが、玄関ホールは使用人の食堂として使ったとか、ほかに家中で一番涼しいところなので夏の食堂だとか、家族全員が集まらない変則な食事（朝食や日中の軽食）の場所だとか、逆にこちらがふだんの食堂で、大きい方は特別な場合だけ使っていたなど。

食品の供給元と貯蔵先

都市型消費の場合、家庭では穀物用を除いて貯蔵道具が少ない。貯蔵室は穀物倉庫とワイン蔵と両方を兼ねるが、食物規定の「清浄」を維持するためにワインの大樽を保存するワイン蔵の役割の方が重要だ。貯蔵室は地下にあり、円形、正方形、長方形とさまざまだが、シナゴーグや市町村庁の取り決めに従って、公道（街路、大通り、路地）の下に張り出さないことになっている。貯蔵室へはパテイオに出るドアでさえぎられている階段を利用し、建物正面の下部につけた窓で換気ができる。穀物を食べるネズミと、マメの袋の中に暮らすゴキブリの退治が問題になる。チーズとワインは理想的な温度条件が整わないと酸敗してしまう。

貯蔵室の備品には、まずペヌス penus という一〇〇から六〇〇キロ容量の穀物櫃と、穀物や粉を入れておくモミ材の樽がいくつかある。小麦は袋に入れて屋根裏の納屋でも保存する。シチリアでは高さのある容器（カメ、筒など）に入れて、下に籐か葦のすのこを敷いて貯蔵した。食品戸棚は一五世紀以降になってから使うようになる。

アラゴン王国では、地下貯蔵室について言及はあまりないが、大桶、水や油やワイン用のカメ、貯蔵樽、ブドウをつぶすための樽、圧搾機、輸送樽、手桶などが見られる。フランスのプロヴァンス地方では、集合住宅の九〇パーセントは平均八〇〇リットル容量のワイン醸造設備を所有していた。シチリアでは各戸で備えていた。

ユダヤ人の家の裏庭では、わずかな場所にトリ小屋か鳩舎を設けて、卵と肉を得ていた。もちろん菜園もつくっていた。フランスのいくつかの地方では、家禽が家畜動物の一四パーセントを占めており、食物供給源として無視できなかったようだ。シナゴーグでもトリ小屋をもっていた。

道具

家庭の道具類は、食生活を営むのに十全とはほど遠かったようだ。財産目録には、ごく簡単な料理の下ごしらえや加熱調理、盛りつけに必要な道具に触れていないものが多い。シチリアでは、食器を洗うタライ（metidios）があり、陶磁器、木、金属製の大皿（bremi, laviczi）が大量に見られる。一方プロヴァンス地方では、椀や壺類（grazali, gravede）をふつうに用い、おそらく、食器類は陶器か銅製の洗い桶で洗っていた。

包丁が財産目録に登場することは少なく、一方、乳鉢が基本的な道具のひとつだったようだ。公証人は材質を重視しなかったが、多くの道具は木、角、石製だった。調理道具の中で欠かせないものが三種あり、焼き網、フライパン、間接的な火で調理するために使うつるつき深鍋だ。

食卓の世界

特別な場合、食卓は入念に支度する必要があった。今でもこうした父祖伝来の伝統に従って、「天使の食卓 tavola dell'angelo」を整えている地方がイタリアにはある。食卓はいつでもしきたりを守る最後の砦なのだ。

食卓のサービスにかかわるものでは、財産目録は食器類と家具類に言及しているが、壁に沿って置かれている石製ベンチには触れていない。テーブルクロスとナプキン（共有か個別用）類が豊富で、一枚あるいは数枚のロンジュリ longerie〔長い布〕と組み合わされていることもある。ロンジュリの寸法は二メートルあり、おそらく二人かそれ以上の客が共同で使ったのだろう。アラゴン王国のユダヤ人の食堂で発見されたリネンのセットは、「垂れ布」や「口拭い」という大量のテーブルクロスとナプキンからなっていた。

肉市場とパン焼きかまど

ユダヤ人街には、文化と公衆衛生と教育の施設、貧者救済の設備、礼拝所、公共公益機関があり、いずれも必要最低限の設備を備えていた。一般に都市空間は、私的な居住空間、政治・行政・宗教施設の並ぶ空間、それと商業地区の三つからなっている。この配分が現代的な意味での都市整備に対応していたと考えるのは、時代錯誤の過ちを犯すことになる。しかし、商業専用地区で、共同体は独自の食品の生産、流通手段を備えていた。

市や町によっては「ユダヤ人街商店」という名の食品供給センターを所有することもあり、これをキリスト教徒かユダヤ教徒が、営業目的で借り受けた。賃貸契約の期限は一年で更新もでき、一般の財政年度に呼応して四旬節の最初の日に発効し、謝肉祭（Carnescultas）の時期に終わった。スペインのサラゴーサに近いエピラのユダヤ人街で署名をした契約書に、次のような条項が見られる。「店にイワシ、メルルーサ、ロウソク、油、チーズを十分に備えておくこと。キリスト教徒の商人が今年の値段を設定したら、それと同額の値段をこれらの品物に当て、当該商人と同じ条件を守ること。」

肉屋（あるいは肉市場 macellum）は、ユダヤ人に不可欠な食品を供給する施設で、シナゴーグに次いでユダヤ人街を象徴する公益施設のひとつだった。イタリアで行われた調査が証明するように、キリスト教徒はユダヤ教徒に肉の調達を許して寛大な取り計らいを見せたようだ。調査対象になった共同体とその年代の主なものは次の通り。トーディ（一四一三、一四二〇、一四八一）、アメーリア（一四三〇）、ペルージャ（一四三九）、アッシジ（一四五七）、フォリーニョ（一四五六）、ノルチャ（一四三二）、スポレート（一四六八）、テルニ（一四五六、一四七四)、トレヴィーゾ(一四七四)、チッタ・ディ・カステッロ(一四八五、一五〇〇、一五三一、一五四五)。

肉市場はユダヤ教徒だけでなく、キリスト教徒やコンベルソも利用した。この間の事情は宗教裁判所訴訟記録が雄弁に物語る。それによれば、肉市場はユダヤ教徒の需要を上回って生産し、ヒツジ肉、牛肉、仔牛肉、仔ヤギ肉を町に供給していたことがわかる。ユダヤ教徒の食肉市場の方が、よい衛生状態で処理した良質の肉を売っていたようだ。一般に彼らの店の方がキリスト教徒の店より、品揃えも豊富で値段も安かった。土地の領主は、彼らの販売価格をキリスト教徒の市場価格に合わせようと規制に努めたが成功しなかった。

ユダヤ人街に専用の肉市場がない場合は、キリスト教徒やムデーハル〔キリスト教徒に支配されたスペインのイスラム教徒〕といっしょに同じ設備を使った。この場合、彼らは差別の犠牲になった。その例を挙げる。一三一二年、スペイン南部アリカンテ地方のエルチェで、ユダヤ教徒がキリスト教徒の肉市場で、家畜の喉を切って殺すことに町当局が反対した。ユダヤ教徒の肉は病毒に冒されているおそれがあるというのだ(ムデーハルも同じ疑いをかけられた)。一四〇三年、バレンシアのユダヤ人にも同様にキリスト教徒の肉市場で家畜を殺すことが禁止された。これらの施設は、利用し続けたユダヤ人の小規模な共同体に対してとられた追放措置とともに、この世紀の末には姿を消した。

アラゴン王国の王ハイメ一世は、一二七三年の勅令によって、マリョルカ島ではキリスト教徒の肉市場で動物の喉を切って殺すことを、ユダヤ教徒の権利として承認した。自分たちの施設内で、例えば家畜をこっそりと殺すといった、不正行為を犯したユダヤ教徒は厳しく罰せられた。一三四四年、ユダヤ教徒の肉市場で家畜を処理していた町の処理業者は、ユダヤ人に牛を枝肉にした前四半身を売る権利が与えられた。これはユダヤ教徒の求めに応じた、また肉の供給を確保するために必要な措置だった。もっともキリスト教徒が支払うより高い金額でという条件をつけはしたが。

モスタッサフ mostassaf（市場監督官）の命令は、いかなるラビも認可された場所以外で動物の喉を切ることを許さず、違反した場合は罰金二〇ソル支払うことを規定していた。キリスト教徒の店で、ユダヤ教の戒律が適性食品と認める肉を売ると、罰金は五倍になった。一三七〇年までは正式な王の認可状によって、ユダヤ教徒はキリスト教徒の肉市場で自分たちのしきたり通りに家畜の喉を切って殺すことを認められていたことを思い出しておこう。

中世のキリスト教教会法は、ユダヤ教徒の肉市場の肉をキリスト教徒が消費するのは、キリスト教という宗教に対する侮辱であると考えて、例外なく禁止していた。スペインのカスティーリャでは、都市の自治権を保証した特権状フエロに、一年の一定の期間はユダヤ教徒による肉の販売を制限したものがある。一六世紀のアリストテレス学者セプルベダが定めたフエロは、復活祭の前後三日間、クリスマス、精霊降臨の日に、ヤギの肉以外の肉の取り引きを禁止していた。スペイン西部のサラマンカのフエロは、ユダヤ教の戒律の「適性」な肉を販売したキリスト教徒の肉屋に罰金の支払いと当該商品を焼却する罪を課した。市長はまた肉屋が謝肉祭や四旬節の期間に、ユダヤ教徒の求めに応じて家畜を殺すなら、その肉屋を丸坊主にすると脅している。

肉を食用にするためには、一連の条件を満たさなくてはならない。トゥレファ〔けがなどがもとで死んだ動物。広義には食用として「不適正な」ものを指す〕を食べてはならない。例えば動物の胸膜が炎症をおこしている場合はそれとわかるが、問題になるのは動物の喉を切って殺した後で、規定に触れる欠陥が明らかになったときや、ラビが過って肉に血をしみ込ませてしまった場合である。こうした肉は安い値段でユダヤ教徒以外の異教徒に売っていたが、ユダヤ人には屈辱的に思える契約を結ばなければならなかった。明らかにキリスト教徒はユダヤ教徒が破棄した肉を食べていた。

ユダヤ教徒の肉市場はユダヤ教徒にもキリスト教徒にも賃貸され、キリスト教徒はそれを又貸ししていた。契約は九月から一年間の期限で発効し、支払総額、料金、貸主の責務が盛り込まれた。署名者は需要を満たし、婚礼や祭事などの特別な場合には、そのために必要な肉を供給しなければなかった。

一五世紀半ば、カタルーニャ東部ヘロナでは、食肉税取扱業者のための入札記録に、週に仔ヒツジ三頭を犠牲にする義務を明記している。仔ヒツジ肉の販売日には、不正行為を防ぐため、仔牛肉や仔ヤギ肉の販売を禁止している。雌ヒツジの処理は、六、七、八月の間は禁止した。肉の価格は、町の価格一覧表との差が三ドゥニエを超えてはならない。

一五世紀最後の三〇年ほどは、エピラの肉市場の賃貸借条項には以下のような料金の取り決めが見られる。リーヴル〔約一ポンド〕あたりの最高価格を、仔牛肉、乳飲み仔牛肉、仔ヒツジ肉は一一ドゥニエ、雄ヤギ肉と雄ヒツジ肉は九ドゥニエ、雌牛肉、雌ヒツジ肉、雌ヤギ肉は七ドゥニエに規定していた。内臓や屑肉の規定もあり、仔牛の頭肉は五ドゥニエ、仔牛の肺臓と腸間膜は三ドゥニエ、雄ヤギの頭肉は六ドゥニエで雌ヤギの頭肉は四ドゥニエ、雌ヒツジと雌ヤギの腸間膜と肺臓は二ドゥニエだった。

アラゴン王国のサラゴーサの肉市場は広く知られていた。ラモン・ベレンゲール二世老王が送った書簡から見ると、一一三五年には一般に門戸を開いていた。市場は古代ローマの城壁の近い、フェルリサ門の脇にあり、同じ名前の公道を通って行く。処理、貯蔵、販売は広場を取り囲むようにして行う。半円形の建物には戸口が二つあり、表口（forana）は外に向いて客を迎え入れ、もうひとつの業務用の戸口（çaguera）はサラゴーサ大通りに面している。建物は極端に狭く、屋台や架台がいくつもあり、そこで肉を切って販売している。一三六一年以降、六台の屋台が永貸借システムによって王に貸し与えられた。町の人口の増加から、一三九一年、中庭に三台の屋台が増設された。

ユダヤ教徒はいくつかの特権を享受していたが、その中に、ヘブライ人が過越し祭りに食べる無酵母パンを焼くかまどを自由に使えるというものがあった。国王や領主の役人は、風車や水車の私有を制限する傾向にあったが、それは税や使用料による収入を奪われたくなかったからである。こうした施設の譲渡は上述のような特権の売買という形を通して行われた。ユダヤ人が、私有のものでも公共のものでも、パン焼きかまどをキリスト教徒といっしょに使わなければならないときには、「キリスト教徒がおこした火でも、木の枝や薪をときおり象徴的に投げ入れさえすれば戒律は守られる」とラビは請け合った。

粉をこねる作業はふつう週に一度だが、特別の道具を必要とする。三分の一の家庭が「生地ダライ」またはこね桶を所有し、一般に玄関ホールや地下蔵、台所に置いておいていた。

調理技術

調理技術は、宗教の禁忌事項によって特異な力を発揮する。中世のユダヤ教徒の日常的な食事は、ある特定の動物性食品の使い方を別にすれば、キリスト教徒の食事とあまり変らない。

肉の準備手順

周知のように、ユダヤ教徒は生命の源である血を口にすることは許されないため、喉を切って殺した後の肉の洗浄と準備は、律法の掟に従って行う。肉は食べる前に、塩水（メリハ）の容器に入れて、血をすべて抜き去らなければならない。この手順はトリと哺乳類に適用し、魚には行わない。

血と同様に、ヤギ・ヒツジ類と牛のヘレブ helev（脂）と腔の腱（guid hanaché）の食用も許されない（鳥類と野生動物は除外）。これら二つの禁令は供犠の規則と結びついており、脂と腱は切除して神に供える。

肉類の準備にはほかに解体あるいは分割があり、切り分け用フォーク、関節切り離し用はさみと包丁が必要になる。切り込みは浅く目立たないように入れなければならない。包丁をこのように使うのは、解体は手を使って終える必要があるからだ。小動物、特にトリ類の場合、皮はぎ解体をすべて手で行う。骨は肉を食べるときに取り除く。

肉の塊は小さい切り身に切ってから鍋で煮る。動物の種類が何であれ、ボイルして食べることが多いので、肉の切り方はほとんど問題にならない。脂身の少ない部分をよく使うが、すべての部位が食用になる。

ガストロノミー遺産の鍵——レシピ

一四世紀と一五世紀のヨーロッパの料理書は、明らかに国境を超越し、折衷主義の様相を呈している。この均質性は特に料理とサラダの名前によく現れており、フランス風、イギリス風、イタリア風、カタルーニャ風といった料理に顕著だ。言葉と同じで、料理も元からあるものと後からやって来たもののさまざまな影響が混じり合って実を結ぶ。

ユダヤ料理の特徴は、スパイスの使い方、酸味（酢、ワイン、ヴェルジュ、レモンやオレンジ、未熟リンゴなどの汁を加えることによる）に対する好み、塩味の料理と甘味料理との未分化にある。バターの利用は異例だ。西ヨーロッパではどこでも、肉断ちの日には植物油を使い、そのほかの日には動物原料の脂を使う。カトリック教会規則はこのことに関して調理法を統一したが、一六世紀の宗教改革以降は効力をもたなかった。地中海沿岸域のユダヤ人は、ギリシア・ラテンの伝統を受け継いで、揚げ物用に向いているオリーヴ油をもっぱら使う。

ユダヤ料理のレシピの本は、主に今日のセファルディムが保存してきたが、そこには数世紀を生き続けた味覚原理が見られ、食習慣も現在の基準とは異なる。例えば、サラダ菜やセロリは食事中いつ食べてもよく、料理を前菜、主菜、デザートに分けても意味がない。そのために筆者は、野菜をベースにした料理、肉をベースにした料理などに、どんな材料が入るかといった点をもっぱら取り上げて記述していく。

ポタージュは日常の料理だけでなく、宗教行事でも一番重要な位置を占める。どこでも見られるハミンはたんぱく質に富み、栄養摂取の上で欠かせない。これはマメ類（ヒヨコマメ）、季節の野菜（キャベツ、リーキ）、固ゆで卵、肉（若いガチョウ、雌牛、雄ヒツジ、去勢牛）、タマネギ、調味料（サフラン、コショウ、塩）などからつくる。

ハミンの材料の組み合わせは、中世ユダヤ人の民族地図同様にさまざまあり、いくつかの例外を除けば、ベースになる材料は同じだった。カタルーニャではホウレンソウ、ヒヨコマメ、ヒツジ肉、塩漬け肉、卵から、トレドではヒヨコマメ、ソラマメ、肉、コリアンダー、キャラウェイ、クミン、塩、タマネギからつくる。ムルシアのはずっと質素で、ほんの少しの肉とたっぷりの油を加えたヒヨコマメのシンプルなスープ、カナリア諸島のは大量の油の中で揚げた雌ヤギ肉とタマネギといっしょにつくり、大麦粉の塩抜き小型ガレットを添えて食べる。作り方は簡単で、深鍋に材料全部を入れて、煮込み終るまでとろ火にかけておく。卵のハミナドスは、油と灰を入れた土鍋で煮るため、独特な茶色い色になる〔一般には、タマネギの皮と水といっしょに鍋に入れ、一晩オーブンに置いて土曜日の朝食に食べる〕。

当時の文献資料からいくつか例を引いておこう。「私は金曜日に土曜日のハミンを、肉、ヒヨコマメ、ホウレンソウでつくっていた。」「ヒヨコマメ、肉用のグリーンソース、そのほかのものを入れたハミンの深鍋……。日の出前に彼らは深鍋を火からはずし、薪とおき火を入れたつるつき鍋の下に置いた。土曜日の食事時間まで、そのまま置いた。」「彼らは肉の塊をとって、たっぷりの水で洗い、卵、ヒヨコマメ、フダンソウ、ホウレンソウと煮て、土曜日にこのハミンを食べた。」

ほかに「ユダヤ教徒の食べ物」や「ユダヤ教徒のシチュー」といった包括的な名称にふさわしい料理に、フリカッセ、エンパナディジャ(小型パイ)とクロケットがある。クロケットは仔牛肉か雌牛肉の挽き肉に香辛料をきかせて団子にし、オリーヴ油で炒めてつくる。「肉を挽き、次にソースを混ぜた後、小さいボールにつくり、食べる前に油で揚げた。」「くだんのクロケットをとり、ヒツジの網脂の上にのせ、糸で結わえ、ブイヨンに入れて煮た。」クロケットには二通りのつくり方があり、揚げてからソースで味を調えるかブイヨンで煮る。肉または魚のパイのエンパナダとエンパナディジャはよく知られ、甘味と塩味のものがあり、デザートか主菜に食べていた。「手のひらよりも高さがある大きな深鍋」のような片手鍋でつくった。

サラダの材料は季節によってかわり、過越し祭りには主にセロリとサラダ菜を酢で調味して食べる。ほかにも野菜は、季節を問わずユダヤ人の食卓で喜ばれる。ナスを揚げてポタージュに加えたり、肉と香辛料を詰めたりする。

最もポピュラーなフリッターはズッキーニ、ホウレンソウ、リーキ、これらよりは少ないがカボチャやタマネギも使う。カボチャ用を除いて、衣にはパン粉を加える。生鮮野菜をベースにしたフリッターは過越し祭りの前菜になるが、この日にはパン粉ではなく無酵母パンを使う。野菜は、肉と魚のつけ合わせによく用いる。

レシピの本は、フライかグリルするかくらいしか魚料理には触れていない。肉料理(ヒツジ肉、仔牛肉、仔ヒツジ肉、家禽類)の方が好まれ、こちらは一般にグリルするか油と香辛料で炒める。メンドリは油を塗ってグリルするかソースの中で煮る。このソースは肉と野菜の補いに重要で、香草で香りを高めるか、油と町の市場で手に入れたスパイスで調味する。クル=ブイヨン煮の魚に添えるソースは、卵とレモン、魚のブイヨンを合わせてつくるものが一番好まれる。

卵は、固ゆでかオムレツにして食べるが、肉や野菜、あるいはソースを添えてもよい。アラゴン王国の、キリスト教に改宗したあるユダヤ女性は宗教裁判で、どのように卵を調理するかを説明している。「鉄のフライパンに卵を割り入れます。火が通ったら、タマネギといっしょに揚げた挽き肉を加えて、さらに卵をいくつか溶きほぐして肉の上にかけます。別のフライパンにおき火をいっぱい入れて、これを上にのせて覆います。」よく使うスパイスは、ニンニク、サフラン、コショウ、それほどではないがコリアンダーがある。すでに挙げた油、それに塩も忘れてはならない。

デザートはバラエティに富み、主なものに小さなヌガー、ライ麦のガレット、マルメロのハチミツ漬け、塩味アーモンド、チーズ風味ジャンブレット、アサの実のトゥロン〔ヌガーの一種〕などがある。

一四、一五世紀の平均的なユダヤ人家庭の日常的な献立は、パン、キャベツ、サラダ、油、ワインからなり、ふつう、大量に飲み食いする。これに比べると、ヨーロッパの貴族の食べ物は、おいしさではどこにもひけを取らず、高カロリーだが、ビタミン類に乏しい食品からなっていた。

しきたり

家畜の犠牲には、喉を切って殺す（シュヒタ）にも腹を裂いた体を検査する（祭儀的検査べディカ）にも、特別な熟練が求められ、そのためにそれぞれショヘットとボデクという専門の役人がいる。ショヘットは共同体が専従員として雇い、固定給を支払う。規定によれば、その道の専門家であっても専従員以外は犠牲を実施する権利がない。専従員との契約書のなかには、住民への安定供給を保証するという条件で、ショヘットだけに肉の販売権を与えるものもあった。

ショヘットは動物の動脈と気管を包丁の一突きで切ることになっており、この作業の後、当該動物がいかなる病気にもかかっていなかったことを確認するための綿密な検査を行う。家畜の死が自然死だったり、野生動物に襲われたためだったりした場合には、その肉はネベラーといい、すでに述べたとおり、食べることはできない。

仕事に必要な知識を習得するため、ショヘットは律法の初歩を学び、カバラという有資格証を取得しなければならない。この証書の断片が今日まで伝わっている。一三世紀以降は、ラビが一人、喉の切り裂き過程を逐一監視するようになる。血の絞り出し、内臓と屑肉の切り分け、骨の除去、去勢していたかどうかをチェックし、食餌規定がきちんと守られるように監視した。

一方、ハラ(焼く前にオーブンに投げこむパン生地の一部)の取り分けは、神へ支払う「一〇分の一税」と結びついた祭儀のひとつで、この習慣はコンベルソの間で広まっていた。

朝と一日の仕事の終わりにそれぞれ食事をとっていたと言えるようだ。この二回の食事は「食事をとる disner あるいは souper」というが、ほかに「飲む boirs」という軽食をとる。夜明けの起き抜けに食べていたが、この早朝の食事は家族全員の集まりを前提にしなかったため、特定する言葉がなかったと考えられる。今日に伝えられている文献は、ある程度の人数が食卓を囲んでとる食事しか取り上げていない。

一日の主な食事をとる正午は、スペインでは一日の仕事が終わる時間だ。宗教裁判のいくつかの訴訟記録に、このことの詳細な記述が見られる。例えば、ある証人は「アラゴン王国カラタユドのキリスト教に改宗したユダヤ人のある家庭では、正午から一時の間に全員が食卓について、ライ麦パンを食べ、まだハミンの汚れがついている椀を持ち上げ、シャポンあるいはメンドリのローストを味わおうとしていた」と述べている。

取り引きが成立したとき、調印者の一人が食事中の第三者の家に行くと、食事をすすめられることも珍しくない。そんなふうにして、ある改宗したユダヤ人がユダヤ人街で「ハミンをお玉で二杯、味つき卵一個、それにグラス一杯の白ワイン」をご馳走になっている。

俗世界の神聖化——潔斎と祝別

食卓を囲んでの集まりは、特定の作法を重んじる。食卓は食べるだけの場所ではなく、血縁や友情の絆で互いに結ばれた人々が集まる小世界である。食前食後に祝別として感謝の言葉を捧げるためには——敬虔なユダヤ教徒なら、なにかここちよい行為を行う前には必ずそうするのだが——、ある一定の人数（mezouma）が最小限集まることが要求されるのだ。

文献はユダヤ教とキリスト教それぞれの祝別を区別している。前者はタリット〔祈りのときに成人男子が着用する肩かけ〕の着用が義務づけられている場にふさわしいものである。食前の祝福にはパンとワインが切り離せない。「食卓で、彼はワインのカップを手に取って祝福を授けた。ワインについて、私にはわからないヘブライ語の言葉を口にし、ワインを一口飲み、各人にもそのワインを一口ずつすすめた。続いてパンをとり、私にはわからないヘブライ語を七ついいながら、七本の切り込みを入れた。そのパンを祝福して切り分けてから、一口食べ、祝福されたパンであるといいながら各人に与えた。一同、食事が終わると、再び彼が祝別し、立ち上がった。」

次の朗唱で始まる祝別も、これに劣らず美しい。「私たちに食べるものを与えて下さる方を称えよう。私たちはその方の善意で生かされている。」この文句で、儀式が終わったことがわかる。それから、少なくとも何か大きな儀式の場合は、食卓を囲んだまま、ロマンス語かヘブライ語でのにぎやかな会話が始まり、何時間も続くことさえある。中世のヨーロッパではどこでも、食べるということは単に腹を満たすだけの行為に止まらない。それは十分に社会化された行為で、ユダヤ民族の四散は、コンベルソも除外せずに、この行為をして連帯の互いの結びつきを固める手段にした。

（菊地祥子・宮原信共訳）

伝統的な考え方では、中世とは固有の統一性を備えた歴史上の均質な一時期とされている。本書では、一〇世紀までの中世初期（第3・第4部で扱った）から、このあと問題とするいわゆる中世「盛期」（一一―一三世紀）と中世「後期」（一四―一五世紀）を分けて、独立した時代区分とするほうが好ましいと考えたが、それはこの二つの期間で生産形態と消費モデルとが大きく異なるからである。実のところ、一〇世紀と一一世紀のあいだには完全なる転換点が生じ、それは中世初期に苦労して実現された生産と食のバランスを崩しながら、歴史に新たな局面を開き、近代の特徴となる多くの変化の前提条件を設定した。

もっとも目につく特徴的な事実は、大多数の人間がその生存の基礎をおくものとして、農業経済がはっきりと姿を現したことである。中世初期には、弱い人口圧力と両立しえたがゆえに可能とされた農耕=森林における採集=牧畜の体系がしだいに危機に陥り、一部の地域（とくに山岳地帯）では中世全体を通じて近代までもちこたえたものの、ますます経済の中心からは追いやられていった。だが、こういったすべてが人口増加だけに起因するわけではない。一〇―一一世紀以降、ヨーロッパのすべての国で、人口増加が養うべき口の数を著しく増やし、未開墾地にある自然資源の利用による食のバランス達成の可能性をなおいっそうありえないものとした。同様に基本にあるのは、同時に生じた経済構造と社会関係の変化である。この視点から見て決定的な決め手と思われるのは、交換貨幣の新たな中央集権化と商業の回復であり、それはまず農村で、次いで都市で、伝統的な地域循環型経済に新たな市場経済が付加されるのを見ることになる。結局のところ、領地の漸進的な開拓は、二つの、たがいに緊密に関連してはいても異なった要因の結果である。一方では養うべき個体数の増加による食料需要の拡大（中世のような粗放生産形態では必然的に、未開墾地を犠牲とした耕作地の拡大を意味する）がある。もう一方では、市場に注入する在庫を蓄積するために、農民の労働を助成・強化することによって、所有地から最大の利益をあげようとする土地所有者と政治権力保持者（ヨーロッパ諸国のほとんどの封建領主、あるいはとくにイタリアにおけるブルジョワ階級の都市住民）からの圧力がある。森林における採集＝牧畜型経済（中世初期には、畑の貧弱な収穫を補うのに不可欠だった）が、基本的には地域循環型経済と直接消費の枠内で実践されたとすれば、農業経済の発展はこの在庫の蓄積という現象を許し、それはなによりもまず食品の保存可能性と貯蔵という明白な理由から穀物生産と結びついて、続く数世紀のあいだ商業流通の革新を支えた。このことはすでに中世初期の終わりに、いわゆる荘園制農場の範囲内で起こっていた。しかしながら中央権力を弱体化させながらわがものとしてきた行政権・司法権の強化・維持によって、土地所有者が抬頭したのは一〇世紀以降である。一〇世紀から一二世紀にかけて見られた、封建社会に典型的な領地権力の細かな分配がこの状況を裏づける。都市と都市階級が政治経済を掌握したヨーロッパの一部地域――とくにイタリア中部・北部――でも異なった経過をたどったわけではない。

ヨーロッパの風景が一一世紀以降に根本的な変化をこうむったのは、これらさまざまな要因が結合して作用したためである。多くの森林が伐採され、耕作可能地がまず平野部で、その後、丘陵地帯、そして最後に山岳地帯で拡大した。森林の周辺域における個人による小規模な開墾、広い領土での組織的開墾と集団による耕作開始、エルベ川以東のドイツにおけるような公権力の要請による耕作地と居住地の大幅な拡大など、入植はさまざまな様相を呈した。いずれにせよ、この現象は、一二世紀のある年代記に読めるように「農業なしでは生き延びるのは難しい」という新たな意識のなかで、ひとつの時代全体にその「特色」をあたえた。

「カレスティーア caerestia」という言葉の概念そのものも著しく変化した。この言葉は、中世初期には広い意味領域をカバーし、農業の危機だけでなく「森林」の危機をも意味した。その後、さらに一義的な意味に縮小していき、より単純に不作と穀物不足だけを指すようになる。さらにそのあいだは市場の供給が減少し、商品は高価になるので、カレスティーアのもつ「貨幣」的なニュアンス、カルム・テンプス carum tempus〔価格高騰時〕が強化された。つまり穀物が農民の食生活においてなおいっそう決定的な役割を果たす基本的要素となる一方で、森林の利用はいっそう減少し、また困難になった。減少したのは森が減り続けたからであり、困難になったのは、生き残った森に対する狩猟と放牧の制限と禁止が増加し、なおいっそう領主たちの娯楽だけに限定されていったからである。未開墾地での採集の可能性は縮小し、日常の食生活から食肉が減少し、農民たちはただ穀物、マメ類、野菜だけを食べるようになって、その食生活と特権階級の食生活のあいだの溝はしだいに深まった。

一四世紀後半から一五世紀前半にかけて――一三四八―五〇年のすさまじいペスト禍と、ペストに先駆けた、あるいはそれと同時に発生した飢饉の結果、ヨーロッパ全体を新たな人口危機が襲ったとき――経済は、中世初期の経済の目印となる森林における採集=牧畜型の特徴のいくつかを、一時的に取りもどしたように見える。このときおそらく食肉の生産量はふたたび豊富になり、農民の食はそこから益を得られる場合もあった。しかし、この現象はなによりもまず、食に関する需要を市場で満たしていた都市階級に影響をおよぼした。一方で、農村共同体の未開墾地に対する使用権の収奪メカニズムは中断される気配はなかった。いずれにせよ、一五世紀半ば以降、いま述べたような現象――農民の食生活が植物性食品のみに縮小されたこと、あるいはさまざまな社会階級の食生活のあいだの溝がしだいに広がったこと――は、さらに大きな力をともなって再開され、近代全体を通じて継続されることになる。

中世中期と後期には二つの社会階層が食に対する特権を有した。第一の伝統的な階層は貴族で――たとえ象徴的ではあっても――肉を食べる人たちと言われ、その食卓では貧民の野菜とマメ類は軽蔑された。第二の新たな階層は市当局の食料配給政策に保護されていた都市住民（庶民も含めた）である。市当局はこの政策によって、都市の市場における食料確保を約束した。貴族、聖職者、農民の伝統的な三「身分」に対して、都市の「第四身分」は近代になると、さらにいっそうの発展を遂げ、自らを保護された特権階級と定義した。実のところ、食料消費の「農村」モデルと「都市」モデルの対立は、中世盛期以降に発展したヨーロッパ食文化にもっとも重要な新しい特徴であり、具体的であると同時に、当時すでに象徴的意味合いを備えていた。この対立はまず最初に、イタリアのような強力な都市の存在によって特徴づけられる国々に登場し、その後、近代のあいだに一般化する傾向にある。このことは地域循環型経済と市場経済のあいだの対立、食材の完全な家内における調理（農村に典型的な）と都市社会に特徴的な専門職の手を借りる可能性――食の領域においても――とのあいだの対立を意味する。専門職への依存はついには外食産業の原型出現にまでいたる。

都市対農村の対立をガストロノミーの面で象徴するのは、小麦粉で焼く都市の白パン、雑穀で作る農村の黒パン・粥・スープであり、中世初期においては、それが貴族の食と農民の食それぞれのアイデンティティを特徴づける象徴であったことはすでに見た。同じように――そして、これもまた中世初期の貴族対農民の対立から借りてきた価値の変化をともないながら――市場の生肉（都市住民のアイデンティティの象徴）は、農村の人びとがなんらかの方法で調達を続けた塩漬け肉と対立した。中世末期の料理書に登場する辛味、甘味、酸味を基本とする都市のガストロノミー文化から、塩漬け肉が完全に遠ざけられたように見えるのも偶然ではない。中世末期の都市のガストロノミーでヒツジ肉が（栄養学関連の文献にはあまり登場しないにもかかわらず）信じられないほどの成功をおさめたのは、新しいものと多様性への欲求と、豚肉の伝統的な「農村」文化への対立を明らかにしているると思われる。このような食の「様式」はなによりもまず、田園世界から身を引き離し、他の品、他の消費形態を選びたいという意志を表す。これが基本的に差異化の意志であるのは、ヒツジ肉が伝統的に農村の食生活に不可欠な一部を成していた地域で、この肉が不人気だったことから明らかである。

新たなアイデンティティに対する誇り（とくにそれが都市の下層階級に見られたのは逆説的なことではない）はあまりにも大きかったので、生活と食とが「農村」的状態へと回帰する恐れはどんなものであれ、社会的後退の兆候と感じられ、ただちに抗議の暴動を引き起こした。小麦が不足し、都市の市場が雑穀しか供給しないとき、民衆は激高し、当局は、遠隔地からの小麦の輸入、地元の市場からの徴用など、なんらかの方法でその状況に手当を講じなければならなかった。都市住民が暴動が起こしたのは飢えのためばかりでなく、また（あるいはおそらく、なによりもまず）誇りと屈辱感のためだった。

また中世中期、宮廷と都市とが重なり合う階層で形作られた「礼儀作法」の発明も、特権階級を文化的に固定し、中身によってだけでなく、外から見た形によっても定義する役に立った。「宮廷風の＝礼儀正しい cortesi」「都会的な」流儀はまず第一に、「粗野 villania」〔villano ＝「villa（ローマ時代の農場）の住人」から派生。「農民」「粗野」の意味〕つまり農民であることの拒否として否定的に定義され、この点について、食卓はとくに効果的な共鳴箱として機能した。食卓をともに囲むための装置（食卓のしつらえ方、食器の様式と素材）もまた、差異化の徴として使われた。中世最後の数世紀に――それに先立つ経験に基づいて――高度な洗練の形で発達したガストロノミーの芸術も同様である。それもまた、食品の調理に払われた最大の配慮と食品の「おいしさ」（これはつねに主観的である）のためばかりでなく、それら以上に、ガストロノミー芸術が栄養学との関連でもつようになった強い社会的価値からもまた、社会的に意味のある「ディスクール」の担い手だった。食材の調理はなによりもまず栄養バランスの要求に応えるための方法と理解されたので、ガストロノミーと栄養学は、中世においても古代と同様に歩調を合わせて進み、たがいに補完し合った。しかし、中世の文化はこれらの「要求」を（ギリシアの栄養学の教えにしたがって）個人の特性ではなく、社会階級の特性として識別することによって、それらによりいっそう社会性の強い意味をあたえた。貴族には貴族の栄養学、ガストロノミー、食卓での振舞い方があった。農民には別のやり方があった。食卓と食物とは、確立された身分制度を確認し、安定させるための主要な道具となった。

（北代美和子・末吉雄二共訳）

第二二章

封建社会と食

一二―一三世紀

アントニ・リエラ＝メリス

一〇八〇年から一二八〇年頃にかけて、武力を有する土地所有者の小集団が、従来の公権力を押しのけ、農村の庶民階級を弱体化させながら、権力者として抬頭した。極端な法的経済的不平等に立脚したこの領主団の庇護のもとで、人口増加、経済の開放、家族構造と労働力統率メカニズムの変化、技術と科学の革新が同時に起こり、それと平行して食の体系もまた変化していく。

社会経済的状況

紀元一〇〇〇年のヨーロッパのように、いまだ農業に深く根をおろしていた世界では、決め手となる変化は田園農村地域で起こる。傾向変化の最初の兆候と長期にわたる経済発展の端緒が出現するのは、周辺部の田園農村地域のどこかである。新時代のきざしは一〇世紀中葉から認められるものの、成長が西ヨーロッパ全体で一般化するのはようやく一〇〇五―〇六年と一〇三二―三三年の飢饉後だ。一〇世紀中頃から、小規模な開墾、破壊されたインフラの再建、交換の増大、貨幣の鋳造とその流通量の増加といった多くの現象が経済躍進の近いことを、とくにラティウム〔イタリア中部・現ラツィオ〕とカタルーニャで予告していたように見える。世紀前半の恐慌のあと、死と悲観主義に対して、生活と希望の回復がしだいに明確になっていった。

成長の指標

時代変化のもっとも明白なサインは緩やかだが持続的な人口増加であり、それは一三世紀末まで継続する。一〇〇〇年から一三五〇年までのあいだで、人口はフランス、オランダ、ドイツ、イングランド、スカンジナヴィアで三倍となり、またイタリアでは倍増した。ヨーロッパ西部と中部で約一二〇〇万から三五五〇万人、南部では一七〇〇万から二五〇〇万人、東部では九五〇万から一三〇〇万人となる。旧大陸の多くの地域で、このとき到達した数字が超えられるのは近代の訪れ以後である。

一〇八〇年以降、若者の波が田園に押し寄せ、その波が新しい村を創り、都市の古い城壁からあふれ出して、未開墾地と森林をわがものとしていった。この新しい活力のおかげで、居住地域が組織され、開発に必要な装備が整えられ、都市労働者が出現した。人口が増加した結果、大家族の共同生活という基本的枠組みが柔軟になる。氏族と血統の内部で、両親と子供だけで構成される核家族が個別化していった。少なくとも北ヨーロッパでは、三〇人から五〇人がともに生活していたカロリング朝時代の大規模共同体は分割され、ひとつのかまどのまわりに構造化される縮小された家によって置き換えられた。人間を血縁関係の内側に引き留めていた法的道徳的拘束は弱められた。血のつながりの弱まりは他のつながり――まず主従関係、依存、献身といった縦のつながり、次に友愛、協力、利害など横のつながり――が少しずつ結ばれていくのを促した。古い大家族集団が分裂した結果として生まれた核家族は、貴族が創った新しい組織、荘園に取り込まれた。

労働力の増加は田園の入植、土地の開墾、沼や湿地帯の干拓、運河の掘削、道路の敷設、植林、小さな森の枝おろしなどを可能とした。開墾に直接言及する証言は一二―一三世紀の資料で増加し、荒れ地における耕作の集中的拡大を明らかにする。開墾はまず既存の農地を拡大したあと、独立した新しい開拓地を生み出した。

旧耕地でも新耕地でも、製パンに必要な穀物――さまざまな種類の小麦、ライ麦、さらにキビも――と大型家畜の飼育に関連する穀物――大麦とエンバク――が盛んに植えられた。さらに「封建」時代の経済と社会の発展は、ブドウの発展と密接に結びついている。修道院や王侯の「特権的な」ブドウ栽培を都市近郊あるいは農村の一ブドウ栽培が引き継いだ。それは、驚くべき自主性を備えた農民と高額かつ定期的な収入を手にしようとする一部貴族によって創り出された。コンプランタシオ契約は、土地開発の費用負担と交換で、植樹されたブドウ株の二分の一ほぼすべての所有権とその残りの部分の用益権を保証することによって、中世を通してブドウ畑の開発を促進した。一〇世紀には、もっぱら修道院や領主の直営地の菜園、あるいは周辺地域や中間地域だけで栽培されていた野菜は、農家の周囲にまとめられた。女性と子供の労働、肥料としての堆肥〔家畜の糞尿と寝藁の混ざったもの〕の使用、水やりと継続的な世話が、家族的な小菜園を集約的な生産ゾーンに変え、そこではソラマメ、ニンニク、タマネギ、リーキ、キャベツ、ホウレンソウが育てられた。

耕作地の急激な増加は、単に利用可能な労働力が増加したからだけでなく、非常に多様な要因、とくに人間と人間を取り巻く環境との関係を変えた技術的進歩が普及した結果でもある。多様な革新をただ総計したのではなく、真の諸システムが創造された。古代からの遺産であり、カロリング朝の大所有地にも存在していた製粉所は、一一世紀以降、西ヨーロッパ全土で急速に数を増した。その臼は動物や奴隷ではなく、水力や風力で動かされる。役畜の労力はより進歩した繋駕システム——牛には前頭部の軛、馬とラバには固定された肩輪——の採用によって増大し、加えて蹄鉄が伝播した。

さらに製鉄の発達が農機具の改良を許した。もっとも重要な技術的発明のひとつは有輪犂で、古いローマの無輪犂とは金属製の犂先と犂刀、撥土板とで異なる。伝統的な犂はほとんど全体が木製で軽く、表面に畝溝をつけるだけだが、地中海地方の崩れやすい斜面地で使用され続けた。それに対して、新型の犂は丈夫で、二頭一組あるいは数組の牛や馬に引かせれば、大西洋平野の重く湿った土を深く掘り返すことができた。

農機具の革新による労働力の節約は、耕作システムの著しい改善を可能とした。耕作の多様化は土の再生を加速し、しだいに休耕を短縮する可能性を提供、乾燥地帯あるいは人口過疎地を除いて、休耕期間は二年に一度に短縮された。一三世紀、ピカルディーやイル=ド=フランス、あるいはロンドン盆地のようなとくに地味豊かな地方では、さらに集約的なモデルができた。一部の農村共同体は、収穫率をあげたいという欲求に後押しされて、より短期の休耕をともなう新たな輪作を試みた。その結果、休耕期間は三年に一度と短縮され、穀物を二年続けて収穫する。つまり一年目の秋の終わりに冬麦を、二年目の春分の日直前に、エンバクまたは大麦など短期間で収穫できる穀物一種を蒔く。さらに三年というローテーションは、それぞれの農場で年間の耕作面積を増加させ、耕作面積は耕作地の二分の一から三分の二になる。

一二世紀には、とくに古い農場地帯における労働者の増加と新しい土地の豊かな有機成分のおかげで収穫率が著しく増加し、九世紀にできたカロリング朝の大領地では一対二だったものが、クリュニーでは一対四、ピカルディーでは一対六にも達した。連続する三耕作の実践は西ヨーロッパの大部分で定着した。反対に、保有地では、肥料の散布は相変わらず菜園に限られ、領主直営地では、堆肥の賦役は耕作可能地のごく一部にしかおよばなかった。

焼き畑の効率性と栽培穀物の収穫率の向上は他の要因によって推進された可能性もある。ヨーロッパがカロリング朝時代に経験した湿った寒冷期は低地の森林地帯の発達に適したが、そのあと一三世紀中葉まではより湿度の低い温暖期が続いたものと思われる。もしこの仮説が確認されれば、西ヨーロッパの気候は九五〇年から一二七五年まで、温暖で雨量がより少なく、穀物栽培に適していたと言える。それは地中海の傾斜地よりも北国の平野にずっと好ましく、地中海の斜面地では森林と牧草地がともに荒廃したと考えられる。

耕作地にあてられる土地が増加したにもかかわらず、森林と牧草地、荒れ地は日常生活に無視のできない役割を果たし続けた。建築や暖房のための木材資源、牧畜のための空間、狩猟地と採集エリアは、穀物不足のときには長期間であれ短期間であれ、農村社会の下層階級の食料源となることで、その重要性を示した。早くも一二世紀初頭には、手近に狩猟ゾーンをもち、建材や燃料のための高品質木材を備蓄する必要性から、領主たちが森林開発の規制に乗り出した。開墾が森林地帯を縮小させ、民衆の内部にキリスト教が浸透して森からその古い魔力を奪うにつれて、権力者はこれらのゾーンの資源開発に関する農民の権利を制限していった。封建貴族占有とされた多くの森林はもともとは共同体のものであり、その開発は近隣の農村住民の集会が認める慣習的な制限以外の制限は受けなかった。権力者による未開墾地の収奪は、とくにノルマンディー地方において農民叛乱を誘発した。

封建的農業構造

このような大規模な変化は、生産関係に影響を及ぼさずにはいない。カロリング朝の大領地はしだいに荘園制という新しい構造へと変化し、それは西ヨーロッパ全体に広まった。荘園は一一世紀に誕生し、それ以前の大規模所有地との違いはその内的な組織にではなく、よりダイナミックな管理方法の採用にある。

武家貴族は労働力の過剰を利用してテラ・インドミニカータ〔荒地〕を細分化し、その所有を地代の支払と引き換えに農民に許した。農民家庭の増加のために分割されたカロリング朝のマンス〔農民の保有した持ち分地〕のあとを、さまざまな大きさの保有地が引き継いだ。土地の所有者である領主は、貨幣による定額の地代と主要な収穫物――穀物、ワイン、油――の一部、決まった頭数の小型家畜、家禽、ハム、チーズ、卵と交換に土地を譲渡した。領主はまた譲渡のさいに入場権を要求し、農民が子孫のひとりに譲渡する場合も含めて所有者が変わるときには移転税を徴収する権利を留保した。それと引き換えに、農民は耕地の永続的所有を手に入れ、それを譲渡さえできた。人口増加と農業の技術革新の時代において、領地に新規耕作者が絶え間なく定着したおかげで、領主は耕作者たちに過重な税、あるいは頻繁な労働力の提供を要求することなく、そして耕作者たちを土地に縛りつけることなく、収入を増やせた。そのために、農民家庭は受け取った土地の開拓に努力を傾注し、隷属に陥ることなく自分たちの生産の発展に参画できた。

公的な諸構造体の崩壊と配下の騎士群の攻撃能力は、領主に地代を補う補助的な収入源を提供した。つまり私的裁判権、裁き、保護し、税と特定の農村共同体からの奉仕を要求する権利から派生する収入である。土地領主制の網に裁判領主制の網が重なる。もともとは別々のものだった二つの網は、時間が経つとともに完全に一致していく傾向にあった。ほとんどすべての領主裁判官はもともとは大土地所有者であり、また大土地所有者は領主裁判官だった。公的な機能の不当な取得とその子孫への継承の不可譲渡性は、武家貴族が農業開発の恩恵の分配に決定的な役割を果たすことを可能にした。効率のよい保護と司法と交換に、領主は配下の保有農や自分の裁判権の下におかれた独立小土地所有者に新たな税を要求した。武家貴族の必要に応じて構想された税制は、農村の余剰家族を寄生させ、自由農民と依存農民の差を縮小し、地代生活者を労働者から分ける溝を深くすることに成功した。

カロリング朝期には多数存在した自由農民は、一一世紀以後、領主の前に減少していった。経済の発展期における小土地所有者の間断なき崩落は、領主の権威の強化、権力者の攻撃的性格、私的戦争、効果的な保護の必要性、新たな税負担、司法による罰金や財産没収と関係づけられるべきである。細かい自由地がゆっくりと大きな全体に取り込まれていったことは、ひとつの経済現象というよりも、人間の管理と支配のメカニズムを構成する。

大所領地内部では、開墾が私有林を減少させ、農地を創出した。紀元一〇〇〇年以後、農民保有地は、よりまとまりのよい、そしてよりよく管理された核のまわりに再結集した。保有農の家は教会の周囲に集中し、教会の足下には死者たちが眠っていた。このように形成された核はますます緊密になる道路網でつながれた。中世盛期の司教区網の強化と農村共同体への農民の集中によって、ヨーロッパの田園には一九世紀の農業革新にいたるまでその特徴となる外観があたえられた。

一三世紀末、西ヨーロッパの風景は中世初期とは著しく異なっていた。環境に対する人間の痕跡は、はるかに明白になった。居住地域には石と木の小さな家の塊で形成されたたくさんの村が点在し、家は教会と墓地の周囲に集中していた。菜園、脱穀場、羊小屋、ブドウ畑、果樹園、穀物畑が村を取り囲み、狭い放牧地と森とが境界線を形成した。広大な森林地帯はより慎ましい森に変わり、領主の番人が監視して、農民の立ち入りを制限していた。開墾圏の拡大は中間的な植生圏をほとんど消し去った。

あちらこちらで、生け垣と塀に守られた領主代理人の住居と倉庫が、農民の収穫を主人からの指示があるまで保管し、またかまどや鍛冶場その他近隣農民の共同体のための設備もあった。領地全体を管理する城は高台のよく見える場所にあり、そこでは食糧がつねにしっかりと補給されていた。入植者の労働によって供給された資産の大部分が厚い壁の内側に集められ、その恩恵に浴したのは、裁き、保護し、周辺農民から税と奉仕を要求する権力をわがものとした武家貴族と地主貴族だった。緊密な道路網と河川網が村と村のあいだに確立され、村を城と結び、城は都市と結ばれた。十字路では市場が繁栄した。地域農民はそこでわずかの余剰を売りさばき、商人が運んでくる都市の製造品を手に入れた。

交換の発展と都市の再生

封建社会は農民の農業生産に基礎をおき、農民は自分自身の必要を確保するだけでなく、耕す土地の所有者である領主に収穫の一部を渡さねばならず、領主にとって浪費は権力の第一の象徴だった。このシステムの当然の帰結はしたがって、自分の耕す土地から自分たちの生存に必要不可欠なもの以上を引き出し、それによって生産の継続と租税の支払いを確実にするよう農民家族を鼓舞することにあった。余剰を地元の市場で交換するために、すべてが保有農をなおいっそう働くよう促した。このようにして封建構造は、無視のできない潜在的商業力を創りだし、それは歴史学者からはしばしば過小評価されてきた。領主が消費しなかった農作物とやる気が最大の農民家族、あるいは最高の装備を整えた農民家族の余剰が交換を助長し、貨幣の鋳造、街道の活性化、都市手工業の覚醒を急速にもたらした。

一二世紀には、人口圧力、農業生産の増大、交換の再開、領主と農民家族との関係の変化が、それまでの状況に新たな特徴を加えた。労働の社会的分割は農村よりも都会でより急速に強化された。これは都市庶民の内部で社会的圧力を増大させ、装備が劣る者の貧困化を加速し、専業の大商人、手工業生産の原動力になるのに充分なほど豊かな限られた数の商人集団の出現を促した。自らの階級が要求する消費を満足させるために、領主は都市における自分たちの同等者、新たなブルジョワ・エリート層と接触しなければならなかった。

農業生産の増加は、貴族を富裕化するのに加えて、都市の発達を促進した。領主は余剰作物を売却し、田園では手にはいらない高品質の品物を買うために都市を訪れ、古い都市は地域の中央市場と手工業センターというかつての役割をふたたび見出した。早くも一一世紀末以来、都市と農村は二つの競合する実体であることをやめ、経済の二大中心地として、たがいに補完し合うことになる。

基本的な食体系

これらの変化はすべて、西ヨーロッパ社会のさまざまな階級の生活条件をゆっくりと変えていった。農村経済の「農業化」、封建貴族権力が森林の自由利用に課した制限、農村市場の増加と都市住民との関係の発展は、食に重大な結果をもたらした。

下層階級内部では、肉を犠牲にして植物由来食品が幅をきかせた。下層階級の食生活からは、中世初期にはその特徴だった多様性が一〇五〇年から一二八〇年のあいだに失われた。パンとワインがその他の食物の影を薄くして、コンパナギウムという補助食品の地位に追いやった。二世紀にわたる農業成長により、クリやドングリその他この種の食料は、山岳地帯を除いて忘れられ、そのためとくに都市においては、パンとワインの不足がほとんど耐えがたく感じられた。平野部では、採集と狩猟が食料資源供給の役割を失い、ほとんどの農民家庭にとって副次的な活動となり、平年には、採集は貧民の、狩猟は貴族の専用とされた。

それぞれの社会階級が、社会が保有する農業、森林、牧畜の資源の全体から、その一部を自分のものとしたが、それは平等に分配されたのではなかった。それぞれの社会階級が資源に異なった価値をあたえ、独自のやり方で結び合わせて独自の食体系を構築した。つまり食卓は集団的アイデンティティの強力な拠り所となった。

王侯と貴族のモデル

中世中期の食卓における権力者の行動は、存在する一次資料から再現できる。少なくともカタルーニャについては、もっとも豊富な情報源は会計簿であり、そこには王家あるいは高位貴族の一員が城に滞在するとき管理官たちが作成した支出の細目が記載されている。このような会計記録のうちの二点を分析してみよう。ひとつはカタルーニャ=アラゴン王妃ペトロニラが一一五七年七月から一一五八年三月のあいだにおこなった短期のビラヨール（バルセロナ司教区バレス・オリエンタル）滞在五回の報告書、もうひとつはギヨメット・ド・モンカダが一一八九年四月から八月のあいだにおこなったセントメナ（バルセロナ司教区バレス・オキシデンタル）訪問四回に関するものである。

モンカダ夫人も王妃も四旬節の期間も含めて毎日、小麦のパンを食べ、ワインを飲んだ。同じ時期にサレルノ学派の人びとがイングランド王のために書いた食養生法は、混ぜものをしない水は腸の不調を引き起こし、消化を阻害するので、飲まないよう忠告している。勧めているのはワイン、とくに甘口の白ワインである。イタリアの「専門家たち」がよいワインを選ぶのに使う基準は、重要な順から、香り、風味、色合い、透明性である。

カタルーニャのふたりの貴婦人は、同じように、肉がたっぷりの料理を好み、肉なしですますのは悔悛日だけだ。購入品目一覧表は、極上肉（メンドリ、若ドリ、シャポン、ガチョウ）への嗜好を明らかにし、そのあとにヒツジ肉、生鮮および塩漬けの豚肉、仔ヒツジが続く。これらの肉はスパイス（コショウ）とそれほど異国的ではない調味料（タマネギとニンニク）でしっかりと味つけされ、さまざまに組み合わせられて、多種多様の豊富なメニューを構成した。当時、西ヨーロッパのガストロノミー内部で特権的な地位を占めていた狩猟の獲物が、貴婦人たちの食卓にまったくのっていないのは意外である。ペトロニラ王妃の夫ラモン・ベレンゲール四世は、この時期、バレスピールのプラ＝デ＝モロでしとめられたクマのモモ肉と四肢、山の雌ヤギの後身四分の一、オオライチョウすべてを徴収している。

肉、パン、ワインが貴族の食の基本であり、卵、チーズがそれに続く。この二種の食品は、平日に肉と組み合わされるか、あるいは悔悛日に魚と交替で供された。上で述べた食養生法で、サレルノの医師たちは、卵は新鮮なものを、消化を助けるためワインとともに食べるよう勧めている。肉とチーズが同じ一回の食事で出される場合、肉はチーズの前に出されなければならなかった。

貴族の食生活では、野菜は二次的な場所を占める。ギヨメット・ド・モンカダは四三日間のセントメナ滞在のあいだに、キャベツとホウレンソウを一回しか食べていない。ペトロニラ王妃はサン・ペレ・デ・ビラマホールで、一一五八年の四旬節のあいだに、ヒヨコマメを二日続けて食べている——当時の理論では、これら植物由来の食品は貴族の繊細な胃では消化が難しいことになっていた。二人の食生活に果物はまったくない。当時の医者の目には、果物は疑わしい食品と映り、とくに秋には控えるよう勧めた。記録に登場する唯一の甘味はハチミツで、王妃のメニューのいくつかを構成している。一方、イスラム世界原産の贅沢品だった砂糖はこの時代、まだ珍しかった。バルセロナ伯によるマンレサでの最初の購入記録は一一八一年の日付である。

これらふたりのカタルーニャ貴婦人の食に対する好みは、一二世紀にカタルーニャを通過した使節団一行の好みと完全に一致する。一二—一三世紀ヨーロッパのエリート層は肉に忠実であり続けた。中世初期とは異なり、牧畜生産に対する狩猟の生産の割合のわずかな低下と、いまだ限定的な野菜の存在が目につく。

王家の人びとは貨幣経済のなかに没し、その経済的支払能力を表明せざるをえず、食品すべてを市場で購入した。領主はますます要求を強め、領主直営地や農民保有地からくる最高の産物を自分のためにとっておいて、残りは農村や近隣都市の市場に送った。領主は市場で、遠来の贅沢な食品（スパイス、甘口ワイン、砂糖食品）や自分の領地で手にはいらないもの（塩、魚など）を購入した。

西ヨーロッパの王侯と高位貴族の食生活を構成するさまざまな食品が、宮廷や城の厨房で専門の家内使用人によって準備された。厨房の要となるのは火の燃えるかまどである。捏ね箱とともにパン作りには欠かせないかまどは、他の食品の加熱には副次的な役割しか果たさなかったようだ。

肉の固さを和らげ、風味を増すボイル——スパイス、香草、その他の調味料とともに湯のなかで——は、中世にはごく日常的な調理法となった。固い肉、狩猟肉や大型家畜の肉の調理には連続加熱の技術を使った。肉はまずエショデ〔熱湯にくぐらせる〕かボイルし、そのあと、カスロール〔片手鍋〕、フライパン、あるいはグリルで他の処理を施す。したがって、ボイルはすでにフライとローストと共存していた。肉と野菜は豚脂で、魚は植物油でフライした。ロースト肉は大人気だった。塊に切り分け、前もってボイルするか、あるいは生のままで、いずれにしても調味し、串刺しにして、炉の上で串を回転させた。

食物は食卓のある食堂で、皿その他の器に盛りつけて供された。平日の皿は真鍮、銅、陶磁器、高級木材でできていた。貴金属の食器は宴会専用とされた。当時の記録でもっともよく挙げられる食器は、スプーン、ナイフ、レードルで、皿と同じ素材で作られた。飲料は事実上ワインとその派生品に限られたが、ガラスのフラスコか金属のピッチャーにいれて食卓上におかれた。飲み物は貴金属や繊細な装飾を施した木材、あるいはガラスの杯で供された。軍人が指導的立場にあって、肉体の力の神話を作りだした社会においては、収入の高さは食卓に表れた。権力者は満腹するまで食べた。多く食べる者が他を支配した。当時の集団の想像世界のなかで、豊かな食物、とくに肉の量は、権力の象徴、肉体的力と性的力の源であり続け、生きる歓びと幸福との基本的な表れのひとつとなっていた。

聖職者の食生活

すでに一一世紀末から、経済成長が修道院の機能を変化させ、その収入は目を見張るような上昇を経験した。大規模な修道会では金銭管理が当たり前の仕事となった。ポスト・オビトゥム（死後）の贈与とあらゆる社会階層からの献金、一〇分の一税、修道会付属の教会、資産の巧みな運用が、大修道院繁栄の基礎となった。これらの資財によって、修道士は清貧の精神を忘れることなく、権力者の限られた輪に加わった。「騎士は修道士となることによって、貧者から富者となった」とあるフランス人司教座聖堂参事会員は一〇八〇年に皮肉をこめて評している。

資財の増加のために、修道士は時間の一部を管理業務にあて、また先祖が遺贈した資産の修道院引き渡しを拒否する相続人に対して、訴訟を起こさざるをえなかった。世俗的財産があちこちに四散していたために、修道会は分散することになり、修道士はひとり、あるいは小グループで、農民の作業を監督し、地代を徴収するために、遠隔地の所有地に派遣された。この異動の結果、修道院規則がしだいに緩み、修道士の生活はゆっくりと世俗化していった。

もっとも明白なのはベネディクト会クリュニー修道院の例である。ウダルリクス（ウダルリコ）の『アンティクイオレス・コンスエトゥディネス』*Antiquiores Consuetudines* が証言するように、クリュニーでは早くも一〇七〇年代から修道士の生活リズムと食生活が変化していった。修道士が象徴的とも呼べる活動、菜園を耕したり、野菜の皮をむいたり、パンを捏ねたりといった肉体労働にあてる時間はずっと少なくなった。

早くも一一世紀末には、資産運用に修道士が果たす役割は、農民と賃金労働者の大集団の作業を組織化し、コントロールし、生産物を管理することだけになっていた。修道士の専門は祈りであり、耕作や牧畜ではなかった。ブルゴーニュの大修道院における禁欲の理想が後退した結果、食生活は最初の質素を失って、より豊かに、より多様になった。クリュニーの修道士たちの肉体労働と犠牲の精神に対する軽蔑、豊かで強い味をつけた料理への好み、富と贅沢への執着は一一二五年、シトー会クレルヴォー修道院長ベルナルドゥスにより『弁明』*Apologia ad Guillelum, Sancti Theoderici abbatem* のなかで厳しく糾弾された。この著作はその攻撃的な性格から慎重に扱うべきである。

一二世紀初めの約三〇年間、クリュニー修道院での修道士の食生活はどんなものだったのだろう？　数多くされた批判にはどこまで正当な根拠があるのか？　ウダルリクスの『コンスエトゥディネス』によれば、日が短く寒い時期に相当する一〇月一日から四旬節まで、修道会員は、労働日には一回のみ、祭日には二回、共同食堂に集まった。昼食は第六時、すなわち正午頃で、聖ベネディクトゥス戒律にしたがい、温かい料理二皿――野菜のポタジウム potagium, ふつうはソラマメのポタージュと野菜のシチュー――とこの戒律で規定された第三の皿――野菜と果物――の代わりに追加の一皿「ジェネラル」または「ピタンス」があった。「ジェネラル」は各修道士ひとりに一皿で、火曜、木曜、土曜、日曜に出され、卵五個か加熱チーズで構成されていた。一方「ピタンス」は卵四個と、加熱または非加熱のチーズだった。日曜と木曜、適当な価格で手にはいる場合は、魚が「ジェネラル」の卵あるいはチーズと置き換えられた。これらの皿にはかならず小麦の白パン一ポンドと大きなカップにはいったワイン一ヘミナ〔〇・二七一リットル〕がついた。復活祭から九月末までは、暑さと長い昼間の時間からくるエネルギー消費に抵抗するために、修道士は冬期の祭日のように一日に二回——第六時に一回、晩課のあと一回——食事をした。夕食は昼食よりもずっと質素で、昼の残りのパンとワイン、そして季節の果物で構成された。平日には、朝一番の祈りのあと、朝食「ミクストゥム」が、係の修道士、病人、瀉血を受けた者、老人、子供、その他の朝食を希望する修道会員に出された。これはパン一切れとワイン一杯で構成される軽食だった。夜、修道士は寝床に就く前に、その日最後の飲み物をとることができた。

悔悛日には、調理場と共同食堂の機能にいくつかの変化があった。修道会員は待降節、四旬節そして教会法で指定された日すべてに断食をした。食制限は一年の約三分の一にわたっていた。ただし老人と病人は食制限を守らなくてよい。断食日には、修道士は第九時、つまり午後三時ごろに一回だけ食事をした。七旬節の主日〔四旬節の灰の水曜日から遡って三番目の日曜日〕と復活祭のあいだを除いて、その構成は平日に類し、一ヘミナのワインが含まれた。反対に、四旬節のあいだと四季の斎日〔四季の最初の水・金・土の断食日〕には、制限はさらに厳しさを増した。野菜は植物油で料理された。もっとも豚脂の放棄はパンの割当を増やすことで補われた。

クリュニー修道院では、たびたび課せられる食制限は、宮殿や城と同じように、特別な食事が出される祝日で埋め合わされた。年に一回、ベネディクト会守護聖人の祝日に、修道会の構成員は「ジェネラル」と「ピタンス」の両方を同時に受け取った。典礼暦の大祭のときには、野菜のポタージュはもっと魅力的な料理で置き換えられ、会食者は通常のパンに加えて、卵のパイを受け取った。こういった祭日には、ウダルリクスの『コンスエトゥディネス』にはない肉が修道院の食卓で供されたはずである。当然のことながら、この特別の食事には贅沢な飲み物、ハチミツ、コショウ、シナモンで味つけしたワイン「ピグメントゥム pigmentum」が添えられた。

紀元一〇〇〇年までは、クリュニーの修道士たちの食生活は多様な食品で構成され、その批判者たちから、過剰で洗練されすぎ、修道士よりも領主にふさわしいと見なされるようになった。一一世紀に封建貴族の修道会入会が多くなったために、動物性食品が明らかに増えたにもかかわらず、日常の食事では、相変わらず植物性食品が動物性食品よりも数多かった。財政上の問題に加えて、より厳格な禁欲を信奉する一部の聖職者から繰り返しおこなわれた批判のために、一二世紀終わりの三〇年ごろから、クリュニー修道院はその消費を抑制せざるをえなくなった。一一四六年に発布された尊者ペトルスの規約は——あらためてもう一度——健康な修道士によるあらゆる種類の肉の摂取を禁止している。豚脂の禁止は一年の全金曜日と待降節の祭日に拡大された。大きな宗教祭事が日曜に重なる場合、それに相当する断食は前の土曜日に移された。ピグメントゥムは苦行者には不適切とされ、スパイスなしのハチミツ入りワインに置き換えられた。これらの食制限の埋め合わせとして、新しい規則では毎日のパンの量と質を改善し、第九時以降にワインを飲む権利を残し、「ジェネラル」における魚とチーズの存在を強化した。

尊者ペトルスが修道院長だったときにクリュニーで制定された——中程度の厳しさの——規則は、一二世紀後半、ゆっくりと堕落していく。貴族出身の修道士が大多数を占める修道院で、食の自由、とくに肉についての自由がふたたび目につくようになる。規律の緩みは大きく、修道院長ユーグ五世は、肉の摂取は修道士の確立された権利ではなく、副院長が判断することであり、副院長はそれが適当であると判断し、なおかつ経済的収入が許すときに肉を食生活に組み入れられること、いかなる場合にも水曜と土曜には供してはいけないことを修道会員にあらためて徹底させねばならないほどだった。大きな制約と組になってはいたものの、肉の摂取が修道会に許可されたのはこれが初めてである。このような精神状態では、一二三一年の修道院総会で決定された禁止とそれに続くグレゴリウス九世の改革が、違反には重大な懲罰が想定されていたにもかかわらず、クリュニー修道院の内部に、元来の粗食をふたたび導入するにいたらなかったことは容易に理解できる。

大人数で要求の多い修道会員のための多様なメニューの準備は、適切な施設と設備に恵まれた修道院でなければ不可能だった。クリュニーには二つの厨房があった。修道士が毎日のポタジウムと野菜の付け合わせを準備するレギュリエール厨房と、修道士の指揮する使用人が修道院大食堂で供されるその他の料理と、使用人用食事室、招待客用食事室のための料理を作るノルマル厨房である。週ごとの交替制で指名された修道士四名がレギュリエール厨房の作業を担当した。その務めはとても大切だったので、祈りによってさえ中断はできなかった。集団での食事を選択することによって、修道会は特別な部屋、共同食堂を作らざるをえず、その進行をほとんど典礼的とも言うべき儀式にゆだねた。会食者はそれぞれ定められた席で、完全なる沈黙のうちに、信仰書の朗読に耳を傾けながら食べた。王家や貴族の食堂とは異なり、共同食堂は内省の場所であり、そこでは修道士たちは厳格な記号体系を通してのみ意志の疎通を図った。

その食生活を構成する多数の食品を、クリュニーの修道士たちはどうやって手に入れたのだろう？　ウダルリクスの『コンスエトゥディネス』にしたがえば、共同体の物質的需要すべては領地の生産物でまかなわねばならなかった。領土の拡大と分散、聖職者が肉体労働にあてた時間の短さ、世俗的財産からの収入の増加は、修道院の管理者たちに自給自足モデルからの脱却を促した。一一〇〇年以降早くも、修道院の精神的威光は収入の大量流入としても表れ、それは修道士たちが自分たちが生産する以外のもので食料を調達することを可能にした。小麦とワインを市場で購入する習慣がしだいに根づいていった。一一二二年、修道会が領地から得るのは需要のわずか四分の一にすぎず、穀物とワインの購入に二万ソル近くを使った。約四〇〇名の修道士を数える集団としてはかなりの額である。

何年かの安寧な暮らしのあいだに、修道会は安楽な生活に慣れたが、そのあと困難な時代、金庫のなかでは資金不足、倉庫のなかでは食料不足の時代がやってきた。尊者ペトルスは財政のバランスをとるために、賃金労働者の使用を禁じ、内部の労役ほとんどすべてを助修道士〔髪を剃らない俗人身分の者で、修道院付属の農場の管理や建設、農工などの労働に当たった。処遇は修道士に等しい〕に振り分けた。さらに資財の直接運用を促進し、保有地の設備を改善した。修道会は自分で生産できないもの、あるいは自分の土地で収穫できないもの以外はもはや購入できなかった。一〇年も経たないうちに、修道院は世俗的財産のおかげであらためて小麦、ライ麦、エンバクが調達できるようになったが、ワインの生産はよりゆっくりとしか増加せず、いまだに自らの需要を満たすにはいたらなかった。

改革には長期的な効果はなかった。一二〇〇年度以降、消費はふたたび領地の生産を上まわり、修道会は安楽な生活を手放すよりは、融資に頼るほうを選んだ。折しもモラリストの批判の対象が風紀紊乱から華美へ、淫欲から吝嗇へと移りつつあった時代、絶え間のない貨幣のやりとりと融資者との緊密な関係は、クリュニーの栄光に水を差した。

一二―一三世紀には、だらしのない食生活が他の修道会にも広がり、たとえばヴェズレーのジュリアンのような一部モラリストの批判を招いた。一一世紀半ばから、新しい修道会が次々と登場し、新たな精神的原則に基礎をおき、伝統的な修道院がもはや満足させえない渇望に応えようとする。「新しい修道国家」の創設者たちは、周囲をとりまく世俗世界、領主的修道会とそれを性格づける価値との真の断絶が必要だと主張し、貧困と罰と孤立とを唱えた。貧困と罰と孤立の追求は、原点への回帰、つまりとヌルシアのベネドゥクトゥスの古い戒律への回帰、そして隠修生活の再評価によって表された。シトー会修道士、カルトゥジオ会修道士、グラモンとカマルドリ会がこの新たな修道会の流れの前衛を構成した。

モレーム修道院長ロベルトゥス、イングランド出身の第三代モレーム院長ステファヌス・ハルディングス、クレルヴォー修道院長ベルナルドゥスは、一二世紀最初の二五年間、ベネディクト会原点の戒律への回帰の先頭に立った。シトー会修道士たちは、改革ではなく、伝統への回帰を主張し、ヌルシアの戒律を細かく遵守することによって、福音書の簡素への回帰と清貧の実行とでキリストを模倣しようと試みた。

禁欲体系における食生活の重要性を認識したクレルヴォーのベルナルドゥスは、修道士たちの食生活に注意深く気を配った。『弁明』のなかでワインは節度をもって摂取してよいとしたのに加えて、あらゆる調味料を放棄し、少数の簡素な食品の自然の風味を残す禁欲的な料理を擁護した。

一二世紀前半のシトー会員は、厨房と共同食堂で、ヌルシアのベネドゥクトゥス戒律とクレルヴォーのベルナルドゥスの食制限の勧めに忠実に従った。初秋から復活祭までは一日一回第九時に、復活祭から九月の秋分の日までは、一日に二回第六時と晩課に食事をした。昼食は火を通した野菜二皿とパン一ポンド、ワイン一ヘミナだった。夕食はそれよりも軽かったが、果物と柔らかい生野菜、昼の残りのパンとワインが含まれた。

各地で小麦の消費量が増加していた時代に、パンは黒く、穀物とマメ類、原則として大麦とキビ、エンドウマメの混合粉で作られた。白パンは病人と上流階級の招待客だけに限られた。昼に一日のパンの割当を食べてしまった修道士、苦行会員、貧者のために、もっと粗末な第三のパンを大麦あるいはエンバクの粉で作った。野菜のシチューには、場合によっては、採取生産物、つまりブナの葉あるいは草しかはいっておらず、動物脂も植物油もなしで調理された。シトー修道院では、余剰のある修道院も含めて、魚、卵、チーズ、乳は大きな行事の祝いに限られたごちそうと考えられていた。

悔悛日には、食物の変化が食事の構成に影響することはなかった。長い時間を肉体労働に捧げる修道士の健康を危うくせずに食事を減らすのは不可能だったからである。しかし食事の回数と時間は変えられた。夏には夕食が省かれ、昼食は第六時から第九時に遅らされた。四旬節のあいだは、節制を強調するために、共同食堂はさらに遅く、晩課の時間に扉を開いた。クリュニーとは反対に、典礼暦の大祭に相当する特別の食事は、食材に大きな変化はもたらさなかった。それは小さな変化にすぎなかった。シトー会員の復活祭の食事は、柔らかなソラマメとグリンピースのシチューに、いつもの黒パンを添えたもので構成されていた。もっとも重労働の農作業は、取り入れのあいだを通じて、食事の量を増やすことで補われ、修道士はパンを半ポンド多く受け取り、果物と生野菜は昼食のそれと似た火を通した野菜で置き換えられた。

シトー修道院は修道士用と招待客用に流水設備を整えた厨房を二つ、修道士用と助修士用の広い共同食堂二つ、そして訪問者用の食堂を備えていた。修道士厨房は修道士専用だった。一週間のあいだ、修道士はふたり一組になって修道院全体の毎日の食事を準備した。修道生活において食生活は、助修士に任せるには重要すぎる役割を果たした。形式主義の否定にもかかわらず、二つの共同食堂の機能は厳しい規律に従わされた。シトー会員と助修道士は、信仰書の朗読を聞きながら、完全なる沈黙のなかで、禁欲的な食事を急いで食べた。食卓で口をきくことは、ワインの禁止、あるいはワインがない場合には生か火を通した野菜二皿のうちのどちらかを取りあげられることによって罰せられた。

清貧、労働、粗食が特徴となる初期の英雄的な熱意は、一一五三年、精力的なクレルヴォーのベルナルドゥスが世を去ったあと、ゆっくりと冷めていった。もともとの聖ベネディクトゥス戒律に、労働で得た余剰の売却が禁止されていなかったために、シトー会員たちは専門化を選択した。ヴォセルは慎ましいブドウ畑ながらも、一二五〇年にはランスに三千ヘクトリットル近くのワインを出荷した。オ=ランの市場に穀物を供給したサランの修道院のように、穀物の生産を強化した修道院もある。

フランドルとポー渓谷の修道院はヨークシャーの修道院が創ったモデルにしたがって、牧畜に集中した。都市の需要に生産を連結させたことによるこの交換経済の選択は、改革修道院内部に金銭を導入し、それを富裕化の道へと押しやった。この繁栄は、近隣の眉をひそめさせたうえに、一三世紀にはついに禁欲の原則の緩やかな堕落と初期に見られた粗食の緩和を引き起こす。この当時、ほとんどの修道会で、エンドウマメはもはや毎日のパンの素材にはならず、パンは穀物の粉、ライ麦、場合によっては全粒の硬質小麦の粉から作られ、植物油がシチューとポタージュの味を改善した。

農民食

一次資料がないために、一一世紀から一三世紀にかけての保有農や農村の小規模土地所有者の食習慣を再現するのは、微妙な作業となる。人口調査や贈与、遺言状、遺産目録などの資料の山のなかに散逸した情報に助けを求めねばならない。さらに農村人口は多様であり、そのことは食卓の習慣に影響した。たとえば裕福な農民の食生活は、貧しい農民のそれよりも量も豊かで変化に富んでいた。

カプブレウス capbreus――農民が耕すマンスの領主に定期的に支払った地代の目録――と人口調査は、農奴が領主に提出した農産物の一部を反映はしているが、その食習慣まで映すわけではない。一三世紀末まで、生産物地代は、小麦、ワイン、小型家畜、家禽、ハム、チーズ、塩漬けの魚など、高品質で移送と保存がたやすい生産物で構成されていた。領主は自分が消費するのにふさわしい高級食材、そして都市市場で安定的に大きな需要がある食品にしか興味を示さなかった。保有農と小規模土地所有者にとって、これらの食品はほとんど贅沢品だった。保有農には地代を支払う必要が、またどんな農民でも貨幣を入手する必要があったために、それらはできるだけ消費せず、宴会だけにとっておかねばならなかった。

農村社会の下層階級には自給自足がもっとも魅力的なモデルだった。多くの家庭が土地から自分が必要とするものを得て、自給できないものだけを市場で購入しようと努めた。マルク・ブロックは一一世紀から一八世紀にかけての料理技術の発達を明らかにしたが、それは農村では都市よりもずっと緩慢におこなわれた。農村下層階級の食生活はどんなものだったのだろう？　一二六八年、ボモン＝ル＝ロジエの領地では、賦役者夫婦の一日の割当は、ミッシュ〔大型の丸パン〕一個とプティパン二個（一・二五キログラム）、ワイン一ガロン（四リットル）、肉半ポンド（二〇〇グラム）、あるいは卵とエンドウマメ一ボワソー〔かつての穀物の容積単位〕で構成されていた。当時、多くの小規模土地所有者や農民が、領主直営地に賦役にいくとき、領主から提供される食品の恩恵にあずかるのをひとつの特典と考えていた。

穀物栽培の発展が、パンを農村の食生活の中心においた。パンはどの食事でも食べた。都市では、硬質小麦のパン「ロス」の消費が庶民階級で増加したのに対し、農村のミッシュはずっと色が黒く、大麦、ライ麦、スペルト小麦などの雑穀、最善の場合は穀物の混合粉で作られた。農民家庭のほとんどが、地代の支払後に残った「高貴な」穀物のかなりの部分を市場向けとした。農村地帯では、パンの色は社会的ステータスの象徴でもあった。カタルーニャでは、中世中期、数多くの遺言状から大麦の優越性は明らかであり、それが小規模土地所有者や保有農にはもっとも手に入れやすい穀物だった。パネス・デ・オルデオ〔大麦のパン〕、捏ね箱とふるいといった言葉が数多く挙がっていること、そして農村地帯に製粉所とかまどが増加したことは、中世初期とは反対に、雑穀の行き先が製パンであり、マルミット〔蓋付の大型両手鍋〕ではなかったことを示している。粉が碾割に、ミッシュが粥に代わり、粥は西ヨーロッパの周辺および孤立地域に下げ渡された。領主は、製粉税とかまど税の収益をあげるために、自分の影響のおよぶ地域ではこの流れを意識的に加速させた。

ワインは、かなりの栄養価、軽い殺菌作用、アルコールによる多幸感効果などの一連の利点をひとつにし、農村の下層階級にはとくに魅力的なものになっていた。一二―一三世紀には、ブドウ栽培の継続的発展によって、西ヨーロッパの地中海沿岸にある農場のほとんどがブドウ畑と圧搾機、桶、じょうご、樽を備えた小さな地下蔵を所有していた。

蛋白質は、大部分が小型家畜の供給する肉によってもたらされた。犂を牽かせる牛二頭に加えて、ほとんどの家族経営農場が、雌ヒツジ、豚、雌ヤギ、メンドリ、ガチョウを所有していた。ドングリを生産する森林がしだいに後退していったにもかかわらず、豚は農民の食生活に相変わらず重要な役割を果たし続けた。豚肉は冬場は生鮮で、年間を通しては塩漬け、あるいは豚肉加工食品の形で消費された。豚はまた、西ヨーロッパの多くの地域で日常の油脂だった豚脂を提供した。発掘のさいに特定された骨の大部分は、生後一年以下で、現在よりも重さの軽い豚に相当する。処理されたときの体重は四〇から八〇キログラムと推定される。反対に、ヒツジ、雌ヒツジ、雌ヤギは、羊毛と乳の生産能力が枯渇したあとの老獣を食べた。卵の確保と、領主からの大きな需要のために、農民は家禽の消費を抑制せざるをえず、そのために、家禽は病人と祭事の食事にとっておかれた。

狩猟は中世初期の農民階級には非常に広まっていたが、一〇八〇年以降、開墾の前進のために、ゆっくりと後退していった。一二―一三世紀、火と斧が森を破壊し、領主がその立ち入りを制限するにしたがって、ウサギ、ノウサギ、若ドリ、ヤマウズラ、ヤマシギの消費は減少していった。

もうひとつの滋養豊富な食品であるチーズは、とくに山岳地帯では、肉の代用品、あるいは補助として使用された。資料に登場する回数を考えれば、カゼイン変成に必要な器具を備えていない農家はめったになかったようだ。

未開墾地に対する耕作地の前進は、野菜を、農民社会に手に入れやすい食物に変えた。ソラマメ、レンズマメ、ヒヨコマメも、また現在は西ヨーロッパの食生活からほとんど消え去ったエール〔レンズマメの一品種〕、コモンベッチ、ビターベッチも、農村の食卓にはしばしば顔を出した。家庭菜園では、女性、子供、老人が、キャベツ、タマネギ、ニンニク、リーキ、カブ、ホウレンソウ、カボチャなど、さまざまな種類の野菜を栽培した。収穫は採取で補われ、野原や森で、アスパラガス、クレソン、キノコ、またタイムやマージョラム、バジリコ、ローリエ、フェンネル、セージなどの香草を摘んだ。マメ類と野菜に、生鮮の、あるいは塩漬けの肉少量、動物脂か植物油、固くなったパンのかけらか小麦粉を加えて、農村の主婦はポタージュとシチューを作る。この二種の温かい料理は、パンとワインを添えて、ほとんどの農村家庭で主となる食事を構成していた。料理の構成は単調で、季節によって変化するだけだった。

悔悛日には、どのような規則に従ったのかを正確にするのは困難だが、肉はチーズ、ナッツ、卵あるいは魚で、脂はオリーヴ油で置き換えられた。これらの食品は一二―一八世紀の農民にはあまり喜ばれなかった。

二、三のめったにない機会――ほとんどいつも典礼暦の大祭に相当する――には、悔悛日を埋め合わせ、日常の単調を破るために、農民家庭は食事の質をあげた。これら農村における宴会の構成は、公証人の資料から明らかになる。ここではアラゴンの「アリアラエ alialae」、カスティーリャの「ロブラ robra」と「アルボロク alboroque」、リオハの「レスセ resce」を挙げておこう。これらは重要な不動産売買のさいに、購入者が販売者と証人に提供する食事である。契約当事者でない会食者、販売者の隣人や近隣の村人は証人となるだけでなく、不動産の譲渡に同意をするためにも同席し、譲渡はこの食事によって最終的に決定された。宴会は、独立小土地所有者からなる共同体の構成員による異邦人の受け容れを象徴し、領主の圧力に対して農民身分を強化した。

これら儀礼的宴会のあいだ、アラゴンの中小自由農民は、基本的にパンとワインと肉を分けあった。宴会のとき、肉はほとんどいつもヒツジで、毎日のポタージュとシチューに置き換えられた。ときにはその風味を引き立てるため、地物の調味料（タマネギとニンニク）を使い、さらに一一五〇年以降はスパイス（コショウ）も使って調味された。生鮮果物（リンゴとブドウ）はアラゴンの農民にはあまり人気はなかったようだ。四旬節その他の断食日には、魚、チーズ、ナッツ、卵がパンとワインに添えられた。公的な食事のさいには、聖職者から要求される食規制が厳格に守られた。

中世盛期、葬式宴会もまた西ヨーロッパの多くの地域でかなり広まっていた。別れの儀式のあと、家族、友人、聖職者、また葬儀に列席した貧者が死者の家に集い、儀礼的な食事を振る舞われた。それは共同体の一成員が死亡したあと、共同体内部の緊密な結びつきを回復したはずである。遺言者のなかには、自分の葬式宴会のときに供すべき食品を定めている者もいて、そこからその構成を知ることができる。たとえば「アリアラエ」のなかでは、パン、ワイン、肉が主となっている。一一四三年、遺言を書くにあたって、カタルーニャの小地主は、自分の葬式宴会用に、穀物と塩漬け肉の蓄えの三分の一、雌ヒツジ、雌ヤギ、豚の三分の一と若いロバ一匹——特権階級にとっては穢れた動物だった——を指定している。五〇年後の一一九三年、より慎ましいひとりの農民は、葬式の食事のために、豚二匹、ヒツジ二頭、小麦一ミティジェラ、大麦一カルテラ、ワイン一樽を残している。農民のなかには、白パンを一度も——宴会のときでさえ——食べなかった者がいたことを指摘しておく。

成長の限界

耕作地の拡大、技術革新、耕作体系の改善と労働力の増大は、しだいに数多くの人びとに安定した収入を確保するようになったが、この成長は、周辺的な集団から飢えを排除するのにも、生存の危機をたとえ回数は減らそうとも終了させるのにも充分ではなかった。

一二—一三世紀、ペストがヨーロッパを襲わなかったにもかかわらず、大陸は、十字軍終了期に増加を見たハンセン氏病や、壊疽性エルゴチン中毒など、ペストほど死亡率は高くない疫病の流行にさらされた。壊疽性エルゴチン中毒はライ麦の麦角菌が引き起こす中毒で、ライ麦が北海から西ヨーロッパの他の地域に広がった結果、一〇九三年にローヌ渓谷、一〇九八年にトゥルネ、一一〇九年にシャルトルで記録されている。しかしながら、もっとも多くの命を奪ったのは、ミネラル不足による下痢や先天性あるいは偶発性の骨疾患（関節痛、骨折など）のような欠乏症に付随する感染症である。

パンを食生活の中心においていたこの社会では、平年には、貧者と物乞いだけが飢えに苦しんだのに対し、不作は悲劇となりえた。農村と都市の庶民階級は、外国の穀粒の到着を待ちながら、森のなかに代用食を求めざるをえなかった。耕作地の拡大と交易の増大にもかかわらず、ヨーロッパは中世盛期の始まりに二回（一〇〇五—一〇〇六年と一〇三二—一〇三三年）、終わりごろに二回（一一九五—一一九七年と一二二四—一二二六年）の計四回の大危機を経験した。この二つの期間のあいだ、地域的な危機が約二五年ごとに一回のリズムで繰り返された。肥料の不足、農機具の能力の限界、農民に市場のための余剰確保が必要だったことが原因で休耕地が減少したために、ついには土壌の肥沃度の回復を危険にさらし、収穫高をしだいに低下させていった。一三世紀中葉以降、多くの農民家庭が生存に重大な問題を抱え始め、領主に賦課租の軽減を願い出なければならなかった。一三〇〇年からは、不作はこれまでになかった速さと規模とで繰り返された。もっとも被害が大きかった二度の飢饉は、大西洋岸を襲った一三一五—一三一七年の飢饉と、大陸全体にわたった一三四六—一三四七年の飢饉である。一三四八年のペストの出現は、深刻な欠乏を経たばかりの人口を殲滅した。このとき、困難の年月が始まった。

（北代美和子訳）

第二三章

自家消費と市場のはざまで

中世後期における農村と都市の食

アルフィオ・コルトネージ

本章では、中世後期にヨーロッパの民衆が生存の糧とした食の枠組みをたどり、都市の食、あるいは農村の食の特徴としてこの時代に形成されつつあった諸要素にとくに注目する。テーマの幅が広く、また複雑なために、論点の基本ラインを特定する以上先には進めない。しかしながら、地理的、経済的、社会的、文化的コンテキストが決定する多様な食品消費を可能な範囲で報告し、それが——とくに田園地帯において——生産体系とのあいだに維持していた深い関係を明らかにするよう努める。

小麦とその他の穀物

西暦一〇〇〇年以降、食生活におけるパンの重要性が確実に増大していった。一〇世紀から開始され、一三世紀末まで続いた激しい人口増加は——周知のように——耕作面積の著しい拡大をもたらし、それにともなって、かなりの部分が森林と未開墾地の利用に結びついていた生存手段の枠組みが失われた。ヨーロッパ大陸の風景ラインを根本的に変えることになる新たな開墾の波は、一般的に、新しい「パンの土地」の征服として表れる。種蒔きのできる土地が増加し、それと同時に、もうひとつ別の現象——ここではとくに興味を引かれる——がだんだんと明確になっていく。つまり中世初期には、耕作体系における優位性を小麦と争い、ときには勝利をおさめていた穀物類（ライ麦、スペルト小麦、大麦）に対して、小麦がしだいに確固たる地位を占めるようになるのである。

少なくとも一二世紀以降について、都市の食と農村の食それぞれに内在する固有の意味は、小麦栽培の拡大が大小さまざまな重要性をもつ新要素を導入しながら、それぞれの食のなかに自らを投影させていったその度合いとやり方のなかにもまた（あるいは、なによりもまずそこに？）求められねばならない。

一三世紀末から一四世紀初めのイタリアに関しては、都市住民の消費がほぼ排他的に小麦のパンに向かっていたことは、資料から明らかだ。フィレンツェ、シエナ、オルヴィエートでは、不作年でさえ、市場を支配していたのは小麦であり、住民は数種の穀物の混合粉はもちろん、雑穀だけの粉にはなおいっそうのこと、なかなか妥協はしなかった。雑穀は、重大な危機のとき例外的に、いずれにしても短期間のみ使用された。

小麦の選択には厳密な社会的意味づけがなかったことをつけ加えておく。最富裕層が白パンを自らのステータスと唯一両立しうるものと考えたとしても、いまや厳格に確立された「嗜好のヒエラルキー」に由来する要求は最貧層をも巻き込み、最貧層にとっても、やむをえぬ小麦の放棄はすべて重大な問題となった。

当然ながら、小麦がどこでも等しく、反論の余地なき優越性を保っていたと言うつもりはない。たとえば最近の研究は、中世後期のピエモンテ地方でライ麦のパンが広く好まれ、都市住民にまで普及したこと、ルッカ、より広くはトスカーナ北西部における製パンには、キビがある程度、使用されたことを示している。しかしながら、このような指摘は、小麦パンに都市の食卓の支配者という役割をあたえることを許す状況の基本ラインを変えるものではない。

農民の食卓、あるいは少なくともその大部分の食卓については、同じことは言えない。さまざまな性格の証言が、農村で雑穀がより広範囲に、また日常的に使用されたことを示しており、しばしば雑穀は食において小麦より大きなウエートを占めたと思われる。小麦と較べて、雑穀は土壌と栽培技術に多くを要求せず、収穫率は高くまた確実で、基本的な家内消費用食料調達からの需要に対して、より安定した回答を保証した。さらに春蒔きの穀物——キビ、モロコシ、ミレット——は生長サイクルが短いおかげで、非常時には無視のできない助けとなった。またキビ、そしてなによりもまずライ麦は製パンが可能で、そのパンは品質から言っても、そう毛嫌いはされなかったと考えられる。

いま述べたことは、イタリア半島の多数の地域で小麦が広範囲にわたって、農村の食品消費に議論の余地なき優越性を保ってはいなかったことを意味はしない。南部で、そして都市国家所属の農村の大部分で、小麦が絶対的に優位であり、最貧の農耕者にとっても白パンが規範だった。たとえばラツィオでは、中小の土地所有者が自家消費へと向かう傾向にありはしても、小麦の覇権を脅かすような形で雑穀へと後退するのは難しかったはずである。

しかしながら、穀物の消費地図は、社会階級を反映する差異が都市よりも農村にあったことを示している。もっとも弱体な家族的経済は、自家消費にいっそう深く根をおろしていたために、小麦よりもリスクの少ない作物を選択せざるをえない。たとえ市場への参入が特殊な場合にかぎられてはいても、参入が可能な生産者は別の方策をとりえた。さらに、領主階級が小麦を選択するのは当然であり、またなんらかの形で自分が最低生活水準以上にあると永続的に言える人びとは、小麦に固執し続けた。

さらに田園の人びとは士とより広く直接的に接触していたからといって、ときに破壊的ともなる不作年の影響からよりよく保護されたと考えるべきではない。農村共同体の食料調達は広く自家消費の論理によって決定されており、生産の余剰を介して都市市場への供給に結びついた商業過程以外のすべての商習慣を排除していた。また、苦境をある程度落ち着いて乗り越えることを許すような穀物備蓄を、農民家庭が有するのはきわめてまれだった。したがって、多くの年代記が的確に証言するように、飢饉のときには、都市周辺の農民は生存に必要なパンの割当が手にはいるという希望をもって都市へと流入せざるをえず、その希望にはたしかな根拠があった。

とは言っても、大都市の状況はどこでも同じというのとはほど遠い。中世後期のイタリアでは、都市周辺の農村の生産物だけに頼ってその穀物需要を満たせる都市は、平年でもごくわずかだった。ヴェローナ、ピサ、シエナ、ペルージャ、オルヴィエートは長いあいだ、このグループにはいっていた。反対に、他の都市は、領土外、しかも多くの場合はかなり遠くからの輸入に絶えず頼らなければならなかった。ジェノヴァ、ヴェネツィア、フィレンツェがこちらのグループにはいる。一四世紀前半、フィレンツェは自領土内の農村から、せいぜい五カ月間の供給に足る穀物しか得られなかったと計算される。不足分については、まず第一に、地域市場がフィレンツェを助けた。不作年にこの可能性も失われたときには、地域間および国際間の交易網を活用する必要があった。イタリアの都市にとって、これはまず第一に、大陸南部とシチリアからの輸入に助けを求めることを意味した。しかしながら、プロヴァンスその他の地中海沿岸地方でも、買付をしなければならないこともめずらしくはなかった。年代記作者ジョヴァンニ・ヴィッラーニの証言によれば、フィレンツェ市当局は、一三二八―三〇年の重大な飢饉のさいに、六万金フローリン以上という大金を支出した。市当局が政治価格で売りに出した穀物を購入するために、オルサンミケーレ市場に殺到した人びとのなかには、周辺の農村からきた買い手の姿もきわめて多かった。

穀物の使用は製パンだけには限られなかった。とくに雑穀はマメ類とともに、ポタージュやスープ、またガレットやさまざまな味つけをした粥作りのために大いに利用された。この種の食物はとくに農民のあいだで広まっており、ときにはパンそのものに置き換わった。ポー川流域についていくつかの文芸資料が示すように、この状況は、トウモロコシの到来が雑穀の生産を消し去る以前、あるいはほぼ消し去る以前、近代の初頭まで変化なく持続した。

最後にひとつ強調しておくが、とくに地中海沿岸地域の経済を扱う場合、穀物生産イコール人間の食という関係を立てないよう注意しなければならない。地中海沿岸の経済の特徴は、飼料用作物がほとんど栽培されず、その結果、家畜小屋内での飼育が難しかったことである。実際に、大麦とスペルト小麦――耕作されているところではエンバクも――が家畜用飼料に貢献したこと、同様に、モロコシの栽培には牛や豚にとっての、またキビやミレットの栽培には中庭の家禽にとっての最良の餌を構成する目的が少なくとも部分的にはあったことも忘れてはならない。この事実をしっかりと考慮に入れることが、中世後期の人びとの食生活に対する雑穀の貢献度を正しく評価するのに役立つのは明らかである。

イタリアの状況について、現在のところ判明している枠組み――イタリア内部だけでもすでに、地域や階級によって非常に多様だが――は、他の国々について最近の研究が再構築した枠組みとは、部分的に一致するにすぎない。

中世後期のフランスでは、穀物栽培に適する条件のところではどこでも、小麦が耕地を占領した。都市の消費者も農村の消費者も、明らかに小麦を好んで使用したが、小麦から作られるパンはすべてが同じ品質というわけではなかった。パンは使用される粉の精製の度合いによってさまざまな色をしており、社会的ヒエラルキーがパンの色に反映していた。一二七三年、マルセイユでは、アルブス albus（白）、メディアヌス medianus〔中間〕、パニス・クム・トート panis cum toto（全粒）の三種のパンが焼かれた。他の場所（マノスク、タラスコン、アプト）では品質は二種に減るが、小麦パンへの嗜好は断固として残っている。

いずれにせよ、ここでもまた、いかなる一般化も禁じられている。たとえばシャンパーニュ地方では近代にいたるまで、都市でもライ麦パンが庶民から愛好され続けた。ライ麦と小麦を混合したパンは、ブリ、ボーヴェジ、さらにプロヴァンスでも広く普及し、プロヴァンスでは一四―一五世紀、大麦の後退に乗じて、とくに最貧層の食生活で重要な役割を演じた。

大麦の変遷がきわめて重要な結果を見たのはラングドックにおいてである。大麦は一二世紀から一四世紀までは単独で、あるいは小麦と混ぜて、貧しい人びとの製パンの主流を占めたが、一五世紀には「生活水準の著しい向上」とともに小麦に道を譲り、小麦の優越性は一五世紀初めまで絶対的であり続けた。その後、ライ麦がますます導入されて、この地方を「小麦=大麦の古典的地中海モデル」（ル=ロワ=ラデュリ）から決定的に遠ざけ、大陸モデルへと近づける。

フランスを離れてドイツに移ると、まず目にはいるのは、白パンの日常的消費が少数者の特権と見えるのに対し、中世後期には、ライ麦とスペルト小麦が一般の製パンに大いに利用される穀物となっていたことだ。イタリアの農村に副次的に存在はしていたものの、スペルト小麦——小麦の「皮のついた」亜種——は南ドイツで、ライ麦は中部と北部ドイツでより大きなウエートを占めていた。ルーゼネルの主張によれば、「パン、あるいは良質の肉はめったに登場しない」最貧の食卓では、この二種の穀物はエンバクと大麦と競合した。周知のとおり、エンバクも大麦も製パンが可能だが、その結果はあまり作りたくなるようなものではない。

クリ

高い丘陵や山岳地帯の住民にとっては、クリが食生活に保証する貢献はしばしば第一の重要性をもっていた。クリは生で、あるいはより長く確実に保存するために乾燥させて、収穫地域住民の食卓に絶え間なく登場した。より重要なのは、クリ粉は粥や粗野な菓子作りに使用されたほかに、製パンが可能だったことである。パンの品質は大したことはないが、穀物の適切な備蓄がないだけなおさらに貴重だった。標高がもっとも高い地域の耕作体系のなかでは耕地が限られたウエートしか占めないことを考えれば、このことは「構造的な」事実である。

中世盛期と後期において、イタリア山岳地帯の多数の共同体が、一年の大部分、その生存の糧をクリがもたらす恩恵のなかに見出し、クリの分布図がしばしば人口の分布図と重なり合うのは偶然ではない。一一世紀から一三世紀に特徴的な強い人口圧力のもとで、土壌の性質ゆえに耕作地の拡大を断念せざるをえないところでは、実際に、クリを植えつけるのもめずらしくはなく、ときにはもともとの森林を犠牲にすることもためらわなかった。プレアルプス山脈のアミアータ、リグーリアの山岳地帯からカラーブリアのアペニン山脈まで、小麦パンの不足は、示唆に富む言葉を使えば「木のパン」によって規則的に補われた。

フランスのケイ土地帯でもクリの普及が著しく、農民の多くにとって——イタリアと同様に——きわめて重要な経済的支柱を意味していた。中世にクリがもっとも目についたのは、ペリゴール、リムザン、オーヴェルニュ、リヨネの山岳地帯の風景のなかであり、ヴィヴァレやセヴェンヌの大部分ではクリが絶対的支配者だった。さらにセヴェンヌのクリについては、一六世紀が拡大の絶頂期だったこと、地方経済の基礎を構成していたことがわかっている。

これらの世紀において、クリの消費は基本的に生産者の食生活と結びつき、その大きな特徴となった。このことは、とくに都市市場がクリ栽培地に近接する場合、最高級のクリが市場に出荷されることを排除するわけではない。ボンヴィチーノ・ダ・リーヴァは一三世紀末のミラノに発生したクリ商取引のよき証人である。バルドゥッチ・ペゴロッティのほうは『商業の実践』*La pratica della mercantura* のなかで、ナポリ、メッシーナ、ヴェネツィア、ジェノヴァにクリ市場があったことを記している。たしかに山岳地帯の人びとにとってクリは基本的な食品だったが、都市住民には、他の食品に依存した食生活に季節的な貢献をする以上の役割は果たさなかった。さらに平野の農民のもとでは、せいぜいが最悪の時期の製パンに加えられる材料にしかならなかった。

マメと野菜

非常時には、マメ類もまたクリと同様に使用された。マメ類については、おそらく人口増加とより複雑な耕作サイクルの採用と関連して、一二―一三世紀に生産量が増加した証拠がある。いずれにせよ、マメ類は――きわめて多様な方法で調理され――なによりもまずそれだけで一皿の料理として消費された。

ソラマメは庶民階級にとってとくに重要な食品であり、イタリアではきわめて広範囲に普及した。グリンピース、ヒヨコマメ、インゲンマメ――中世に知られていた唯一の品種である「眼の」インゲンマメ〔端に眼のような黒い輪がある〕――は、栽培量は少なくてもやはり重要な食料だった。イタリアとは異なり、ドイツでは、インゲンマメ、グリンピース、レンズマメが支配的だった。イングランドでも、インゲンマメとグリンピースが資料のなかでもっとも数多く確認される。一四世紀末と一五世紀全体を通して、グリンピースはレスター大修道院所有の耕地の三〇パーセントを占めていた。すでに一三世紀、セッジムア平原のブレントとゾイの荘園では、インゲンマメがもっとも重要な作物のひとつだった。

しかしながらマメ類について、地中海と北国の農村に共通するように見えるのは、開放耕地や菜園に蒔かれたことであり、菜園に蒔かれた場合は、農民の自家消費になおいっそう緊密に結びつく結果となった。

さらに自家消費は、菜園の生産物一般の主要な行き先だった。農村の住民にとって――周知のとおり――野菜は日常食の基本的構成要素を形成し、そのため文芸資料のなかで、ニンニク、タマネギ、リーキ、キャベツ、カブは「農民」の日常のコンパナギウムとして、執拗に記されている。いずれにせよ、農民の食生活における菜園の収穫物の重要性は、農村や城の「規約集」のなかにもっともよく表れている。農村や城は各家族単位に対し、ときには栽培すべき作物の種類と数を決めて、菜園を作らせた。菜園はしばしば家屋に隣接し、家屋とともに居住ユニットを構成する要素として形成されてきた。これが、農村の領主が菜園の生産物に対する課税を免除した理由である。

野菜栽培は大都市周辺や都市城壁内の石が敷かれていない土地で発展するとき、少なくとも部分的には異なる面を見せる。市場からの刺激は野菜を自家消費スパイラルから引き出して、ときにはかなり広範囲にわたる地域で農産物の活発な商品化を決定した。たとえばピカルディー地方のタマネギとニンニクは、ブルターニュ他方のタマネギとともに一三世紀、ロンドンの市場に登場した。

たしかに、交易はふつうはもっと狭い地域内でおこなわれた。しかしながら、地域圏を越えない場合でも、それは生産を拡大し、ときには特化させる結果をもたらした。中世のドーフィネ地方では、ヴィジーユのタマネギとニンニクが有名だった。イタリア人にとっては、テルニとロマーニャのサンタルカンジェロのカブについて同じことが言えるだろう。ボッカッチョによれば、チェルタルドのタマネギはトスカーナ中で賞味された。

最後に、野菜が自家消費と深く関連する農民の食生活におけるよりも一般的にずっと軽いウエートしか占めない食品消費の枠組みの前で、そしてその枠組みに向かって、菜園の生産が商業流通に組み入れられていくようすを観察してみよう。ヨーロッパ各地——シチリアからプロヴァンス、ポーランドにいたるまで——で、キャベツのスープはより豊かな都市住民の食卓にも頻繁に登場したかもしれない。しかし都市住民の場合は、変化に富み、ときにはバランスもとれていた食生活の一構成要素であるのに対し、農村住民の生存にとっては、それが基本を意味しているのもめずらしくはなかった。さらに、キャベツに類似する役割は、多くの農村で、カブによっても果たされた——その結果起こる栄養面での不均衡もキャベツに類似する。「根菜の女王」カブは、意味深いことに、菜園よりも開放耕地で栽培された。

果　物

果物の消費はきわめてわずかの重要性しかもたなかったものの、中世後期には著しく普及する傾向にあった。

一三世紀以降は、資料からも樹木栽培がある程度増加したことがわかる。それはなによりもまず土地所有者階級のイニシアティヴによるのであり、要求を洗練させてきたその食生活に明らかに結びついている。

イタリアの折半小作制地域では、耕作者にとっては穀物栽培のほうがより重要な動機づけをもつように見え、樹木の存在は穀物栽培の障害とさえ考えられたが、都市に住む土地所有者は小作農に、家内の果物需要を満たし、ときには豪華な贈答品として使えるだけの数の果樹を植えさせた。

果樹が生産のなかで補完的役割とは異なる役割を演じた農村は実際は少数だった。しかし、そのような農村では、近隣都市市場からの活発な需要とより広範囲の流通の活性化のいずれか、あるいはその両方によって、農村における果樹栽培は特化していった。

一三世紀以降、イタリア南部で生産量を増やしていった柑橘類（シトロン、レモン、ビターオレンジ）、そしてなによりもヘーゼルナッツは、南部の商人に加えて、ローマ、ピサ、ジェノヴァの商人たちが中心となり、交易に供給された。ピウス二世が称讃したネミ湖の果樹園は、かなりの種類の作物をローマ市場に供給した。需要に共通するのは、それが食生活に実質的には益がない（したがって特権的な状況を示す）と考えられていた食品を取り込める社会階級から発している点である。農民階級はふつうはただ生き延びるためだけの食生活に縛りつけられており、中世末期になってもなお、果物は生存に対し、ごく副次的かつ散発的な貢献しかなさなかった。

オリーヴ油

一二―一三世紀以降、過去におけるよりも広範囲に普及したオリーヴの木には、他の種類の樹木に対するのとはまったく異なる注目が、土地所有者と耕作者から向けられた。

イタリア半島では、オリーヴ栽培――ほとんど全域でおこなわれた――の重要性が地域ごとに異なる。ノルマン＝シュワーベン期〔一一―一三世紀〕の南部については、カンパーニア地方とカラブリア地方の資料に、重要な証言が多数ある。しかしながら、耕作体系にオリーヴが大きなウエートを占めたのはなによりもまずプーリアである。一三世紀末頃、バーリ領でもオトラント領でも、オリーヴはいまや風景を圧倒する要素のひとつだった。この時点で、プーリア産オリーヴは確実に商品化され、イタリア市場の外でも知られ、賞味されるまでになっていた。折半小作制地域へと地図をのぼると、反対に、一五世紀初頭になってもなお、オリーヴの木は――少なくともトスカーナでは――ささやかにしか普及しておらず、近代において数世紀にわたる発展の絶頂に達したものとははるかに隔たっていた。

生産の規模がどうであろうとも、しかしながら、オリーヴが農民階級、さらに広くは最貧層の食生活から動物脂を排除することは決してなかった。動物脂の使用は相変わらず広く証言されている。同様に「北イタリアの農民が、オリーヴ油よりも豚脂を選択したこと、つまりローマの伝統に反対したこと」（モンタナーリ）はかなり多かったとしても――西暦一〇〇〇年以前も以降も――オリーヴ油を食の地図上から消し去る結果にいたることは決してなく、むしろそれに贅沢品という明白な意味合いをもたせた。

地中海全体を一瞥すれば、各地域経済へのオリーヴの貢献が根本的に異なるのは明白である。一五世紀中葉、プロヴァンスのエクスやリュベロンの農村は、地元の消費をまかなうのに充分な量のオリーヴ油を生産はしていなかった。他のところでは、オリーヴの木が見渡すかぎりの土地を覆っていた――たとえば一三世紀半ばすでに、ジェノヴァの年代記作家がオリーヴ栽培地のなかで最高と断定しているセヴィリヤ地方である。

オリーヴが繁殖可能な気候地帯を離れれば（フランスでは、ヴィヴァレとドーフィネ以外では、重要な生産はおこなわれなかったようだ）、いくつかの地域でクルミ油の使用が無視のできない重要性をもってはいたものの、動物脂が支配的だった。

ワイン

本章で扱う諸世紀に、ブドウ栽培がもっていた第一級の重要性はよく知られている。ほとんどが最近おこなわれた多数の研究で、ブドウの植えつけがなんらかの形で可能な立地条件にあるすべての生活圏の近くで、都市周辺の農村にブドウの木の列がだんだんと侵入し——列と列の間隔はさまざまに——その存在を主張したことが明らかにされた。この現象の基底には、ワインの消費が生産物の移送、すなわち商品化をめぐる問題と連動しながら、つねに規模を増大させ、一般化し続けたことがある——商品化の問題点は、ミクロの自給自足体制における明白かつやむをえない戦略に由来する。

イタリアの都市国家住民に関するデータは、一人あたりの平均年間消費量が著しく大きかったことを示している。フィレンツェについては、二六〇—七〇リットル前後と計算でき、ジェノヴァとヴェネツィアにも類似の推定値が出されている。ピーニによると、ボローニャでは、中世後期における消費量が「現在の消費量の二倍ではすまず、少なくとも三倍から四倍だった」。このような状況では、「ワインを飲む」ことの社会的意味合いはすべて失われた。事実「都市住民のブドウ栽培」は、その生産物を特権階級の飲料とする見方を急速に消し去る市場の構造化と歩を一にして確立された。その過程で象徴的なのは、ワインのなかに贅沢な食品ではなく「人間の生命の糧」を認めたという事実と相まって、貧者への施しが、ついにはあらかじめワインの配布を想定するようになったことである。

一四—一五世紀のプロヴァンスについてストゥフが作成した年間配給量の表を一瞥すると、一方ではワイン消費にいま述べたような根本的性格が確認されるのに対し、いくつかの比較対照が明らかにする事実からはまた別の考察が得られる。ワインはさまざまな階級の食生活に必ず登場するとしても、その消費には量の面で、そしてなによりもまず質の面で、差異が見られる。アルル施療院の牛追いが一三三八年に一人あたり二三〇リットルのワインを支給されていたのに対し、同じ施療院の修道士はちょうどその倍を受け取っていた。一世紀後(一四四二年)、同じアルルで、大司教の使用人はたっぷり八〇〇リットルを自由にできたのに対し、ガルダンヌのルネ王の土地監視人は四二〇リットルを受け取っていた(一四五七年)。もちろん、このように保護された社会集団外で活動する者は、はるかに少ない量で満足しなければならなかった。

一般的に割当量が豊富だったことははっきり確認できるので、社会的ヒエラルキーはワインの消費量に反映していると読みとれる。その質を考慮する場合、ヒエラルキーの反映はなおいっそう明らかだ。過度の単純化を注意しなければならないとはいうものの、軽いワインとピケットがたいていの場合、最貧層の食卓を最終的に支配し――さらに時折飲食店で飲む品、あるいは労働の場所で肉体労働者に配布する品を構成したこと――アルコール度の高い、より価値のあるワインが――少なくとも日常の消費の次元においては――富裕者の食卓の特権だったことを主張するのは軽率ではないように思える。中小生産者の大集団については、自家消費の支配的論理が、実際には、市場への多少とも定期的な放出の可能性を完全には排除していないことを見るべきである。より質のよい生産物を少なくとも一部あきらめねばならないことに対する理解のできるためらいが、より有利でもうけのあがる商売の見通しに勝つ場合もあった。

中央ヨーロッパと北ヨーロッパの多くの地方で、ワインはシードル、ハイドロメル〔ハチミツ酒〕、ビール(チェルヴィジア cervisia, あるいはマルタ malta)との激しい競争にさらされた。シードルは一二世紀以降、地位を確保し、ノルマンディーとバスク=ガリシア地方では大成功をおさめた。ビール――主として大麦とエンバクから醸造され、中世後期以降はホップで香りをつけた――は、ドイツの北部と中部を圧倒し、南部の地域、ライン川とモーゼル川流域とアルザスではワインに優位を譲った。さらにこの二種の飲料（ハイドロメルは保存が難しく、ほぼすべての場所でビールに道を譲った）の消費の重なり合いが、多くの地域で農民と庶民階級を広く巻き込んで記録される。

肉

森林地帯の縮小――中世盛期と後期において、はっきりと目につく規模に達した――と森の使用権がしだいに奪われていったことによって、とくに農村住民の食生活では、なんらかの形で共有地の自由利用と結びついていた構成要素すべての占める割合が減少した。未開墾地と森林が後退した結果、牧畜の規模も大幅に縮小され、七世紀から九世紀まではあれほど大きかった肉の入手可能性は著しく減少して、食体系に重要な変化を招く。穀物消費への新たな集中が食体系のいっそう明白な特徴となり、それは一〇世紀以降、耕作地の増加と、長いあいだ優越を保っていた森林＝牧畜経済の収益が相対的に副次化したことによって決定的となり、また持続された。

肉の消費は、中世前期の生産体系が保証したのとはたしかに較べものにはならないが、中世後半の世紀になってもなお、少なからぬコンテキストにおいて、注目に価する実質を保ち、近代について検証された実質を上まわることもしばしばだった。この意味での証言のひとつは、一五世紀のカルパントラについてストゥフが確認した一人あたり約二六キログラムという年間消費量である。意味深いことに、ストゥフは肉の種類と品質が、都市の消費と農村の消費で同じではないことを観察している。仔ヤギ、仔ヒツジ、仔牛、最高の品質のヒツジ、つまりかなりのもうけを保証するものは、ほとんどいつも都市市場への道をとることになり、農村共同体の食肉処理場と飼育者の家内処理には、もっと年をとった価値の低い家畜があてられた。一五世紀初頭、当時ルッカ市に属していたマッサ小教区主任司祭管轄区域の「三分の二が山がちな」領地についておこなわれた調査は、地元民の消費がかなり質素で、ヒツジと雌ヤギが大きな優位を占めていたことを明らかにした。

他方、農村住民の肉食品が、中庭での家禽、そしてとくに家族の食卓専用とされた数頭の豚の飼育によって補われ、改善されたことに疑いの余地はない。森林の後退にもかかわらず、豚の飼育――つねに家畜小屋での飼育のほうが広くおこなわれていた――は、中世盛期と後期において、農家の食資源のなかに重要な位置を占めていた。冬のあいだは、塩漬けの豚肉に助けを求めることが重要となり、オリーヴがいまだにわずかしか普及していなかったので、地中海地域の農村の大部分でもヨーロッパ中部と北部でも、豚脂がもっともよく使用された油脂だった。

明らかに、生産の枠組みの変化――この変化のために、未開墾地の大きな部分が耕作適地へと変えられた――と半放牧、たきぎ集め、自生の果物の採集に使用しうる共同体資産の漸進的縮小をともなう急速な土地制度の変化は、農民階級、とくに最貧の家族単位の生活条件に厳しい打撃をあたえた。またこれらの人びとを犠牲にして、狩猟権が何世紀もかけながら収奪され、中世末期には――とくに領主の支配下におかれた土地では――限られた数の特権者の専用物となった。生存の糧を入手する直接的手段の減少が、都市在住の土地所有者の普及というよく知られた現象のためにも、農民生活に影響をあたえたと考えられる場所では、農民の生活条件が脆弱だったのを理解するのは難しいことではない。その実態は、生産の危機が自家消費の不安定なメカニズムを妨害するたびに、都市への逃亡という形で悲劇的に明らかにされた。

（北代美和子訳）

シャルトルでは一三世紀初頭の約三〇年間、織物業、皮革業、金属業、木工業の同業者組合と並んで食産業の同業者組合も、大聖堂の壁を軽量化するために開けられた多数の開口部を飾る大ステンドグラスのかなりの部分に資金を提供した。他の寄進者たちと同じように、食の職人も自分たちの奉納物に名を記したいと望んだので、ステンドグラス職人の親方は、窓上の宗教的な図像プログラムのわきに、特殊な仕事道具を手にしたその姿を描き入れた。現在でもなおステンドグラスの上で、製パン職人や肉屋、魚屋、スパイス商、飲食店主たちは、その職業に典型的なしぐさを繰り返し続けている。中世ヨーロッパにおいて都市生活が絶頂を画した一三世紀の終わりに、ロンバルディアの詩人ボンヴィツィーノ・ダ・リーヴァは強力な都市ミラノの豪奢を祝福して、市の名声に貢献した職人をすべて数えあげ、その筆頭に三〇〇人の製パン職人、四四〇人の肉屋、近郊の湖水や急流、河川で捕獲される魚を売る魚屋五〇〇人、そして一五〇人以上の飲食店主をおいている。

古代都市から中世都市へ

滅亡した西ローマ帝国領域内で、食産業の従事者たちはだれもが同じやり方で、古代都市から中世都市への移行を経験したわけではない。都市活動がほとんど混乱させられることのなかったイタリアをのぞくと、都市空間の縮小、富裕層の田園領地への流出、城壁の外側にとどまっていた下層民の段階的な減少によって、その多くが損害をこうむった。政治的経済的に見た都市の新たな人口構成は、食産業の顧客を権力の保持者である司教周辺の聖職者と軍人、そしてこれら特権層のために働く特殊技能をもつ職人の二つのグループだけに限定し、このとき多くの食の職人が権力者の厨房や食品貯蔵室に職を得られなかったために姿を消した。

飲食店主

しかしながら、この困難な世紀をうまく乗り越えた職種が二つある。その第一は飲食店主〔タヴェルニエ tavernier〕である。ナポリやローマ、ミラノの街路沿いはもちろん、ケルン、トリアーからニームやバルセロナ、ロンドンからパリ、リヨンにいたるまで、飲食店主は商人や司教区の農民、貴族の側近や使用人、教会の貧しい聖職者に、陽気な出会いの空間でともに食卓を分かち合って渇きを癒し、飢えを満たすためのものを提供し続けた。カバルティエ cabaretier やオベルジスト aubergiste とも呼ばれた飲食店主[1]はとくにワイン、セルヴォワーズ、ハイドロメルを小売りしたが、またパンとチーズもばら売りし、店で調理した料理を出した。

その後、一〇―一一世紀には、交通の要や要塞、あるいは修道院の周辺集落が誕生するのと同時に、飲食店主も姿を現し、司教座所在都市の城門近くに拡大した新集落や、一一〇〇年以降王侯の意志によって、ヨーロッパ全域で建設された新都市内で数を増していった。数が多かったことと幅広い相手と交流をもったことから、飲食店主は重要人物になった。ギベール・ド・ノジャンは『自伝』*Autobiographie* の有名な数頁でランとアミアンの市の構成員を記しているが、飲食店主（カウポネス caupones）は肉屋（マチェッラリイ macellarii）と靴職人とともに、ノジャンが挙げた唯一の職人であり、その金銭的な豊かさと不正直とを強調している。当時教会がほとんどの食産業、とくにここで話題になっている飲食店主と肉屋とに貼りつけていた「下賤な vils」という形容詞を、この信心深い修道士が使っていないのは興味深い。伯爵ティボー四世は、シャルトルの飲食店主たちの「社会的実力」を認め、早くも一一四七年に規約をあたえてひとつの同職組合に統一している。

パン焼き職人

パン焼き職人〔フルニエ fournier〕は都市にとって飲食店主以上に必要不可欠な存在だった。その仕事は生地の形でもちこまれるパンを焼き、かまどの出し入れのさいにその引き渡しを管理することである。かまどは危険な仕事道具で、パン焼き職人だけが使用し、手入れし、修理できた。パン焼き職人は非常に古くからあるノウハウと少しずつ確立されていった慣習法とを実践に移した。かまどの口には、製粉所の戸口と同様に、人の出入りと多様な特権と争いとがあった。

少なくとも一二世紀末までは、パン焼き職人という技術者は製パン職人とほとんど区別がなかった。製パン職人〔ブランジェ boulanger〕は、公に認められたいい方によれば「売るためにパン生地を捏ね、形に作る」。七九三年のカルル大帝の勅令は主に製パン職人を対象としており、これ以降、一ドゥニエにつき、一個あたり重さ二新リーヴル、つまり八〇四グラムで、小麦粉のパン一二個、ライ麦パン一五個、大麦パン二〇個、エンバクパン二五個を売るよう規定している。製パン職人とパン焼き職人が混乱した原因は、後者もまたパンを売ったことにある。販売したのは、個人あるいは飲食業を営む営利の利用客がかまどから出したあと支払においていくパン、さらに都市における需要が増大するにつれて、パン焼き職人自身が自分の利益のためにますます製造する誘惑にかられるようになったパンである。一二世紀前半には、パン焼き職人は、裕福な家庭で女性使用人が生地を準備してきたパンを焼くか、あるいはこれら同じ裕福な家庭から提供された穀物や小麦粉を使って、自分の仕事場で全工程をおこなった。この専門職は、中世末期、さらに多くの場合はそれ以後もイタリアやプロヴァンス、あるいは国土回復後のスペインに残り、製パン職人（ピストレス pistores）とともに一般人の食卓にパンを供給した。ピアチェンツァのフォルナリイ fornari はその好例であり、大聖堂に身廊の柱頭を寄進して、かまどの前で客に取り囲まれている仲間の姿を彫刻させるのに充分なくらい裕福で、地位も高かった。

地中海地域の外では、製パン職人はごく早い時期にパン焼き職人との競争に対処した。フランス王国領土内の多数の都市で、一一五〇年から一二〇〇年のあいだに、製パン職人は王の介入を求め、王はサンス税の定期的な支払いと王の役人による監督の受け入れを条件に、パン作りの独占権を保証した。そのしばらくあと、製パン職人は自前のかまどを設ける許可を得た。一三世紀の最初期、ジョン失地王はイングランドの製パン職人を対象にパンの重量に関する王令を出しているが、この職人たちはすでに自前のかまどを所有していたし、ドイツのほとんどの都市でも同様だった。しかしながら、どの土地でも個人の製パン室が公共のかまどを消し去ることはなく、一四―一五世紀の南ヨーロッパで、多様なパンを提供した製パン職人の店をあらゆる社会階層が定期的に利用したことも、家庭内でのパン作りの終わりを意味したわけではない。

製粉職人

製粉職人〔ムニエ meunier〕の多くも、報酬として受け取る穀物をパン作りの目的で使おうとした。しかし、すぐに市当局による禁止と潜在的購買者のためらいという壁にぶつかったようだ。不正直、怠惰、無頓着といった製粉職人を取り巻く評判が、必要不可欠――製粉職人は製粉を独占していた――ではあるが、多少とも副次的な役割を果たす職人たちにとってはあまりにも不利に働いた。紀元一〇〇〇年以降、製粉職人は都市内とその市外区において目を見張るような勢いで増加していたが、求められたのはきちんと調整された臼で穀物を粉末にし、もとの重量の小麦粉にしてもどすことだけだった。製粉所ではその他のいかなる作業もおこなわれなかった。当時まさに「挽かれたままの小麦」あるいは「粉挽き小屋からきたままの小麦」と呼ばれた粉は、個人の家か製パン職人の店でふるいにかけられた。発芽させた大麦を原料にする飲料――北ドイツではビール、イングランドではホップ無添加のエール――を消費する土地では「醸造」製粉所の数がとても多かったが、ここでもビールやセルヴォワーズの醸造業者のモルトや個人の自家醸造用のモルトを同様の方法で粉砕しなければならなかった。

中都市におけるその他の商売

トゥールーズ伯アルフォンス=ジョルダンによって一一四四年にモントーバンが開市されてから数十年がたったころ、『エモンの四人兄弟の歌』*Chanson des quatre fils Aymon* の作者は、市の建設と人口増加を四人兄弟の長男ルノーの手柄に帰している。主人公ルノーが新しい市壁内に住むよう呼びかけたとたんに、五〇〇人の裕福な町人「一〇〇人は飲食店主、一〇〇人は製パン職人、肉屋一〇〇人と漁師=魚屋一〇〇人、そして大インドまでいく商人一〇〇人」がやってきた。そのほかに三〇〇人の住民が、無名作家が名を挙げていない職業に従事していたとされている。都市をなによりもまず食品の消費センターとして理解したのか、あるいはこの種の文学ではかなり意外だが、糧が豊かにあたえられるという期待に喜ぶ平凡な人間の満足を表現しているのか？　いずれにしても、この詩の数行のおかげで、一二世紀末の小規模都市に、パン、肉、魚、ワイン（市壁内で育つブドウのワインともっと遠方からくるワイン）、ときおりごく少量を購入する高価なスパイスといった食料を供給する商人――見たところ、どれも同じように必要な――の目録が作成できる。スパイスについては、おそらくすでにコショウとサフランがもっとも入手しやすかっただろう。その他の野菜やハーブ、卵、チーズ、数少ない乳製品は、市内の自家菜園と鶏小屋、さらに市外の牧場がほぼすべての人間に供給していた。

これと同じ職種が、半世紀後、ラティスボンのフランシスコ会士ベルトルドが故郷の街やミュンヘン、コンスタンツでおこなった熱烈な説教に登場する。ベルトルドは創造主に秩序づけられて産業界を構成するさまざまな身分それぞれにとって、大罪となることがらを、実例を挙げて告発している。ベルトルドは職業を六種に分類するが、その四番目は「食料と飲料を売る者たち」である。「この者たちはわれらがパンを焼き、われらに肉を売り、われらがビールを醸造し、われらがハイドロメルを作り、魚をとる。チーズと卵をもたらす者もあり、植物油やニシンその他の製品をもたらす者もある。われわれはこれらの職業を絶対に必要としている。ある者は焼き、ある者は煮る。」このフランシスコ会士は、スパイス商と同様に極めつきの詐欺師で、「粉袋のなかにひとつ以上のごまかしをもつ」〔「老獪である」の意〕製粉職人のことも忘れてはいない。

大都市

ベルトルドが中都市における食産業を一部しか紹介していないと考えるのは間違いだろう。実のところ、あらゆる領域で組織化の時代だった一三世紀にはすでに数多く書かれていた規則〔経済活動上の規則や同職組合の団体規定〕にも、あるいは現存するわずかの税関係の資料にもこれ以外の職種は出てこない。反対に、当時の首都、つまりパリ、ヴェネツィア、ミラノ、ナポリ、さらにロンドン、ケルン、ルーアン、トゥールーズ、バルセロナなどの大都市については、これらの資料がわれわれのイメージを豊かにしてくれる。

エティエンヌ・ボワロー著と言われるパリの『同職組合の書』*Livre des métiers* を見てみよう。この有名な台帳は、同職組合統制の責任を負っていた王代官の管轄下で、一二六八年に作成されたが、パリの一〇一の団体の規約を、系統立った順番ではなく、シャトレ裁判所に提出された順序にしたがって登録している。肉屋は規約の提出を怠ったが、その他の食産業は全職種が規約を提出した。それぞれの専門職がその従事者を独立したひとつの同職組合にまとめているので、同じひとつの部門が二ないし三の専門職に分化しているのがわかる。たとえばパリにおける魚の販売は、まず淡水魚専門の魚屋、次に海水魚専門の魚屋、さらに「国王の河川の漁師」の手にゆだねられる。国王の漁師は下流はノートル=ダム島の突端から上流はサン=モール=デ=フォッセまでのあいだで、セーヌ川とマルヌ川に投錨した小舟から、カワカマス、ニゴイダマシ、ウナギ、コイを捕獲した。そのほかパンの小売り商人〔ルグラティエ・ド・パン regrattier de pain〕もひとつの組合として組織化され、他の組合と同等に扱われたが、基本商品であるパンとともに、海水魚、火を通した肉、塩、果物、卵、チーズ、一般的なスパイス（コショウ、クミン、シナモン）を少量販売することが許されていた。パンの小売商は、この点でエグラン——あらゆる料理で大量に使用されるニンニクやタマネギ、シャロットなど、においの強い野菜の総称——の小売商とは異なる。エグランの小売商〔ルグラティエ・デクラン regrattier d'aigrun〕は「地元の」野菜や果実、バター、卵、チーズしか販売できなかった〔パリのルグラティエは近郊の生産者が提供する商品を市場の競りで手に入れ、決められた場所（中央市場、ノートルダム寺院前広場、聖クリストフ教会前）で販売した〕。

北部でも南部でも、一部の重要な中心都市では、肉屋がごく早い時期に、処理したばかりの家畜の臓物と、それをトリプリーと呼ばれる市場で売るための処理を臓物商〔トリピエ tripier〕に譲り渡した。全ヨーロッパ人、とくにイタリア人が内臓に強い嗜好をもっていたのはわかっている。一四世紀、ヴェローナの大家セルッティ家のために作られたすばらしい細密画入りの『タクイヌム・サニタティス・イン・メディキナ』*Tacuinum sanitatis in medicina* 写本では、食肉に関連する一九枚の挿し絵のうちの八枚に脳みそ、心臓、乳房、肝臓、脾臓その他の臓物の販売や自宅での調理のようす、さらに二、三枚に頭や足が描かれている。あるいは一四世紀末に書かれたフィレンツェ人フランコ・サケッティの『短編小説三〇〇篇』*Trecento novelle* のもっとも有名な一篇〔フランコ・サケッティ『ルネッサンス巷談集』杉浦明平訳、岩波書店、一九八一年、一一六頁）を読み返してほしい。話の中心は日曜の食事のために煮込まれた若い雌牛の胃の旨い料理で、ヴェネツィア滞在中のフィレンツェの商人仲間が二組に別れてそれを奪い合う。この話のなかでは、雌牛の肉と同様に胃も肉屋が売っている点に注目すべきだ。パレルモの人、とくに最貧の人びとは、胃と他の臓物・屑肉類を混ぜたマルクチナトゥという料理に目がなかった。

新たな職種

食に関係する新たな職種――新しい職種ではあるが、新しい製品を創出するわけではない――の形成を見るには一四世紀の前半、そして多数の都市では一五世紀を待たねばならない。同職組合としてまとまり、ほぼ同時に監督当局から団体規約の承認を受けた職人たち――あるいは監督当局に団体規約を作成するよう願い出た職人たち――は、それまでは規約のないままに、店もちの親方がいきあたりばったりに作っていた食品の製造と販売の独占権を確保したにすぎない。

食産業の職の幅が広がったのにはさまざまな原因がある。もっとも目につく原因は専門職のさらなる先鋭化であり、これは織物業だろうと皮革業、金属業、木工業だろうと、産業のあらゆる部門において見られる一般的な傾向である。それは同職組合を増やし、隣接する二種、あるいは補完し合う二種の職種を同時に実践することを禁じる。しかしながら、長期にわたる生活水準の向上と中世末期に大都市で明確になり始めた都会的嗜好、おそらくは多様でさえあった都会的嗜好の役割も無視はできない。

製パン業において

製パン業の進化はあらゆる面でかなり明確に表れている。一三世紀以来、ヨーロッパの全域で、製パン職人は軟質小麦の粉を使用し、「よき小麦」のパンは都会的洗練の証となって、多くの都市では飢饉の時期をのぞいて、他の粉ではパンを作らないほどだった。このようなパンには、どこでも二種類か三種類の変種があった。特等の小麦で作られ、繊細な金色の皮に包まれた身が白くふんわりしている高級パン――フランス、イタリア、スペインでは「パン・ド・ブッシュ」「パン・モレ」、ドイツのゼンメルブロート、アングロ=サクソンのパンドマンあるいはホワイト・ブレッド――は特権階級の需要に応えた。中級のパンは、役人その他、定期収入のある層を対象にした。その代表は、ビ=ブラン、ジョネ、あるいはビと呼ばれるパンである。パリとランスでは一四世紀に「パン・ア・ブルジョワ」があり、これは飲食店や宿屋でも供された。全粒粉パン、「パン・ア・トゥ」「パン・ド・トゥ・ブレ」は通常、最貧層が消費し、さまざまな種類の調理に使われた。

教会の大祭や市場で穀物が安く売られるときには、製パン職人は小麦のごく一部を菓子と詰め物料理の皮に使用した。パン種なしの軽いパン生地を真っ赤に熱した二枚の平たい鉄板にはさんで、「ウブリ」やワッフルが作られた。熱湯にくぐらせてからかまどで渇かす「エショデ」「セミノ」「ニウール」には、反対に固くなるまでよく捏ねたパン種入りの生地が必要だった。製パン職人にはまた、パン生地に牛乳や卵、香味料を加えたり、皮を小さな鍋の形に作って、そこに挽肉や魚、チーズを詰めることも許された。これらの特製品は通常市当局の許可なしでは販売できず、当局はいたるところでパンにしていたのと同様に、少なくとも北部地方では価格と重量とを統制した。

一方、裕福な個人は、一年のいつでも製パン職人に小麦粉を提供して、これらの軽い菓子を注文した。菓子は正餐、あるいは夕食のとき「食卓の出口〔イッシュー・ド・ターブル issue de table. 今日のデザートにあたる〕」として供されるか、ワインとともに午前の軽食の基本要素を構成した。まもなく注文が増加したために、製パン職人には注文に応えるのが、そして責任当局にはその製造をクリスマスや復活祭、あるいは人びとが市街を行列する日だけに制限するのが不可能になった。このときまさに製菓業〔ウブロワリー oubloierie〕が生まれようとしていた。

ウブリ職人〔ウブロワイエ oubloyer〕が早くも一二七〇年には特権を有していたパリでは、国王シャルル六世が、一三九七年と一四〇六年にあらためてその団体規約を承認している。それによればこの職業は「とても危険で修得が難しい」ので、親方としてそれを実践するには、「一日に少なくとも大型のウブリ五〇〇枚、シュプリカシオン三〇〇枚、エストレル二〇〇枚を製造」できることを示さねばならなかった。小型のウブリだけが行商を許された。シュプリカシオンとエストレルはウブリの変種で、シュプリカシオン〔大祈願〕の名はもともとは祭壇に供物を捧げる宗教祭事のときだけに食べられたという事実による。エストレル〔鐙〕はおそらくその形から説明がつくだろう。

製パン職人はパテやそれと似た「かまどの細工物」の製造権をより長く保持したようだ。パリのパティスリー職人〔パティシエ patissier〕初の団体規約は一四四〇年にならなければ登録されないが、実を言えば、このことでこのような専門職がそれ以前に存在していた可能性が否定されるわけではない。ひとたび承認されると、パティスリー職人はその商品の幅を広げた。動物性脂と肉を使うパティスリーの代表パテとタルトに加えて、ダリオルやフラン、ドーファンのように、牛乳、卵、クリームを素材にし、通常は砂糖を加えたパティスリーを作った。一六世紀の初めごろのル・マンでは、パティスリー職人の親方として認められるには、イポクラ作りに使うための円錐形に固めた砂糖塊の使い方を知っている必要があった。イポクラは砂糖とスパイスを加えたワインで、食前酒としても食後酒としても飲まれた。国王が二つの職業、ウブリ職人とパティスリー職人をひとつにまとめたのはようやく一五六六年であり、この二つはパリ以外ではその後もしばしば混同されたままだった。ヴァランス、スペイン、シチリア、北イタリア諸都市では、砂糖と砂糖シロップを大量に使用する糖菓職人〔コンフィズール confiseur〕が、ドラジェ、ピニョラ、マジパンやその他のヌガーの祖先を、長いあいだ製造していたスパイス商〔エピシエ épicier〕から分離し、独立した職種となった。

豚肉加工業において

豚肉加工業〔シャルキュトゥリー charcuterie〕はもうひとつのモデルケースを提供するが、その輪郭はずっと曖昧である。多数の地中海沿岸諸都市では一四世紀のあいだに、肉屋の同職組合内部に豚の生肉の販売を専門にする一団が出現していた。しかし、その構成員が独自の団体を形成していたようには見えない。

しかしながら、ボローニャでは一三八〇年頃、当局がラヴェンナ門に新たな用地を設け、豚の皮剥作業だけにあてることに決めた。この作業はとくに汚染がひどく、悪臭を放ち、それまでは食肉処理場近くの路上でおこなわれていた。同じころ、プロヴァンスでは、その日、あるいは前日に処理した豚肉を載せた売り台は、マゼル〔市場〕のなかで特定の場所におかれていた。こういった地方には、土地によってポルカトレス porcatores、サラテリイイ salaterii、サラロリ salaroli、あるいはラルダロリ lardaroli と呼ばれる専門職が一三世紀中葉すでに登場していた都市もある。その仕事は豚肉をさばいて塩漬けにすること、豚脂をとり分け、塩漬けにすることだった。この職人たちは扱う動物を自分で処理するのではなく、肉屋から買うよう決められていたようだし、数頭の豚を飼育する個人との取引もできなかった。一二五〇年頃、ボローニャで最初に登録されたサラテリイ組合の団体規約は、店で塩漬け豚脂や肉とともに、植物油、チーズ、野菜、種子、さらには獣脂、蝋燭を売ることを許可している。奇妙なことに、これらの規則は、カルパントラやアルル、マルセイユのポルカティエ porcatier がその店先にたっぷりと並べたドライ・ソーセージ、モルタデッラ、フレッシュ・ソーセージなど、消費者に大歓迎された製品には触れていない。

北方地域、とくにフランス北部では、ソーセージ職人は遅れて登場する。パリの豚肉加工職人〔シャルキュティエcharcutier. この語はchair cuite, つまり「火を通した肉」から派生した〕は最初の団体規約を一四七六年の初めに、国王の代官ロベール・デストゥトヴィルの手から受け取った。当時の首都には、「肉に火を通し、フレッシュ・ソーセージを作り」、ラードや「その他の肉屋の肉や食品」を販売する職人は一〇名ほどを数えるのみだった。豚肉加工職人は職業名を承認させることで、自分で料理した肉を不法に販売していたエグランの小売商の一大組合と一線を画し、おそらく二〇〇年ほど前の聖ルイ〔一二一四―一二七〇〕の治世末期には、パリではっきりと独立していた「肉の料理人」の身分を取りもどそうとした。「肉の料理人」――ロースト肉職人〔ロティスールrotisseur〕とは区別される――と同様に、豚肉加工職人は市の同職組合に属す肉屋からしか購入せず、新鮮でおいしそうな肉だけを料理し、フレッシュ・ソーセージを――九月一五日から四旬節の開始まで――「ごく細かく挽き、細かい塩をよく振った豚肉を、きれいでよく選ばれたフェンネルあるいはその他の上等のスパイス（しか入れずに）料理する」ことを誓っていた。したがって北部では、豚肉加工職人はその名が示すように、生あるいは火を通した肉に加えて、豚のフレッシュ・ソーセージやヒツジや仔牛のシチューも売っていた。南の広い範囲、イタリアとプロヴァンスでは、サルメリイイ salumerii が塩漬け肉の切身、ハム、ドライ・ソーセージを売り、たいていの場合、兼業していたチーズと油売りも放棄しなかった。

パスタ

最後に中世末期のイタリアにおけるある産業の発展を無視はできないだろう。それはイタリアのみならずヨーロッパの全域で後世豊かに花を開くことになる。パスタ製造は、アラブの伝統を引き継いだシチリアの裕福な私人の厨房から生まれ、すでに一二世紀、シチリアの都市にはその職人がいた。一三世紀中頃、パスタ製造業者がナポリに定住し、リグリアの多くの都市、とくにジェノヴァに店を開く者もいた。知られているように、ジェノヴァは硬質小麦を大量に輸入していたが、この硬質小麦粉、そしてずっとのちにはセモリナがマカロニやその他のラザーニャに欠くべからざる材料となる。パスタは当時は、贅沢とは言えないまでも高級な食品であり、最富裕の消費者だけのものだった。まもなくイタリアのその他の地方、プーリアやトスカーナでも、長期保存が大きな利点のひとつであるこの食品の製造が開始されるが、一七世紀まではそれほど大衆化はされなかった。スペイン領レバントの中心都市のいくつかでも、同時期に同様の製品が発達している。

商売の場所

食産業の従事者は都市のいたるところで見られた。非常に数の多かった飲食店や大小の宿屋、旅館についてあらためて詳説はしないが、それらは市の門や四つ辻、屋内の卸売市場や小売市場など人の集まる場所、商品が荷揚げされる港、学校や寄宿学校の近くに好んで店を構えた。また少なくともフランスにおいては建物を示すのではなく、その場所が果たす機能を示す看板をすでに掲げていた数少ない施設でもある。南ドイツでブドウを栽培していた小集落では、自家製ワインを売りたい村人が扉の上に小枝か藁束をさげたのと同じだ。飲食店には多くの場合、路面と同じ高さに、通りに向かって開かれた大広間があった。ベンチとテーブルを備えた半地下のワイン蔵か地下蔵で、客たちに直接樽からサーヴィスできることも多かった。

その他の食産業の従事者は、高級住宅地でも庶民の町でも、通りぞいの建物の一階に店舗を構え、製パン職人が金銀細工師と、靴直しがスパイス商と、糖菓職人が床屋と店を並べることもあった。市の善政を祝って、アンブロジオ・ロレンゼッティが市庁舎の有名なフレスコ画の全景に描いたシエナの中心街では、豚肉加工職人の店が教室と隣接し、教室では生徒たちが先生の話を注意深く聞いている。

ここで指摘しておくのが適当だろうが――そしてこの指摘は全職種にあてはまるが――中世の言葉では、製造者であると同時に販売者でもあった職人の店舗が、そこでおこなわれている職種の名称で呼ばれることは決してなかった。その店舗は「パン屋」〔ブランジュリー boulangerie〕ではなく、「製パン職人の家」、「製パン職人の店」、さらにより明確に「製パン職人の作業場」と呼ばれた。オック語地域ではボティガ botiga, イタリアではボッテガ bottega など総称的な用語も使用されたが、フランス北部では「ブティック boutique〔店〕」という言葉は中世末期以前にはそれほどは使用されなかった。反対に、修道院、寄宿学校、「慈善病院」や貴族の大邸宅では、パン作りにあてられた部屋を「ブランジュリー」と呼び、果物や野菜はフリュイトゥリー fruiterie で保存された〔日本語と異なり、欧語では商品を売る場所と商品を作る（あるいは売る）人間を別の言葉で呼ぶ。たとえば仏語ではパンを売る場所は boulangerie, パンを作り、売る人間は boulanger〕。

第一の例外、肉屋

食関係の商店のほとんどが、現在われわれの言う近隣商店であり、都市のさまざまな地域に多かれ少なかれ分散していたのに対して、二つの職種はかなり以前から、当局の決定によって一か所にまとめられていた。肉屋については多くの解決策が併用され、そのいくつかが同時に採用されたこともある。イタリアの諸都市では、マチェッラリイ macellarii を好んで集落の周辺、場合によっては家畜が徒歩で連れてこられる街道沿い、あるいはその近くの城壁の外側に遠ざけた。フランスやバルト海沿岸の諸都市では市の中心、しばしば肉屋が中心的な活動となっていた大市場の近くにとどめておいた。その他の地域では、肉屋の共同体はさまざまな場所に分散していたが、この場合、それは供給すべき顧客の数によるというよりも、さまざまな裁判権が存在したためである。いずれの場合でも、肉屋は厳しい衛生検査を受けたあとの家畜を、望むらくは流水が近くにある無蓋の、そしておそらくは閉鎖された空間で処理するように制限されていた。これらの場所は、フランスでは「テュリー〔殺す場所〕」あるいは「エコルシュリー〔皮を剥ぐ場所〕」と呼ばれた。実際に、大型動物はそこで処理され、そのあと内臓を出して、皮を剥がれた。血や臓物その他の「ゴミ」はすぐさま、密閉できるバケツに入れて野に運ばれるか、町からしかるべき距離にある近隣の河川に捨てられた。以上が規則だった。しかしながら、ヨーロッパ全域で、多くの肉屋が、自宅近くの路上、ときには個人の「テュリー」で、家畜、とくに小型の家畜を処理し続けたので、一五世紀のオルレアンのように、個人の「テュリー」がしまいには容認された場合もある。枝肉は肉屋に運ばれ、部分に切り分けて、さまざまな塊で販売された。

肉屋——プロヴァンスとラングドックの都市ではマゼル mazel——は二つの形を取りえたが、ヨーロッパのキリスト教圏で、二つのうちの一方がなぜ採用されたのかは説明がつかない。もっとも多かったのは屋内の大市場のようで、それぞれの専門業者は販売が許可されるたびに、借りるか買ったかした場所に売り台を広げた。売り台の大きさはあらかじめ決められ、場所代はさまざまな規準によって定められた。しかし、現存する絵画により多く描かれているのは第二の形である。小さな差し掛け屋台が軒を接して開かれ、前景には肉切り台、肉切り包丁やナイフ立て、鉤、廃棄物用のたらいがあって、そのまわりを必ず一匹の犬がうろついている。肉屋がその場所に住んでいる場合、そこで売れ残りの肉や「時期が過ぎた肉」を塩漬けにし、そのあと自分で売るか、あるいは小売商〔ルグラティエ〕に託した。

第二の例外、魚屋

都市から離れた場所で捕獲された魚を小売りする魚屋の場所も、同じやり方で決められていた。海草または草で包んだ海水魚あるいは淡水魚を詰めた籠や樽は、定期的に冷水をかけながら、魚屋の店先その他はっきりと規定された場所に直接運ばれてきた。塩漬けの魚、とくにニシンは市場で別個に販売された。都市に住む漁師だけが自宅での販売の権利をもち、ときには河岸に小さな生け簀まで設けていた。

差し掛け屋台

店舗は例外なく狭く、しばしば貯蔵庫にも使用されたが、販売は一般的に「窓越し」におこなわれた。「窓」というのは、実際には外側に向かって開く木製の開き戸で、路面上に突き出して一種のカウンターとなる。夜間や休日には、壁面にあげて、内側への開口部をふさいだ。

中世末期の絵画はこれらの「窓」を多数見せてくれる。もっとも美しい一枚は、一五世紀にライン地方で挿画を入れた『タクイヌム・サニタティス』*Tacuinum sanitatis* に見られる。ドイツの裕福なパン屋の店頭の開き戸の上で、籠から丸いプティ・パンがあふれ、店の奥では親方が新たに焼きあげた分をかまどから出している。上に開く戸が、装置を完璧にしている場合も多かった。上側の戸は壁面と直角に開かれ、庇の役を果たして、商品をほこりや雨、太陽から守った。

一五世紀末に描かれたジル・ド・ロームの『デ・レジミネ・プリンチプム』*De regimine principum* にある有名なミニチュア画がパリのアルスナル図書館に保管されているが、そこには少々異なるシステムが見られる。絵の左側にある製菓・糖菓職人の店は完全に開放されている。石畳の舗道にはみ出した三枚扉の木製の重い陳列棚が内部への侵入をさえぎっているが、奥には壺や広口瓶、庇に釘打たれた看板が宣伝する「旨いイポクラ」がはいっているらしい取っ手つきの大きな容器、タルトと大きな砂糖の塊があるのがかいま見える。ロレンゼッティのフレスコ画では、シエナのごくごく小さな豚肉加工品店サルメリーア salmeria の出入り口を堅固な櫃が閉じている。店先が張り出していない閉鎖された工房兼店舗が見られるのは、ヨーロッパ最北の地域だけで、しかもおそらくは時代が進んでからのことである。しかし、金で働く労働者が通行人の視線から隠れている場合は自ずとかけられた「詐欺の疑い」のために、その扉はあいかわらずいつも開かれていた。

画趣のおもしろさから実際より重要視することがあってはならないが、当局の許可の有無にかかわらず、路上で食品を売り歩く男や女、子供たちも無視はできない。こちらでは製パン職人やパティスリー職人の使用人、下男や女中、多くの場合はその徒弟たちがプティ・パンやフラン、タルトレット、ウブリを売り歩く。それに混じって、即席の小売商人や文無しのちんぴらが、新鮮さに疑いのある「小さな細工物」を売りさばく。これは警官にはつねに気がかりの種だ。あちらでは小売商の女房が腰をおろし、背負い籠に入れた卵やチーズ、果物を行商している。また向こうでは、バケツに魚を入れた魚屋のおかみ。女がほとんど姿を見せない肉屋をのぞいて、販売の場面にはつねに登場する女たちが、商品の製造過程にはごくわずかしか参加していないのに気づく。しかも一五世紀末期までは、豚肉加工職人のマルゴ、製パン職人のジャンヌ、スパイス商のマリなどと呼ばれた女たちも、実際は忠実な召使いの技術協力を得て、亡き夫の残した作業所を経営する未亡人だった可能性が高い。

食品手工業の職人の身分

食産業の従事者は都市で多数にのぼったが、その大部分が慎ましい経済的地位にとどまっていた。食産業従事者は都市当局に厳しく監督されていたと同時に、少なくともその一部は、人びとの日常の糧を供給する者にふさわしい理解と礼節をもって扱われていたことをもう一度指摘しておく。製パン職人、肉屋、魚屋はまず第一に都市の共有財産の会計係であり、都市の評判を確立するのに貢献した。司法官の主な関心は住民に「良質で正直な」食料を確保することと、充分な量を供給することの二つだった。

ヨーロッパのキリスト教圏の端から端まで、基本的原則は同じだった。販売される食料と飲料は「人間の身体にはいるのにふさわしく」、香りと味がよく、「汚染されてもいず、悪臭も立てず」、代替の材料や、たいていの場合は製品の重大な欠陥を隠す目的で使用される添加物が加えられていてはいけない。食品のごまかしはとくに非難された。なぜならば説教師ラティスボンのベルトルドが主張しているように、靴屋や仕立屋、鍛冶屋や商人の詐欺は「財産にしか関係しない」のに、古くなった肉に空気を吹きかけたり、腐ったワインやビールに香料を加える飲食店主の詐欺は「生命に危害を加え」、詐欺を犯した者を殺人者に変えて、その魂を失墜させるからである。数限りない規則は、刑罰同様にどこでもほとんど同じだった。刑罰は、違法な食品の廃棄に加えて罰金と名誉刑、場合によっては職業実践の権利を剥奪された。

いかなる状況下でも、民衆に最低必要な食品を供給しようとしたのは、当局が道徳面だけではなく経済面にも意識をもっていたことを表す。その意志ゆえに、司法当局は職の代表者を対話相手として扱いはした。しかし、司法官にとって、そこには自分たちが食品供給活動におよぼす影響力の放棄までは含まれなかった。

（北代美和子訳）

第二五章

ヨーロッパにおける旅館業の始まり

ハンス・コンラッド・ペイヤー

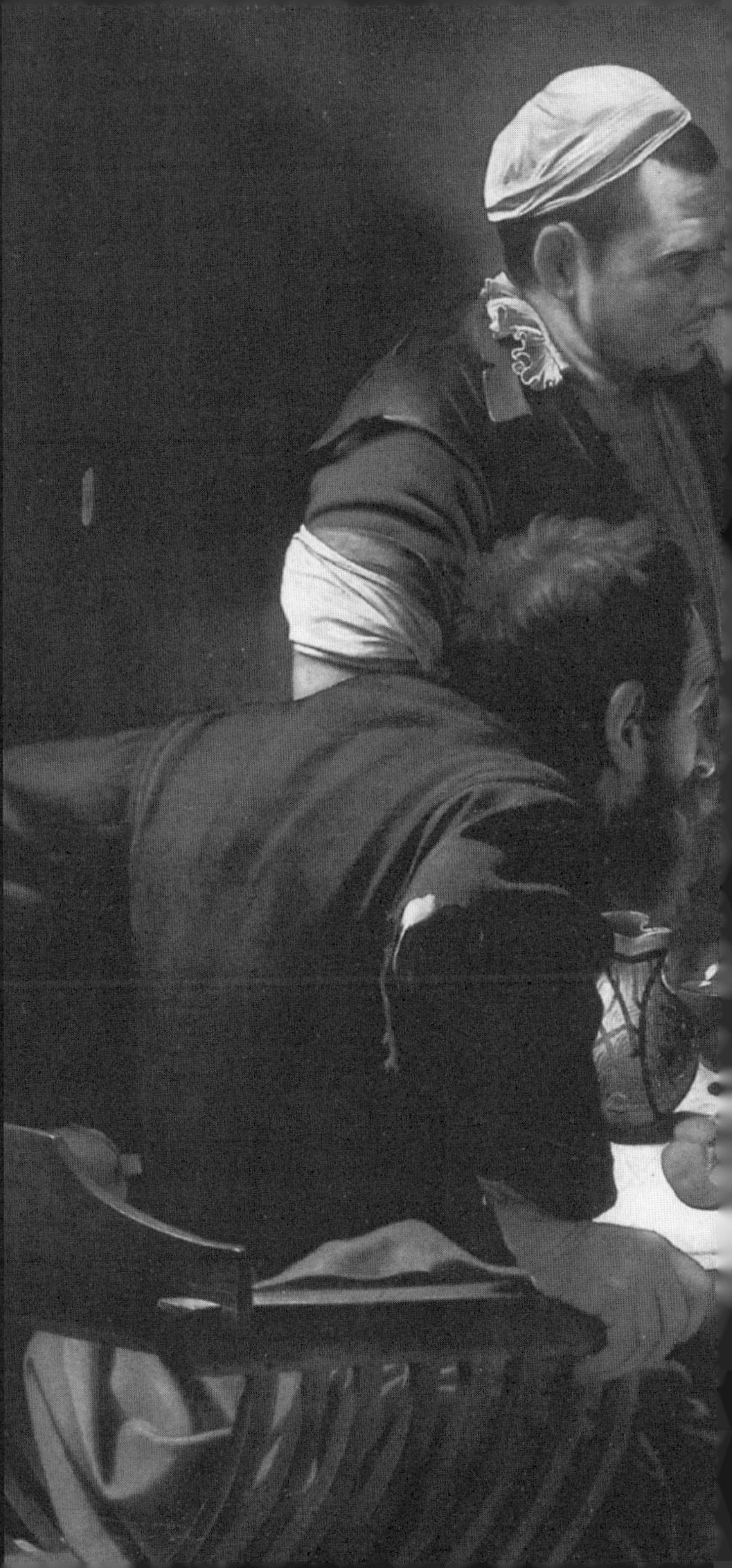

旅館業——異邦人、あるいは地元の住民に常時開かれ、報酬と交換で寝場所と食卓とを一定の期間提供する施設の全体を指す——が、はるか昔に遡る多様な宿泊受け入れの形態から真の発達を見たのは、ヨーロッパではようやく一三—一四世紀のことである。宿泊受け入れの歴史は実にそのあとを、われわれが人間の生活について手にする最古の資料にまでたどることができる。

古代における宿泊受け入れ

未開の文化において、外界との接触をもたずに暮らし、異邦人を拒否——あるいは殺害——していた社会集団は、友誼的受け入れという宿泊受け入れの最初の形態を、魔術的・宗教的理由と実利的理由の両方から、しだいに洗練させていったようだ。

異邦人が手厚く迎えられたのは、魔力をもつと考えられたり、あるいは神とされたからばかりでなく、商人として、また情報の伝達者として、他の社会集団と関係を結ぶことを可能にしたからである。いまだに貨幣の使用を知らない、あるいはそれを原始的な形でしか知らない文明は、訪問者に寝場所と保護と食物を、限定された期間——一般的には三日間——あたえた。この宿泊受け入れはホストとゲストのあいだに密接な絆を作りあげた。ホストにはゲストの味方となり、その大義がなんであろうと——私的な復讐でさえありえた——それを支持する義務ができた。またホストはゲストと外部世界のあいだの仲介者となり、ゲストが自分の屋根の下で死んだ場合はその相続人ともなった。おそらくこのような宿泊受け入れは先史時代すでに、数多くの異なった形態で出現しており、それがのちにさまざまに組み合わされたのだろう。

つまりヨーロッパでは、はるか以前から、なんの条件もつかない基本的な宿泊受け入れと、ある種の規則に従う友誼的受け入れの二種が区別されていた。条件なしの宿泊受け入れは、だれでも要求でき、避難所、水、火、乗用動物のための飼い葉の提供が当然とされたが、食料は含まれなかった。友誼的受け入れについては、ホストにはそれをゲストに拒否する完全な権利があったが、しかるべき形の歓迎の挨拶のあと、食事と飲み物、その他夜のための女性や餞別などのアメニティが加えられた。反対に、近東では、一軒の住居やテントに到着した異邦人には限度のない施しがあたえられるのが習慣だった。キリスト教圏では、この慣習が隣人愛の思想のなかで決定的な発展を見る。受け入れの制限、とくに期間の制限と食料提供の除外には、ホストの身と一般に貧しく貴重でもあったその貯蔵食料とを保護する目的があった。

しかしながら旅が絶えず発展を続け、まもなくあらゆる社会階層にかかわるようになると、この限定された私的な受け入れではしだいに不充分となる。そこで、権力と国家構造の重要性が増し続ける文明においては、新しく補完的な宿泊受け入れの形態が出現した。一例を挙げれば、旅行中の君主や高官とその随員に対する宿の提供がある。それは恐れられた義務であり、宿泊地ごとに、臣下はしばしば重荷となるほどの量の寝場所、食事、飼い葉を提供しなければならなかった。この接待の形態は、世界のきわめて多くの地域で見られるが、ヨーロッパでは古代ギリシア・ローマから中世末期まで、非常に重要な役割を果たした。その名残の一部は、一八世紀になってもなお見られた。

同様に、ギリシアではホメロス以後の時代すでに、さまざまな種類の公共の旅館が、異邦人に寝場所と食卓を保証するために登場し、それがなければ異邦人をもてなさねばならなかったはずの個人の負担を軽減した。この型の施設は、ギリシアの都市や聖地でよく見られた。さらに紀元前五世紀以後、都市では多くの場合、遠方からくる商人に宿屋と倉庫を備えた商館、あるいは特別な港湾施設を割り当てた。

同時に、貨幣経済が発達するにつれて、ギリシア世界全域に酒場とロースト肉屋〔ロティスリー rôtisserie〕とともに、本業としての営利的な宿泊施設が普及した。これらの旅館は客に寝るための場所と馬小屋を提供。紀元前四〇〇年ごろからはしっかりと定着し、基本的には港、商業都市、聖地、温泉地、さらに都市間を結ぶ街道沿いに見られた。

同様に、ローマ帝国では、都市の内部と帝国の大街道沿いに点在する宿駅に、ワイン酒場と安食堂（タベルナ taberna, カウポナ caupona, ポピーナ popina）、さらに寝場所と馬小屋を客の使用に供する旅館（タベルナ taberna, ホスピティウム hospitium, デヴェルソリウム deversorium, マンシオ mansio, スタブルム stabulum）が増加していった。ローマのタベルナは通常、厨房と街路に面した食堂で構成された。旅館は寝台のある寝室、洗面所と便所をもち、しばしば馬小屋が付属する。提供される食品はたいていの場合、非常に質素――パン、魚のスープ、場合によっては肉少々、とくにワイン――だった。こういった施設はすべて、外壁に酒場の標識をよく目立つように出し、そこにそれぞれの名称をつけ加えた。小さな宿駅では、店の名前が地名に転用されるのもしばしばだった。

しかしながら、ギリシアでもローマでも、これらのタベルナや旅館には悪評ぷんぷんたるものがあり、とくに下層階級――荷担ぎ、水夫、娼婦など――によく利用されたので、盗賊の巣窟や娼館と同一視された。高級な地区でタベルナや旅館に出会うことはなかった。なぜならば富裕層はたいていの場合、同じ階級の人びとが、都市や田園、あるいは属州においてさえ、友誼の名のもとにおこなう惜しみのない接待のおかげで、宿泊し、食事し、気晴らしをするのになんの苦労もいらなかったからだ。より長期にわたる旅の場合だけ、貴顕の人びとも、ときには旅館で我慢させせられた。

宿屋が悪評高く、しかも必要不可欠だったことから、ローマ法は宿屋の主人に非常に厳しい規則を課した。奴隷、剣闘士、女衒と同様に、宿屋は職業差別の対象となった。たとえば元老院議員が宿屋の女将や娘と結婚することは禁じられた。宿屋の主人は酒場の亭主同様に、客から預かった財産に個人的責任を負った。強奪やこそ泥が頻発したからだ。取締を容易にするために、宿屋の主人は同業者組合型の組織に所属することとされ、犯罪と騒擾の巣である宿屋は厳しく監視された。聖職者に宿屋利用を禁止さえした原始キリスト教会の警告はこれに由来する。さらに聖職者や修道院によって、キリスト教徒の旅人、巡礼、そしてとくに貧者に開かれた宿泊施設（クセノドキア xenodochia, ホスピティア hospitia）が創設された理由のひとつでもある。

しかしながら教会にも、いくつかの例外措置を設けることは避けられなかった――旅行中の聖職者にはやむを得ない場合、宿屋の利用が許された。また教会は、教会や巡礼地近くにこの種の施設が作られるのを阻止できなかった。このように、古代末期には、主として上流階級に限定された友誼的接待という原始的形態、権力の代表者のための義務的な宿泊受け入れ、国家や教会による宿泊施設、商人にあてられた宿泊所、そして軽蔑はされたが必要不可欠なタベルナと営利的なデヴェルソリウムの広大な世界が同時に共存していた。

飲食店とゲストハウス

中世初期には原始的形態の接待が主流だったが、続く数世紀のあいだに有料の受け入れがしだいに広まっていった。しかしながら、旅館というまったく新しい形態の有料公共宿泊施設誕生を眼にするには、中世の最末期を待たねばならない。この形態は社会から評価されて、宿泊の世界にますます深い刻印を押すことになる。

ローマ帝国とその貨幣経済の崩壊後、ゲルマン諸国、八世紀から九世紀のカロリング朝帝国、そして時代も進んだ一一世紀まで、古代の宿泊受け入れの形態が完全に復活した。個人的復讐の義務にいたるまで、ホストとゲストはふたたび緊密に結ばれた。友誼的な完全な形での接待が貴族の特権にとどまっていたのに対し、商人、巡礼、その他の旅行者のあいだでは食料を除外した「原始的」受け入れが支配的だった。ホストから食料を提供されない場合、旅人は食料をもって旅をするか、激減した市場や、さらに少なくなった飲食店で食料を補給した。

カロリング朝以降、交易の緩やかな再開にともなって、旅人や巡礼のための宿泊と食料補給施設の不足は、いっそう深刻に感じられるようになった。君主や役人、その他の権力者は、それぞれの影響力のおよぶ範囲内で、拡大の最中にあった無料宿泊権〔臣下から見れば義務的な宿泊受け入れ〕に助けを求めた。領地管理のための移動中、高位高官は臣下である農民からますます多くの宿泊施設と食料の現物支給を求めるようになった。

たしかに君主や大修道院は修道院付属の宿泊施設や峠の麓の宿泊所を創設して、巡礼や一般旅行者を助けようとした。しかしこういった努力は一一世紀以前にはほとんど実を結ばず、大修道院自体も、自分たちの生存を危機にさらさないためには、聖ベネディクトゥス戒律にある接待義務〔五三章「訪ねてきたすべての来客はキリストのように迎えねばならない。［……］貧しい人や巡礼者の受け入れに際しては、最大限の配慮をしなければならない。［……］」〕を日常的に制限し、貧しい旅行者の大量流入をせき止めざるをえなかった。同様に、ゲルマン人移動の時代に激減した飲食店が、西ヨーロッパでゆっくりと増加していった。君主、修道院、貴族は都市や港、巡礼地や宿駅に飲食店を作り、ワイン、ビール、必要最低限の食料の販売を保証した。ときにはこれらの飲食店が寝場所も提供した。それらは領主による税関と併設されることが多く、ひとつ屋根の下に極小の市場を構成していた。経営者がそこから得るかなりの収入のために、飲食および宿泊施設は領主権として渇望されはしたものの、相変わらずいかがわしい場所と考えられ、利用するのは農民や小商いの商人、荷車引きなどで、聖職者や貴族からは完全に避けられた。

これは、古代に支配的だった状況ときわめて近かったが、一一世紀から一四世紀のあいだに、経済の発達、とくに国際的な大規模交易飛躍の影響を受けて変化する。古い形態の接待ではもはや充分ではない。高位高官の宿泊受け入れ義務は、対象となった修道院、都市、村落からの抵抗がますます大きくなったため、しだいに軽減していかねばならなかった。山道や商業路、巡礼路沿いに作られた宿泊所でも、もはや必要を満たせなかった。

さらに、重要な交通路が過疎地を通過している場合は、まさに宿泊施設不足とでも言うべき事態に直面した。

その解消のために、交換経済時代に支配的だった私的な宿泊受け入れから、貨幣経済に特徴的な公共的な宿泊施設への移行が加速された。これはヨーロッパ全域で入手される一一世紀から一三世紀にかけての資料によって確認される。ある一地方の農民は、交通量の増加にもかかわらず、旅行者に必要な寝場所と食卓を拒否はできなかった。そのかわり、旅行者にはそれらを強制的に手に入れる権利はなかった。これ以降、旅行者は農民に対し、地元住民代表の調停で決定される一定の金額を支払わねばならなかった。

この規則を適用するのが難しかったことが、街道沿いの飲食店の増加を助長した。たとえば、ノルウェー国王は、一二七九年にそれまでノルウェーに存在した唯一の形態である、友誼的宿泊受け入れを調停手段で置き換えるよう指示したが、早くも一三三五年には主要交易路沿いに飲食店を開設することを命じた。農民はもはや旅行者が意味していた負担を嘆いてはならず、反対に旅行者のほうは食料補給の欠如を批判することは許されなかった。一一世紀から中世末期にかけて、このように各地の都市、村落、重要な交易路沿いに、飲食店の増加が見られた。飲食店は食料供給だけでは満足せず、しばしば寝場所も提供した。ときにはその周辺に、ひとつの村、場合によっては都市が発達した。

友誼的な宿泊受け入れという古い形態はすべてを無料で、しばしば意図的に訪問者には屈辱となるように、わざと豪勢に提供したが、昔よりもいっそう明白な形で、王侯貴族だけに限定された特権となった。反対に、原則から言えば大商人、しかしまた他の旅行者も、商館に宿泊するようになる。商館のホストは旅行者の食料を準備するだけではなく、仲介者の役も果たし、利益になる取引を持ちかけた。そのお返しに、旅行者はホストに仲介手数料を払い、相手が自分の都市を訪れた場合には同じようにした。

同時に、友誼的な宿泊受け入れに特徴的なホストとゲストの絆はかつてはきわめて緊密だったが、だんだんと緩まる傾向にあった。ゲストの争いごとに味方しなければならないというホストの義務は廃れ、自分の屋根の下で客が死亡した場合の相続権もしだいに縮小された。これ以降、旅行中の異邦人保護は、領主、国家、共同体の肩に課せられた。都市では、多数の私的な住宅が、本業として高位のゲストを受け入れる営利的なゲストハウスへと少しずつ変化した。こうしてゲストハウスと飲食店はだんだんと似てくるようになる。

このような動きの結果、イタリア、フランスでは一三世紀以降、南ドイツではそれよりわずかに遅れて、多数の都市の行政機構によって、唯一の形態の公共の旅館が形成されるようになる。このモデルはしだいにヨーロッパ全域に普及し、農村の飲食店にまで影響を及ぼす。このようにして公共の有料宿泊施設と、古い友誼的宿泊受け入れのあいだの根本的かつ一般的な差異は、高級旅館、中級旅館、そして避けるのが適当な評判の悪い店のあいだの社会的差異へと、場所を譲り始めた。

公共の旅館と宿屋

公共の旅館（ホスピティウム・ホネストゥム hospitium honestum, プブリクム publicum）の第一の機能は、通過する異邦人と地元住民の双方に、寝場所と食事を提供することだった。ホスト役を果たす商人や農村の一部の宿屋の主人とは反対に、もはや宿屋の主人には、仲介役や副次的商売は許されないのが一般的であり、これ以降、それらをおこなうのは仲買人や都市の商人だけに限られた。すべての人に開かれた旅館と、家の主が自分の気に入らない者には自由に扉を閉じることのできた私的な住居とのあいだには、根本的な違いがあった。私的な住居では住居の不可侵性が当然とすれば、公共旅館は道路の延長として扱われた。道路と同様に、旅館は都市、あるいは領主の公権力の権威に服従し、公権力はいついかなるときにも介入してくる可能性があった。この意味で、旅館の主人は公権力の代理人だった。結果として、公共の旅館はその特異性ゆえに、異邦人にも識別可能な目印で、その存在を示すべきだった。目印は、ローマのタベルナのように店名と標識ではなく、平和の象徴と中世初期以来使用されていた酒場のしるし、緑の枝、王冠、樽のたが、旗などから想を得ていた。

都市では、これら数種の目印だけでは、もちろん無数の旅館を識別するのに充分ではなかった。そこでさまざまな名前や個々の標章を補い、それらは長いあいだ、該当する建物を呼ぶのに使われ続けた。聖ヤコブ、あるいは東方三王のように、長旅と巡礼を連想させる聖人の名前から好んで想を得たのに加えて、法の象徴や伝説の生き物、動物、また飲食店の所有者や領主の紋章から借りてきたものや旅館経営者の好みを反映するものなどありとあらゆる主題が見られた。

公共の旅館と同時にできた市当局や領主による規則は、これらの施設経営者に、客を収容人員の限界まで受け入れる義務を課した。旅館は、満員になったことを看板を引っ込めて示した。満員という表示を出さないかぎり、客が主人の指示に従いさえすれば、旅館主には客を拒否する権利はなかった。また街路での客引きも禁じられた。定員を上まわる客は、他の宿屋に紹介しなければならなかった。市警の巡回と、宿泊客を行政当局に届け出る義務の存在は、一五世紀以降に確認される。

旅館はさまざまなサーヴィスを提供したが、そのなかのひとつで重要だったのは、ワインとビールの小売である。ワイン販売はしたがって、宿屋の主要な副業のひとつであり、公権力は、飲料税のおかげで、そこから大きな利益を引き出した。そこで当局は、販売されるワインとビールの価格と品質、小売りされる量を厳密に規定した。取締は頻繁だった。中世末期まで、食べ物を提供した一部の酒場や旅館の食品は、必要最小限度——パン、チーズ、せいぜいが肉少々——に限られ、そこに馬のための飼い葉が加えられた。最高級の旅館が、たっぷりとした高品質の食事を用意し始めるには、この時代を待たねばならない。旅行者が前触れ役を送り込んで、食事をあらかじめ注文しておくのが一般的だった。しかしながら、原始的な安食堂においてさえ、さらに重要な食事の調理が一四世紀から確認される。この場合、客はもっとも近い市場で必要品すべてを購入するほうを好むのでないかぎり、食料品、ときには生きた家畜、食器などをたずさえて旅をし、飲食店の厨房で、自分の使用人に食事を準備させた。

公共の宿泊場所として、旅館は一四世紀に出現したときからすでに、異邦人と地元のなじみ客のほかに、一定数の非常に特殊な客も泊めなければならなかった。たとえば、それまで野外か個人の住居で開かれていた法廷と、そのあとに続く裁判官たちの食事は、多くの場合、旅館に移された。同様に、個人は、高位高官の義務的宿泊受け入れから解放され、高位高官はこれ以降、この義務を負っていた都市や村落共同体の費用で、旅館に宿泊した。さらにいつも数え切れないほどの客を抱えていた多数の君侯が、自分の城や宮殿には受け入れたくないあまり重要でない客を、自分の費用で旅館に送り込んだ。このように旅館は私的な住居にかかる重荷を軽減し、私生活をよりよく保護することを可能にした。

同様に、旅館はしばしば戦争捕虜、あるいは人質を宿泊させるのに使われた。一三世紀末以来、教会その他司法に追われた人びとがそれまで一時的に避難できた建物にかわって、旅館がアジール〔寺院、聖域など治外法権の場所〕の役割を果たすようになる。同じことが、人質引き渡しという非常に特殊な中世の制度(オブスタジウムobstagium)についても見られる。借金の保証人は債権者に対し返済すべき金額を、決められた場所にとどまることによって個人的に保証し、その滞在費は債務者が負担した。一三世紀末にいたるまで、人質はつねに城、あるいは修道院に宿泊させられたのに対し、一三〇〇年以降は宿屋に腰を据え、借金が消滅するまでときには何週間ものあいだ、債務者の費用で飲めや歌えの大騒ぎを演じて過ごすのが習慣となった。農村ではとくに、借金の担保にとられた家畜や酒その他の資産は、定義上中立地帯である旅館の馬小屋や納屋に収められた。さらに中世末期には、不満分子や謀反人たちが旅館を集会所とする習慣をもつようになり、そこを都市や農村騒擾の温床とした。

宿屋の設備はその社会的カテゴリーによって非常に異なっていた。もっとも簡素なものは、ひと部屋だけの木造、または石造家屋におかれ、人間、家畜、商品は暖炉のまわりに避難場所を見出した。しかしながら、一般的にはある程度快適な普通の町家、あるいは農家だった。またこの目的のために、特別に建造された建物もあった。それは中庭を取り囲み、一階には馬小屋と倉庫を配し、上の階は客の居間と寝室にあてられた。一四—一五世紀、最高級旅館——多くの場合、鍵のかかる個室の寝室に寝台とタンス、きちんと家具をおいた居間と食堂を提供した——は、フランス、イングランド、イタリアに見られた。反対にドイツ語圏諸地方は、一六世紀になってもまだ、客全部にひとつの寝室、夜は雑魚寝という慎ましい宿泊施設が普通だった。ポーランドやスペインでは、これら非常に原始的な宿屋が一九世紀になってもまだ見られ、バルカン諸国ではそれさえもなかった。これらヨーロッパの周辺諸国では、古い宿泊受け入れの形態が主流のままだった。

旅館の収容能力は、各地とも比較的小さかった。最小規模のものは一〇名から二〇名、最大でもせいぜいが六〇名収容というところだった。旅館の数は場所によって大幅に差がある。街道沿いの孤立した一軒家から、大小の村では二軒から一〇軒、中都市では二〇軒程度、一方大都市は四〇から一〇〇軒を数えた。平均として、住民二〇〇人から五〇〇人に一軒の旅館があった。集落内では一般的に、幹線道路沿い、市の門や船着き場近くに位置した。

このように、一三世紀末に出現して以来、公共の旅館はその通常の役割——異邦人と地元住民に寝場所と食事を提供する——に加えて、都市と農村において、かつては野外、教会、あるいは私的な住居でおこなわれていたそれ以外の食料補給と宿泊の公共的な機能を果たした。しだいに多くのヨーロッパの地方で公共の宿泊機関が拡大したことは、交換経済の発展と、貨幣経済が漸次、重要性を増していったことの表れというだけではない。それはまた私的な生活と対比させうる注目すべき「公的生活の構造的発達」を証言する。

(北代美和子訳)

中世の料理法についてはいまだによくわかっていない。数量歴史学が長いあいだ、料理の調理そのものを顧みず、一日の栄養摂取量と消費とに注意を集中させてきたことが、この遅れに大いに責任がある。実のところ、厨房で念入りに準備されて食卓に出されたものが具体的に知れるような資料はほとんどない。この観点からすれば、料理書はほぼ唯一の例外であり、その研究よって一〇年ほど前から、知識と問題提起に重要な革新が可能となってきた。

しかしながら、中世ヨーロッパ人を特徴づける料理法と味の嗜好の総括的な図式を作成するまでには、まだいたっていない。せいぜいが追うべき道筋をいくつか探し当てたというところだ。しかもそれは中世の最後の数世紀だけに限られる。その数世紀については、現在では充分な数の資料から得られる情報が重なり合い、資料と資料をつきあわせることで、中世ヨーロッパの料理を、それに先立つ文化、あるいはそれに続く文化、さらには同時代のイスラムやビザンティン世界を支配していた料理との関係で探ることが可能になる。

しかし、とくに印象深いのは習慣と味の嗜好の多様性であり、「中世の料理」というひとつの枠組みでそれを語るのはほとんど不可能とさえ見えるほどだ。どの食材を選ぶか、どの風味を、あるいはどの調理法を好むかは、実のところ、国ごとの、場合によっては地方ごとの味の嗜好に依存する。しかも味の嗜好はときには急激に変化する。したがって太古に生まれ、流行の気まぐれに左右されることのない安定した料理体系が、一四—一五世紀を支配していたと考えるのは、いかなる点から見ても誤りである。

いまだにほとんど開拓のされていないこの分野では、偽りの証拠や怪しげな手がかりがたくさんある。そのため、中世の料理に関する原資料と歴史研究の方法について、前もって考えておくのは無駄ではないと思われる。

食卓の会計簿から料理書へ

会計資料はかなりの数が保存されているが、残念ながら各地に分散し、質的な差が大きい。厨房における一日ごとの支出台帳はたいてい失われ、われわれが手にできる年ごとの報告書は、当然のことながら、一日ごとの台帳ほど詳しくはない。もっとも内容豊富な一連の資料——たとえばサヴォワ公爵家の会計簿や法王庁の収支台帳——についてのより詳しい研究、あるいはその編纂さえ今後を待たねばならない。一三三三年から一三四九年まで、ヴィエンヌ伯アンベール二世によって記録された料理給仕手順表のような詳細な資料は例外に属す。これは会計簿、メニュー、館の規則を記し、ドーフィネ公と公の館のさまざまな構成員に供された料理すべてを、詳しさに程度の差はあるものの描き出している。(1)

めったにないような宴会が開かれるさいには、オフィス〔第I巻用語解説参照〕の、あるいは館の会計簿にそのための特別な欄を新たに設けることもあり、ときにはそこで厨房書記係がその行事について語ってくれる。その場合、コース・メニューを一回の食事を構成するさまざまな料理の一覧表と理解すれば、会計簿はメニューに早変わりする。(2) コース・メニューは料理のレシピ集の巻末に簡単なリストとして書き写されていることが多いが、年代記にはさみこまれた物語の形をとる場合もある。年代記のなかから料理の記述を見つけださねばならない。年代記に書き残されるようなものは、いわゆる「模範メニュー」——王侯の権力と特権とを表す忘れがたき祝宴である。ブルゴーニュ宮廷で開かれた豪華な宴会はそのもっとも有名な例だ。ただし料理というよりは人工建造物、あるいは演劇的表現と言ったほうがよいようなアントルメが強調されている。都市や共同体が重要人物のために宴会を主催したのは、やはりその名誉を讃えるためだった。王侯が入市すれば宴会が開かれ、その会計簿はわれわれに、費用とときにはその式次第について教えてくれる。

文学作品が食事や料理の構成を詳細に記述することはめったにない。文学作品だけを資料として使用すれば、それが現実をどれだけ反映するかにはまったく無頓着に、中世の食にまつわる逸話風記述を対象としてしまうことになる。武勲詩や騎士道恋愛物語にはこの主題が乏しいのに対して、一二世紀末以来抬頭してきた写実主義的な発想は——とくにプランタジネット朝の宮廷に形成された文学者サークルにおいて——料理をはっきりと主題として扱うことを許した。ラウル・ディセートは『イマジネス・ヒストリアルム』*Imagines historiarum* のなかで、ニンニク、コショウ、ヴェルジュを材料にして、牛肉に添えるソース、ポワトヴァンをどう作るかを語っている。しかしもっとも詳細な記述が見られるのは諷刺や滑稽文学のなかだ。たとえば一三世紀、ラウル・ド・ウダンは地獄の苦しみを描くと見せかけて、よだれの垂れそうな料理の一覧表とも言えるものを作成した。敗れた「戦士」はニンニクで、老いた「娼婦」はソース・ヴェルト〔緑のソース。六六一頁参照〕で調理され、「黒い修道女」は揚げ物にされ、「偽の訴訟人」は舌をバターでフライにされる。謝肉祭にまつわる伝承にはこのような山場が豊富にあり、そこに土地の食の現実が刻印されていることに疑いの余地はない。イタリアでは予想通り、マカロニやラヴィオリが山盛りのおろしたパルミジャーノ・チーズの上に堂々とのっている。一方、たとえば一五世紀のエロー・ベリーのような風土記、あるいは巡礼のための案内書は、旅行者を驚かせる土地の風習にとくに目を向けているだけに、なおさら貴重な情報となる。

ステンドグラスやフレスコ画、写本画の研究からは、食の習慣や儀式が明らかとなるが、食卓に供されたり、使用人が運んでいる食材を識別するのは微妙なことが多い。どうにか家禽とまではわかっても、正確な種類は特定できない。添えられたソースの判別はと言えば、画家は写実的な配慮よりも美学上の配慮に応えて、フォルムと色彩とを創造しているだけにいっそう不確実である。

それよりも考古学のほうが、現実の再現に優れる。すでにヨーロッパのかなりの数の発掘現場で骨学による研究から、中世全体を通じて牛肉が食肉中に大きな割合を占めたことが証明され、「自家飼育」の豚肉という先入観を覆した。肉の切り方や骨のはずし方、燃焼の痕跡のおかげで、肉屋から厨房にいたるまでの肉の処理も再現できる。ロワール川流域の遺跡で観察された肉のカット技術に基づいて、中世末期には、肉を貯蔵するために完全に骨をとって燻製や塩漬けにした加工食タイプの肉の使用から、骨をつけたままの生鮮豚肉の小さな塊からおこなわれるより直接的な料理へと移行したと推定できる。(3) 発掘現場で大量に見つかる容器や道具のほうは、調理と加熱の技術が使用されたことを意味する。これら考古学的データを遺産目録や図像学的資料と体系的につきあわせれば、中世の料理の歴史にとってもっとも有望な手がかりのひとつが得られる。(4)

しかし、最終的に研究すべきは料理書である。一〇〇点以上の写本に書き残された料理のレシピ集は、実際に、デンマークからイタリア南部、イングランドからボヘミアにいたるまで、ヨーロッパのほとんど全域に連続して広がっているという利点がある。初期のレシピ集は一四世紀初めに出現し、次の世紀の終わりまで増加を続けた。レシピ集には正確な日付と場所が記入されているおかげで、いくつかの点に注意さえすれば、そこから時間的にも空間的にもさまざまな比較が可能になる。

中世のレシピの読み方

料理についての写本ひとつをとって、単純に、その階級と時代でおこなわれていた料理法の証言と考えることはできない。まず第一に、写本は程度の差はあれ、ときには何世紀も遡る古いモデルから想を得ているからである。しかし例外をのぞいて、一字一句違わずに書き写されていることはまずない。テキストを細心の注意をはらって検討し、前の時代から引き継いだものを見分けて、その系統を明確にすること、そしてあるひとつの写本を構成するさまざまな地層を識別することは、したがって料理書を歴史的に解釈するさいの面倒な、だが必要不可欠な第一段階の手続きである。まさに中世フランス料理のベストセラーとも言うべき『ル・ヴィアンディエ〔料理人の書〕』*Le Viandier* はこのように扱わねばならない。『ル・ヴィアンディエ』の写本は一四世紀から一五世紀にかけてのフランス料理の変容に従って書き直され続けたので、一四八六年ごろようやく印刷されたテキストはもはや初期の写本とはほとんど共通点をもたない。

さらに料理書の機能も考慮しなければならない。実際の調理について言えば、ベリー公のような愛書家が所有していた贅沢な大判の写本は、人から勧められたり、自分が試してみたりしたレシピを大急ぎで書きつけようとした名もなき男のメモと同じ重要性をもつわけではない。実のところ、料理書はすべてが王侯貴族の書物だったのではない。反対に、もともとの核が高位貴族や大聖職者に仕えた料理人たちによって編纂されたとしても、そのコピーは急速にブルジョワ階級にまで普及した。レシピが貴族のものであったという点を大げさに考えてはならない。いずれにせよ、王侯の館でも、その栄光を知らしめすような壮麗な宴会を毎日開いていたのではなく、日常に供されていた料理はブルジョワの手にも届くものだった。

しかし、料理集成のすべてが、料理を作るために使われたのだろうか？　写本の体裁と、われわれが推測するその読まれ方は、この点について非常に含みのある回答を示唆し、そこでは夢の伝播がノウハウの伝達と、少なくとも同じくらい重要な役割を果たしている。したがってどの写本も、前の時代のテキストの遺産と地方的な制約、あるいは素材上の制約、欲望と味の嗜好が独特に結びついたひとつの個別ケースとなる。

レシピの詳細な研究は、レシピにつけられた名称（これは「目録」と呼ぶことができるだろう）、利用する食材、その結果としての風味、色彩、香りというレシピのさまざまな地層をしっかりと区別するという条件で、料理の歴史家に大きな可能性をあたえる。もちろん同じ名称が、きわめて異なった調理法を隠しうるとしても、あるひとつの名称の使用はそれだけですでに貴重な情報となる。名称を構成する用語からは、実際に過去の遺産や進化を探知することができる。たとえばトスカーナやヴェネツィアの料理書がブロデット brodetto と呼ぶものを指すのにポタージョ potagio, あるいはスッパ suppa を選ぶのは、一五世紀イタリア南部を支配していたイタリア＝アラゴン融合料理の特徴である。同様に、人名や国名を使う名称も、頭から信用はしないという条件で、考慮することが大切だ。たとえば「サラセン」のブルエには、いかなるアラブの影響も突きとめられない。なぜならばその調理にはしばしば豚脂やワインが使われているからだ。この名前はおそらく、ただ黒い色にちなむにすぎないのだろう。

しかしながら、料理名の分析だけでは充分ではない。レシピの内容も分析しなければならない。この研究は現在のところ、概略が示されているにすぎないので、ここではその重要性から選んだ少数の素材だけを扱う。レシピの構成――その語彙――と同様に、そのシンタックス、つまりレシピで使われる方法もわれわれの関心を引くはずだ。加熱と加熱媒体を示す用語は、器具の特定と組み合わされて、調理技術の再現を可能にする。この種の分析はその過程が複雑なために、限られた調査の形でしか実現できない。

スパイスの嗜好(6)

スパイシーな風味への嗜好は、なにも中世の専売特許ではない。スパイスは古代すでにインドや極東から輸入され、四世紀の編纂者がアピキウスのものとした料理のほとんどすべてに使用されている〔アピキウス著とされる『料理大全』は四世紀頃の編纂と考えられる〕。しかし、聖ルイやジャンヌ・ダルクの同時代人が賞味した食材はすでに、四世紀のものと同じではなかった。ローマ人グルマンがあれほど評価したコストゥスやラゼル、シルフィウム〔いずれも芳香性植物〕は、ローマ帝国末期からしだいに新しいスパイス、クローヴ、ナツメグ、メース、ガランガ、グレーヌ・ド・パラディに置き換えられていった。イスラム世界の影響がこの味覚の変容に果たした役割は、これまで考えられていたよりもずっと小さい。十字軍が持ち帰った習慣よりもむしろ、アラブ語から翻訳された医学的文献、それに伴う一連の薬品のヨーロッパへの導入を考えるのが適当である。スパイスは薬品の重要な部分を占めていた。

スパイスに関する嗜好は、アピキウスのレシピの八〇パーセントに使用されていたコショウを犠牲にして進化した。中世末期は、コショウがヨーロッパ料理における優越性を、とくにショウガに明けわたした時代である。コショウの衰退が最初に起こり、またいちばん目につくのはフランスであり、かつては非常に貴重だったこのスパイスはいまやわきに追いやられたというのが、少なくとももっとも洗練された料理においては事実である。というのも、コショウはヴェネツィア商人によって大量に輸入され続けたからだ。これにはなんのパラドックスもない。おそらく価格が手頃だったせいで、コショウはエリート層の消費だけに限定されなくなったために、エリート層はコショウに背を向けたと考えられる。その証拠は、これ以降、たとえばインスリンドのロング・ペッパー〔ナガコショウ。熟す前に摘みとられたもの〕、あるいはグレーヌ・ド・パラディのように、コショウ同様辛いが、価格の高い物質がコショウよりも好まれるようになったことであり、グレーヌ・ド・パラディの分布図はコショウの分布図の正反対を描き出す。

ヨーロッパに比較的新しく導入され、一四世紀初めにはその普及はいまだ密やかなものにとどまっていたアフリカ産マニゲット（グレーヌ・ド・パラディとも呼ばれる）は、実際に一四世紀末から一五世紀初めにかけてのフランスの食卓、とくにサヴォワ公の料理人シカール親方編纂のレシピ集のようなきわめて貴族的な料理書においては必要不可欠だった〔マニゲットは熱帯アフリカに分布するショウガ科の植物の種子〕。シカール親方は使用したスパイスすべてのなかで、第一級の場所のひとつをグレーヌ・ド・パラディにあたえている。大家の貯蔵品の会計簿はこの流行を確認し、グレーヌ・ド・パラディ、つまり「天国の種子」というフランスであたえられた名もおそらくその流行と無関係ではないだろう。(7) 他の国の料理でマニゲットにつけられた名――イタリアのメレゲーテ〔「小さなモロコシ」の意〕、カタルーニャのヌ・デ・ハルク――はより限定された使用例と一致するが、それらの料理はフランス起源の可能性が高い。一四世紀末にようやくマニゲットを知ったイングランドの料理人は、それをグレイン・オヴ・パリス「パリの種子」と呼んだではないか？

一五世紀後半、グレーヌ・ド・パラディを押し上げた流行の波は、寄せたのと同じ速度で急速に引いていった。これはまさに初期のアフリカ大陸沿岸開拓者がこの植物の正体を知らしめ、説明をした時代である。おそらくこの一致は偶然ではないだろう。これ以降、マニゲットは神話性を否定され、しだいにカルダモンと混同されることが多くなって、だんだんと忘れられていく。この衰退はまた、一五世紀末にコショウが恩恵に浴したように見えるリヴァイヴァルとも関係づけるべきだろう。さもなければそこに料理書を利用する読者層の拡大を見ることもできる。とくに印刷によって、より慎しい読者にも入手可能となった料理書は、決してコショウを放棄することのなかった料理に対応した。いずれにせよ、コショウは一六世紀から一八世紀にかけてふたたび支配的となり、実質的に唯一使用されたスパイスとなる。スパイスの種類の減少は、とくにフランスで――主として一六五〇年以降、旧来の慣習と袂を分かとうとしていた「新しい料理」の枠内で――目につくが、中世の習慣に忠実でいたスペイン人やイギリス人のあいだでは、それほど進行してはいなかった。ここでもまた、中世の味の嗜好の特殊性が好みの多様性をわれわれに忘れさせることがあってはならない。このことはまた、砂糖による甘味の使用に関して、よりいっそう当てはまる。

甘と酸

中世料理の風味の再現を試みるのには危険がつきまとう。手にはいるのが一四—一五世紀と同じ食材かどうかは確実ではないし、衆知のとおり、風味の区別は著しく文化的な事象であり、時間と空間によって変化する。古代の権威やアラブの著述に多くを負う中世医学が確立した風味の類型学は、ほとんど使用できない。しかし、調理で得ようとした風味を正確に記す料理集成はきわめて珍しい。とは言うものの、一四世紀初めの小さな料理集——一冊はアングロ＝ノルマン語〔一四世紀末までイングランドの公用語として使われたフランス語方言〕のもの、もう一冊はフィレンツェのもの——にあるこの種の指示を一般化すれば、大きな意味をもつ味覚表を作成できる。もっとも、この味覚表は進化と地域ごとの違いを排除するものではない。

中世の料理は基本的な三種の味覚に基づいて変化する。スパイスによる辛味、甘味——とくに砂糖による甘味——そして酸味である。苦味は、めったに言及されないことが証明するように、あまり評価はされなかったようだ。たとえばアングロ＝ノルマン語の料理集成は、クルミの苦味をひとつまみの砂糖で補正するよう勧めている。この集成のレシピのうちの約半数で酸味を求めているが、酸味はおもに酢とヴェルジュによって得られ、柑橘類の果汁——レモン、あるいはビターオレンジ——は基本的に地中海地方に限られた。医学者はワインを酸の物質に分類してはいないが、中世料理では明らかに酸味の役目を果たしうる。とくにイル＝ド＝フランスが特産とした酸味の強い白のように、軽くてアルコール度の低いワインが、長いあいだ好まれたことを思い出しておこう。しかしながらイングランドの料理人が偏愛した極甘口のワイン——キプロス、あるいはマームジー——が他の味覚域、つまり甘味に属するのは明らかだ。イタリアで生産・使用されたとろみのあるワインや煮詰めたブドウ果汁についても、同じことが言えるだろう。

酸味に対する嗜好は、とくにフランスで広まっていたように見える。『ル・ヴィアンディエ』最古の写本は、レシピの七〇パーセント以上で、酸味の素材を使用している。上記にあげた酸味調味料のうちのいずれか一種とスパイスの同時使用は同じ集成の半数以上の調理にあり、フランスに典型的な刺すような「鋭い」味に対する嗜好を規定する。それは酸とくにヴェルジュ——酸味のなかでももっとも酸っぱい——が、フランス人好みのスパイス、辛いショウガと組み合わされていることによって、いっそう明確になっている。イングランドではイタリアと同様に、酸味はもともとそう求められておらず、ほとんど必ず甘味の物質でバランスをとり、甘酸っぱさに対するたしかな好みを表している。

実際に、甘酸っぱさ嗜好はイタリア人とイングランド人がもっと広い範囲で甘味、とくに砂糖に魅力を感じていたことの表れである。事実、料理書から確定できる砂糖の使用分布図は、ハチミツ、デーツ、レーズンで得られる甘味嗜好の分布図と一致する。したがって、すでに一四世紀には「砂糖のヨーロッパ」が存在していた。それはまず第一に、ラングドックからイタリア半島先端にいたるまでの地中海沿岸地方と一致する。第二の集中地域はイングランドに相当する。このふたつの地域のあいだで、フランスの料理書はごくまれに砂糖に触れるか、触れるとしても、ほとんどいつも薬品としてである。『ル・ヴィアンディエ』あるいは『教本』*Enseignemenz*（一四世紀初め）は、砂糖以上にハチミツ、デーツ、プルーン、レーズンを使っているわけではない。一四世紀のフランス人はほんとうは甘味が好きではなかった。

いかなる経済的、あるいは商業的理由でも、この酸味と甘味の対照性を説明はできない。たしかに、かつてはすべてレバントから輸入しなければならなかった砂糖が、西部地中海地域で生産され始めていた。しかし一五世紀に、シチリアやバレンシア地方、あるいは新たにスペインに征服された大西洋の島々で確認される砂糖生産ブームは、需要を生み出すというよりは、増加する需要に応えたと言える。いずれにせよ、イングランドの消費者は、フランスの消費者以上に、生産地の近くにいたわけではない。そこにはなによりもまず味の嗜好の問題があったことを、のちの進化が充分に示している。

早くも一四世紀末には、おそらく北側の地方――イングランド同様に、フランドル、エノー、ブラバントは砂糖の土地だった――の習慣の影響で、砂糖はパリの料理におずおずと足を踏み入れてきた。レパートリーの更新は一五世紀も継続し、さらに顕著になるが、そこには砂糖使用の増加が伴われた。砂糖はすでにフランスの料理にしっかりと根をおろし、ついにはもっとも古典的な調理にも導入されるにいたる。しかしながら、甘いだけのレシピ、あるいは甘味とスパイスを組合わせるだけでよしとするレシピは相変わらず非常に珍しく、砂糖の増加を媒介したのは甘酸っぱい風味である。つまりフランス人の舌が砂糖を受け入れたのは、もはや酸味をそれほどありがたがらなかったからだ。

しかし、こうした砂糖の成功も、それがやはり一五世紀に、古くからの支配地域で得た成功と較べれば限られたものにすぎなかった。そこでは、砂糖は足場をなおいっそう固めつつあった。このことはイングランドに、そしてアラゴンの影響下にあった地中海周辺にさらに当てはまる。一五世紀末に、イタリア南部とポルトガル――レシピの三分の二に砂糖が含まれていたと思われる――で到達したきわめて高い割合は、主として、料理に砂糖とシナモンを混ぜ合わせて振りかけるというイベリアの習慣によって説明される。調理最後のしあげとしておこなわれたこの習慣は、多くの場合、すでにたっぷりと砂糖のはいっていた料理になおいっそうの砂糖を加えた。これですべてではない。一四世紀、イタリア人とイングランド人は砂糖がスパイスの辛さを和らげることを発見し、これ以降、フランスと同様に、それを甘酸っぱい料理の枠内で使用する。このように、一五世紀には、ヨーロッパの調理法が一種の統一を遂げるが、しかし砂糖はその唯一の媒介ではなかった。

バターを使用する料理

「砂糖のヨーロッパ」と同様に、中世末期には「バターのヨーロッパ」が存在していたが、それを構成していた国がどこだったかを解明するのは容易ではない[8]。ある料理集成のなかで、ある一種の脂が使用される割合自体にはあまり意味はない。それは食材をフライ、あるいはリソレ〔油脂を引いたフライパンなどで強火で焼き色をつける〕するレシピの割合と連動し、フライやリソレの割合は集成ごとに大幅に異なる。しかも油脂を使う料理をそうでない料理から必ずしもいつも区別できるわけではない。しかしながら、ある種の既成概念とは反対に、とくにソースに関して、中世料理はあとに続く時代の料理よりも脂っこくはなかったように見える。いずれにせよ、あるひとつの脂を、ある特定の場所で特定の時期に使用された可能性のある油脂全体のなかから特定することはできない。料理書でよく使用される専門用語はその意味がかならずしもいつも明確ではないからだ。たとえばボッケンハイムのジャン——一五世紀初めの教皇マルチヌス五世の料理人——がさまざまなタイプの脂を指すのに使用した六語のなかで、厳密に規定されているのは三語(「豚脂」「バター」「植物油」)だけであり、しかもこの三語はヨーロッパで使用された古典的な三種の油脂である。ある料理書が、ただ「脂」と言うだけでよしとするとき、どんな油脂を使ってもいいのか、それとも一番よく使用される油脂を指すのか?

さらに断定を困難にするのは、動物脂の使用を規制する教会の制限が、時と場所とで大きく変化していることだ。バターを四旬節の動物脂と考えた地方もあれば、伝統的に四旬節より規制が緩かった一般の肉抜き日にも、しまいこんだままの地方もあった。もちろんバターの使用を肉食日に限った料理書もあった。油脂は毎日の必需品であって、地理的経済的な制約に大きく依存し、そのために料理書が証言するような地方ごとの好みが形成された。一四世紀初めのアルトワの高位貴族、マオー伯爵夫人はオリーヴ油を定期的に購入していた。オリーヴ油の名を明確に挙げるイングランドの料理書は、おそらくこの伯爵夫人と同じような読者層に向けて書かれたのだろう。大多数の庶民が実践していた料理との乖離が、まさに料理集成におけるバター使用分布図の解釈を可能にする鍵のひとつとなる。

予想に反して、中世からすでに、バターは、「バターのヨーロッパ」と見なされていた地方だけに限定されていたわけではなく、南イタリアとカタルーニャでも使用されていた。ほぼヨーロッパ全域に広がったのにもかかわらず、主流となった場所はなく、レシピの一五パーセントをようやく越える程度で、植物油、豚脂、ラードよりも使用頻度は低いままだった。バターがもっともよく使われた区域は、デンマークからフランドルを通過してノルマンディーまでの北海および英仏海峡沿岸である。一四世紀のフランドル、あるいは北フランスに関する料理書の欠如が多少の障害とはなるが、それ以降の集成が提供するデータは、これらの地方に関するさまざまな資料から確認できる。医学者ジャック・デパールは、アヴィケンナの『規範』*Canon* 注解のなかで北海沿岸ゼーランドとフリースランドの住民はバターが大好物で、それをセルヴォワーズやワインのなかにまで入れると言っている。

イングランドの料理書がバターに限られたスペースしか割いていないのは、驚くべきことに見えるかもしれない。実際には、このことは、バターが占めていた社会上、文化上、および典礼上のステータスによって説明できる。イングランドでは、四旬節の期間、バターは子どもと老人だけが口にした。そのためにいくつかの肉抜き日の料理――フリッター、クレープ、あるいは卵料理――のレシピでしか使用されなかった。反対に、ウェールズでは、バターがその食生活の一部を成していた。カクストン描くウェールズの国民的料理は、穀物にリーキ、バター、牛乳、チーズを加えて作るどろっとしたスープだが、そこに伝統料理のカウル cawl を見るのは難しいことではない。地理的な隔たりに、節制で有名な住民の貧困が加わる。一六世紀、イングランドの料理書におけるバターの飛躍的増加は、その読者層の拡大と歩みを一にし、中世の料理書がバターに示した警戒心はエリート主義を反映していた。

フランスの料理書は一五世紀後半にバターを、とくに魚料理に添えられる役目の四旬節の動物脂とすることで宗旨変えをした。バターに対する味の嗜好は、おそらくは近接するフランドルやドイツの影響を受けて、当時パリとイル=ド=フランスに取り入れられた新しい料理集成に表れている。典型的な例として、フランドルやドイツの料理集成にも見つかる「ブール・フレ・フリ」が挙げられる。ほぼ同時期の南イタリア料理の転換はさらに意外だが、同じように反論の余地はない。一五世紀末のナポリの写本で、バターは地方の名物ソースと言えるであろうものに、豚脂以上に、そして植物油と同じくらいに使用された。地物のチーズ、プロヴァントゥラを詰めたラヴィオリはバターでフライにされた。

しかしながら、バターの流行はヨーロッパを一様に覆ったわけではない。オーヴェルニュからトゥールーザン、そしてサヴォワにかけてのフランス南部が最初の抵抗陣地を構成していた。バターはオーヴェルニュの山岳地帯では知られていたが、リモージュでは豊富に産するクルミ油に置き換えられた。プロヴァンスでは、オリーヴ油がこれを引き継ぎ、バター拒絶地域はアルプスを越えてイタリア、そして北ほどではないにしても、イタリア中部にまで広がった。つまり、少なくとも料理集成から引き出せるイタリアにおける食用油脂の使用分布図は、逆説的なことがわかる。植物油と豚脂の北部に対して、対立させねばならないのはバターの南部である。購入と保存が難しかったと思われるにもかかわらず、いやむしろ難しかったからこそ、南部のエリート層は、バターのなかに自らを社会の他の層から区別する新たな機会を見出したのである。

グルマンディーズの色

中世の人間は、料理の味よりもその色彩を気にかけていたように思われることが多すぎた。この点について、料理書の定式化にだまされてはいけない。これらの書物はもともとエキュイエ・ド・キュイジーヌやメートル・ドテル〔貴族の館で食卓のサーヴィスすべてに責任をもった役人〕を対象としており、これらの人びとは味見をしてその巧緻な配置を崩さずに、料理を見た目からその場で評価したのであり、料理の覚書にある色彩についての正確な指示に基づいて料理の出来不出来を判断し、出来映えを監督することができた。レシピに表れている色彩の追求は奇抜とか奇妙とか形容されることが多すぎる思いつきの結果ではなく、実際にはその色のひとつひとつに付与される文化的ステータスを反映していた。

料理人が利用できた色彩の幅は広かった。一四世紀初め、アングロ＝ノルマン語の料理集成は、基本と考えられる色を、黄、赤、白、緑、黒、ピンク、青、そしてフランス語では「ソレ」という用語で統一される茶（「ソレ」はフォーヴ〔ライオンの皮の色〕から赤黄色にいたる一連の茶の総称）の八種に分けている。しかし、これらの色すべてが同じ割合で使用されたわけではない。まず第一の理由は、色の実現に難易があったからだ。緑がパセリやスカンポ、ホウレンソウなどの地物から得られ、料理を金色に染めるのにはサフラン同様に卵黄が適当だが、反対に美しい赤や青は特殊な染料を必要とし、それらを使っても味覚上なんの得るところもなかった。たとえば、赤のためには、「竜の血」と言われたソコトラの樹脂ゴム、紅木紫檀の抽出液、あるいはレバントのアルカンナの根など、異国産の製品を使用した。イングランドの料理が、薬剤師によって売買されたこれらの高価な製品を大量に利用したのは、赤色を高く評価していたことを意味する。

料理の色を推測するのに、ある料理に使われた染料一種のみに基くことはできない。得られる結果は使用量の微妙な差で異なり、まさにその使用量が不明なのだ。ヒマワリ（*Crozophora tinctoria*）は濃度によって、赤にも青にも染めることができる。サフランと混ぜれば緑にもなる。サフランの使用も、スープに入れる前に裏ごしするか——こうするとかなり強い色に染まる——あるいは加熱の最後にただ振り入れて、料理を軽く黄色に染めるだけでよしとするかで、まったく違う結果となる。さらにときには料理人がサフランの色よりも味のほうを生かしたという可能性も皆無ではなく、卵黄や緑に染めるための無数の植物についても、同じ問題を検討しなければならない。

色彩の仮定的な再現には罠があるが、そこからイングランド料理が赤と黄の二色に支配されていたことが確認できる。アラブの錬金術の影響を見る人もいるが、もちろん証明はできない。しかし赤と黄の選択が時代遅れだったことを強調するほうがより当を得ているだろう。この二色は紋章学、美術、あるいは服装においては後退を続け、とくに青にとって代わられた。したがって、イングランドはこの動きの外にあったと推論するか、あるいはこちらのほうがより現実的だが、古い習慣は、もっと流行に左右されやすい他の分野においてよりも、料理においてさらに長いあいだ維持されたと推論しなければならない。

しかしながら、少なくともレシピの名前から判断するところでは、フランスとイタリアはこの例にあてはまらないようだ。ここでは赤の蔑視は、ヨーロッパの色彩感覚の進化と平行するが、青にとって代わられたのではなく、青は料理ではあまり評価されないままだった。たしかにヒマワリの微妙なさじ加減のために美しい青を得るのは簡単ではなかった。料理は、服装における青の発展を可能とした中世末期からの染色革命の恩恵には浴さなかった。厨房で簡単に実現できた唯一の鮮明な色は緑で、このことは緑が慎ましい、だが意味のあるレベルに維持されたことを説明する。

イングランドのグルマンとは反対に、大陸のグルマンは他のどの色よりも白を好んだようだ――もっともこの優位性は一五世紀には弱まる傾向にあった。反対に一五世紀には多色の料理が人気となり、「チェッキー〔市松模様〕」あるいは「クォータリー〔四分割〕」の大紋章を手本として、小さな部分に色を分けて並べる表現方法が可能だった。たとえばシカール親方のブラン＝マンジェ「パルティ」（つまり「分割図形」の意）では、オール〔金〕、アズュール〔群青〕、ギュール〔赤〕、アルジャン〔銀〕が使われる〔以上はすべて紋章学の用語。紋章学では紋章中央に配置される楯の分割図形、使用される色彩にすべて独特の名称がつけられている〕。ほとんどの料理は茶――あまり差異化されていない「ソレ」――の領域にとどまっていたと思われ、色彩の追求と実際の料理のあいだの乖離は大きかった。したがって、料理書に見られる洗練された料理も含めて、中世料理における彩色の度合いを、いくつかの大げさな記述を参考にすることによって強調しすぎてはならない。

料理の干渉と影響

筆者には、国ごと、あるいは地方ごとの味の嗜好とそれを表す料理の様式との整合性は、一四―一五世紀の料理史において考慮すべき基本的なデータのひとつを構成すると思われる。とはいうものの、現在にいたるまで、ほとんどの議論は、これらの料理のどれかひとつが他の料理におよぼした影響、国際料理――絵画において国際ゴチック様式があるように、味の嗜好における一種の国際ゴチック様式――の構築を対象としてきた。ひとことで言えば、好みよりも干渉のほうに興味をもってきたのである。この種のアプローチの危険は、言葉を事実と考えてしまうことだ。中世イングランドの料理に、一九世紀の碩学たちが突きとめた「フランス的性格」は、中世英語で書かれた初期の料理書がアングロ＝ノルマン語の模範を写し、その語彙を広く採用しているという事実から生まれたひとつの幻想である。これら初期の料理集成にある料理目録は大陸で実践されていたものとは大きく異なり、イングランドの料理長がフランス料理から想を得たことを示すものはなにもない。

同様に、一四―一五世紀のヨーロッパ料理にアラブがおよぼした影響を扱った多数の論文にも単純化による欠陥がある。イスラム世界とキリスト教ヨーロッパのさまざまな地域で使用されていた料理法の精密な比較は、編纂されたアラブの料理書が数少ないために微妙になっている。この問題に関する大きな危険は、その場限りの根拠のない比較である。一〇世紀のバクダッドの料理とその四世紀後に西ヨーロッパでおこなわれていた料理法を比較対照することは、明らかに歴史的、地理的錯誤に属する。アラブ文化の影響は、実際には、シチリアとキリスト教スペインという中継点を経て、マグレブとアンダルシア以南からおよぼされたのであり、「十字軍のおみやげ」説は――マルコ・ポーロのパスタとカトリーヌ・ド・メディシスのジャムとともに――かなり時代遅れとなった「偉人」指向の強いガストロノミー小話の小道具棚に片づけてしまうべきだ。複数のアラブ料理が存在し、考慮すべきはイスラム世界の西部でおこなわれていた料理なのである。このような対比からはいくつかの類似が目にとまるが、イベリア半島のような接触地帯においてさえ、「類似」を「影響」と同一視はできない。

もっとも接近していた地域においてさえ、アラブの影響がそれほど弱いのに、それがヨーロッパ料理を革新したなどと主張することがどうしてできるだろうか? たしかにアラブ語の用語が、ヨーロッパの料理目録に寄与しているのは否定できない。とくにかつてマキシム・ロダンソンが抜き出した典型的なレシピの一グループ――ロマニア **romania**（ザクロ汁の風味）、リモニア **limonia**（レモン汁の風味）、あるいはマモニア **mamonia**（コメとアーモンド・ミルクで作る一種の甘味粥）――がある。しかしそれは結局のところ、限定されたものにとどまり――おそらくはアラブの伝統にもっとも接近していた半島最南端をのぞいて――イタリア料理からは急速に消滅したし、フランスに定着したことはない。それが第二の故郷を見出したのは、一四世紀初めのイングランドの料理書のなかである。しかし、根本的な変化という代償を払っており、その変化はモームニー maumenee――一五世紀にはワインで薄め、ときには蒸留酒でフランベするソースとなる！――のなかで、もともとのアラブのマムニイア mamuniya の特色をほぼ完全に消滅させる。

一方、ヨーロッパの料理書にある、アラブやイスラム世界関連の料理名については、細心の注意をはらって扱わねばならない。一四世紀初めのアングロ＝ノルマン語の料理書には、意味のある一連のレシピ名――モームニーとサラセンのブロウエット browet sarasyneys のほかに、いわゆる「シリアの白」、「シリアの緑」、「シリアの黄」、さらに「キプロスの料理」と「トルコ人の頭」――が登場する。しかもこれらの料理はある種の料理上の同質性を呈する。ほとんどすべてがアーモンド・ミルクを、ほとんどの場合、コメと砂糖と組み合わせて使う。もうひとつの特徴は、加熱のあと、ピスタチオとザクロを振りかけることだ。これらの粥とアントルメについてはアラブの料理書が長々とした説明を加えている。しかしこれらのレシピは、一四世紀後半すでに、料理目録の根本的改革の犠牲となってイングランドの料理書からほとんど消滅し、残ったものはもはやもともとのモデルとはあまり共通点がない。全体的に見て、アラブの寄与は空間的にも時間的にもきわめて限られていたように見える。つまり一四世紀初めのイングランドである。さらに、イングランド料理の出発点において、アラブ起源の調理法がその定義づけにある種の役割を果たしたとしても、それらは土台にあるヨーロッパ料理にしだいに同化され、最後にはその特殊性とアイデンティティとを失った。

そこここで指摘できると考えてきた国ごとの味の嗜好は、これまで見てきたように、ときにはかなりの広がりをもつ変化によって新たな方向に導かれる。一五世紀における「新しいフランス料理」の出現はそのもっとも説得力ある例となる。しかしながら、その広がりの規模をよりよく評価するには、過去に遡ってみる必要がある。

一四世紀初めすでに存在していた料理の目録はフランスの料理書のなかで多くが継続的に生き残り、どの時期でも全料理の約三分の一を占める。この「古い」目録に属する料理名の多くは、たとえば「熱いコショウ」「アイエ」「ガランティーヌ」が早くも一二世紀に見られるなど、それ以前の文献にも挙げられている。

一三五〇年から一五〇〇年までのあいだ、フランス料理の目録は、古い料理の排除によってではなく、新たなレシピの集積と積み上げによって革新された。フランスの目録の拡大は、たしかに一四世紀と一五世紀の境目に始まっている。事実、『パリの家政書』*Ménagier de Paris* の著者が描く新しい料理、そしてとくに著者が書き写したメニューに名の挙がる新しい料理は、多くの場合、一四〇〇年から一四五〇年にかけて書かれた現存する数少ない料理書に見つかる。料理の視点から見ると、この拡大に目立つ特徴は砂糖の使用である。『パリの家政書』で引用されているベルギー南西部の都市トゥルネのカムリーヌその他同起源のレシピから、たとえばフランドルのような北方からの影響が考えられる。しかしまた、一三九〇年以降、フランス料理、とくにパリで実践された料理には、まさにイタリア・ブームと言うべきものがあったようだ。おそらくヨーロッパの全取引市場を移動していたイタリア商人が、その食習慣の一部の普及に手を貸したのだろう。

その原型がなんであろうと、新しい目録は、古い土台を無効にすることなく、フランス料理のなかに深く根をおろした。しかしながら、これら「最先端」の調理法の多くは一五世紀後半に姿を消し、その時期は目録の第二の革新と一致する。先立つこと一世紀前の革新と同様に、それは新しい料理の出現を伴っていた。そこでは砂糖がさらに支配的になる。新しい目録の仲立ちによって世紀の転換点に導入された砂糖が、たとえばカムリーヌのようなもっと古い料理に少しずつ浸透していったことが思い出される。一五世紀末には、砂糖への嗜好が、なによりもまずその嗜好を満足させるために、新しい料理を生み出した。『ル・ヴィアンディエ』の「印刷初版」に付属されたシャルル七世宮廷の宴会メニューは、同じ一回の食事に「食卓の皿」としてまず砂糖味のサクランボウ、次いで第一のコースに「砂糖味のパート・ア・シュミネ」、砂糖と酢風味のハト、砂糖のタルトが、そして第三のコースには「砂糖のトレモレット」が登場する。最後の「皿」には、やはり砂糖味のナシを供している。イタリアの影響に続いたと思われる北方からの影響仮説は、とくに一五世紀末のフランス料理で初めてバターが重要になったことを考慮すれば、ありえないことではない。乳製品への嗜好は同じ傾向の一部だと思われる。多数のレシピがとくにクリームを使用し、クリームを調理の基本要素と認識して、レシピの名称にクリームという言葉を入れている。

同じころ、少なくとも一四世紀初めからイタリアで実践されていた料理法もまた、根本的な革新を経たが、この場合はイベリアの影響を受けたのであり、結果として、イタリアとアラゴンの融合料理を生み出した。中世地中海料理の特徴を追い求めると、一四世紀初めのある料理書で非常に目立つ、甘酸っぱさへの嗜好のような古いイタリアの土台に属するものと、その後とくに半島南部でアラゴン料理がイタリアの習慣におよぼした影響に属するものとを、しばしば混同しがちである。実際に、アラゴンの政治力拡大は、この地方で、イベリア的でもありイタリア的でもある融合料理の洗練を可能にした。地中海沿岸の二地方に共通する古代ローマの食習慣への忠誠、あるいはまた古い時代に普及したアラブ世界からきた製品や技術（たとえばスパゲッティやヴェルミッチェリといったタイプのパスタ）は、その二地方で実践される料理のあいだに類似を生み出し、その接近をさらに容易にした。

世紀中葉すでに、マルティーノ親方のローマ料理に見られたカタルーニャの影響が、その少しあとさらに南の地方で花を開いたことは、新世代の「南方」の料理書が示している。一四世紀には、先端の料理が半島の北、とくにトスカーナで実践されていたのに対し、一五世紀末の「新しいイタリア料理」はたしかに南部の料理である。この地方で編まれた料理書は、カタロニア語のものだろうとイタリア語のものだろうと、両者の縁戚関係を反論の余地なく示している。イタリアの料理書で初めてナスを使用し、ウリ科——ヒョウタン、あるいはメロン——

への明らかな嗜好を示す。さらに前述したような、砂糖とシナモンを振りかける最後のしあげを盛んに指示している。ナポリ王国の王侯に仕えた料理人たちには、新しい料理を実現しているという意識があったのだろうか？いずれにせよ副王フェランテの料理人ロベルト親方は、そのレシピの二点を「現代のポタージュ」と名づけている。これ以降、ルネサンス期のイタリア料理は一五世紀末に半島南部で実現された料理の統合に多くを負っていたように見える。

外国の模範、影響、混合主義が基本を隠すことがあってはならない。フランス料理が豊かになり、洗練されたのは、その内部からであって、外部からの影響はその根本的進化を刺激したにすぎない。貴族の料理は、それがヨーロッパ全域に流通していたひとつの目録を使用していたという意味で国際的だった。ある場合には、ひとつの国、ひとつの地方独自の料理スタイルを変化させることができたが、それはつねに周辺的なものだった。これらの変化を超えて、一四―一五世紀のもっとも注目すべき事実を構成するのは――フランスやイタリア同様イングランドにおいても――全体としての「国民的」料理の安定性だった。

（北代美和子訳）

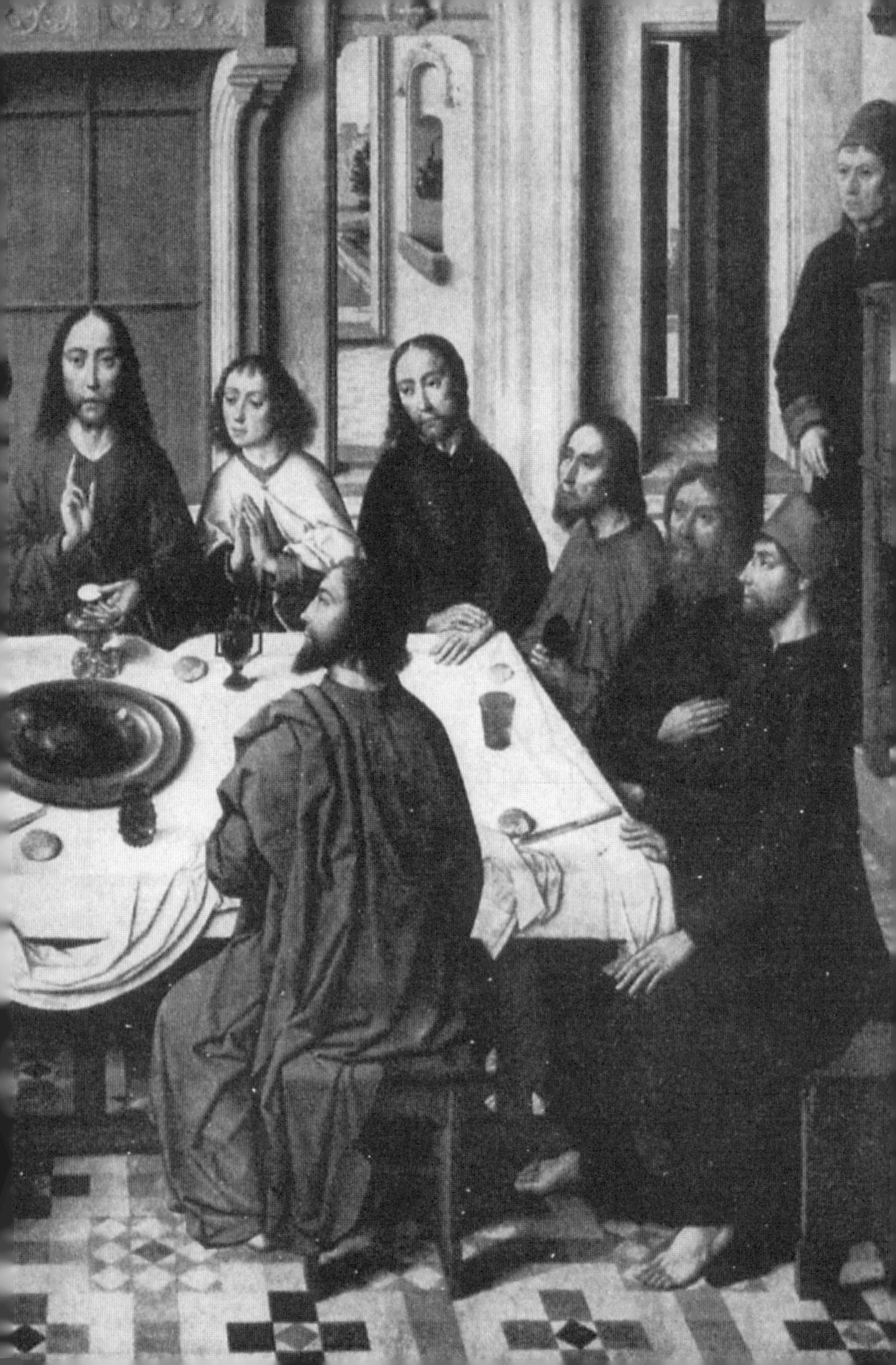

第二七章

中世末期とルネサンスにおける食と社会階級

アレン・J・グリーコ

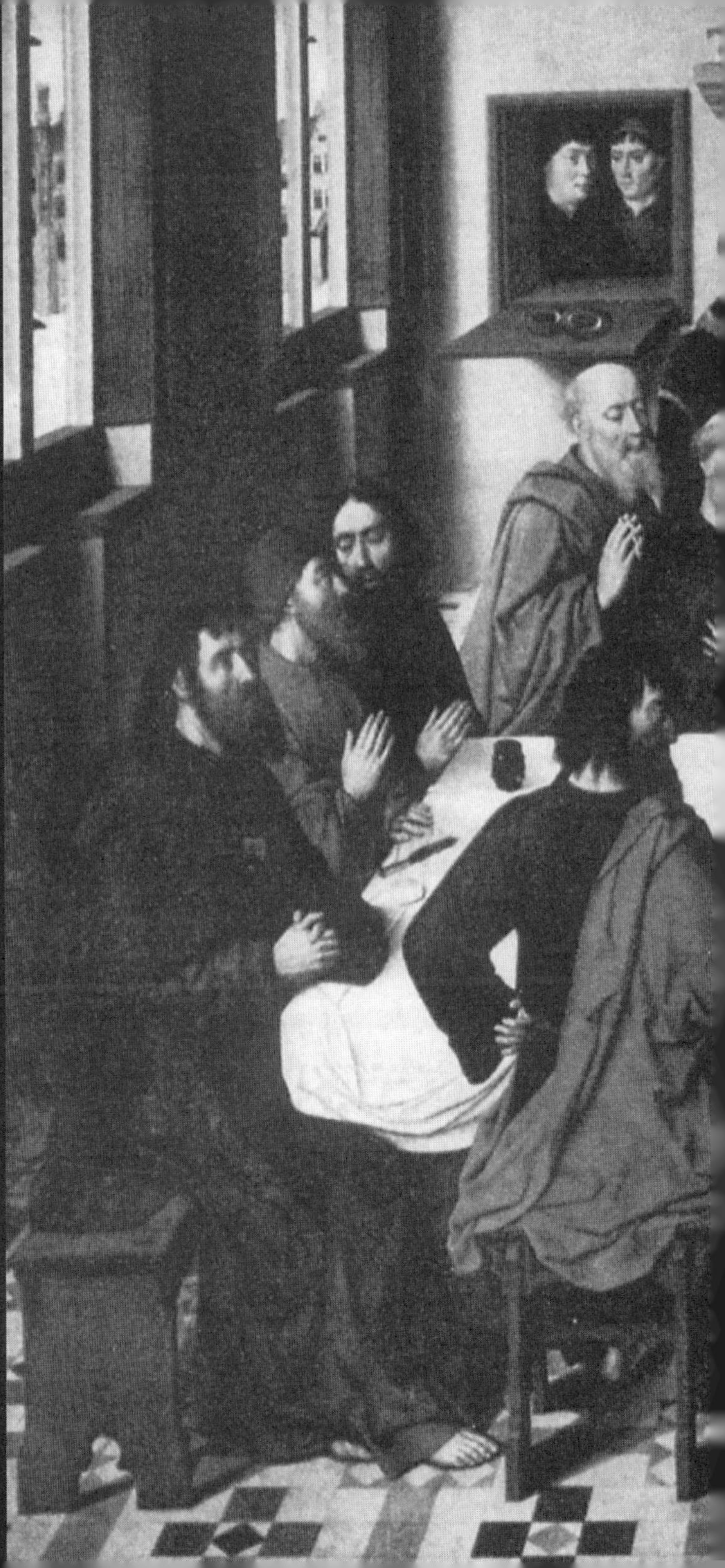

中世の慣用句によれば、人間はワイン（北ヨーロッパではエールかビール）を飲み、パン、そしてパンとともに食べられる「その他すべて」を食べて生きると信じられていた。ワイン、パンに次ぐこの第三の範疇にはいる食品は、通常、ひじょうに意味深いラテン語の用語、コンパナギウム companagium（イタリア語では companatico, フランス語では companage）で表される。中世の食の歴史を扱うとき、いたるところに顔を出すこのパン、ワイン、コンパナギウムというトリオは、とくに貧困層の食生活を研究するさい、人間の食物を分類するための有効かつ基本的な手段となる。経済的な考慮、しかしまた経済が課す絶対的必要性が、なにを食べるか、そしてどれほど食べるかを限定した。このことはとりわけ生産される余剰がごく限られたものになりがちだった社会に当てはまる。さらにごくわずかであっても、価格の差はある種の食品を社会の下層階級の手には届かないものとしたために、それらは、実際に食べられたというよりは欲望の領域に結びつけられていたように見える。労働者の収入と小麦の価格を比較する場合、経済史学者はつねに、選択の余地がごく限られていたことに気づくが、それは食の領域において、現在のわれわれに親しいのとはひじょうに異なった価格構造を生じせしめたようである。

穀物消費と社会階層

現在の基準からは意外に思えるかもしれないが、中世末期とルネサンスのイタリアにおける小麦粉――まさに生命の源であるパンがこれで作られた――は、とくに精肉製品と比較するとき、異常に価格が高いように見える。たとえば一四世紀末のフィレンツェでは、もっとも安価な肉（豚）の価格は最高級の小麦粉の二倍にすぎず、もっとも高価な肉（仔牛）は小麦粉の二倍半しかしない。もちろん現在では、われわれはもっと大きな価格差に慣れている。肉はその種類と部位によって、通常、小麦粉の一〇倍から一五倍はするからだ。しかしながら、ごくわずかの価格差にすぎないと思えるものをあなどってはならない。すでに示唆したとおり、それは人口の大きな部分を占める人びとの食習慣に差異化をもたらす最大の要素を構成するからだ。このことはとくに、小麦その他の穀物がパン作り、あるいは粥作りに使用されたヨーロッパの諸地域に当てはまる。

ルイ・ストウフは一四—一五世紀のプロヴァンスにおける食料調達に関する研究で、パンの消費と社会階級のあいだに明白なつながりのあることを示した。社会階級が低ければ低いほど、パンに費やされる収入の割合は大きくなる。ストウフによれば、たとえば一四五七年、ルネ王〔一四〇九—八〇。名目上のシチリア王。アンジュー、プロヴァンス、バールなどの爵位を有した〕の領地のひとつでパンに当てられた食費の割合は、最小は領地管理人の三二パーセントから牛飼いやラバ使いの四七パーセントまでさまざまであり、最下層の労働者と見なされた羊飼いの五二パーセントで最大に達した。他方、ワインに当てられた割合には、管理人の二八パーセントから羊飼いの三四パーセントまでそれほど変化はない。しかしながらもっとも根本的な差異はコンパナギウム——厖大な量のパンあるいは粥で構成される食生活に、ちょっとした変化をもたらすさまざまな食品——に当てられた割合である。最下層の羊飼いの食費のうち、この項目に費やされたのはわずか一四パーセント、一方、領地管理の責任をもつ管理人はパンとワイン以外のものに予算の四〇パーセントまで当てることができた。つまり社会の階層が下がれば下がるほど、パンの割合が目立ち、反対に階層をあがればこの割合は縮小される。

このような状況は、ヨーロッパの地中海諸国だけに限られたことではないようだ。クリストファー・ダイヤーは『中世末期の生活水準』*Standards Living in the Later Middle Ages* のなかで、他のヨーロッパ諸国のほとんどと同様に、イングランドの農民食でも、大量の野菜（もっともよく名の挙がるのはタマネギ、ニンニク、リーキ、キャベツ）と少量の肉とチーズで補われはしたものの、穀物（小麦、大麦、エンバク）が基本だったことを示した。

社会的な差異がさまざまな形で表明された社会では、食は異なる社会階級間ばかりでなく、農村文化と都市文化のあいだにおける差異化の重要な指標となる。文芸資料はさまざまな食品に付与された社会的価値を知るうえで、きわめて意味のある指標であり、食品と食事にあたえられた社会規範を認識することを可能とする。たとえば多くの文芸資料が、日常的な白パンの使用が都市住民を農村人口から区別したという事実を強調している。農村では、数種の穀物（たとえば小麦やミレット）を混ぜ合わせて作るパンを、あるいはもっと単純に、より手間のかからないボイルした穀物を食べていた。この差異がただ文学のなかのことだけでないのは、一五世紀の船舶という限定された空間で、社会的差異と食の差異とが認められたという事実からわかる。一四七一年にピサの海洋執政官に提出されたベネデット・デイの報告書によれば、乗組員のヒエラルキーを尊重した厳格な賃金表があったのと同様に、供される食品にも差異がつけられた。船主と「士官」には白パンが出されたのに対し、一般船員は乾いたビスキュイ（二度焼きパン）の配給で満足しなければならなかった。

文芸作品はまた、とくに重要な出来事（子どもの誕生、結婚、爵位授与、死）を記念する公的な機会のとき、適切な食品を選択することにあたえられた重要性に注意を喚起する。そういった機会には、宴や食事が、ある一家族をより広い共同体と結びつける。事実、充分に立派だが過度の浪費ではないと考えられたものと、あまりにも貧弱なのでその家族のステータスとそれが供される機会とにはふさわしくないと考えられたもののあいだには、微妙な線が引かれていた。イタリアの都市国家ばかりでなく、ヨーロッパの他の地域でも発布された奢侈禁止令によって、富を過剰に見せびらかすことは制限され、罰せられた。食の歴史家にとって興味深い資料であるこの法律は、どの食品を、一度にどのくらいの量、何人の客に供してよいかを細かく定めていた。反対に、食事が貧しすぎる場合はめったになかったようだが、通常、共同体からは過剰な贅沢同様にとがめうる（もちろん道徳的な意味で）罪と考えられた。

共同体の裕福な人びとの食はどちらかと言えば複雑だが、しかし興味深い問題であり、その食品摂取量全体におけるパンの割合を計算する以上に洗練された分析の方法を使って検討しなければならない。実際に、労働者以外の階級にとって、食に基づく社会的差異化は、主として、パン以外の食品の選択に表れたように見える。しかしながら、この場合は、文芸作品を資料として使うことは勧められない。文芸作品はつねに、遵守されなかった規則や決まりを述べる傾向にあると思われるからだ。他のさまざまな資料――手紙、旅行記、個人の回想録――が日常世界へとはいり込むことを可能にする。そこでは、食の質と社会的ステータスとの直接的連関が理論的段階から完全に明白なる事実へと移行する。

この食と社会的ステータスとの連関の好例が、一四〇四年に書かれたセル・ラーポ・マッツェイの手紙に見つかる。フィレンツェの公証人マッツェイは、友であり恩人でもあるプラートの裕福な商人フランチェスコ・ディ・マルコ・ダティーニに宛てた厖大な書翰で現代に知られる。手紙の一通で、マッツェイは友人に、ヤマウズラを受け取った礼を述べている。ヤマウズラは本来すばらしい贈物となるはずだが、マッツェイはこの種の鳥が自分のような人間の食物ではないことを、明確な言い方でダティーニに指摘する。マッツェイは友に文句を言う。「ヤマウズラのことではあなたはわたしの心を安らかにさせてくれないのですね。価格を考えれば、こんなにたくさん一度に腐らせたくないし、食いしん坊どもにはやりたくないし、かと言って売るのも気がとがめるし……」〔イリス・オリーゴ著、篠田綾子訳『プラートの商人』白水社、一九九七年、三七二頁。引用部分の邦訳は一部変更〕そのあとマッツェイは、自分がいまでも同胞たちの従僕である（フィレンツェ共和国の行政機構に属することを婉曲に言っている）とすれば、このような禽鳥を食べることは自分の義務だろうと説明する。現代の読者には奇妙に思われるかもしれないが、この言葉は文字通りに解釈しなくてはならない。実際に、フィレンツェの執政委員たちは大量のヤマウズラと家禽類一般を食べるよう要求された。というのも、それが執政委員が掌握する市民的・政治的権力の目に見えるしるしと見なされたからだ〔執政委員は任期中、市庁舎で生活した〕。しかし、このような食品は、道徳的・医学的意味の両方で、一般庶民には不適当と考えられた。

人体に過剰な熱を作り出すと考えられていた食品を食べるのは、道徳的・医学的に危険だった。このような食べ方をする不用心な人びとは、過剰な熱によって大食の罪（gula）から直ちに肉欲の罪（lussuria）へと導かれるからである。肉欲の罪は大食の罪と密接に関連づけられ、なおいっそう危険な罪だった。マッツェイはその同時代人のほとんどと同様に、このことを真実と信じていたにちがいない。というのもフランチェスコ宛の別の手紙のなかで、友がアヴィニヨンで若いころもった愛人のことをほのめかすのには、ただその地で食べたヤマウズラを思い出させるだけでよかったからだ〔邦訳二八四頁〕。シエナのベルナルディーノのような偉大な神学者・説教者さえも、家禽を食べるのには危険があると信じ、寡婦を主題にした説教のとき、カンポ広場に集まった群衆に対して、寡婦は食品の選択に気をつけるべきであると説いた。ベルナルディーノは寡婦たちに呼びかけた。「あなたたちの血が熱いときに、あなたたちをさらに熱くするような食品を食べれば、危険は大きい。あなたたちをさらに熱くするような」食品は避けねばならない。さらにこう指摘した。「寡婦よ、言わせてほしい。なんでもかんでも食べてはいけない……あなたに夫があって、家禽の肉を食べていたときと同じにしようとしてはならない。」

いずれにせよ、マッツェイはヤマウズラのような贈物は歓迎しないが、もし裕福な友が労働者に適するようなもっと「粗」〔六五四頁表28―1を参照〕の食品を贈りたいと望むのなら、それは喜んで受け取ると明言している。マッツェイは年をとってもあまり変わらなかったと言わねばならない。このときから一四年ほど前、初めてフランチェスコと会ったときに書いた手紙で、新しい友に「わたしは粗の食べ物が好きなのです。家族を維持する重荷に対してわたしを強くしてくれますから。今年は、前に一度入手したように、塩漬けアンチョビーの小樽が手に入ればいいと思います」〔邦訳三七三頁〕と書いている。

マッツェイが守った栄養学上の指針はだれにでも適用されたのではない。事実、友人のダーティニはすぐに規則を破り、その食生活はアヴィニヨンのエピソードのあとでさえ、節制とはほど遠い男の食生活であり続けた。イリス・オリーゴによる研究『プラートの商人』*The Merchant of Prato* から、その同時代の多くの人びとと同様に、フランチェスコ・ディ・マルコ・ダティーニにとって食品とはどうでもよい問題ではなかったこと、その社会的ステータスは本人に購買可能な食品の種類とごく密接に関連すると見なされていたことは明らかだ。したがって、自分にふさわしくない肉には、現代人には過剰と思える反応を見せる。あるとき、期待はずれの仔牛肉（おそらく育ちすぎの牛の肉）を送ってきた代理人に対するダティーニの反応は、「わたしほどの商人にこんな肉を送ってくるなんぞ、恥を知れ！　わたしがおまえの家で食べてからでなければ仲直りはせんからな！」〔三七〇頁〕と書くことだった。

「よい肉」は社会の上層に、そして品質の劣る肉はそれほど身分の高くない人びとに適するという考え方（栄養学について書いた医学者たちからさえ「科学的」事実と考えられていた）は、ダティーニの別の手紙からも確認される。この手紙で、ダティーニはベッロッツォという名の男を「もっと人がいる」市場にいかせて『プラートのあの偉いお方の食べるよい肉をくれ』と言わせろ。そうすればよいのをよこすだろう」と命じている〔邦訳三七〇頁〕。自分の社会的ステータスとそれに見合う食品をこれほど意識する男にとって、フィレンツェで手に入る最高の食品が並ぶ執政委員たちの高級な食卓（mensa dei signori）に割り当てられたのと同じ食品を買えること（あるいは買えないこと）はかなりの重要性をもつ問題となった。さまざまな機会に、手に入る最高の魚を執行委員たちが買い占めてしまうとこぼしたり、自分の妻に、お偉方用の仔牛肉を買ったと自慢もできた。

魚や家禽のように高貴な食品と考えられたものに属すかぎり、例外的に大きなものは、特別な人びと――普通はその地方の支配者――専用とするのが当然と考えられたという事実は、文芸作品によっても確認できる。たとえば、ある物語のなかでは、おそらくは単なる文学的常套句というだけでなく、ほんとうに例外的に大きなシャポンがミラノの市場に登場したとき、すぐさまひとりの紳士がそれを購入するが、紳士はそれを自分の食卓のために料理するのではなく、ミラノの支配者ベルナボ・ヴィスコンティに贈物として送るのがふさわしいと考えるのだ。

ときには階級差がさらに極端な――あまりにも機械的な実践と見えるほどの――形で観察される。好例は、一五九二年、随行員とともにフィレンツェを訪れたふたりのバイエルン王子たちに出された食事である。この高位貴族と随行の訪問団には、現実の社会階層を尊重するような差異化された食事が提供された。ふたりの王子には異なった五種の家禽（家禽はもっとも高貴な食物）が供された。「第二の食卓」（王子に随行した貴族のため）には家禽四種類のみが出された。エシャンソンその他、位の高い「召使」にも異なった四種の家禽が出されたが、宴会場とは別の私室で食べねばならなかった。さらにその下の召使（総勢三〇名）は、それぞれ家禽が一羽ずつのった五皿をみんなで分けねばならず、この目的のために使用された一種の控えの間、ティネッロ tinello で食べた。その次にこの資料は、訪問者の馬とラバの世話がされたことを記している。リストの最後、動物のあとにくるのは、最下位の召使（総勢一四〇名）で、市の二件の旅館に送り込まれた。このように階級は、供された食品の違いばかりでなく、食品を食べる場所（主人からの距離がその基準のように見える）によっても表された。

食品と世界観

上流階級はより「洗練された」食物を食べ、より「粗」の食品は下層階級に下げわたされるという、食を通しての差異化はありふれたことだった。一六世紀、貴族階級を考察した論説はこの問題を検討し、社会のより洗練された階級の「優越性」は、少なくとも一部は、食べ方によることを読者に指摘した。たとえばフロランタン・

ティエリアは『貴族の嗜好に関する叙説』*Discours de la préférence de la noblesse* のなかで、「われわれはあれらの人びと（貴族でない人びと）よりも多くのヤマウズラその他繊細な肉を食べ、このことがわれわれに牛肉や豚肉を食べる人びとよりも柔軟な知性と感性をあたえる」と主張している。

上記に引用した事例はすべて、ある食事を高貴にしたり貧しくしたりする規則のようなものがあり、その規則は個人的なものというよりはむしろほとんどの人間に知られ、共有されていたことを示唆する。豊かな者と貧しい者とがひじょうに異なったやり方で食べるべきだという考え方は、今日のわれわれには多少ばかげて見えるかもしれないが、中世末期とルネサンスにおいては、客観的と信じられた一組の理論に基づいていた。当時普及していた世界観にしたがえば、神が創造した自然界と人間世界のあいだには一連の類似が存在する。神が世界を創造し、また人間社会を支配する法も創造したのは自明の理であり、そのどちらもが垂直なヒエラルキーの原則によって構造化されている。人間社会は、きわめて明白に、ヒエラルキー状に分割されているが、自然そのものもまた、一般的に「存在の大連鎖」（表27―1を参照）と呼ばれる一種のはしごの形として創造されたと考えられていた。大連鎖は魂のない物質界を神とつなげるだけでなく、創造物すべてを大きな意図のなかで結びつけることによって、自然に特殊な秩序をあたえるものと考えられた。連鎖の端と端のあいだには、神によって創造されたすべての植物と動物（不死鳥のような神話上の動物も含めて）がある。さらに神の創造は完全にヒエラルキー的なひとつの実体と考えられ、そのなかではすべてが上昇順あるいは下降順の秩序に従う。それぞれの植物や動物はそれよりひとつ下のものよりも高貴であり、ひとつ上のものよりは卑しいと考えられた。したがって二つの植物、あるいは二つの動物が同じ程度に高貴なことはありえなかった。

存在の連鎖は、神の創造物すべてを、四元素（土、水、空気、火）を表す四つの分節に分割し、すべての動植物（現実のものと神話的なものの双方を含む）が四元素に関連づけられる。四元素の最下位、もっとも高貴でない土は、そのなかですべての植物が育つ自然元素だが、この分節のなかでさえ、完全なヒエラルキー体系が働いている。当時の植物学上の概念によれば、もっとも高貴でない植物は（タマネギ、ニンニク、シャロットのような）地面の下に食用可能な鱗茎を産するものだった。その次にくるのが、少々地位があがって、根茎を食べる植物（ターニップ、ニンジン、その他現在ではもはや利用されない多くの植物）。植物界における次の段階は、葉を食用とするものすべて（たとえばホウレンソウ、キャベツ）。頂点にくるのは、植物界でもっとも高貴な産物、果物である。果物は他の植物性食品すべてよりもはるかに高級と考えられ、したがって上流階級の人びとに適すと考えられた。果物が高貴と考えられたのは、そのほとんどが灌木や樹木になり、したがって前に挙げた産物のどれよりも地面から高く離れたところに育つという事実による。

さらに植物は、根から吸収する土の糧を実際に消化し、樹液に変え、樹液は植物のなかを上昇するにしたがって改良を続けて、葉、花、そして全体のなかの最高のものである果実を生産すると考えられた。樹が高くなればなるほど、上昇する樹液は、土の「寒」かつ「生」の体液を「消化」し、なにかもっと受け入れやすいものに変化させるとまで考えられた。たとえ同じ一本の樹になっても、地面からより高く離れたところになる果実は、残りの果実よりも良質と見なされた。このように理論をどちらかと言えば機械的に応用した結果、人びとはイチゴとメロンをとても貧しい果物だと考えるにいたり、この一般に広まった考え方を栄養学者の学識ある意見が確認した。

存在連鎖の第二の分節（水に結びつけられた分節）は卑しい海綿を産するが、それは植物としか見えなかった。とはいうものの、触れられると反応するので、いくぶんかは感覚をもつと考えられた。そのひとつ上ではあるが、この範疇でやはり下位にあるのがムール貝その他の貝類だ。これらは自力で動けず、殻のために部分的には無生物に見えた。さらに段階をあがって、これまでのグループよりも「高貴」なのは、海底を這う多種の甲殻類（シュ

表27—1　存在の大連鎖

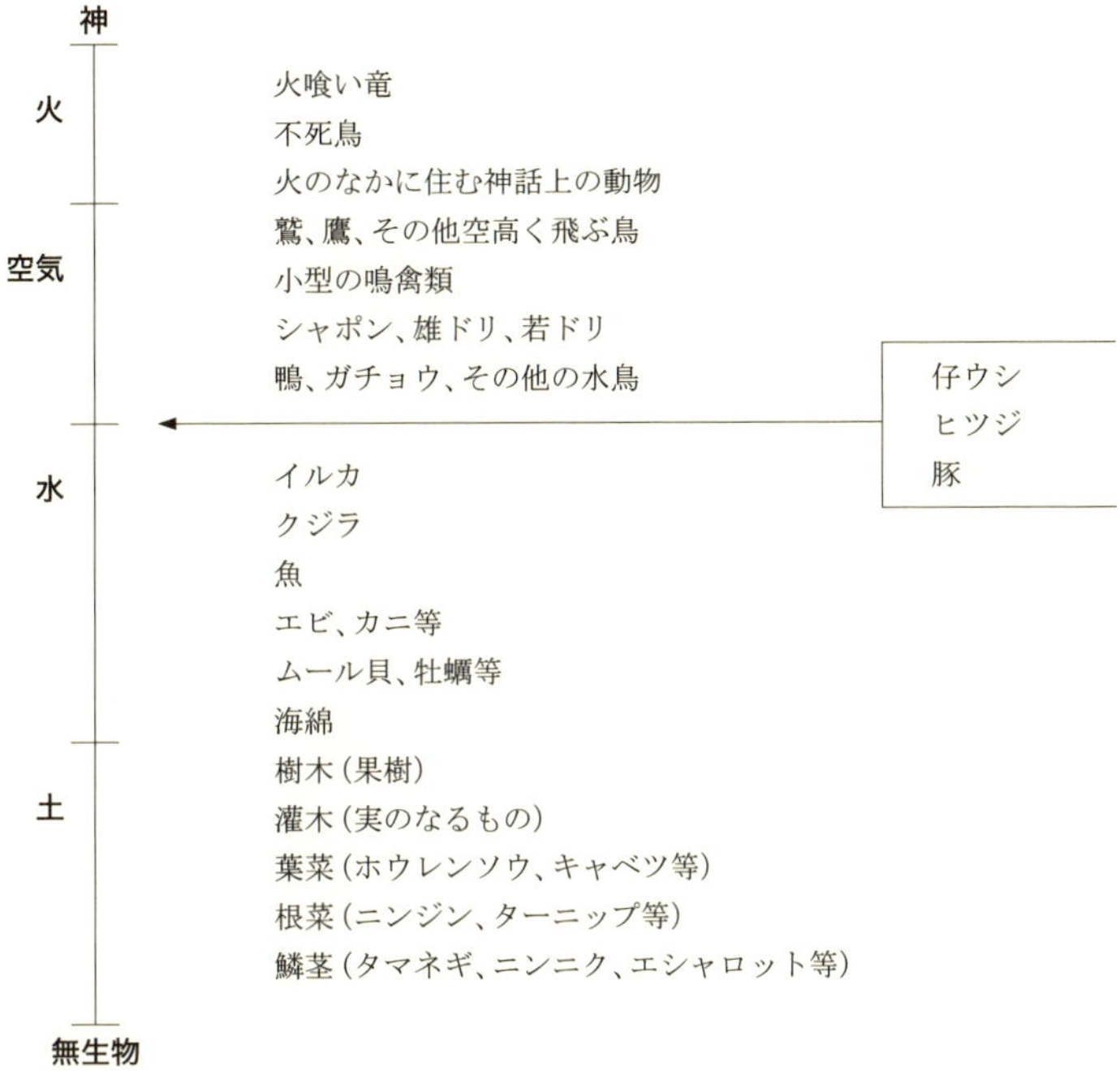

リンプやロブスター）である。いくぶんか階級があがるのがさまざまな種類の魚だが、この範疇の頂点に立つ別の海洋性動物群——イルカやクジラのように水の表面を泳ぐ傾向があり、ときにはまるでなにか完璧性を求めて上昇しようとするかのように、水の元素から次の段階の元素（空気）に達する動物すべて——のために影が薄くなっている。おそらくそれらを高貴とする考え方がひと役買って、ヨーロッパ史のこの期間に、その後のどの時代にもなかったほど、イルカやクジラが捕獲され、食用にされたのだろう。

　存在連鎖の第三、空気の元素と結びつけられる分節は、だがまた別の価値のヒエラルキーを内包する。まず底辺にあるのは最下位の鳥類——水生の鳥（カモ、ガチョウ、さらにウのように水中、水辺に住む野鳥）で、水というひとつ下位の元素との結びつきによって、その低いステータスを明らかにすると考えられた。若ドリとシャポンははるかに高級な食品と考えられた。それらは明らかにより空気的な動物だったからである。実際に、身分ある人びとの宴会には必ずこれらの家禽を含めなければならなかった。次の段階は、まさに中世末期とルネサンス期の人気料理、鳴禽類によって占められ、この範疇の頂点は、鷲や鷹など、空のもっとも高いところを飛ぶ鳥だった。これらの猛禽類は実際に食品と考えられたのではなく、むしろペットとして飼われ、上流階級では主として狩りに使用された。ボッカチオの『デカメロン』にあるフェデリゴ・デリ・アルベリギの報われぬ恋の話（第五日、第九話）は、これらの概念の応用のされ方を明らかにして興味深い。愛するモンナ・ジョヴァンナの愛を得ようとして貧困に陥ったフェデリゴは、最後にはフィレンツェ郊外の小農家で一羽の鷹と暮らす羽目になる。鷹はフェデリゴの手にこの世で最後に残った所有物で、狩りの才によってなんとか主人に食物を運んできていた。何年もあと、ジョヴァンナがフェデリゴに会いにくる。ジョヴァンナの息子が自分の病気を治す唯一の道はフェデリゴの鷹を手に入れることだと信じたからだ。不幸なことに、ジョヴァンナを迎えた日、気高いフェデリゴには食物がなく、悲痛な思いをしながらも愛鷹は「このような夫人にふさわしい料理」だと心を決める。この物語のパトスは、鷹がペットであると同時に高貴な食物であり、フェデリゴにはそれを忠実な仲間から愛する人のための料理へと変える以外の選択肢はなかったという概念をめぐって展開する。

一般理論の多くと同様に、中世末期とルネサンスのあいだに理解されていたような「存在の大連鎖」では、すべてを説明はできなかった。重要な問題のひとつは四足動物をどれに分類するかにあった。四足動物をどれか特定の元素に割り当てるのは難しかったからである。四足動物は明らかに土に密着はしているものの、植物と同じとは考えにくかった。かといって空気と結びつけ、鳥類と比較することもできなかった。四足動物は全体の図式には組み込めないが、連鎖の中央になんとかはさみこめる。植物が生産するものよりは明らかに高貴だが、家禽

より は価値が低かった。

他のすべてと同様に、四足動物の肉は厳格なヒエラルキーにしたがって並べられた。頂点にあるのは、市場でつねにもっとも高価だった仔牛で、家禽のすぐ次にくる。一四六六年、ナッニーナ・デ・メディチとベルナルド・ルッチェライの結婚披露宴では、仔牛は両家の田園領地からきた人びとに出され、もっとも重要な客にはシャポン、若ドリその他の家禽が供された。肉のヒエラルキーのなかでは、ヒツジ肉（商人階級のほぼ日常食）は仔牛の下におかれ、豚が最下位である。豚はとくに塩漬けのとき見下されたが、おそらくそれが下層階級にはもっとも手にはいりやすい肉だったからだろう。

社会と自然の両方におけるヒエラルキー構造は、これら二つの世界がたがいに反映しあっている、あるいは平行していることを示唆する。結果として、社会には「自然」の秩序があり、自然には一種の「社会的」秩序があると信じられた。この自然界と社会のあいだの相似から、社会の上層は自然界の上辺に属する食品を食べることをあらかじめ定められているという一般的な見方が生まれた。実のところ、自然の生産物すべてが同じではなく（階層的に秩序づけられているのだから）、特定の食品は社会の特定のグループに結びつけられるという考え方は、だんだんともっともらしく形を成していった。家禽が地上の裕福な権力者にとくに適する食物だと考えるのは完璧に理にかなっているように見えた。先に引用したティエリアが言うように、これらの人びとには、まさにその知性と感性をよりとぎすましておくために小鳥を食べる必要があった。一五八三年に初版が出版された栄養学概説書の著者、ボローニャのバルダッサーレ・ピザネッリのような医学者たちは、皮肉のかけらもなく、「ヤマウズラは田舎の人びとにとっては不健康なだけである」と言うことができた。医学者たちはまた、家禽が上流階級に適する一方で、当時の概念にしたがえばより重く物質的な四足動物の肉は商人階級のほうに適すると思われると指摘した。商人の生活は滋養をより必要としたからだ。豚と年をとった動物一般（ヒツジ、ヤギ、雄牛）はさらに滋養を必要とする下層階級に肉を提供する以外、もはや使い道はなかった。
労働階級もいくらかの肉を食べることはできただろうが、その健康にとっては大量の野菜を食べるのが最良だと考えられた。もちろん、おもに経済的な理由から、野菜が一四世紀から一六世紀にかけての西ヨーロッパ貧困層の食生活にきわめて大きな部分を占めていたことに疑いの余地はない。事実、ヨーロッパの全域で、菜園は食用可能なものを比較的安価に、そして豊富に生産していた。しかしながらこの種の食生活にも、あらゆる種類の資料に浮かび上がる強い社会的偏見が貼りつけられていた。野菜と下層階級との連関はつねに明白であり、ときにはほとんど象徴的な関係と考えられるほどである。医学者、栄養学者、説話集の著者たちは、貧しい人びとが食べた厖大な野菜の量を、経済的理由によって課せられた食というよりも肉体的必要の結果だと主張するとき、しばしば重大な本末転倒を犯している。この例でよく知られているのは、一六世紀末のボローニャの作家、ジュリオ・チェーザレ・クローチェによるベルトルドの物語である。ターニップその他の下級の食品に慣れていた山出しの農民ベルトルドは、王の養子になって宮廷で暮らすが、時間が経つにつれて、だんだんと具合が悪くなる。医者たちはこの男の社会的出自を知らないので間違った薬をあたえる。ベルトルドはなにがほんとうに悪いのか、そして必要な手当はなにかを知っていて、炉の灰のなかで焼いたターニップとソラマメ（やはり農民食と結びつけられていた）数粒だけを要求するが、不幸なことに、だれもこの簡素な食物をこの元農民にあたえるのをよしとせず、ベルトルドはついに惨めな死を遂げる。墓石の皮肉な墓碑銘は、人びとに「ターニップに慣れた者は肉のパイを食べてはならぬ」ことを思い出させる。

「存在の大連鎖」は、つまりふたつの機能をもつと言える。一方ではそれは自然界を理解可能なやり方で秩序づけ、分類する。他方で、それは人間が利用する全食品にひとつの社会的価値を付与する。分類と評価のこの二重の機能は、社会的差異を巧妙なやり方で伝達するのに使いうる規則体系を作りあげた。すべての食品は特定のコノテーションをもち、医学者によって処方された食餌さえ、もっとも重要な変数のひとつとして社会的差異を尊重した。結果として、着衣と同様に、すべての食品には、社会的差異を伝達しうる外的な、そして目に見える価値が貼りつけられた。奢侈禁止令が、贅沢の受容可能なディスプレイと考えられるものの限界の内側にとどまったままで、さまざまな料理のあいだの正確な等価を計算できるとでも言うかのように、あらゆる人の皿の上に供されたものにあれほどの注意をはらったのも不思議ではない。たとえばフィレンツェでは（だが他の場所でも、同じ現象が見られる）、一四一五年に発布された市の法令が、結婚披露宴で供されるロースト肉のコースは、それぞれのトランショワール〔中世、皿として使用した木の板、あるいはパンのスライス。第二九章を参照〕ごとに、シャポン一羽と肉のパイひとつと規定している。しかしながら、そのかわりにカモ一羽とパイ一個、またはヤマウズラ二羽とパイ一個、または若ドリ二羽とハト一羽、またはハト二羽と若ドリ一羽、またはカモ一羽とハト二羽、あるいはまた若ドリ二羽のみを供することもできた。これらの法律と、細部に対するしつこいほどのそのこだわりは、高度に暗号化された食体系の可能な組合せと置換とを予測しようとした。しかしながら立法者たちが、着衣の領域で人びとが規則を迂回しうる新たな発明をすることを予見できなかったように、宴会の主催者たちも法律のなかに抜け穴を発見したようだ。結局のところ、食と社会的差異とは、生存を可能にする食生活さえ確実にされているとは言えない社会のなかに、あまりにも深く根をおろしていたのである。

（北代美和子訳）

第二八章

一四世紀・一五世紀・一六世紀の調味と料理、栄養学

ジャン＝ルイ・フランドラン

調味に関心を引くきっかけとなるのは、なによりもまず第一にスパイスである。ヨーロッパの歴史において、一四―一六世紀ほど、スパイスが大きな役割を果たした時代はないし、その種類の数、使用頻度、使用された量によって、料理にこれほどの重要性を占めたことはあとにも先にもない――そしてこのことは、スパイス以外の点では非常に異なるのが明らかであるにもかかわらず、ヨーロッパの貴族料理すべてに共通する。また大規模な国際貿易のなかで、スパイスがこれほどの影響力をもったこともない――輸送された商品の取引高、あるいはその貿易独占を図った海洋強権力の奮闘ぶりから、スパイスが占めた位置を測れるだろう。ヨーロッパ人を大洋と他の大陸征服へと送り出し、そこから世界の歴史を転覆させたのは――黄金や銀の探求と同じくらいに――スパイスの探求だった。

なぜスパイスか?

これほどのエネルギーをスパイスのために消費することを正当化したのはなにだったのか? この問題に関心が払われたことはほとんどなく、また満足すべき回答があたえられたこともない。提示された理由のうちでもっとも実体のないものから始めよう。スパイスは食肉の保存、あるいは保存が悪かった食肉の劣悪な味をごまかすために使用された、という説である。実のところ、どの方向から検討しても、この説はとうてい認められない。まず第一に、肉と魚の保存剤は基本的に塩、酢、植物油であり、スパイスではない。たとえいくつかの資料はこの点について曖昧であり、また遠隔地に送るためのパテには、直接消費に当てられたパテに対するよりも、加えるスパイスの量を増やしたとしても、スパイスがほんとうに塩の競争相手だったことは決してなかったたし、人びとがそれに塩よりも高く払うことを了承したのは、その保存能力のためではなかった。

さらに、塩漬けを別にすれば、肉は現在よりもずっと新鮮なうちに食べられていた。夏場は一日以上、冬場は三日以上前に処理された食肉の販売を禁止した市条例ばかりではなく、一日ごとの処理のグラフがこれを証言する。ストゥフがカルパントラについて、一五世紀のある一年全体を再現したグラフは、家畜が処理されるのは、通常、肉の販売三日前でも二日前でも一日前でもなく、販売当日だったことを示している。中世のガストロノミーに文句をつけられるとすれば、それは腐肉を食べたことにではなく、むしろ新しすぎる肉〔熟成のされていない肉〕を食べたことだ！

さらに保存肉、あるいは腐肉を食べた人がいたとしても、それはスパイスの消費者である貴族や裕福なブルジョワではなく、スパイスを買うすべをもたぬ不幸な人びとだったはずだ。実際に塩漬け肉は食事の献立や料理書のレシピにはめったに見られない。塩漬けの魚類（ウナギ、ニシン、タイセイヨウタラ、マス、サケ、チョウザメ、クジラ、イルカ、アローサ、タラ、サバ、ボラ、パンペルノーなど、ときにはカワカマスも）は、とくに四旬節のためのレシピにしばしば見られるが、塩漬けにされた肉や家禽（豚、イノシシ、牛、シカ、ガチョウ、オオバン、さらに例外的にヒツジあるいはマーモット）は生肉よりずっと少ない。さらに、これらの塩漬けは一般的にマスタード味で食べ、スパイスが使用されることはほとんどなきに等しい。

他の説はこの説ほど間違ってはいないが、しかし不充分だ。多くの優れた歴史学者が、スパイスを使った料理を社会的差異化の手段と考えている。スパイスは庶民の手に届くところにはなかったのだから、これは誤りではない。もっと言えば、料理に含まれるスパイスの量と種類の多さは、財産と地位に比例して増加した。だが、この説は表面的なものにとどまる。なぜならば、スパイスの差異化機能はその第一の機能ではありえないからだ。実際に、ある生産物が追い求められ、特別視されるには、それが珍しいだけでは充分ではない。それが同じ機能を果たしうるものよりも上位にあると見なされる必要がある。ワインがビール産地で珍しいのと同じほどに、ワイン産地ではビールが珍しいものとなりうる。しかし、貴族的な飲み物であるワイン以上に求められる飲料になっている土地はない。複雑な文化的理由から、反対にビールはどこでもワインより下位にあると考えられていた。同じように、スパイスが地物の香味料よりも高価で、差異を示すものであるためには、より珍奇というだけでは充分ではなかった。とにかくその存在を知っており、それらがニンニクやパセリに優ると信じるに足るだけの理由をもっていなければならなかった！

第三の説はもう少し先に進む。十字軍のあいだに、アラブの文化に感嘆した西ヨーロッパ人が、スパイシーな料理をアラブ人から借用したという説だ。トビー・ピーターソンのようなこの説の最近の支持者によれば、ヨーロッパの料理書はアラブの料理書から想を得たのであり、したがってすべてアラブの料理書より時代が新しいことになる。そして、一三世紀末以降、西ヨーロッパにスパイス料理を普及させるのはこれらの料理書だと言う。たしかにアラブ文明の洗練は衆知の事実であり、当時のヨーロッパ人に対するその威光に疑いの余地はない。あらゆる領域で、ヨーロッパ人はアラブ人の指導を受けた。しかもアラブ世界の料理は実際にスパイシーであり、マキシム・ロダンソンはヨーロッパのレシピの一部がアラブ料理から直接に借用されていることを示した。さらに、アラブ人はスパイス生産地とエジプトあるいはシリア間の交易をとり仕切っており、ヴェネツィア人やジェノヴァ人、あるいはカタルーニャ人はエジプトやシリアの港にスパイスを求めにいった。つまりヨーロッパのスパイス使用は、中世におけるアラブ世界の文化的・商業的支配によって説明されるかもしれない。

厄介なのは、スパイスの使用が、十字軍（一〇—一三世紀）に、さらにはアラブ帝国の形成（七—八世紀）にも先立つことだ。アピキウスの料理書から知りうるような偉大なローマ料理は、すでにスパイシーな料理だった。アピキウスのレシピの八〇パーセントにコショウが使われている。中世に使われたスパイスの一覧表がこれとは異なり、また種類が多様だったとしても、ブルュノ・ロリウーはそれが基本的には古代後期すでに構成されていたこと、そしてロベール・ロペスはスパイスの輸入が中世初期を通じて維持され続けたことを示した。

スパイスの医薬的効能

伝統的に、スパイス épice という言葉は、料理で使用されるいかなる香味料をも指すのではなく、遠隔地からくる異国の物産だけを指した。オリエントから輸入されたこれらの物産のうちの多くが調理の機能ではなく、治療の機能だけをもっていた。一方、料理人が使用したものはすべて、医療用にも使用された。たとえば『健康の至宝』*Le Thresor de santé*（一六〇七年）によれば、コショウは「健康を維持し、胃を丈夫にし〔……〕、ガスを消散させる〔……〕。排尿を促し〔……〕、間欠熱の悪寒を治し、また蛇の噛み傷を治し、体内の死児を外に出す。飲用すれば咳にきき〔……〕、レーズンといっしょに噛むと脳から粘液をきれいにし、食欲をわかせる」。クローヴのほうは、「眼、肝臓、心臓、胃にきく。そのオイルは歯痛に最適である〔……〕。寒が原因の腹下し、胃の寒の病にきく。シャポンのブイヨンに二、三滴垂らすと便秘を治す。フェンネルの種といっしょに良質ワインのなかでボイルすると、消化を大いに助ける〔……〕」〔食材に付与される性質、寒・熱・湿・乾については第I巻第一四章を参照のこと〕。

それぞれのスパイスがこれに類する効能をもつと考えられた。実はこの医薬品としての機能は、調味料としての使用よりも重要であり、また歴史的に言ってもスパイスが最初にもった機能だった。B・ロリウーは中世末期、料理に使用されたスパイスはどれも、最初は医薬品として、その後に食材の調味料として輸入されるようになったことを示した。

これらの医薬品が料理に使用された場合、それが医学的理由からなのか、それとも純粋に味覚上の目的のためだったのかが問題となる。この点を検討してみなければならない。なぜならば、たとえば砂糖、コーヒー、茶、タバコ、アルコールなど、今日われわれが医師の反対にもかかわらず大量に使用する嗜好品は、まず初めは医師の勧めで医学的動機のために使用されたからだ。一四世紀、ミラノのマグニヌスはその著書『風味についての小冊子』*Opusculum de saporibus* の読者に対し、ソースの過剰使用に注意を促しているが、それはソースがもつ薬効のためだった。

「各種ソースは〔……〕薬効の特性をもち、その結果、それを知る者は健康のための食養生においてはソースを完全に拒否する。なぜならば健康を保つためには、薬効あるものをすべて取りのぞかねばならないからである。」

しかしながら、一三世紀から一七世紀初頭まで、医師たちは食物をより消化しやすくするために、調味にスパイスを使用するよう勧め続けた。シエナのアルドブランディーノは『身体の食養生法』*Régime du corps*（一二五六年）のなかで、シナモンには「肝臓と胃の効力を強め、食物にしっかりと火を通す」効果があると書いた。同様に、ショウガは「寒の胃を強くし〔……〕食物にしっかりと火を通させ」、クローヴは「胃と身体の特性を強くし〔……〕、ガスと〔……〕寒によって生成される悪しき体液を破壊し、食物にしっかりと火を通させる」等々。

実を言えば、当時は、だれもが消化は加熱であると想像していた。消化を起こす基本的作因は動物の熱であり、それが自然の大釜である胃のなかで食物をゆっくりと加熱する。この観点から見ると、スパイスは食材がもちうる寒を相殺し、その加熱を助ける。すべてのスパイスが熱、ほとんどのスパイスが乾と見なされたからだ。コショウは熱と乾の第四度にあると見なされ、クローヴ、ガランガ、カルダモン、ターメリックは第三度、シナモン、クミン、クベバ〔ジャワペッパー〕、ナツメグは第二度、等々と考えられた。

実際には地物の香味料や調味料の多くも、熱と乾と見なされた。ニンニクとマスタードはコショウと同じく第四度、パセリ、セージ、ペニロイアルミント、リーキ、菜園のクレソン、山のヒソップは第三度、フェンネル、キャラウェー、チャーヴィル、ミント、ロケット、せせらぎのクレソンは第二度、等々とされた。シエナのアルドブランディーノの『身体の食養生法』を参照されたい。一般的に言って、すべての香味植物は必然的に熱とされた。しかし古代から、オリエントの暑い土地に生まれたスパイスは、土地の香味料より洗練され、より繊細〔精〕で、医学的により確実性が高いと考えられていた。(1)

実際には、ある調味料の熱の度数には、効能だけがあったわけではない。第三度を超えると、食材と調味料は危険と見なされた。寒の第四度には毒キノコがある。熱の第四度にはいるニンニクは、農民の粗なる胃にしか適さないと考えられた。スパイスのなかでもっとも強いコショウは、一四—一五世紀のフランス貴族の料理書からは消え去り、より下位の社会階級でしか使用されない。エリート層の繊細な人びとのために、フランスの料理人はロング・ペッパー——熱の第三度にすぎない——しか使用せず、かならず他の、それほど熱ではないスパイスと混ぜることによって緩和した。

食材を消化可能にするための料理

すべての調味とすべての加熱、ひとことで言えばすべての料理は、一般的に二つの機能を果たす。食材をいっそう食欲をそそり、味覚に心地よいものとすること、同時により消化しやすくすることである。一部の料理書が正真正銘の実践的栄養学の概説書の体裁をしているのに対し、ほとんどの栄養学概論は、正真正銘の解説つきレシピを提供する。

ミラノのマグニヌスは著書『風味についての小冊子』*Opusculum de saporibus* のなかで、おもな肉、家禽、魚をひとつずつ順番に扱っている。マグニヌスはそれぞれの「物理的」特徴――熱か寒か、乾か湿か、粗の物質か精の物質か――を指摘したあと、最適な加熱法を指示し、もっとも適したソースのレシピを述べる。たとえば牛は乾の肉なのでボイルの形でしか食べることはできない。そして粗で「寒」なので、それを温め、より繊細にするソース――サフラン味のポワブラド、ロケットあるいは白ニンニクのソース――を添えねばならない。これらのソースのうちの二種で、地物の香味料が主になっているのは、おそらく牛肉が粗で庶民的な食にとどまっていたからだろう。

『健康の至宝』によれば、ガチョウの肉は「非常に糞便多く〔……〕加熱が難しい〔……〕肉がこれほど粗・寒・湿の家禽はいない」。したがって著者は「かまどでローストしたパンを良質のブイヨンに浸し、(もし好きならば)乳鉢でつぶしたニンニク六片とショウガといっしょに濾し、全部をフライパンで沸騰させて作るソースを添えて」食べることを勧める。「〔……〕ガチョウをラルデ〔棒状に切った豚脂を肉に刺すこと〕し、セージを詰めるのもよい。セージは食べない。セージは火とともに、ガチョウの過剰な粘性を引き寄せる。そこに粉末にしたコショウを加えてもよい」。

ツルについてはまったく異なる。ツルは、牛肉のように「固く、寒で、乾で、筋張り、粗の汁をもち、消化が緩慢なので、血液と憂鬱質の体液〔黒胆汁〕を生む肉」をもつ。とはいうものの、供されるのが貴族の食卓上なので、『健康の至宝』の著者は、「クローヴと塩、粉末コショウ」とともに食べるよう指示する。またシエナのアルドブランディーノは、やはり貴重なスパイスで作る「黒コショウ」と呼ばれるソースを添えるように言う。

アルドブランディーノが脳みそや舌のようなきわめて庶民的な料理にスパイスを指示しているのは、おそらくこれを書いたのがある王女のためだったからだろう。脳みそは「寒で湿で〔……〕粘性があり〔……〕嫌悪を催させ、胃のなかで簡単に腐敗する」ために、「酸味ワインとコショウ、ショウガ、シナモン、ミント、パセリ、その他類似のものの風味で、すべての食物の前に」食べねばならない。舌は「熱と寒が混ざっているが［……］熱よりも寒に近い」ので「コショウとシナモン、ショウガ、酸味ワイン、その他類似のスパイスの風味で」食べねばならない。

調味料のうちでもっともありふれた塩について、ジョゼフ・デュシェーヌは一七世紀初頭に、ガストロノミーと薬膳の二重の機能をはっきりと指摘している。

「塩は洗浄、溶解、下剤、収縮、収斂の作用をもち、熱と乾の性質である。そのために、肉であろうと、魚、果物であろうと、多くのものの糞便となる過剰な湿り気を焼きつくすことによって、それらを腐敗から守る。だからこそ、塩は人間の使用にもっとも必要なひとつであり、それなしですませることはまったくできない。［……］すべての食物をきちんと調味するのに使えるのは塩だけであり、塩なしではよい味も風味もない。また塩なしでは、食物のほとんどがわれわれの体内でより腐敗しやすくなる……」

この二世紀半前、ミラノのマグニヌスも『健康規則』*Regimen sanitatis* のなかで、塩のもつガストロノミーと薬膳の二重の機能を強調していた。

「塩は［……］食品に風味の善を加え、ある種の水っぽい消化不能の湿から［……］由来する悪を取りのぞく。だからこそ、食品は塩といっしょのほうが、塩なしのときより、よく火が通り、消化されるのである。」

マグニヌスはすべての食材が同じように塩を要求するのではないと指摘する。「湿で糞便多く、そのうえ（豚肉のように）粗な食材は塩をより多く必要とし」、一方「（メンドリやヤマウズラのように）乾で、過剰がなく、繊細な食材は、調味のとき、ごくわずかの塩しか必要としない」。

その少し先では、野菜その他の食用植物の料理について次のように記している。

「塩と水では充分ではない。植物油、バター、あるいは動物脂を必要とする。なぜならば野菜その他の食用植物は憂鬱で土の特性をもつので、実のところ、なにか油脂を必要とする。油脂はその土の特性を緩和し、その風味をより快適に、より甘く、したがってより消化によく、糧となるようにする。」

酢やヴェルジュのような寒の調味料にも薬膳の機能がないわけではない。『風味についての小冊子』は「夏場のソースの素材は、ヴェルジュ、あるいはブドウの先端からとった汁、あるいは酢、あるいはレモン、またはオレンジ、またはザクロの汁である」と指示する。これらの調味料は一年のどんな季節でも、その寒によってスパイスの熱を緩和し、その食欲促進効果――言いかえれば、身体のもっとも細い管にまで容易に侵入を可能とする鋭い先端をもつ――のおかげで、生体のすみずみまでスパイスの効能を運んでいくので、多くのソースに加えられた。

やはり一七世紀初頭、デュシェーヌはこう記している。

「酢の性質については［……］、これは主要な食欲刺激剤であること、さらに切り込み、開き、脾臓の閉塞を解除し、胆汁の熱を緩和するのに有益であることを言うだけでよしとする。さらにそれは腐敗を阻害し、熱すぎる［……］胃の消化作用を助ける。［……］しかし、慎重に、場合によっては砂糖その他で矯正し、緩和しながら使用しなければならない。ヴェルジュも同じように、食欲を刺激し、血液と胆汁質の体液を緩和するのに役立ち、その結果、胆汁質の体質と、熱の病に罹患した人びとに役立つ……」

加熱もまた肉をより消化しやすくする機能をもつ。脂身（つまり湿）は原則としてロースト――脂身を乾燥させる――すべきなのに対し、赤身肉と乾燥肉はボイルした。したがって、乳飲み豚と生の豚肉、ヒツジのモモ肉と肩肉、ウズラ、脂ののったシャポンはローストしたのに対し、去勢牛と雌牛は必ずボイルした。同様に、豚肉は塩漬けにして、その湿り気を乾かした。細かく見ると、いくつかの禁止事項はこの規則に反するように見える。たとえばプラティナは仔牛の胸部肉をボイルし、その肩肉をローストし、あるいはノウサギとキジを串に刺して火を通すように勧めている。しかし、これらは例外にすぎない。

『健康の至宝』は牡蠣を語るとき、そのさまざまな食べ方を紹介するのに、栄養学の観点から段階をつけている。牡蠣は「古代人のやり方で、その水分とともに呑み込めば消化が悪い」。なぜならは「その肉はとても軟らかくて、わずかしか糧にならず、生で湿で消化のしにくい汁を生成する」からだ。だからこそ「その殻のなかで、バターと粉末にしたコショウとともに炭火で焼いたほうがよい」。しかしながら「その塩味の汁が消化をより困難にする」ので「矯正するものといっしょにボイルして食べたほうがよい。殻から出し、布で漉したその水のなかでよく洗って、バター、スパイス、コリントレーズンとともにボイルする。半分ほど火が通ったら、マージョラム、タイム、パセリ、セイボリーを細かく刻み、タマネギ、サフラン、ヴェルジュを加える」。だが、すべてをよく考慮すれば、「フライパンのなかでローストするのがより健康的である。なぜならばその過剰な湿り気が火によって矯正されるからである」。

風味

栄養学者は一般的に、食材のそれぞれについて複数のレシピを提供した。料理人と食べ手とがそのなかからひとつを選ぶときには、おそらく栄養学上の考慮ばかりではなく、食材の入手可能性と味覚も考慮されただろう。しかし医師たちはガストロノミー的な機能の重要性が薬膳的な機能よりも劣るとは判断しなかった。味をよくすることはまた栄養学にも関係していた。

ミラノのマグニヌスはこのことを『健康規則』のなかで何度も説明している。マグニヌスによれば、一般的に、「それらによって食材を調味する」調味料とソースは「健康規則のなかで、小さくはない有効性をもつ。なぜならば、味覚にとってより心地よいもの、したがってより消化がよいものにするからである。というのも、より美味なるものは、より消化がよいからである。調味料によって善が加えられ、悪は矯正されるほどである」。そのあと、マグニヌスは塩、植物油、動物脂、バターのようなごくありふれた調味料ひとつひとつについて、この主題を敷衍する。

医師たちはときに、グルマンディーズが医学的考慮に優先することを嘆いている。だからといって、ガストロノミーと栄養学のあいだの型にはまった対立を想像してはならない。それどころか、中世の味覚はその多くを、栄養学について信じられていたことに基づいて形成されていた。医師が日常の習慣を拠り所にして論証を進めることさえあった。たとえばロラン・ジュベールは、牡蠣が寒であると示すために、モンプリエでは食べる前にコショウを振ると指摘する。もし牡蠣が熱であれば、だれもそんなことをしようとは思わないだろうという理屈だ！

栄養学者は食材の味にさまざまな観点から関心を抱いた。まず第一に――現代のわれわれもいまだにそう信じているように――人間は歓びとともに食べたもののほうを、よりよく消化するからである。次に、ある食材に対して嗜好をもつのは、それがその人の気質に適している徴だと考えたからだ。最後に――われわれはこれがもっとも奇妙に思えるが――食材の風味を変えることで、その特性を変化させるという認識があった。フランソワ一世の侍医ブリュイラン・シャンピエは書いている。

「生命をもつ存在は、特性の類似を認識する力をもち、ものごとの特性を認識することによって、もっとも類似するものを選び、実際はもっとも異なったものを拒否するひとつの道具をあたえられねばならなかった。だからこそ舌がこの種の道具なのであり、熱、寒、湿、乾のものを認めるだけでなく、われわれに類似しないものからわれわれに類似するものを識別するのである。」(『食物について』*De re cibaria* 一五六〇年)。

そうとすれば、かつては風味がグルメの単なる暇つぶしではなく、第一級の医学上の主題だったことが理解できる。ブリュイラン・シャンピエはそれを明確にしている。

「ガレノスは風味の解釈と説明がなによりも難しく、プラトン、アリストテレス、テオプラストス――たしかに最上級の哲学者たち――は、それを試みながらも、しかしながら成功はしなかったと考えた。」

自然学者や医師は、純粋な風味の数については一致していないが、通常は次表(**表28―1**)にしたがって、性質と物質、そしてそれらと四大元素との関係において異なる九種を識別する。

一六世紀の医師アンブロワーズ・パレが書いているように、これらの風味は熱の作用によって、それぞれひと

表28—1　バーソロミアス・アングリカスによる風味表

性質	風味	火	空気	水	土	物質
熱	辛					精
	苦					粗
	鹹					中くらい
中くらい	脂					精
	甘					粗
	無					中くらい
寒	酸					精
	渋					粗
	蘞味					中くらい

つ上の段階の風味に変換しうる。

「自然は［……］風味の加熱において、この順序をもっとも広く維持する［……］。まず第一に、まだ完全に生なので、蘞《えぐ》味の風味が表れる。次に、いくらかの加熱によって渋味が形成され、そのあと続けて酸味がくる。より大きな加熱で、甘味と油味が作られ、それは熱を増すことによって、塩味、そして塩味から苦味が作られる。ついには過剰で大きすぎる熱によって、最終的に辛味が作られ、それは完全に火の性質となる。」

実際に、このような変換の例にはこと欠かなかった。たとえば青い果実は酸味あるいは苦味の風味をもつ。そのあとほとんどのものが太陽の作用にさらされて熟すことによって、甘味、あるいは脂味を獲得する。もうひとつの例は甘の風味のハチミツや砂糖で、火の作用でカラメル化することで、苦の風味をもつ。さらに、コショウその他のスパイスがすべてのもののなかでもっとも熱い風味——「辛」の風味、現代のフランス語なら「ピカント」あるいは「ピマンテ」〔ぴりぴりする、辛い〕、英語では「ホット」——を獲得するのは、熱帯の熱い太陽の作用にさらされてのことであり、それによって調味に使うのにふさわしいものとなる。

糧となるものはすべて、そのなかに多少なりとも「甘」の風味——つまり穏やかな熱——を内蔵するとされた。寒の風味（渋味、蘞味、酸味）あるいは熱の風味（苦味、塩味、辛味）しかもたない物質は、食品としては使用できず、医薬品または調味料として、あるいは医薬品と調味料の両方としてしか使えなかった。これらのものは、あまりにも寒または熱で、甘味が不充分な食物の風味や気質のバランスをとるのにきわめて有効とされた。ガレノスが書いているように、「もっとも甘味でない食物は、それを甘味にして、われわれの糧となるものと類するようにするために、最良の調理を必要とする」。したがって料理は——たとえ、そしてとりわけ使用される調味料が甘味ではなく、塩味、辛味、あるいは酸味のときは——すべて、緩和の働きとして理解されうる。というのは、きわめて穏和な熱である砂糖とハチミツの矯正作用は、塩やスパイスその他の辛味の調味料、あるいは反対に、ヴェルジュ、酢、その他の酸味よりも有効性がずっと低いからだ。ミラノのマグニヌスが『風味についての小冊子』に書いたように、「食材が（食べ手の）気質から離れていればいるほど、それが必要とするソースは食材の対極に離れていなければならない」。

実のところ、調味はつねに複雑な手順を踏んだ。スパイスやマスタードシードの種子その他の辛味の調味料は、酸味の液体（酸味ワイン、ヴェルジュ、酢、柑橘類の搾り汁など）に溶かされ、これらの液体自体も砂糖によって矯正されることが多かった。この点でも、調味は薬学を実践するのに似ていた。

実践——果物の食べ方

食習慣はどの程度まで栄養学の指示に従っていたのか？　説教壇の説教師たちがキリスト教道徳に背く行為を

機械的に告発したように――ごくわずかの違反でも告発しようと待ちかまえていた医者たちの言葉を信じるとすれば、指示は完全に守られたわけではなかった。しかしながら、キリスト教道徳と同様に、中世の栄養学は風俗に大きな痕跡を残した。

『プラティナ仏語版』*Platine en françois* によれば、ガレノスは「わたしは果物を決して食べないので、発熱したことが一度もない」と言ったという。ところが、前章で見たとおり、エリート層内部では果物は好んで食された。だが、ひとたびグルマンディーズに対し（あるいは社会的慣例に対し）譲歩が成されたあとは、その食べ方についてありとあらゆる栄養学上の注意事項が守られた。実際に、果物を食べることで健康が冒しうる危険に備える方法は多数存在し、長いあいだ、きちんと実行されてきた。

最初のひとつは、果物はいつなんどき食べてもいいというものではなかったことだ。甘サクランボウ、プラム、アンズ、モモ、イチジク、クワの実、ブドウ、そしてとくにすべての果物のなかでもっとも危険と見なされたメロンなど、寒で腐りやすいもの、あるいは寒または腐りやすいものは、食事の最初に出すのが重要だった。ある種のリンゴやナシ、マルメロ、クリ、セイヨウカリンなどはむしろ食事の最後に適した。それらは食物が口へと逆流するのを防止し、反対に圧搾機のやり方で出口へと押し出す効能をもつからだ。

中世とルネサンスのフランスのメニュー――たとえば一四世紀末の『パリの家政書』*Ménagier* や一五世紀末に印刷されたタイユヴァンの『ル・ヴィアンディエ』*Le Viandier*、一六世紀半ばの『いとも優れたる料理の書』*Livre fort excellent de cuisine* のメニュー――の研究からは、実際に、これらの果物のひとつひとつが、それぞれ医師の指示する位置におかれていたことがわかる。アンズやサクランボウ（二回中二）、モモ（四回中三）、プラム（六回中五）など「軽い」果物はかならずアントレに供している。反対に、アーモンド、ヘーゼルナッツ、マツの実その他のナッツ類はデザートに（一九回中一九）出され、ナツメヤシやイチゴ（三回中三）のような熱と湿と見なされた果物、そしてマルメロやセイヨウカリン（四回中四）など収斂性のある果物、「消化を促す」ナシ（二〇回中二〇）も同様である。いくつかの果物については、医師の忠告はそれほど明確ではなく、同様に実際の食べ方もさまざまだ。たとえばリンゴは食事の最初にも（四回）最後にも（七回）出された。「あとに食べるより前に食べるほうがいい」イチジクは六回のうち四回でアントレにされている。しかし別なところでは、熱と乾と見なされ、クルミやアーモンドと食べるのによいとされており、おそらくこれがデザートでも出された説明となると思われる。ブドウも同様で、アントレとして二回、デザートで二回出されている——おそらく熟していないときは寒の第三度で乾の第二度と見なされたが、完熟すると熱で湿とされ、干しブドウではその度合いがさらに増したからだろう。一方オレンジ、レモン、その他の柑橘類は、サラダのようにアントレとしても、あるいはロ〔ロースト〕のつけ合わせとしても出された。

さらに医者はある種の果物を、他の食材や調味料と組合わせて食べるよう勧めた。『健康の至宝』によれば、

「メロンのあと、それが腐るのを防ぐために、おいしいチーズ、あるいは塩または砂糖で調味した肉をなにか食べるのは誉むべきことである。」

おそらく現在イタリアで、メロンにハムを添えて食べる習慣はここに由来するのだろう。フランスの伝統——一六世紀から今日までとぎれることなく見られる——は、むしろメロンを塩とコショウで調味し、一杯のワインで流し込むことだ。

『健康の至宝』には、ナシは「非常にガスを出しやすい」とあり、やはり「アニス、フェンネル、あるいはコリアンダーとともに、熾き火で火を通」さねばならず、「すぐあとで古いワインを一杯なみなみと飲む」のが適当と

された。ナシは「クローヴを挿し、砂糖、シナモンと良質の赤ワインのなかで火を通し、たっぷりの新鮮なバターと脂の多いチーズとともに砂糖を振って、レンジの上で供すると、善かつ有益なもの」とさえなった。実際に、ナシはワイン、砂糖、スパイスとともに火を通すことが多かった。一四—一六世紀のメニューでナシが登場する一七回のうちで、「生の」ナシが一回、調理法の指示がないものが六回、「砂糖味」のナシが一回、「ナシのパテ」が一回、「火を通した」ナシが二回、「イポクラ」つまり砂糖とスパイス入りのワインのなかで火を通したナシが五回となっている。

同じように、「寒かつ湿」と見なされたリンゴも、生よりも火を通してスパイスを加えた方がいいと判断された。メニューのなかでは、一一回のうち八回でさまざまに火を通して登場する。

料理人の証言

一六五一年、ラ・ヴァレンヌ著『フランスの料理人』*Le cuisinier françois* の出版者はその序文に、この本は「食物の悪しき質を、相反する調味により補正することを教え、それによって、健康をよい状態に、よい体調に保ち、維持することだけを」目指すと書いた。出版者はそこから、この本は、たとえば『慈悲深き医師』*Le Médecin charitable* と同じように、自分の健康を気遣う人びとによって購入されるべきだと結論する。「なぜならば、生命と健康を持続させるために、シチューその他の美味な食物にまっとうな出費をするほうが、それを回復するために、薬や薬草、薬品その他の煩わしい治療法に莫大な金額を使うよりも気持ちがいいからである。」

この出版者の言葉をそのまま信用する義務はない。しかし、ここで使用している宣伝文句は、この時代になってもなお、料理書を食品による健康法の実践書として提示しえたことを証言する。さらに料理のレシピの統計的分析は、料理人による実践が、たいていの場合、栄養学者の指示に従っていることを示している。たしかに『風味についての小冊子』のような栄養学概論が、肉や家禽、魚のひとつひとつについて、それぞれに適するソースをきわめて厳密に指示し、ソースのひとつひとつのレシピを詳細に説明しているのに対し、タイユヴァンの『ル・ヴィアンディエ』のような当時の料理書が同様の指示をあたえていることはめったにない。おそらくそれは、ボイルした牛や豚のような肉は、タイユヴァンが扱うには庶民的すぎたからだろう。しかし、本質においては、この違いはおそらくイタリアとフランスという国民性の違いのためであり、異なる二つの料理が問題となっているような印象を受ける。

しかしながらタイユヴァンも、またほかの料理書の著者たちも、栄養学の観点から見て好き放題をしていたわけではない。まず第一に、栄養学者による禁止事項は尊重されていたように見える。たとえばスペイン人医師ペトロ・ファガローラが著書『調味規則集』*Regimen conditum* で触れている乳を魚と混ぜてはならぬという禁止は、『ル・ヴィアンディエ』にある八五種の魚のレシピで守られている――唯一「乳＝ミルク」という語が挙がっているのはアーモンド・ミルクだけだ。『プラティナ仏語版』でも同様である。

次にミラノのマグニヌスその他の栄養学者によって提示されているソースと中世の料理書のあいだには完全な一致が見られ、その共通点には意味があるように見える。たとえば『風味についての小冊子』は「コキジバト、ヤマヴズラ、ハト、ウズラのローストは塩とレモン以外なんのソースも必要としない」と主張する。一方、タイユヴァン――レモンをまだよく知らなかった一四世紀のフランスの料理人――は、ヤマヴズラ、ハト、コキジバト、キジ、チドリ、ヤマシギなどのローストを、「細かい塩」だけで調味するよう忠告している。ミラノのマグニヌスはウサギや小さな若ドリのローストをカムリーヌで食べるよう勧めるのに対し、タイユヴァンはこのソースの名を、より範囲を広げて、ノウサギ、仔ヤギ、仔ヒツジ、ヒツジ、野獣肉のロースのために挙げている。

さらに、たとえば『パリの家政書』が、そのソース・カムリーヌを、季節によって変化させている方法——夏場は酢、冬場はワイン——は、ミラノのマグニヌスその他の栄養学者の指示に完全に従う。

だが、もうひとつ、もっと数量的な分析方法もとってみよう。一四世紀から一六世紀にかけて出版されたフランスの料理書を研究して、ラシュミ・パトニはまず第一に、レシピ集によって全体の五八パーセントから七八パーセントのレシピでスパイスを、四八パーセントから六五パーセントで酸味を使用していることを示した。さらに、この二種の調味料のあいだには緊密な結びつきがある。スパイスを使うレシピの六六パーセントから八二パーセントがそれを酸味と組合せ、酸味を使うレシピの七三パーセントから九二パーセントがスパイスと組み合わせている。さらに細かく見れば、スパイス（例外をのぞいて熱で乾）は料理に加えられる前に、酸味（つねに寒で乾）とともに「つぶされ」たり、「浸され」たり、あるいは「混ぜられ」た。おそらくそれには、スパイスの熱を緩和するだけでなく、またとくに、その溶解性を高める目的があったのだろう。酸味はもっとも細い脈管にも浸透する特性をもつとされたので、スパイスの熱を身体の全体に行きわたらせるのに、酸味の力を借りたのだ。

フランスの料理人が使用した五種の酸味のうち、酢（レシピ集によって、レシピの二三パーセントから三一パーセント）とヴェルジュ（三三パーセントから四三パーセント）の二種がとりわけよく使用された。ヴェルジュは他の酸味と同様に、寒、乾、収斂と見なされ、一方、酢はワインの熱を多少保っていたので、脈管の閉塞に対してより強力な治療薬となった。

ところが、料理書はこの二種の酸味を脈絡なく使用したのではない。家禽の肉は繊細で、したがって脈管を塞ぐ心配がほとんどないので、ヴェルジュで充分である。家禽肉のレシピの四三パーセントから六一パーセントで使用されるのはヴェルジュであり、酢は四パーセントから一六パーセントにすぎない。

四足動物の肉——閉塞がより疑われた大型の肉塊——には、酢もヴェルジュもほぼ同等に使われた。酢はレシピの二五パーセントから四〇パーセントなのに対し、ヴェルジュは三三パーセントから五二パーセントである。しかしこの二種の酸味のうちのどちらを使用するかは、ただの牛肉やヒツジ肉か、野禽獣か、あるいは臓物・屑肉かで明確に異なっていた。酢の使用される頻度は、より消化が悪いと考えられていた野禽獣（二五パーセントから六一パーセント）、そしてとくに血に粘性をもたせるとされた臓物・屑肉（四〇パーセントから一〇〇パーセント）よりも、牛やヒツジの肉のほうが明らかに低かった（一八から三六パーセント）。

スパイスに関して、ラシュミ・パトニは一四―一五世紀のフランスのレシピでコショウがめったに使われなかったことを、危険と判断されたその強い辛味によって説明する。コショウが使用されるときは、かならずその強さを抑制するためのスパイスと組合わされた。反対に多少の湿を含むショウガは、いちばんよく使用され、また単独でも使用できた。

さらにこれらの研究からは、ふつうもっとも寒で粗な肉に、もっとも熱で、浸透性のあるソースが添えられたことが明らかになった。家禽には、白ワインとヴェルジュ、ショウガを混ぜたソース「ジャンス」、あるいはジャンスにグレーヌ・ド・パラディとクローヴを少々加え、白パンのかわりにグリルしたパンを使う「ポワトヴィーヌ」で充分だった。ジャンスはまた、魚のフライにも適す。魚は沸騰した植物油によってすでに熱されているからだ。ボイルした魚はつねに寒かつ湿で、少なくともヴェルジュに酢を、さまざまなハーブにショウガを加えたソース・ヴェルト〔緑のソース〕、あるいはより強い加熱作用と浸透作用をもつカムリーヌが必要だった。カムリーヌは四足動物の大きな肉塊にかならず添えられたが、酢と赤ワイン、あるいは酢か赤ワイン、ローストしたパン、シナモンをおもにショウガ、グレーヌ・ド・パラディ、クローヴの四種、ときにロング・ペッパーも加えた五種のスパイス・ミックスで作る。シナモンはもっとも精のスパイスと見なされていたので、これが粗の肉に添えるソースの基本となっているのはたしかに偶然ではない。ソース・ショード〔熱のソース〕は同じスパイスを使うが主となるのはクローヴで、ロング・ペッパーを加えてもよく、酢に溶かす。酢をワインやヴェルジュで緩和はしない。乾いたパンよりも熱である焦がしたパンがつなぎの役を果たした。この大きな加熱作用のあるソースが、シカやイノシシ——とくに消化の悪い野獣肉——あるいはヤツメウナギや大型のウナギのような粘性の魚類、また「海の豚」ネズミイルカやプルポワーズのような粗の魚とともに使われたのは驚くにはあたらない。これらの大型肉はまた黒コショウ・ソース——ショウガ、コショウ、焦がしたパン、酢、ヴェルジュから成る非常に熱のソース——を添えても食べられた。

スパイスが健康人のために考えられたレシピに使われているのと同様に、病人用のレシピにスパイスが皆無なことにも意味がある。スパイスは熱のある人には使用が禁止された。熱と乾であるために、体温をなおいっそう上昇させるからだ。だからといって、病人用の食材の調理を差し控えたわけではない。すべてがボイルされた。ローストされたものはない。これらの料理の三分の二が、スパイスのかわりに、調味料のなかでもっとも穏和な砂糖を使って調味された。

このあたりで、実践と当時の栄養学の関係をまとめておこう。グルマンディーズと見栄とは、現代と同様に中世でも、富裕な人びとを危険な食物——果物、野獣肉、川の水鳥、ヤツメウナギ、ネズミイルカ——の消費へと押しやり、道徳家と同じように、衛生学者はこの浪費を告発した。しかしながら、これら危険な食物はその「悪」を矯正するようなやり方で調味され、加熱された。栄養学概論に紹介されたレシピ——それがほんとうに実行されたかどうかはわからない——ばかりでなく、料理書のレシピも含めて、これが中世とルネサンスのレシピの特徴である。

栄養学と口承の文化

以上のことは、『フランスの料理人』の出版者が一六五一年に示唆するように、料理人が博学の士であり、まず第一に栄養学に気を配っていたことを意味するのだろうか？　あるいはテレンス・スカリーが論ずるように、医師との緊密な協力のもとで仕事をしていたことを？　その可能性はある。しかし、基本的なことはおそらくほかにある。古い医学の概念は世俗の経験的な知恵ときわめて近かったから、薬膳の原理は書物以外のものによっても普及しえた。現在もアンティル諸島から中国その他の極東の国々にいたるまで、いかなるスパイス消費国でもおこなわれているように、中世社会ではだれもがそれを食べながら学んだ。

古いことわざは、古い栄養学の指示の一部が口承で伝播していたことの証拠となる。果物に警告を発することわざは多い。まだ青い果実（「熟さない実は悪い」（一三世紀末））ばかりでなく、熟れた果実についても同様である。たとえば「善き果物から悪しきおならと騒音」。とくにナシに関することわざが多い。「ナシのあとはワイン」（一五世紀）、「ナシとはワイン」（一五七七年）、「ナシのあとは坊さんかワイン」（一五七八年）「ナシのあとはワインか坊さん」（一五七九年、一六一一年）、「After a pear, wine or priest〔ナシのあとはワインか牧師〕」（一五八四年、一六〇七年、一六一一年、一六五九年）、「Water after figs, wine after pear〔イチジクのあとは水、ナシのあとはワイン〕」（一六五九年、一六六六年）。ときにはモモも、またそれと対立させるものとして、バランスのとれた果物イチジクの名を挙げることわざもあった。「モモはワインを愛す」「The peach will have wine, the fig water〔モモはワインを飲み、イチジクは水を飲むだろう〕」（一五七三年、一五七七年、一六二九年、一六五九年）、「Al fico l'acqua ed alla pesca il vino〔イチジクには水、モモにはワイン〕」。医者たちがもっとも用心した果物メロンは、一六世紀以降のことわざにしか出てこないが、これはおそらく地中海沿岸諸国以外には遅れて到来したためだろう。

反対に、古いことわざは、果物同様に寒で、「加熱」〔消化〕が難しいと考えられたサラダに対しても用心を促した。「もしおまえが賢いのなら、サラダと好色女には用心せよ」(ムリエ、一五七八年)、「A good salad is the beginning of an ill supper〔善いサラダは悪しき夕食の始まり〕」(一六五九年、一六六四年、一六七〇年、一七三二年)、「サラダのあとにワイン飲まぬは病人になる危険」(一五七八年)、「サラダのあとにワイン飲まぬは病気の危険」(一五七九年)、「He that drink not wine after salad is in danger to be sick〔サラダのあとにワインを飲まぬ者は病気になる危険のうちにある〕」(一五五二年から一七五五年までに一四回)。サラダの寒と湿に対しては、酢よりもむしろ塩(「サラダ、塩たっぷり」)と植物油——塩と同様に熱と見なされた——を使った。「サラダはよく洗い、塩を振り、酢は少しで油たっぷり」。

古いチーズも熱だか重いと判断され、消化が難しいとされた。チーズは他の食材の消化を助ける一種の医薬品として使われた。「Cheese digests all things but itself〔チーズは自分以外のすべてを消化する〕」(一五六六年、一五八四年……)。この点においてチーズはナシに類似し、ナシと組み合わせることを勧められた。「神はナシとチーズのような結婚を司られたことはない」(一三世紀)。ナシ同様に、あるいはナシ以上に、チーズは食事を終わらせるはずだった。「After cheese come nothing〔チーズのあとはなにもなし〕」(一六二三年、一六三九年など)。

危険な食材の第三は塩漬け肉である。「塩漬け肉、果物、チーズについては、用心深くて賢ければ、なんの心配もない」。たしかに塩は、牛のような寒の肉、そしてとくに豚のような湿の肉を改善する。しかし塩漬け肉は壊血病の原因と非難された。そこで抗壊血病剤、つまりマスタードとかならず組合わされたことを、ことわざも料理書も証言する。「[……]マスタードなしの塩漬け肉/神よ、われらを死から解放したまえ」、「神はわれらを多くのものから守る/化粧する女から/自分を見つめる召使から/そしてマスタードなしの塩漬け牛肉から」(一六世紀)。

ことわざはまた、水のように、寒であり、湿であり、その結果、危険である魚（「魚はみんな粘液質……」）についでは注意を促す。「肉は肉を、魚は毒を作る」（一五七八年）。古いことわざのなかに——今日の牡蠣のように——魚はｒのつく月のあいだしか食べてはいけないと指示するものがあるのは、夏場は保存がきかないからだ〔月名にｒがつくのは、九月から四月まで〕。しかし、他の俚諺はまったく反対に、いい季節のときにだけ食べるように指示している。おそらく冬場にはあまりにも身体を冷やす食品になるからだろう。「月がｒなら、魚は食べるな」「太陽には魚、陰には肉」。魚を食べたのは主として、かならず四旬節にあたる三月だったのだから、たしかに実行は不可能なことわざだが、意味するところは大きい。魚に火を通し——好ましくはフライ——ワインを添え、食後にナッツを食べねばならないのは、その粘液質のためである。「仔牛、若ドリ、生魚は、土饅頭の並ぶ墓地を作る」、「水のなかで生まれた魚は、油のなかで死なねばならない」、「魚、小豚、去勢豚、水のなかで生き、ワインのなかで死ぬ」、「魚のあと、クルミは毒消し」（一五七八年）。

ひとことでまとめよう。当時、料理をするとは、今日同様に、食材にもっとも快適な風味をあたえることだった——しかし、「快適な」というのはある特殊な文化の枠内で、異なる栄養学上の信念、異なる食習慣によって形成されているがゆえにわれわれのとは異なる嗜好にとって「快適な」という意味である。それぞれの風味は厳密な栄養学上の意味をまとい、風味について仕事することはまた、食材の消化可能性について仕事することだった。それぞれの料理人は画家や作家のように、自分のスタイルをもつことができたが、気質と風味の補完性の規則の尊重内において創造し、その規則はガストロノミー的であると同時に栄養学的でもあった。現在、この二重性は、たとえば中国その他の極東諸国、あるいは現在の民俗療法が古い西欧の医学から強い影響を受けているアンティル諸島など、ヨーロッパ外の多くのスパイシーな料理のなかに見出される。

（北代美和子訳）

第二九章
「注意せよ、不作法者となるなかれ」
食卓の作法

ダニエラ・ロマニョーリ

エチカとエチケット

食卓での正しい振舞いを定めた規則の歴史は、社会において従うべき礼儀作法の歴史と密接に絡まりあっている。エチカ〔倫理〕とエチケット〔礼儀作法〕、つまり同輩の前での振舞いがもつ道徳的な内的価値と形式的な外的様相の双方に関わる歴史である。実のところ、どの時代のどの社会も、集団と集団の、あるいは個人と個人の関係を統制する諸規則を備えている。たしかにそれは、制度上の立法権から発するのではないという理由だけからも、法律型の法典に類するような規則集ではない。しかし、この規則集は法を科し、たとえば同輩による指弾、出世欲から加わりたいと熱望している集団からの排除などのように、ときに法律と同様の厳しい制裁を規定することができる。つまりeticaとetichettaの絡み合いは、すべての時代のすべての社会において見られるのである。エチカとエチケットという言葉遊びは見かけの上だけのことだ。それはむしろこの二つの様相が不可分であることを表す。実のところ、表面的に見えようとあるいは表面的であろうと、正しい作法の規則は、たとえ明白な形で表されてはいないとしても、道徳的性格をもつ選択に由来すると考えざるをえない。ある特殊な規則体系（他人に対するある特定の振舞い方は、ある特定の利益に対応しうる）を身につけさせる機会を作ろうとすること自体が、この選択そのものの価値に下されうる判断とは別に、すでにどう生きるかを意味するのであり、単にどう見えるかを言っているわけではない。事実、よき教育は、社会関係の条件を補助する機能をもつからこそまさに、単独では道徳と文化の絶対的な保証とはなりえない。したがって、たとえば礼儀作法が個人の利益の偽善的隠れ蓑、あるいは文化とはほど遠い感情の仮面にまで矮小化されるとき、それを悪用もできる。しかしながら、ある社会が自らを真に文化的と言えることを保証するためには、よい教育があたえられるだけでは充分ではなくても、少なくともなんらかの行動規則を気にかけることのない無秩序な社会が、自らを文化的と呼びうることはまずありえない。

食卓はきわめつきの社交の場であり、肉体と魂、物質と精神、外に表れる礼儀＝エチケットと内面の倫理＝エチカとが交錯し合う結節点の役割を果たす。したがって食卓での態度は、二種の心配りによって決定される。ひとつはしぐさを制御し、抑制するという身体の態度であり、もうひとつは魂の動きを見張り、導くことである――そしてどちらも状況が要請する倫理的社会的目的に従う。

しかし、身体は制限された環境に入れられ、そこに適応せざるをえない。たとえば、現在、西欧型社会の規範であるように、食卓に向かい、ナイフ、フォークを使って食べる方法もあれば、半臥して、あるいはカーペットやクッションにすわって、手だけで、場合によってはおもに片方の手だけで食物をとる方法もある。したがって客観的状況が食物を口に運ぶ技術を生みだし、技術は宴会――つまり強い社会的あるいは宗教的意味をもつ食事――のなかで、そのもっとも洗練され、記号化された表現に到達する。

この二つの様相（食卓の倫理と礼儀作法）が均質かつ有機的で、同じ目標を目指すひとつの総体のなかに統一されていることを考慮に入れながら、それらを探ってみよう。検討する環境は中世中期、つまりわれわれ自身の社会がその根を深く伸ばしている時代以降の西ヨーロッパ文明である。

長い歴史

われわれにとって、「食卓」について語るのは月並みな習慣である。「食卓につく」「食卓に向かう」などの表現が当たり前に使用される。「食卓」の作法や「食卓用の」リネンがあり、格言やことわざでは「食卓では年をとらない」などと言う。宴会のあいだに演奏するためにわざわざ作曲された音楽さえあり、これはルネサンスの宮廷では盛んだった。たとえば、一六世紀から一七世紀にかけての人、アドリアノ・パンキエリは『謝肉祭最後の木曜日の晩餐前の夕べの小宴』*Festino nella sera del Giovedì grasso avanti cena* と題する多声組曲を作曲している。しかし、もっとも有名な例は、おそらくドイツ人ゲオルグ・フィリップ・テレマンが一七三二―三三年に作曲した『ターフェルムジーク』*Tafelmusik*〔卓の音楽〕だろう。これはまた、とくに意味のある誤解を招いたという点で、もっとも興味深い例でもある。実のところ、「卓の」という表現は、ここでは宴会のあいだの余興を意味するのではなく、音楽が「卓の」道具のために書かれた、つまりひとつの卓を囲む人びとによって演奏されうるという事実を示す。ひとことで言えば、いわゆる室内楽を指す別の言い方である。しかし誤解――早い時期に一般的に広まった――からは、会食時間と特別に結びついた音楽という考えがいかに自然だったかが理解できる。

過去には、あるいは現在でもなおわれわれと異なる文化をもつ国々においては、異なる社会は異なる習慣を採用してきたし、いまでも採用している。さらにわれわれの社会もまた、食卓そのものでおこなわれるのではない会食を想定している。しかし、それらは「宴会」という名も、それよりもくだけた「食事」や「夕食」という名もとりえない形式である。それは食べることよりも飲むことに結びついた行事（アペリティフ、カクテル）であり、あるいは場合によっては手にグラスをもち、皿を膝にのせてさっさと気どらずに食べることである。これらの行事は、異なる意味の社交を表し、公平と協調的雰囲気を創り出すのに理想の場所――少なくともそう考えられている場所――である食卓のもつ中心性によって裏づけられた、正真正銘の饗宴の穏やかでくつろいだ出会いを想定もしなければ可能にもしない。それを創り、使用してきたさまざまな社会集団の生活スタイルに適応するよう変化させられながら、何世紀をも経てわれわれまで到達した「食卓の」礼儀作法の複雑な規則集は、たしかにファーストフードの庇護のもとでは生まれも普及もしなかっただろう。

ギリシア・ローマの古代世界において、だがまた東地中海全域においても、約一千年のあいだ、宴会に参加する会食者は専用の臥台に半臥した。ギリシアでは、傾いた臥台（クリネー）のそばに一人用の小卓をおき、右ひじで身体を支えた。ローマでは、臥台はトリクリニウムという専用の部屋に配置され、中央の食卓に食物がのせられた。このような姿勢はもともとは王侯の特権に由来し、もっとも身分の高い最富裕階級に限られるスタイルとなった。腰かけて食べるのが習慣だったユダヤ人もしだいに隣国シリアの影響を受けたので、キリストと弟子たちの最後の晩餐は、ローマのトリクリニウムに較べうる部屋でおこなわれたのかもしれない。横たわった、あるいは半臥した姿勢は、両手を使ってなにかナイフのような道具を操作するのは不可能なことを意味するが、片手の指で食物をつかむのにはまったく問題はなかった。

ローマ帝国が東西に分裂して、異なった運命をたどり始めると、西ローマ帝国の領土内では生活形態が根本的に変化し、それとともに宴会の様式も変わった。宴会は最終的に食卓を取り入れ、会食者はその周囲に腰をおろした。四―五世紀以降、西ヨーロッパに最終的に定住した「蛮族」の寄与による帝国の変化から生まれ、教会の存在に強く特徴づけられた新世界では、一種の役割分担が明確になり、それにしたがって、武家貴族の少なくとも大部分が古いローマ貴族と入れ替わり、一方、文化は神の言葉を理解し普及させるためにそれを必要とする聖職者たちが、ほとんど排他的に専有するようになった。戦士＝騎士階級の習慣と作法を文明化し、和らげるプログラムはまさに教会に負っている。さらにいわゆる「宮廷」文学、とくに騎士道物語は、封建的家門が花開いた一二世紀以降、まさしくこの世界に適した行動モデルを提供した。クルトワジー courtoisie（「宮廷 court」から派生）が、ウルバニタス urbanitas（都会性）とキウィリタス civilitas（文明）と競い合いながら誕生した。ウルバニタスとキウィリタスは多種多様の長い歴史をもつ言葉で、どちらも古典古代に採用され、ここでは都市（ウルブス urbs, キウィタス civitas）との明確なつながりゆえにわれわれの興味を引く。反対の端ではヴィラニー vilainie

（「粗野」、ラテン語のウィラ villa ＝田園の家、農家から派生）とルスティキタス rusticitas が、田園（ラテン語でルス rus）、不作法と無教養の場所と見なされた農民世界を指し示していた。

食卓について宮廷文学が強調したのは、宴会やそれを陽気にする余興、食物の質と量、家具調度、衣類や人びとの美しさなどを通して描かれた歓待である。食べ物そのものは正真正銘のステータス・シンボルとして列挙され、記述された。提供されたものの豊富な量と豪華さは大量の食物を消費しうる能力と結びつけられ、その結果、浪費と過剰とを望ましい価値に変えた。

規則に関する初期の資料

一二世紀以降、宮廷文学のほかに、礼儀作法を扱った規則集が多数登場し、そのなかには食卓での行動規則が重要な部分を占めるもの、あるいはこのテーマに完全にしぼられているものさえあった。最初期の規則集はラテン語で書かれていたが、翻訳やさまざまな日常諸語（ドイツ語、イタリア語、フランス語、カタルーニャ語など）で直接書かれた著作がすぐそのあとに続いた。そのうちのいくつかは長く続く成功をおさめ、もともとの地理的社会的境界を越えて、きわめて広い範囲に普及した。それらはまさによき教育、人間と都会人の完全なる育成という意味で、文明の規範構築に基本的な機能をもっていたとさえ言える（おそらくここで正確にしておくのが有益と思われるが、イタリア語には他の言語では明確に分割されている二概念を指すのに、ただひとつの言葉 civiltà しかない――たとえばフランス語の civilité, 英語の civility は礼儀作法だけを意味し、それぞれ「文明」を意味する civilisation, civilization とは区別される）。この一二世紀以降、規則の伝承が開始され、それは変化や増加、洗練を絶えず続けながら、現代の戸口まで、そして一部はそのなかまで到達した。

「……食卓では給仕は任せなさい。

がつがつ食べてはいけない、手を皿の料理に伸ばしていけない。

口で音を立ててはいけない。大口を開けてはいけない。

口を空にする前にしゃべってはいけない。


ひじをさげておきなさい。パンをワインに浸してはいけない。

ナイフで歯のあいだをほじってはいけない。

ナプキンで汗を拭いてはいけない。

つまりこれらの紳士方が、まるで世界の主であるかのようにやすやすと自らに許す豚のような振舞いはなにもしないように。」


一九世紀初めのミラノの詩人カルロ・ポルタ〔一七七五―一八二一〕は、食卓における正しい振舞い方の規則のなかで、もっとも基本的ないくつかを、こう告げている。ポルタの詩で、この規則を語るのはある侯爵夫人の執事で、執事は夫人宅の礼拝堂付司祭の地位（たっぷりの食事が規則的に出されるので、とくに望まれた地位）が喉から手が出るほど欲しい困窮者の一団に、侯爵夫人の使用人としてとどまるための基本的規則を述べている。ポルタの詩は、五〇〇年以上前の規則のいくつかをそのまま繰り返しているように思える。しかし、そこには、かつてはおそらく――あるいはなによりもまず――上流階級に属す大人や子供に難しい社交術を身につけさせるために定められていた規則を、ポルタの時代に守らないのは、より恵まれない人びと、そして正しい教育を受けられなかった人びとだけという違いがある。あるいはまた、これらの規則は、これから正しい教育を「押しつけられる」とは言わないまでも、「提供される」べき子供たちの教育の一環をなす。

規則の伝統と「文明化の過程」

少なからぬ規則が時の流れのなかでその価値を維持した一方で、他の多くの規則が、関連する社会集団の生き方と感じ方の変化に対応して衰退していった点を指摘しておこう。それが社会学者ノルベルト・エリアスの言う「文明化の過程」であり、「文明化の過程」は長い時間を要しながら、西ヨーロッパのさまざまな政治的社会的コンテキストにおいて、それぞれ異なる形で、また異なる時間的経過をたどって展開した。時間的ギャップについての重要な一例はフォークの歴史である。フォークは一一世紀に、ビザンティンから西ヨーロッパに到着し、一四世紀のイタリア都市では「セルヴィート」(大皿用の食器)としては確実に使用され、またすでに個人用の食器としても使用されていた。やはり一七世紀初頭のイタリアでは、当時のイングランド人旅行者が証言するとおり、金や銀のような貴金属製のフォークのほか、木製や錫製など質素な材質のフォークもあった。これはフォークが中産階級に、そして日常の使用にまで広がっていた証拠である。イタリア以外のヨーロッパでは、もっと時間がかかった。一七世紀初頭のイングランドではフォークは嘲笑され、また同じ一七世紀末、太陽王ルイ一四世の宮廷では、その存在はいまだ心よく受け容れられてはいなかった。

食卓における礼儀作法の歴史の導線は、身体と身体との接近と、人前でのあからさまな身体的行動によって構成される。事実、一二世紀に書かれた規則集から、ロッテルダムのエラスムスの著作のいくつか(たとえば子供の教育についての小読本『少年礼儀作法論』*De civilitate morum puerilium* やジョヴァンニ・デッラ・カーザ大司教〔一五〇三―五六。人文学者〕の『ガラテーオ』*Galateo* のようなきわめて名高く、また普及した一六世紀の礼儀書、一地方に限定されたより特殊な文献（アルザス方伯〔中世ドイツのヘッセン、アルザス、チューリンゲンの領主〕の青年士官用に一六二四年に書かれたいくつかの規則のように）にいたるまで、次のような禁止が絶えず繰り返されている。食卓で鼻をかんではならない。皿に唾を吐いてはならない。しゃぶった骨、あるいは食べかけた食物を大皿にもどしてはならない。

身体と身体との接近

初期の礼儀作法が書かれた時代、食卓の備品には、ナイフをのぞいて個人用の食器は含まれなかった。個人用の皿やグラスはなかった。食物は一枚の板〔トランショワール〕にのせられ、それは単にパンの大きなスライス一枚のこともあって、ふつうは二名の会食者が共有した。食器の共有に、食物の摂取だけにあてられた空間の不在が対応する。領主の館や城では、公的空間と私的空間のあいだの唯一の分割線は、領主の私室と広間――日常生活のすべてが展開し、全員が顔を合わせる場所――のあいだを通っていた。一般にスペースは貴重だった。したがって、必要最小限のわずかの数の家具のリストに、固定された食卓ははいりえなかった。棒を組み合わせた架台にのせ、使用時に組み立てられる食卓（ここから「食卓を出す」＝「宴席を設ける」という表現が生まれた）が使用された。それほど恵まれない階級へと社会の階段をおりれば、専用のスペースの欠如と身体どうしの接近は寝台にまでおよび、寝台が個人や夫婦の専用であることはめったになかった。最低でも、両親と子供たち、あるいはつねに性別で分けられているとも限らない兄弟姉妹がひとつの寝台を使った。もっとひどい状況――少なくともわれわれの視点から見れば――は、宿屋のような公共の場所で起こった。

移動式食卓はなんの価値もない品であり、価値がないからこそ、染みひとつないテーブルクロスで覆わねばならなかった。テーブルクロスは床まで垂れ下がり、宴の終わりには血まみれの戦場そっくりになった。会食者に対し、やむをえぬ場合以外テーブルクロスを汚さぬようにという注意が絶えず発せられたのも偶然ではない。個人用のナプキンは、テーブルクロスより扱いやすい道具を提供するため、またテーブルクロスを汚れから救うために導入された。テーブルクロスをもとの白さにもどすのは容易ではないからだ。一六世紀、デッラ・カーザ大司教は、食べるときにナプキンを「便所の雑巾のほうがきれいなほど」の状態にする輩に罵詈雑言を浴びせかけている。体面を重んじるホストは、食事の初めと終わりに二回、手を洗うための水を出させ、少なくとも一度はナプキンを変えさせた。食事の終わりに手を洗う儀式がしたがって、まさに必要不可欠であったのに対して、食事の前の手洗いがただ象徴的意味合いをもっていただけだとは言いがたい。フランチェスコ・ダ・バルベリーノは一四世紀前半、ある領主の妻に対し、出された水をあまり汚さないために、婚礼の食事にはあらかじめ手を洗ってから出席するよう忠告している。清潔な手が規範ではなく、例外だった証拠である。

イタリアやフランドルの大商人のような最富裕層の家から始まって、だんだんと固定した食卓が――食器棚＝皿立てと組になって――姿を現す。食卓は多目的スペースのなかに自分の場所を確保し、したがってこのスペースが行き当たりばったりのやり方で分割されることはもはやなくなった。

プライヴァシー――おそらく貴族的というよりもブルジョワ的概念――の肯定は、社会構造内の根本的変化をともない、一九世紀中葉のヴィクトリア朝イングランドにおいて、極端とも言える水準の成熟にまで達した。それは家のなかのスペースがいっそう専用化していくのと歩みを一にし、スペースの一部はプライヴェートな区域、他の一部は客間のような家族外の社交機能にあてられた。食堂は少なくとも一時的には後者にはいる。初期の食卓の「礼儀」が書かれた諸世紀に、このような専用化の例が見られたのはただひとつ修道院構造においてのみである。実際に、地上における天上のエルサレムのイメージと考えられた修道院は、都市そのものとして構築され、専門化されたさまざまな活動で忙しく、あらゆる活動はそれ専用とされた場所だけでおこなわれねばならなかった。面会室、共同寝室、写字室と並んで、修道士たちがともに食事をとるための共同食堂があった。

固定した食卓のあるブルジョワの食堂と大広間の移動式食卓を分けていく過程に重なって、とくに個人用の食器について、食器一式の数がしだいに豊かになり、専門化していった。もっとも明白な例は、カトラリー一式〔ナイフ・フォーク・スプーン〕（肉用、魚用、果物用、デザート用など）とグラス（水用、白ワイン用、赤ワイン用、甘口ワイン用、食前酒用、リキュール酒用、さらにはウイスキーやコニャックなどさまざまなタイプの蒸留酒専用のものまで）の種類が増えたことである。もちろんこのすべてが、つねにより複雑になる守るべき規則と、倫理＝エチカに対する礼儀作法＝エチケットの優越性をともなっていた。

一般的な礼儀作法、そしてとくに「食卓の」礼儀作法は、しかし、物理的な装飾に関する原則を前面に出すことだけに限られるのではない。それはまた高い識別能力、さまざまな状況（時、場所、相手）に合わせる能力、内省、自制、自己規制の作業を成し遂げる能力も含んでいた。その能力は、一二世紀の教会と世俗双方の資料の一部——神学者で、パリの聖ヴィクトール校教師であるアウグストゥス会の司教座聖堂参事会員ユーグや、カトリックに改宗したラビで、アラゴン王アルフォンソ一世の侍医ペトルス・アルフォンシなどの著書——に明確に表れていた。

しぐさの制御

会食のさいの振舞いについて書かれた多数ある中世の文献のなかから、もっとも重要でもっとも長く読みつがれたもののひとつを例にとろう。ボンヴィチーノ・ダ・リーヴァによる『食卓礼儀作法五〇条』*Zinquanta cortesie da tavola*（*De quinquaginta curialtatibus ad mensam*）は、ジューリオ・チェーザレ・クローチェ〔一五五〇―一六〇九〕の翻訳によって三世紀を経てもなお有効であり続けた。当時――一三世紀――は都市、とくにイタリアの都市国家の絶頂期であり、領主と職人、貴族と町民がともに暮らすのがその特徴だった。しかし、この時代はまた、西ヨーロッパのあちらこちらで、社会生活の規範が花開いたときでもあった。したがって、ボンヴィチーノと同時代に、たとえば『タンホイザー』*Tannhäuser* の名で知られたドイツのテキスト、あるいは――次の世紀――食卓の作法に細やかな注意を払ったカタルーニャの修道士フランセスク・エイキシメニスのように、他の国々で類似の問題について書かれた著作があったのも驚くには価しない。

ボンヴィチーノはミラノの人で、一三世紀半ばに生まれ、一三一四年〔一二四〇生―一三一三没とする資料もある〕に没したマジステル・グラマティカ――ちょっと無理をすればラテン語教師と呼べないこともない――である。時代が要請した規則の模範とも言える非常に興味深い人物で、強烈な深い市民意識を教育への情熱に結びつけた。その『礼儀作法五〇条』は完全にオリジナルというわけではなく、前の世紀に、おそらく聖職者によって書かれたと思われる作者不詳のラテン語韻文テキスト（*Quisquis es en mensa*）に準拠している。ボンヴィチーノの詩二〇四編はオリジナルの二三編よりはるかに量も多く、さらにラテン語ではなくロンバルディアの俗イタリア語で書かれている。この点から『礼儀作法』がかなり広範囲の読者に向けて書かれたのは明らかだ。さらに著者は特定の相手や集団、社会階級には言及せず、自分の教え子や同輩（ウミリアート会〔清貧を理想とする宗教運動〕会士）、さらに広くは自分と同じミラノ市民のために書いている。

ボンヴィチーノの著作に先立つラテン語の短詩の冒頭では、明白な倫理的かつ宗教的な口調がさらにはっきりと見てとれる（食卓につく前には、貧者を思い、貧者のために用意をしなさい。貧しき者に糧をあたえる者は、主に糧をあたえるからである。食事の最後には、受け取った富をイエス・キリストに感謝しなさい)。しかし、それが基本的役割をもつのではない。きわめて明白だが、『礼儀作法』の目的は、共同でとる食事に結びつけられた意味と社会的価値の複雑な意識の獲得を可能とする規則を示すことだった。これには、魂の動きとその外在化——基本的にはしぐさと言葉によって表される——を制御する能力が含まれる。

手にとり、口に運び、噛み、切り、すすめたり、すすめられたり……といったしぐさを間断なく、そして不可避的に使用しなければ、飲食物とは関係をもてない。

共同の食事に結びつけられた社会性のもうひとつの重要なモーメントである言葉が、しぐさと部分的に関連させられる。たとえば、口をいっぱいにして話してはいけない。会食者が飲もうとしているときに問いかけてはならない。無駄で不愉快な騒音や、絶え間なくうるさいおしゃべりで宴の邪魔をしてはならない。だがなによりもまず会話の話題に入念な注意を払わねばならない。

「他の人が食べているときに、不安にさせる知らせを告げてはならない。黙っているか、落ち着いた言葉を口にしなさい。」

ここに見られるのは、未来に不安があってはならないという考え方である。悲しみや苦痛、嫌悪も、不作法な言行、粗野、蛮行も、食卓に場所を見出すことがあってはならない。

ひとことでいえば「注意せよ、不作法者となるなかれ」、そうではなくて、

「食卓では正しく振舞いなさい。

愛想よく、よい身なりをし、陽気で落ち着き、さわやかでいなさい。」

一六世紀半ば、ジョヴァンニ・デッラ・カーザ大司教が言うように、食卓は「醜聞ではなく歓び」の場所でなければならない。

ボンヴィチーノの『礼儀作法五〇条』のなかでは、他人の感性を尊重することがきわめて重要だが、それは二つの異なってはいるが平行する方向になによりもまず表される。ひとつは美的感覚を害するようなしぐさと態度に対する嫌悪、もうひとつは会食者たちを理解し、満足させるために傾注される驚くべき注意力である。従うべき規則に科学的な衛生上の説明をあたえようとする試みはまったくなされない。反対に、ペトルス・アルフォンシのなかにはそれが見られる（しかし、衛生上の関心が医者の考え方を特徴づけるのはべつに驚くことではない。たとえば、医者にとっては口をいっぱいにして話すのは、窒息の原因になりえるから、なによりもまず危険なのである）。

「不快」という言葉が繰り返し使われる。まだ口のなかで噛んでいるものを呑み込む前に急いで飲む大食漢は、いっしょに飲んでいる者を「不快にする」。トランシュワールの上をかき回して探す者は「粗野で、〔同じ板で〕食べている仲間を不快にする」。液状の食物のなかにパンを浸しすぎる者（「べたべたと汚す者」として生き生きと描写される）は、その隣で食べる者を「ちょっと不快にする」。礼儀正しい男が猫や犬をなでるのは許されない——猫や犬の存在は、それらをごちそうの並んだ食卓の下、あるいはその上にさえ描いた多くの絵画や彩飾画が証言している。くしゃみや咳に注意すること。唾のしぶきが食卓に落ちてはならない。これと同じ次元の考え方のなかに、食卓で「美しく」身をおくための禁止がある。身体をねじったり、寄りかかったり、足を組んだり、腕を食卓に伸ばしたりしてはいけない。また給仕する者にも給仕される者にも身体を清潔にする必要性を強調するためにしつこく繰り返される指摘は、見苦しく粗暴な振舞いに対する同じ嫌悪の一部を成す。粗暴な振舞いは他人に損害をあたえないために避けねばならないが、また損害を受ける危険があるときにも排斥しなければならない。二例を挙げよう。同じグラスで「ボンヴィチーノ修道士が飲む」のなら、「パンをワインに」浸してはならない。「歯のあいだをほじるために口に指を入れれば、トランショワールを共有する相手としては喜ばれない。」

会食者に対するていねいな心遣いは、起こりうるさまざまな状況ごとに何度も繰り返し表明される。それは「おまえの親友がおまえの食卓で食べるとき」一番よい部分をあたえることから、出された料理を「これはよく火が通ってない」あるいは「塩味が足りない」などと言って非難するのを避けること、そして食物のなかに見つかるかもしれない「ハエやゴミ」を隠す必要にまでいたる。自制心の行使は気分の悪いこと、あるいは肉体的苦痛を見せずにいることにまで広がっている。同じ食卓で食べている者を悲しくさせてはいけない。さらに究極の繊細な心遣いとしては、客がくつろいだ気分になれるように、そして満腹する前に食物を遠ざけないように、客と同じくらい食べるよう努力しなければならない、というのがある。

女性の存在

ボンヴィチーノ描くブルジョワの食卓には女性も着席していた。宮廷＝騎士社会の宴では重要かつ明らかだった女性の参加は、ここでは少なくとも目立たぬものだった。一三―一四世紀、女性に捧げられた多数の作品のなかで、とくに当時の都市商業ブルジョワ階級において、女性は「宴の女王」よりもむしろ「家の女王」になりつつあった。万が一、食卓に女性がつく場合には、同席者たちに礼儀と敬意とが要求される（たとえば男性の会食者には女性のために肉を切り、最高の部分を取り分けてやるよう期待された）。しかし、女性もすべての人間に有効な規則は尊重しなければならなかった。くちゃくちゃと音を立てて食べる「男あるいは女」は飼い葉桶に頭を突っ込む動物のように振舞う。

ドメニコ会士ヴァンサン・ド・ボーヴェ（一二六四年死亡）は、貴族の青少年教育についての倫理＝教育的著作ですでに、食卓での振舞い方に関する慣習的な規則を説いている。女性に向けられた忠告は四二編の詩にのぼり、慣習的な規範に従っているにしても、優雅で慎ましい女性像を描く傾向にある。

フランチェスコ・ダ・バルベリーノもまた男女両方のための規則を述べているが、男性には、女性の同席者に対して、その「生来の」遠慮深さを動揺させぬように、慎みに満ちた振舞いをするよう要求している。「だが、どの婦人にも近づきすぎてはいけない［……］婦人の手よりも食物を見なさい。なぜならば婦人たちはしばしば恥ずかしく思うからだ。」

数年後、まさに女性の美徳の鏡とも言うべき浩瀚な読本の著者エイキシメニスは、完璧な妻、賢い管理人、家の慎重な導き手、倹約家の姿を描く。「女が節約しなければ家は滅びる。」しかし女性はまた気前がよく、なによりもまずにこやかな女主人であることを知らねばならない。なぜならばいかに豊かな家であっても、「家の女主人が悲しげでは」どんな宴も楽しくはないからだ。

気前のよさ

気前のよさに節約が勝利をおさめたこと――きわめてブルジョワ的であり、また長く続いた――から、騎士階級の行動モデルの対極にある行動モデルと結びついた重要なテーマが生じる。ボンヴィチーノでそのテーマが目にとまるのは、ある忠告の理由が浪費回避の奨励と一致するときだ。食物、肉、卵、チーズを大食いする者はそれを「パンの代わりにしてはいけない」（パンのほうがいっしょに食べるものより安いから……）。どんな金持ちであっても、無駄は許されない。同じ動機が酩酊に対する「礼儀作法」のある一条に現れている。酩酊する者は正気を失ったように振舞い、三つのやり方で罪を犯す。身体を害し、魂を害し、「浪費するワインを失う」。これらは壮麗な大宴会という例外的な機会ばかりでなく、町民の日々の食卓とその質素にも関わる規範である。簡素な食卓は一四—一五世紀、パオロ・ディ・パーチェ・ダ・チェルタルドあるいはアニョロ・パンドルフィーニのような商人によって勧められ、レオン・バッティスタ・アルベルティの『家族の書』*Libri della Famiglia* のなかで理論化された。

たしかに食物の量と質は礼儀よりもむしろ倫理に関するのであり、振舞い方の読本はつねに、量（大食）についても質（グルマンディーズ、好みのやかましさ、滑稽なほどの気むずかしさ）についても、過剰なまでに反対する。しかし、いつものように境界線は曖昧だ。ヴェローナの匿名作家として知られる一三世紀の著者は、有名な『グリエルモへの教え』*Insegnamenti a Guglielmo* のなかで、食べ過ぎが道徳の次元で不適当な理由を説明し、さらに食欲が永遠に満足させられないことを思わせるから、領主ではなく、貧者の振舞いなのだと説く。

手か、フォークか、ナイフか？　複雑な儀礼、あるいは簡素なしぐさや方法？　社会がする選択は、ある文明の仮定的な高さ低さではなく、その構造の複雑性の大小と関係する。

行動の規準が社会集団を識別し〔distinguere〕、ある人間を集団から浮かびあがらせる役に立つとすれば（よく使われる表現、「あれは立派な〔distinto = distinguere の過去分詞。「他と区別される」という意味から「際だった、卓越した、教養のある」などを意味する形容詞となる〕人だ」を考えてほしい）、それらはまた、コミュニケーションというこの絶えざる仲介作業に必要不可欠な道具の役割を果たす。そして人間の社会とはまさにこの絶えざる仲介作業にほかならない。

（北代美和子訳）

第三〇章

火から食卓へ

中世末期の調理器具・食器の考古学

フランソワーズ・ピポニエ

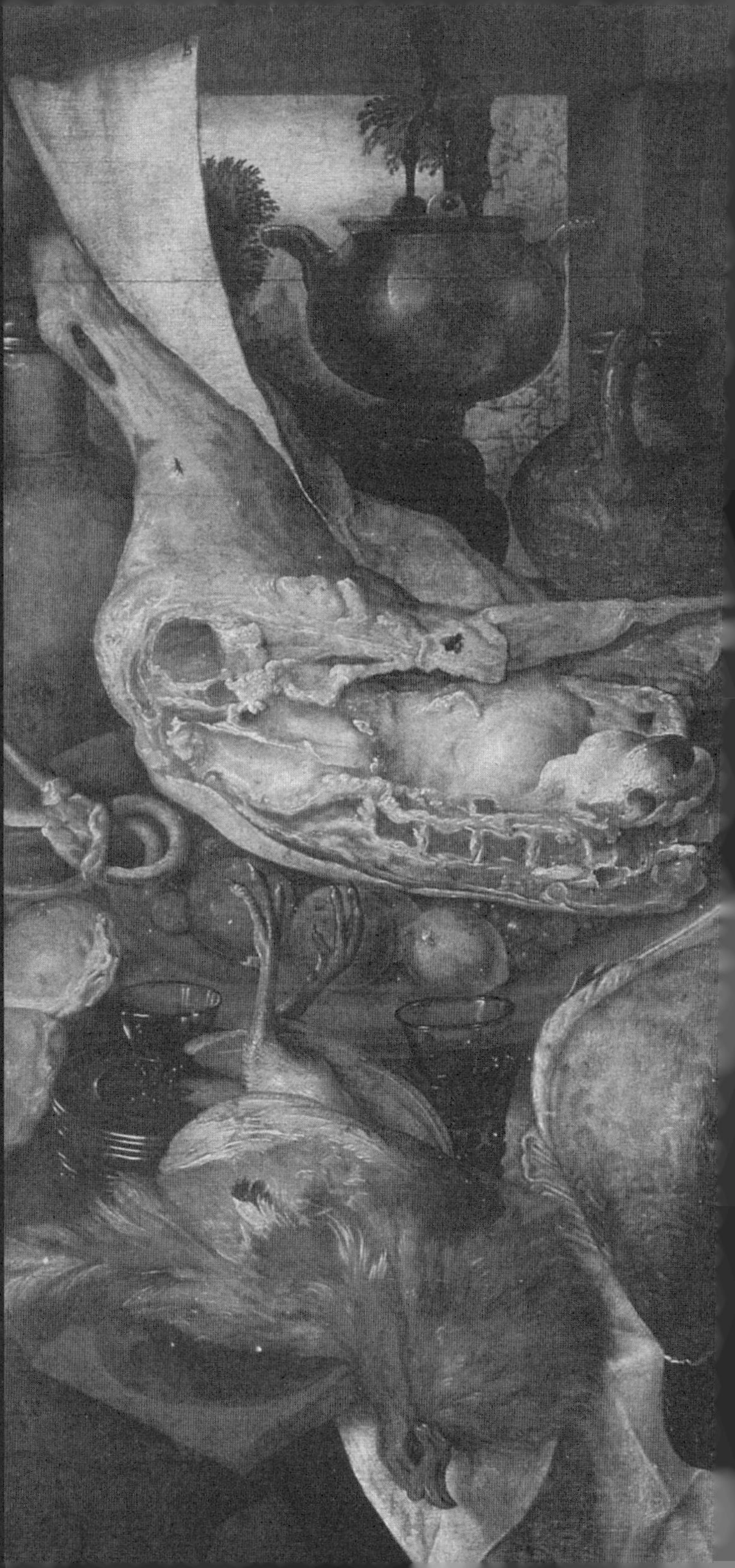

建築的な価値から後世に残された領主や王侯貴族、あるいは修道院の厨房をのぞいて、食物を処理し加熱をするための空間と備品が現在まで残っていることは、最近までごくわずかしかなかった。したがって、基本的情報は図像類から得ることになるが、それらもまた最富裕の階級に限定されるか、断片的かである。図像のなかでは、かまどや暖炉は食卓同様に、家内空間から切り離され、正確な社会的コンテキストに位置づけるのがしばしば困難だ。中世の遺構について考古学的調査が果たした進歩が、いくつかの欠落、とくに中世都市の発達にもかかわらず人口の絶対多数が属していた農村世界に関する欠落を少しずつ埋めている。

文献も図像も、特権階級に関するものがもっとも数が多く、また情報量に富む。しかし早くも一三世紀、そしてとくに一四—一五世紀については、さまざまな階級へと展望を開くような一連の資料が存在する。もちろん遺言状で記述の対象となるのは、遺贈する価値のある調理器具や食器、あるいはまた葬式に出す食事の調理だけだ。家具目録が、かまど、暖炉、あるいは調理場のようすを説明するような記述を長々と残すのは例外的である。しかし、その長い品名のリストは、かまどの設備、調理器具、食器、食事に関連する家具とリネンが家のどの部屋に、場合によってはどの家具のなかにおかれていたかをしばしば正確にし、該当する家族集団が食べることのできたもの、その食卓習慣、そして家内空間にそれらがどのように組み入れられたかを明らかにする。目録がこれらの品物を描写することはめったにない。その素材、ときには用途と金属の重量は記されている。外観を想像するためには、しばしば図像に助けを求める必要がある。この点について、考古学の貢献はさらに決定的である。考古学が手に入れるものは、実物大で発見される。たとえ一部が欠損していても、遺構、あるいは家具は、その形態、素材、ときには装飾とともに復元可能で、それらが使用されたコンテキストに位置づけられる。考古学的事実と古文書の記述とのつきあわせは、必ずしもいつも容易ではない。なぜならば物と言葉はしばしば異なるリズムで変化するからだ。しかしながら、それらのデータはたがいに補完しあい、つましい資産の家、あるいは大資産家の家の内部で、食品が準備された場所の位置とその設備を見せてくれる。調理に必要なこれらの設備からは、動作、加熱と調味の型が浮かびあがる。さらに文献と遺構での発見状況から明らかな家具と食器の性格と配置は、おそらくは後世ほど統一はされていなかった食事の仕方を暗示する。

かまどのまわりで

地中海地域の村落の発掘では、屋外のかまどが数例観察された。一般的にかまどはひとつで、家の内部におかれている。たたきの床にじかに設けられることがもっとも多く、たとえ家屋のほうはずっと頑丈に建てられているとしても、先史時代の遺跡で発見されるものとあまり変わりはない。ほとんどの場合が無蓋のかまどである。農民階級では、壁際に作られる暖炉は中世末まで例外にとどまる。

火を燃やす区域を明確に限定しようとしたことから、ときにこれら無蓋のかまどの設置にいっそうの工夫が見られる。かまどは地面に掘られるか、あるいは床からわずかにもちあげられ、小石または長手〔煉瓦の最長辺方向の幅の小さい面〕に並べた煉瓦で囲んだ。炉床は小石やテラコッタのかけらを敷き詰めるか、あるいは斜めにそろえておかれた小石の基礎上に設置された。農家のかまどは一般的に小さい。ブルゴーニュのドラシーの村では、直径が最大でも約六〇センチメートルを越えることはめったにない。ほとんどいつも壁を背にし、入口の近くにある。同じ地域で、小領主の堀をめぐらした家屋からは、ひと部屋の中央に、縦横とも二メートルに近い大きな長方形で、煉瓦を敷き詰めたかまどが出土している。この部屋のたたきの床には、いくつもの副次的なかまどの痕跡があった。農民の生活と領主のあいだの生活の対比が、両者のかまどの差に明確に具体化されている。小領主の住居には他にも部屋があり、そのうちの少なくともひとつには、規模のずっと小さな暖炉があった。したがって、調理機能は住居のなかでしっかりと個別化され、きわめて明確にされていた。反対に、農村でも、そして農村ほど多くはなかったが都市でも、かまどのある部屋が唯一の住空間だった。家は垂直方向にも、あるいは平面方向にも広がりえた。調理場以外の部屋は、貯蔵庫、物置、地下蔵、あるいは動物を入れておく場所である。都市階級では、暖炉が農村より頻繁に見られたが、寝室と断定された部屋にあったことから、暖房の役割だけを果たしていたと考えられる。

北フランスの農村では、ありふれたかまどが普通だった。ブルゴーニュの解放特許状〔国王や領主が都市や農村共同体に特権を認めた特許状〕のなかには、農民にパティスリーを焼くための小さなパン焼きかまどの建造を許すものもあった。都市では最富裕の家は自家専用のかまどを備えていた。しかし、都市住民は、家で捏ねたパン生地を焼くためにおもにパン焼き職人〔フルニエ、第二四章参照〕に助けを求めるか、製パン職人〔ブーランジェ〕あるいはパティスリー職人の商品を購入した。

農民のかまどのまわりにある用具は、たしかに都市の暖炉の周囲にあるよりも種類は少なかったが、その非常に粗野な設備から考えられるほど原始的ではない。家具目録は、たいていの場合、考古学者の目を逃れてしまう品物を列挙している。鉄製の三脚はどこにでもあり、自在鉤は一四世紀のブルゴーニュの農村ではまだめずらしく、都市のほうが多かった。ときには、自在鉤に鉄輪がつり下げられ、とっ手のない器、たとえば土製のポットなどを支えた。薪台〔暖炉のなかにおく二個一組の金属の台で、薪を支える。薪が外に転がり出るのを防ぎ、空気の循環をよくしてよく燃やす働きもする〕は暖炉のある家に限られたようで、もっとずっとめずらしい料理用薪台〔焼き串をかけるフックがあり、上部にはカップがついていて、飲み物などを温められるようになっている〕、ふいごも同様である。使用人、あるいは家の主婦は、専用の道具なしで、巧みに火を管理しなければならなかったはずだ。鉄製の暖炉用シャベル、あるいは火かき棒は数が少なかった。

三脚にのせても、そして最善の場合、床からわずかにもちあげられてはいても、かまどは床に近く、近代的調理設備が忘却へと押しやった姿勢、動作を推測させる。火をかき立てたり、ポットを見張るのは、かがみ込んだ姿勢で、あるいはせいぜいが非常に低い椅子にすわっておこなわれた。

調理器具

考古学者がいちばん多く発見するのは料理関係の土器だが、文献資料にはごくわずかしか顔を出さない。それでも土器がすべての階級で、野菜あるいはポタージュを弱火で長時間加熱するのに使われたと断定するのに充分なほどは登場する。もっとも完全な遺構が示すところによれば、加熱用ポットはしばしば同じ技法で作られた二個一組で、それぞれ容量が異なっている。これと同様の球形ポットはまた、穀粒、マメ類、卵、動物脂など食品の貯蔵にも使用された。やはり球形だが、注ぎ口をつけたものは火にかけるのではなく、液体、とくに水を運ぶのに使われた。金属器よりもはるかに壊れやすいために、土製のポットはしょっちゅう新しくされた。しかしながら、数え切れなく出土するその破片から、中世の食におけるボイルの地位を過大評価してはならない。

一四世紀のブルゴーニュで、しかしまたトスカーナでも、農村の資産目録には必ず金属の道具が含まれる。もっとも普及しているのは鉄製のフライパンだが、銅製のポットとショドロン〔つり手のついた大鍋〕もある。発掘のさいに出土する器あるいは破片は、この範疇の品が、一枚の銅板から成形した単純なポットから、鋳造して装飾を施した分厚いショドロンにいたるまで、きわめて多様だったことを示す。いくつかの会計簿は、これらのショドロンが鐘と同じ合金から鋳造された可能性を表している。したがって多くの家で、フライ、フリカッセ、蒸気による加熱が可能だった。直径の小さなポワロン〔片手鍋〕はまた違った型の調理専用で、子供や、おそらくは病人のための粥の加熱に使われた。

反対に、グリルと焼き串は、都市、あるいは城や要塞などの富裕階級にしか登場せず、しばしばロースト用回転機をともなう。この場合、銅または釉薬をかけたテラコッタの肉汁受けがローストの下におかれ、肉汁と油を受けた。この型の器具からは、高品質の肉食、大きな肉塊のローストが想像される。豊かな家の調理場では、そばにショディエール〔大鍋〕があった。これは料理書によればロースト肉を串に刺す前にしばしばおこなわれた湯通しに役立った。

パティスリーの調理はおもに専門家の技術だった。しかしながら、ときには個人の家でも、パテやタルト、フランの型が見つかる。それよりもめずらしいのはワッフルとウブリの焼き型で、専門の職人の道具類のなか、あるいは非常に裕福な家にしかなかった。中世の料理書には多数のレシピがあり、そこからは、これらのパティスリーがほとんどの場合、塩味で、チーズ風味だったことが明らかになる。したがって、いくつかの目録にあるチーズおろしは、パティスリー作りと関連させることができる。

レシピ集からはまた、グリルがおそらくはパンのローストにも使われたと考えられる。ローストしたパンは、多くの場合、ソースのつなぎに使用された。しかし、ソースの素材をすりつぶすための基本的な道具は、やはりすり鉢だった。すり鉢は非常に普及し、その素材と直径、使用目的はさまざまである。カラシの種子を挽くのは正真正銘の石臼だった。すり鉢は非常に普及し、その素材と直径、使用目的はさまざまである。カラシの種子を挽くのは正真正銘の石臼だった。もっとも設備の整った調理場にはしばしば複数のすり鉢があり、目録はそれが「臼用の」石で作られたことを記している。おそらくその使用目的は石の性格によったのだろう。ドラシーの村では、非常に稚拙な破片は、製造過程の失敗作、あるいは自家製のすり鉢のものである。それらは、別の場所で見つかる注ぎ口とほぞがあり、場合によっては装飾を施されている洗練されたすり鉢からは、はるかに隔たっている。鉄のすりこぎのついた「スパイス破砕用」の青銅の大すり鉢は、薬剤師の調剤室以外ではあまり見られない。反対にろくろで作った木製のすり鉢と木製のすりこぎは、各地で、スパイスがはいりこんでいたとは思えないような、あるいは少なくとも非常に限定されていたと思われる家でも見つかる。おそらくこの場合は、酢やヴェルジュ、ニンニク、香草のような地物から調味料を作るのに使われたのだろう。

しばしば過小評価されてきた木材は、耐熱素材を必要とする加熱以外では、食品の調理、あるいは保存に重要な場所を占める。塩入れと塩漬けの容器、酢入れ、水汲み用の桶、パン櫃〔パンを捏ねたり、保存するために使われる〕、あるいは小麦粉用のふるい、まな板、チーズ箱、パン成形用の板、ポットの蓋、あるいは蓋として使用されるボウル、レードル、ポット用のスプーンなどは木で作られた。木材は水分の多い環境のなかで保存されるが、考古学者によって発見された出土品からは、使用された木材の品種が非常に多様なことが明らかになった。たしかに買い手も売り手も木の材質を識別できたはずだ。おそらくは、より固い木、柔らかい木、あるいは縦割りの簡単な木などの選択は、技術的理由に影響されたのだろう。だが、買い手の目には、その品が、素材となっている木の特性とそれに結びつけられた象徴的意味を帯びて映ったことは容易に想像される。

加熱後、食材の最後の仕上げに使用される道具の一部は金属製で、そのためにたいていは家具目録に記載されている。そのなかのあるものは、調理された食材の固さがさまざまだったことを思わせる。濾し器はなかに布をひいて液体のソースやブイヨンを濾した。穴あきのレードルは、切り分けた食材を湯、あるいはフライ用油脂からすくいあげるときに水や油を切るのに使用され、鉄鉤は水あるいはソースのなかで加熱したより大きな肉の塊を引きあげた。銅の大きなスプーンは、加熱用のポットから、半固体の食材、あるいは濃厚なソースをくみ出した。これらの品は、比較的大きな金属製の器のなかでおこなわれるさまざまな加熱を推測させる。土製のポットにとって、金属のスプーンや鉤との接触は致命的損傷となりえる。さらに考古学的発見が明らかにしているように、この種の器の口が比較的狭かったことから、これらの道具をなかに差し入れるのは難しかったように思われる。

住空間における食機能の場所

ブルゴーニュの農民の目録は、家のなかで家具がおかれていた場所を明記していない。反対に、考古学調査は、火災にあった村の家の内部で家具がどのように配置されていたかについて、いくつかの事実を示唆する。外部に通じる最初の部屋には、戸口近くに大きなかまどがあるだけでなく、炭化した繊維から、休息のエリアがあったことがわかる。動物の骨の破片数個だけが、食事が同じ室内でとられたと考えることを許す唯一の痕跡である。

生活の場であるこの部屋に続く物置には、相当数の土製のポットと、鉄のたがをはめた木製の器、銅製の飲料用カップ、真鍮製品、わずかのマメ類と、おそらくはワインの樽があった。この住居ユニットには二番目の物置がついていたが、その内容物は異なる。使用中のかまどが設置された部屋につながる第一の物置には、日常使用する道具と器がある。第二の物置は家の別の部分にあり、家のなかでもっとも貴重な資産の保管専用とされた。そのなかには、加熱用ポット、彫刻をした銅製の飲料用カップ、そして真鍮製品が一、二個あった。

もっとも詳細な都市住民の目録からも、同じような印象が得られる場合がほとんどである。一般的に、かまどがある部屋には、食物の貯蔵、調理、摂取に関連する家具の一部しかおかれない。ワインは、販売用でも家内消費用でも、貯蔵庫に保存された。肉、あるいは魚の塩漬けも同様だが、干し肉はしばしば塩、チーズ箱、熟成中の酢のはいった小樽とともに、屋根裏部屋におかれた。調理場に保存されたのは、少量のマメ類、粉、あるいは脂だけである。植物油や穀粒が寝室に貯蔵されるのもめずらしくはなかった。

調理用具についても、とくに家庭用品を各種取りそろえた広々とした家では、しばしば同じことが言える。調理場には日常使用するものがすべておかれた。水の補給のために、水汲み用のロープ、鉄のたがをはめた桶、それと組みになった銅製のひしゃく、かまどの備品と加熱用のポット、フライパン、ショドロンがいくつか、場合によってはグリルと焼き串などである。他の道具は、地下蔵から屋根裏部屋、あるいは中庭の回廊の下などあちこちに分散され、特別な食事や、いつもと違う料理の調理に使われる機会を待っていた。

かまどを所有し、そこでパンを焼くほどの大家では、ときに製パン職人のように、粉をふるい、生地を捏ねるための特別の部屋をもっていた。一般的には、パン櫃がおかれるのは調理場であり、パン櫃でパンを捏ね、そのなかにパンやパン作りに使われる台その他の道具を保管した。調理場に、調理具をしまうための家具がおかれることはめったになかった。ある種の規則性をもって触れられているのは、「ポットをおくための」棚だけだ。反対に、都市住民のところには、食卓とその架台、また一人用の食卓となる小さな「ビュッフェ」と椅子があった。家のなかに類似する家具が記録されていない場合、とくに広い空間をもてなかった貧しい階層では、食事は調理場でとられたと考えねばならない。目録の名義人が、食卓（単数または複数）と椅子を備えた「部屋」をもってはいても、使用人のことも考えねばならない。使用人は主人といっしょに食べたはずはなく、時間の大部分を調理場で過ごした。

最後に、一部の都市住民の家では、屋根裏部屋や中庭、地下蔵にしまわれた椅子は、特別の食事のときに、屋内、あるいは屋外のあちこちにおくことができた。架台に載せる食卓は移動がたやすく、壁に立てかけて片づけられ、食べるときには多目的の部屋に広げられて、そこは一時的に食事専用室となった。

食卓の有無、食事のヒエラルキーのための品物

食事前に使用人に手を洗ってもらう習慣が領主階級にあったことは、家具類中の水差しとたらいの存在で明らかである。一五世紀には蛇口つきの桶が同じ役割を果たした。これはつり下げられ、したがってひとりで使うのにより便利だった。この種の桶は裕福な都市住民の室内にあったが、あまり普及はしなかった。農民、肉体労働者、職人は単純な手桶を使い、ごく限られた手洗いで満足しなければならなかった。

食卓での着席のしかたは、領主やブルジョワの広間か、村の家の唯一の部屋かで異なっていた。城、あるいは都市の裕福な家では、食卓は暖炉近くにおいた架台に広げられ、主賓たちは火を背にして、背もたれと肘かけつきの椅子、あるいは背もたれのついたすわり心地のいいベンチに腰をおろした。ベンチは水平軸を中心に回転し、火に顔を向けても、あるいは背を向けても着席が可能だった。背もたれのないベンチはそれほど重要ではない会食者用だった。会食者が少ない場合、架台つきの食卓は「四脚」の食卓で置き換えられることもあった。この型の家具はより南の地方に広く普及し、北フランスには一五世紀のあいだに広まった。

都市の庶民、そしてとくに農村では、食卓や照明具はめずらしかった。食事はおそらく季節によって、熾火が赤く照らすかまどのそばか、自然光と換気の唯一の源である戸口の近くでとったのだろう。わずかの家具のなかに食卓がまったくないところでは、多くの文献が、小さなベンチ、あるいは「ビュッフェ」の「上で食べた」と記している。家族全員が直径の小さな家具を囲んですわったとは考えにくい。一脚しかないことが多かった椅子のように、それは家の主人、あるいはもてなしたい客の専用とされた。家内構成員の上から下へのヒエラルキーは、椅子がだんだんと低くすわり心地が悪く、場合によってはわずかの藁となることで表された。

中世末期には、リネンはいまだに高価な贅沢品だった。ときに農民の資産に登場するとしても、テーブルクロスが日常的に使用されていたのではない。裕福な都市住民は、普段用に麻のテーブルクロス、祭事用には亜麻のテーブルクロスをもち、それはときには綾織りや刺繡の模様で飾られていた。反対に質素な都市住民には、食卓となる小さなビュッフェを保護し、金持ちが宴会のテーブルクロスでするように、手を拭くには一枚のナプキンで充分だった。

農民社会に関する資料から浮かびあがる食卓の編成は、会食者が個々にそれぞれ最低限のカトラリーと食器を使っていたことを推測させる。もちろんフォークは知られていなかった。考古学者が多数発見したナイフは、装飾を施した骨、あるいは木製のとっ手を備え、中世人の分かれがたき友のように見える。諍いのときにはすぐに武器に変わるナイフは、食事の基本であるパンを切るのに欠かせなかった。調理用のものよりもとっ手の短い木製のスプーンが、水没遺跡に多数見つかる。ブルゴーニュの物乞いの貧しい荷物のなかにもスプーンは登場し、木皿と同様に、家のなかには目録に記載されるよりも数多くあったと考えられる。

ブルゴーニュでも、ヨーロッパの中部と北部でも、中世末まで、食器は基本的に木製、あるいは金属製だった。テラコッタ、そしてすでにファイアンス〔施釉多孔性陶器〕とガラスが、きわめて多様な社会階級に普及していた地中海世界との対比は大きい。一五世紀初めに放棄されたドラシー村からはガラスの破片が一個発見されただけで、食事に使われた可能性のある陶磁器はひとつもない。火災がそれほど激しくなかった一隅に残っていた半ば炭化した木製椀は、目録の数多い記載と対応する。椀と「トランショワール」——会食者それぞれが食物をのせて切るのに使用した木製の板——が、不規則的ではあるが、目録に登場する。アナップ〔脚つきの大型飲用カップ。とっ手はない〕についても同様で、銀の装飾がされているときは、注意深く数えあげられている。このような装飾も、また木製あるいは金属製の出土品多数に刻まれている印も、個人の所有物の識別を可能にしたと考えられる。

やはり中央ヨーロッパ全体に広まっていた木製の飲料用杯は、他の樽製品と同様に、桶板を合わせて作られ、ゲルマン世界の西の境界を越えて普及したように見える。というのは、その種の杯が最近リヨンにおいて一六世紀の遺跡から発見されたからである。ドラシーで見つかった銅製の飲料用カップは、やはり口が大きく広がった形で、しばしば農民目録だけでなく、ディジョン市の調理場の目録に記載された品にも相当する。しかしながら、同じ時代、都市にはガラスが広まっていた。ある飲食店主の目録にはゴブレット〔口がわずかに広がった脚のない円筒形のコップ。とっ手はあることもないこともある〕が出てくる。ブルゴーニュ公の宮廷では、使用人の食卓用に、ときにはボーヴェジの炻《せっ》器のゴデ〔脚もとっ手もない小さな飲料用の器〕を購入した。宮廷自身のためには、金銀細工で飾った木製のアナップのほかに、タス〔冷温さまざまな液体を入れるための小さなカップ。とっ手がひとつ、あるいは二つあり、蓋付の場合もある〕やゴブレットなどさまざまな銀製品が用意されていた。このような銀製の食器を所有するのは、宮廷をのぞくと、何人かの大領主と裕福なブルジョワだけだった。

飲料用の器が多様だったにもかかわらず、ブルゴーニュ人は釉薬をかけたテラコッタのピッチャー、あるいは所有していた真鍮のポットから直接飲んだ可能性もある。真鍮のポットは形も直径もさまざまで、しばしばワインを出すためのシマール〔大瓶〕をともない、裕福なディジョン人の目録では非常に多数にのぼるので、それが飲用のポットに使用されたと考えることもできる。いずれにせよ、畑で食べる食事に添えるために、農民は飲み物をテラコッタの水筒に入れて運んだ。都市住民が旅をするときは、革をつけたブリキの「ボトル」のほうを好んだ。飲用の状況と消費者の多様性が、飲料に関する器の多様性を説明する。飲料用の器の豊かさは、祭事、あるいは日常の状況で、飲み物を分かち合う儀礼に付与された重要性と意味とを強調する。

固体食品の領域では、盛りつけ用の器もまたさまざまな種類が目録に記述されている。一般的に、皿は他の食器と釣り合いをとり、裕福な家では真鍮、一家の資力が限られている場合には木製だった。しかしながら、ひとりの裕福なディジョン女性は、「ダマスの土」でできためずらしい皿を所有していた。この言葉だけでは、それが輸入品なのか、あるいは一五世紀に地中海各地で作られたような、東洋の陶磁器の模造品なのかは定かではない。一枚の皿の「赤い塗料で飾られた」という特別の記述からは、より質素な素材についても、装飾が追求されえたことがわかる。これら木製の皿の正確な形状はよくわからない。おそらくは、地中海地域で使用された陶磁器の皿――環状の脚にのった底の浅い杯の形――とよく似ていたのだろう。

王侯の食卓には、皿と飲料用の杯のほかに、船や城の形をした手の込んだ付属品が載っていたが、ブルジョワの食卓は、塩入れ、ソース入れ、真鍮のポットと鉢など、もっと簡素な食器でこと足りとしていた。調理場の設備以上に、食器には量的にも質的にも違いが目立つ。一部の最富裕の家では、銀と真鍮だけが目録に記載され、使用人専用の木製の椀とトランショワールは忘れている。木製の食器しか所有していない家のほうがはるかに多い。しかしながら一四世紀後半、真鍮は農民階級に知られていないわけではなかった。その考古学的証拠がドラシーで見つかっている。火災で溶けた真鍮からはどのような品に使われていたかは突きとめられないが、同時代の目録がこの欠落を埋める。真鍮の塩入れ、ポット、ボウルはぽつぽつと記載されているが、まだめずらしい。木製の器を自動的に貧しさの徴と解釈すべきでもない。目録は、木の種類によってアナップに非常に異なる評価額をつけている。もっとも珍重されたマードルは、さまざまな種類の木からとれる斑点のある木材で、非常に高く評価された。金銀細工で飾られていれば、王侯もそれを使うのを厭わなかった。

食事のあいだは食卓の上に、また日常的には飾り戸棚に、豪華さと装飾の洗練で驚かせるような食器を最初に陳列したのは、おそらくは富の誇示が気前のよさの理想と分かちがたく結びついていた王侯領主の階級だろう。飾り戸棚は、一五世紀のあいだに、よりつましい生まれの都市住民の家にも登場するが、銀器やもっとも貴重な真鍮の食器は、目録が作成されたとき、家の主人の寝台のまわりにある櫃、あるいは壁をくりぬいて作った戸棚にしまわれていた。実際に、普段使いの食器と祭日用の食器を区別できる。このことは、目録の作成者がしばしば品物があった場所を特定していることから示唆され、また考古学の発見からも確認される。

たとえば、ドラシーでは、火災にあった一軒の家から、品質の非常に異なる銅製の飲料用杯が出土した。かまどのある部屋近くにあった修繕を施したものは、おそらく日常に使用されたのだろう。彫刻で飾られたより繊細な形状のものは、家の奥にしまわれていた。そこから非常に離れた場所、テラコッタの食器が支配的だった南イタリアでは、同時代の農村住居跡から、単色の薄い釉薬をかけただけの鉢や皿が、多彩色のさまざまな模様で飾られた鉢や皿のそばに発見された。鉢の高台に開けられたつり下げるための穴、鉄製の鉤による修理の跡は、農村の家でも、陶磁器が装飾的な役割を果たしえたことを示している。もちろん、ブルジョワのビュッフェの上の真鍮や王侯の宮殿の金銀細工の傑作が果たした役割とは較べようもない。

年代記作家の筆は、とくに王侯の宴の演出を浮かびあがらせる。音楽と余興が、贅沢な食卓上に並べられた料理の美味と独創性と競い合っていた。レシピの本は、王侯やブルジョワの厨房の秘密にはいりこみ、その設備と使用法とを明るみに出すことを可能にする。社会の特権的少数派を離れれば、情報はより少なく、またそれほど明白でもない。若き妻のために『パリの家政書』の名で知られる助言集を執筆しながら、パリのブルジョワは、あるレシピを実現するのに必要な調理具、その使用法、あるいはまた何コースもの料理の出る宴会の準備に必要な調理具類を指示している。遺言状や家具目録のように、よりつましい階級に関する文献は、調理器具や食器の一覧表に、その特徴のいくつかをつけ加えて提供するにすぎない。

これらかすかなデータを、家庭内のある特定の枠組みにおき、考古学の成果とすりあわせることは、他の型の資料を通しては手にはいらない中世世界の幅広い領域の調理習慣と食品消費の形態を復元する可能性に扉を開く。いまだに原始的なかまどのまわりに組織され、構造化された世界はしばしば貧しい。しかし、さまざまな調理の用途に適応させた少数の簡素な品を備えていなかったわけではない。家の内部においてさえもヒエラルキーがあった世界。そこではときに粗末な、だがおそらくは人が想像しがちなほど貧しくはない食事が、飾り気なしでおこなわれた。たとえ食卓がなくても、食事はかまどの近くで、最低限の心遣いとともに供された。ポタージュのためには木のボウルと木のスプーン、パンと肉にはナイフ、ワインのピッチャー、あるいは水のカップがまわされる。桃源郷でもなければ、ようやく人間と呼べるような人びとがひしめく地獄でもなく、ロマンには欠けるがより真実に近い食卓の中世が、文献と考古学の遺跡から鮮明に浮かびあがる。

（北代美和子訳）

第三一章

イメージの宴会と彩飾「オードブル」

ダニエル・アレクサンドル＝ビドン

彩飾写本の図像のなかで、食事の場面ほどに一見して写実的な場面はない。暦の冬の月、壮麗な宴会、農民や狩人のピクニック、樵の軽食、産婦あるいは病人の食事、食卓についた聖杯の騎士たち、旧約聖書の晩餐（アブラハムと天使たち〔『創世記』一八章〕）、あるいは新約聖書の食事（カナでの婚礼〔ヨハネによる福音書二章〕、シモン邸の食事〔マタイによる福音書二六章など〕、最後の晩餐）は、画家たちに何千枚もの食事の場面を描かせるきっかけとなった。しかしながら、そのなかの多くがしばしば非常に象徴的であり、おそらくそこには宗教的理念が染みついていたと思われる。

ありふれた世俗人の食事、場合によっては歴史的な食事の場面を描いたさまざまな絵画はこのかぎりではない。たとえば『フランス大年代記集』*Grandes Chroniques de France* はそのほとんどが、文献や考古学的資料とつきあわせたとき、完全に有効と思える情報を提供する。たしかに、挿画に道徳を介入させ、ヴァレリオ・マッシモの『悪徳と美徳の書』*Factorum et dictorum memorabilium libri* の挿画におけるように、グルマンディーズとセクシュアリティを一般的に結びつける機会に不足はしなかった。しかし、すべての図像を額面どおりに受け取ってはならない。食卓は曖昧な場所であり、ものを食べるという単純な歓びをグーラ、グルマンディーズ、「グルトニー」〔グルトンであること〕と分ける境界線ははっきりしていないと聞いても、だれも驚きはしないだろう。

食事の図像化に付与された寓意的あるいは象徴的性格を差し引けば——図像は写真ではなく、そのコンテキストはひとつのメッセージも伝播する画家によって、ときには偏りをあたえられている——彩飾写本画家が意図せずして非常に具体的な情報を提供することに変わりはない。たとえ食事の一瞬だけが図像によって固定化され——それがディネ〔正餐〕かスペ〔夕（夜）食〕かはもちろん、どの食事かもわからないとしても——皿と特別の道具は考古学者が発見するもの（たとえばスプーンなど）あるいは目録が列挙するもの（真鍮）と同じである。たとえより象徴性を強めるために、ある種の料理——肉、パン、ワイン——が他の料理を排除して画面に入れられ（チーズ、野菜、スパイスは事実に反して消え去る）としても、いくつかの図像をまとめて研究すれば、少なくとも一致する情報——それぞれの型の料理の出し方、その食べ方——が浮かびあがる。中世の図像すべてにおけると同様に、食事の光景のなかには、食べることと飲むことがある。しかし、このテーマの人気が画家に描かせた厖大な作品群——すでにこの事実だけでひとつの史実的情報を構成する——が、それらを先験的に拒絶することなく研究するよう、歴史家を促す。なぜならば、それらは、その象徴的装飾をはぎ取ったときに提供する指標の重要性を、すでに他のテーマについては明らかにしているからである。

料理

なによりもまず図像が勧める料理を味わってみたいという誘惑は大きい。肉は画家たちがとくに好んだ食べ物だった。このことはさまざまに説明ができる。肉は食事のなかで金のかかる部分である。描くのがやさしい。骨のついた肉や家禽のドラムスティクは簡単にピクトグラフ〔絵文字〕となる。実際に、画家は肉のさまざまな部分、そしてそれを会食者に出すやり方を満足するまで細かく描きこんでいる。これは文献からはつかみがたく、骨しかない考古学者にはまったく不可能である。これが彩飾画がもたらす最初の成果であり、描かれているのは多いほうから家禽と野禽、骨付き背肉の塊（骨一本ずつに切り分けられていることは決してなく、五本か六本がひと塊で出される）、ヒツジのモモ肉と仔豚、丸ごとの仔ヒツジまたはその肩肉、豚あるいはイノシシの頭とこんがり焼けた（仔ヤギの）頭が続く。画家はもっとも高く評価された料理、あるいは顧客である貴族階級の会食者にもっとも満足感をあたえる料理を描く傾向があったように思える。とくに野禽獣と頭が多く、頭は一部の考古学者が考えるのとは反対に、二級の部位ではなかった。またきわめてありふれたもの、冬場のフレッシュ・ソーセージ

図31—1 『トゥールの時祷書』
トゥーレーヌ、16世紀初め（パリ、国立図書館蔵）

はトロジールやパルマの洗礼堂の彫刻絵暦にすでに示されている。さらに、彩飾写本画家の食卓を飾る肉のほとんどが祭りのもの、復活祭の仔ヒツジあるいはクリスマスの仔豚だったのはたしかだ。肉は宴会では、パテ・アン・クルート〔パイ生地包みのパテ〕の形で登場する。

これらの料理は調理され、丸ごと見せられ、そのあとときには大きさの適当でないサーヴィス皿に盛りつけられる。長さのある料理、モモ肉の骨、復活祭の仔ヒツジは普通の丸皿からは大きくはみ出している。家禽は、鳥の大きさによって、一羽だけで、あるいは積み重ねて出された。ヤマウズラやツグミはまるで標本のように、巣のなかのヒナをまねて、つねに多数を一枚の皿に盛りつけた（**図31—1**）。

ごく特別な料理だけが描かれたと思いがちだが、実はそうではない。アントルメは驚くほどわずかしか登場しない。イノシシの頭や生きたままのように羽根を飾ったハクチョウが、大きく開いた口やくちばしから火を吹きながら運ばれる場面には、他の芸術媒体――板絵――が使われた。中世の会食者がアントルメをその味よりもむしろ外観でありがたがった可能性は大きい。それらが食卓に描かれていないのは、消費よりも祭りを意味するからだ。さらに祭りと食が図像のなかで結びつけられていないのではない。向かい合った二台の食卓のあいだ、あるいは主人と客の前で、道化と軽業師が動きまわり、こびとが談笑し、舞曲や楽曲が演奏

図31―2　王の宴
ドイツ、15世紀（パリ、国立図書館蔵）

される。しかし、会食者が食べることしかしないとき、アントルメは食べない（**図31―2**）。

熾《おき》のなかで蒸し焼きにしたり、目玉焼きにしたりした卵、焼かれている最中のワッフル（めずらしい）、ボイルしたクリなど、他の食品が目にはいるのは、孤立した会食者のメニュー、あるいは調理場のなかである。イタリアの女料理人がパスタを作る場面が見られるのは、医学書と「健康の劇場」のなかである。サラダが儀礼にしたがってかごのなかに入れられ、メニューに登場するのはユダヤのセデール〔過ぎ越し祭り前夜の食事と儀式〕の食卓だけだ。布のザルにのせたフレッシュ・チーズ、あるいはパンのように十字を型押ししたカマンベール型の乾燥チーズが描かれているのは、市場の売り台や農家、素朴な医学書のなか、あるいはフー〔fou 道化／狂者〕の手のなかである。おそらく画家は図像によく見られる十字を型押ししたチーズとある諺――「チーズをフーに」――からも想を得て、詩編「神を知らぬ者は心に言う *Dixit insipiens*」〔『詩編』一四・五三〕の「フー」の手に丸いチーズをもたせたのだろう。フーは神を否定しながら、十字の型押しされたチーズをいまにも食べようとしている〔「フー」はウルガタ聖書では insipiens「理性を失った者」。新共同訳は「神を知らぬ者」と訳す。図版がないので断定はできないが、『詩編』一四、五三とも「パンを食らうかのようにわたしの民を食らい devorant plebem meam sicut escam panis」とあり、中世にはパンに十字のしるしをつけたことから、著者の見解とは異なり、ここで食べているのは「チーズ」よりも「パン」ではないかと考えられる〕。実のところ、世俗的な絵画や著作のなかだけでなく、祈祷書の欄外でも、これら消え去るべき食物の形を特定できる。たとえば一五世紀のカトリーヌ・ド・クレーヴの時祷書のように、そのなかのあるものは、本物そっくりに描かれたブレッツェルや小さなサブレなどのおかげで、まさに子供のための「絵本」の機能を果たした。

さらに図像のメニューには魚があり、修道士や聖人の食卓に好んで描かれた。その場合、魚は当時の料理法にしたがって、グリルで加熱されるか、肉同様に指でつまめるよう、一口大に切り分けて、トランショワールにのせられた。

図像のなかの中世の食卓には、パンと穀物は豊富にある。この場合はピクトグラフのようなものではなく、きちんとその形をしたパンであり、場合によってははっきりと識別可能な模様がつき、しかも社会階級、年代、地域によって異なっていた。腐敗する食物――パン、焼き菓子、野菜と果物――の保管庫であること、それもまた中世の食に関する知識への図像の貢献である。さまざまなタイプのパンが存在していた。貴族の食卓では、ほぼ地域を問わず小さな丸パンが食された。それはカトラリーの側に一列に並べられるか、あるいはボローニャで唯一見られた例では、会食者ひとりひとりの食卓上の領分を区分けしている。イタリアでは、これらの小さなパンはときには二人前で、半分に割って隣席者と分けあった。ドイツの食事では、パン・ナヴェット、そしてドイツの飲食店ではブレッツェルである。この二つは一四世紀初め、フリブールの修道院のステンドグラスに描かれた。大型のミッシュ〔丸パン〕は農民の食卓用だった。しかしながら、図像のなかでは白パンだけが食べられており、このことは文献資料とは一致しない。図像はすべてを高級化する。しかしながらパンは写実的に描かれている。

十字ひとつ、あるいは正方形に入れた四か所の切り込みで印をつけ、施しとして配る慈善施設のマークを押したパンは、もっとも多くの場合、共有というよりは個人用だったように見える。つまりパンはそれ一個が一人前で、各人に平等な量が割り当てられた。

パンが彩飾画の食卓上に必ずあるのは、それが食の基礎だからだけでなく、ひとつのピクトグラフとひとつの象徴を意味しているからだ。パンは聖なる食品で、三位一体と最後の晩餐の食卓においては、しばしば地上のものであると同時に霊的な、ただひとつの食物として登場する。パンは、たとえ世俗の図像であっても、粥、あるいは焼き菓子の形の穀物の影を薄くする。フロマンテ〔粥〕が描かれるには、バーソロミアス・アングリカスによる料理のレシピを含んだ百科事典『ものの特質の書』*Livre des propriétés des choses* が、エショデを見るにはたまたまある最後の晩餐の場面が、あるいはまた菓子の一種を視覚化するには動物図像集のハツカネズミとネズミの項が必要だ。ガレット・デ・ロワ〔公顕の祝日のガレット。なかにソラマメをひとつ入れて焼き、それがはいった切り身のあたった人が「ロワ＝王様」となる〕の存在は宗教祭事のさいに示される。一四七〇年ごろ、ブルゴーニュ公夫人の時祷書では、ガレット・デ・ロワはミッシュのように胸に抱えて切られ、食卓の下では子供が切りわけたひと切れを配る相手を指示している。あるいは中世ユダヤの無酵母ガレット、マツアはユダヤ人の過越し祭りの場面に描かれた。マツアには、技術面あるいは教育面で大きな配慮がなされ、彩飾画のなかでは極端に拡大されたり、反対に実物大でも本物そっくりに描かれた。おそらくハガダ〔タルムッドなどにある旧約の教育的な解説、また物語、伝承、逸話などのこと〕に頼るユダヤ婦人が容易にそれを再現できるように、マツアの複雑な装飾は細かく描写されている。

一方果物と野菜は、生のまま、肉、魚、あるいはパンに添えて、食卓にじかにおかれる。ドイツではターニップ、あるいはカブ、オランダの画家ヘラルド・ダーフィット〔一四六〇―一五二三〕描くフランドルの食卓では、タマネギ、ニンニク、さらにはオレンジ半分とレモン一個がヒツジのモモ肉に添えられる。小さな果物のなかでは、図像中の宴とピクニックの主役サクランボウが、ワインや肉、場合によっては魚に添えて出される。リンゴとナシも描かれる。しかし柑橘類の場合は、ほかからもよく知られている酸味と塩味関係のなかで肉と結びつくように見えても、他の果物については、単に食卓にすべての料理を一度におく習慣、場合によってはヒエロニムス・ボッシュが《カナの結婚》で証言するテーブルクロスのうえの切り花のように、果物で食卓を飾る習慣だったのかを決定するのは難しい。

態度と礼儀作法

図像は料理の保管庫であると同時に、しぐさの保管庫でもある。したがって、図像のなかに、会食のようすや食べ方、給仕法を問いかけることができる。ところが、図像はその三つの面について、同じ質の回答をもたらすのではない。歴史家の役割は、それがふんだんに提供する情報の真偽を確認し、その手がかりを無視しないことである。

会食の基準については、男女が同席して食事をわけあっているか、それとも異性は排除されているかが貴重な指標となる。男性だけの食事があった。女性についても同様で、その時代の女嫌いからは、夫たちがのけ者にされている宴会で夫の財産を浪費すると言って、とくに非難された（図31－3）。これらの文献を例証する図像には不足しない。たとえば中世に模写されたテレンツィオの『コッメディーエ』*Commedie*, ヴァトリケ・ド・クヴァンの『物語』*Dits* などである。しかし、女性が女同士で食べるのを好んだことが明らかになったとしても、それは女性が食卓で押しつけられた役割、あまりにも多くの場合、影の薄かった役割を埋め合わせるためではなかったのか？　事実、図像を信じるとすれば、食卓における女性の位置は、ブルジョワの家庭的食卓をのぞいて、一般的

図 31—3　ヴァトリケ・ド・クヴァン『物語』
フランス、14 世紀（パリ、アルスナル図書館蔵）

にあまりうらやましくなるようなものではない。両性が混在する食卓の場合、女性は男性の右側ではなく左側に着席することが多い。たしかに三、四人の会食者のなかに女性がひとりいるとき、女性は、介添えの婦人か召使いを連れている場合をのぞいて、一般的に男性ふたりのあいだにすわる。つまりしっかりと両脇を守られている。しかし、食卓の端に追いやられることもあった！　会食者五人の食卓では、男女交互の着席法は一部に見られるにすぎない。しばしば男性三人が並び、そのあと女性二人が並ぶか、女性が一人のときは、やはり食卓の端にやられる。六人かそれ以上の長い食卓では、男女交互の着席法はほとんどいつも片側一列に着席し、会食者はほとんどいつも片側一列に着席し、男女交互の着席法はかなりよくおこなわれるが、ときには女性全員が食卓の一方の端に、男性が反対の端にすわっている場合も見られる。また公式宴会、婚礼、あるいは騎士団の場合、男性と女性は別々の食卓にすわっている。言いかえれば、普段の食事では男女同席、男女交互が決まりだったようなのに対し、大きな祭事では同

図31—4　『ルットレルの詩篇集』
イングランド、1320—40年（ロンドン、英国図書館蔵）

席者が性によって厳格に分けられることが多かった。
いずれにせよ、会食者のだれかは必ず端の下座に追いやられねばならない。女性がしばしばこの役を果たした。しかしまた、食卓につくルットレル一家の場合のように、家族の食卓では必ず端の下座に着席した礼拝堂付司祭や学僧、子供たちよりも、女性のほうが上座にすわった（図31—4）。図像はこの点について真実と思える状況を表わしている。一三世紀のバーソロミアス・アングリカスの百科事典では「正餐」の章にこうある。

「客は食卓の上座に座らせる［……］。そのあと婦人、娘、家族を身分にしたがって。」

結果として、中央は重要な客、家の主人の席だった。女性がそこに着席できる機会はただひとつ、自分の婚礼である。実際に、図像のなかで、花嫁は必ず上座にすわり、その席はたとえば有蓋無蓋の豪華な垂れ幕、椅子の背もたれにかけられた絹布など、ひとつ、あるいは複数の象徴で目立たされ、花嫁に全員の注目を引く。垂れ幕は、最高位の人びとの背後に見られるものと変わりはない。中世には貴族の婚礼で見られ、おそらく一六世紀に普及し、大衆

図 31—5 『狩りの書』
パリ、15 世紀初め（パリ、国立図書館蔵）

化した。ブリューゲルの農民花嫁たちは、実際に、大きな色布を背景にして食卓にすわっている。

　写本画家は食卓での態度もまた細かく観察した。画家たちがときに象徴として、王侯の慎みを大衆の貪欲に対比させたとしても、大食は珍しく、農民の場面でさえ見られない。したがって、一五一八年作のラ・シェーズ＝デューのタピスリーでキリストが最後の晩餐を主宰するとき、ひとりはナイフの先で歯をほじり、別のひとりはその刃をテーブルクロスで拭くなど、使徒たちの態度がわれわれの目にはあまり礼儀正しくは見えないのは例外と考えねばならない。皿とフォークがないにもかかわらず、むしろしぐさにはたしかな優雅さが認められる。会食者はナイフ

図31—6　オウィディウス『作品集』オルフェウスの結婚
フランス、14世紀（リヨン、市立図書館蔵）

をもち、パンをとり、飲み、食べていないときには手を食卓の上に出し、パン切れを上品に浸し、皿には片手しか伸ばさず、二本の指先で食べ物をはさみ、他の指は手を汚さないように伸ばしている（図31—5）。もっともほとんどの料理はあらかじめ給仕人が切り分け、液体の食品は木のスプーンのおかげできれいに食べることができたのだが。

図像の食卓では、だれもが食べているのではない。挿画がわざとサーヴィスとサーヴィスのあいだの余興のときをとらえているか、二枚の「皿」のあいだで会食者が話し合っているか、あるいは典礼の型の食卓のときは食べていない。なぜならば、イエスから聖杯の騎士にいたるまで、聖人の食卓では、たとえ食べ物が描かれていても、人は食べないか、あるいはほとんど食べないからだ。反対に、会食者の不動性、料理に対するその興味の欠如が、儀礼にせよ、フォークロアにせよ、おそらくは実際の習慣に対応すると思われる場合がひとつある。それは花嫁の場合だ。招待客や家族が食事をしているあいだ、花嫁はその日かぎりの宝石と冠で身を飾り、手を自分の前でこれ見よがしに組み、終始一貫して動かず、正面を向いて鎮座している（図31—6）。中世の図像を見ると、アラブの結婚では現在も実行されている儀礼をつい思い出す。まわりではだれ

図 31—7 『ミサ典書』
15 世紀末—16 世紀初め（リヨン、市立図書館蔵）

もが、飲み、食べ、楽しんでいるのに、花嫁は何時間もじっと動かずにいなければならない。

給仕人たちの態度も同じように興味深く観察される。給仕人たちは明らかに決められたしぐさに従い、一四世紀までは、料理を差しだし、切り分けるためにはひざまずくなど、封建制の身ぶりを思わせる。一四世紀以降、給仕人がもはや必ずしも若い小姓でないのは、ブルジョワ階級に到達したからであり、給仕人はもはや給仕するためにひざまずきはしないが、礼儀正しい身ぶりをし、決められた待機の姿勢をとっている。グラスを渡すときはボンネットを持ちあげ、呼ばれるのを待つときは、部屋の奥に腕を組んで立つ（**図31—7**）。このようなしぐさを証言するのは図像だけだ。

反対に、「食卓を出す」という言葉本来の意味での「食卓の出し方」については絵だけが唯一の頼りというわけではない。「言葉本来の意味」と言うのは、食卓が架台に載せた一枚の板だったからである。バーソロミアス・アングリカスは、まず最初に塩入れ、ナイフ、スプーン、それから強い象徴性を帯びる食物であるパンとワイン、そして「ヴィアンド」を出すと説明する。「ヴィアンド」は広い意味の「食物」を指

図31—8 『フロワサール年代記』
フランス、15世紀（パリ、国立図書館蔵）

し、それらは「非常に注意深く出され」、食事のあいだに新しいものと取り替えられた。次に果物。そのあと、「正餐が終わると、テーブルクロスと食事の残りが片づけられ、食卓をたたみ、それから神と招待主に感謝する」。しかし図像だけが——たしかにめずらしくはあるが——祭事の食事室を飾る植物——花々、枝、夏には小さな木を切って、壁際に並べ、部屋を涼しくすることもあった（**図31—8**）——を視覚化し、一六世紀初頭のフランドルの食卓の上のように、一人前のパンを包んだナプキンのおかげで、テーブル・デコレーションの誕生を突きとめることを可能にする。あるいはまた、一四世紀のトスカーナで、ひとりの婦人がパンを並べる場面での、ナイフとグラスを完璧に交互においた食器の驚嘆すべき対称性。あるいは一五世紀のフランスで描かれた王主催の歴史的宴会では、二つの小さなパン、ナイフ一本、トランショワール一枚、塩入れ一個、ナプキン一枚が食卓の長さだけ、次々と優美に並べられている。

つまり彩飾写本画家は、なによりもまず何千枚もの図像によって、われわれを中世の食卓へと招く。王侯、権力者、あるいは最富裕の社会階級のために仕事をしていたので、画家たちが視線をじっくりと投げかけたのは豊かな食卓であって、医学書や、ときに聖書や暦をのぞけば、農民はまれである。文献資料についても同じことが言える。彩飾写本画家の食卓では、長いあいだ、寓意とキリスト教的シンボルとが君臨していた。しかし一三世紀以降、世俗の写実的光景がそれらに勝る。画家はたしかに食事についての知識をもち、その情報がすべて誤っているわけではないことが明らかになる。画家たちは、注文主の写本同様に、そのアントルメも飾ったのではないか？　そして、象徴的に描かれている恐れがあるにもかかわらず——象徴はいずれにせよ簡単に見抜ける——図像以外のいかなる資料も、歴史人類学について、現実をここまで写し取った情報を提供はしないし、消え去りゆく食物の形や色、あるいはしぐさを保存もしていない。

（北代美和子訳）

第6部

西欧キリスト教世界から諸国家のヨーロッパへ

——一五世紀—一八世紀——

近代

ジャン=ルイ・フランドラン

ヨーロッパ人による大洋の征服は近代初めの歴史的大事件であり、その結果、他の諸大陸がヨーロッパ人の商業網に組み入れられた。それが西ヨーロッパの食にあたえた影響が十全に感じられるようになるのはようやく一九―二〇世紀になってからである。このとき初めて、トマト、ジャガイモ、トウモロコシその他アメリカ原産の農作物が、西ヨーロッパ人の食生活にきわめて重要な役割を果たすようになった。しかし、新しい食物が取り入れられるまでに三世紀がかかり――しかも、多くの場合、民衆の食がゆっくりと貧困化していった結果としてのみ取り入れられたとしても、ある種の外来食物はヨーロッパ人の食生活にはるかに急速にはいり込んだ。たとえばトウガラシは一部の国で、シチメンチョウは各地で食べられ、新しい飲料であるコーヒー、茶、チョコレート〔ココア〕は当時、世界貿易の重要な一部を構成していた。砂糖は昔から知られていたが、その生産がしだいにヨーロッパ人に掌握されるようになると、著しい割合で増加を遂げた。

近代における大きな歴史的変動は、そのほかにも食体系に重大な結果をもたらした。教会の諸規則は、中世において西ヨーロッパ全体の食に見られた統一性を形成する大きな要因となっていたが、宗教改革はそれを破壊し、料理が国ごとに多様化するのを促した。北方諸国の経済的支配が――程度の差はあれ、ワイン消費国においてもその他の国においても――アルコールの生産と消費を後押しした。印刷技術の発展が文字文化の躍進をもたらし、料理書の機能を変化させて、一部の国の料理の影響力を、他の国の料理を犠牲にして特別に強めた。科学の進歩――とくに一七世紀以降の化学の飛躍的発展――が、料理と栄養学とのあいだの伝統的な関係を一時的に中断させた。

都市の拡大が自家消費型農業から市場農業への移行を推進し、促進し続けた。農業技術と収穫高に重要な進歩がないままに、一六世紀、そして一八世紀にもう一度人口が爆発的に増加したため、穀物用農地が拡大され、一一世紀から一三世紀にかけてと同様に、民衆の食における穀物の割合が増大するとともに、多くの食材が新たに階級づけしなおされた。ヨーロッパ大陸のさまざまな国で、社会のエリート層による農地の獲得が、貴族とブルジョワの資産を増大させ、ガストロノミーと食卓作法を洗練させるのに役立つ一方で、農民の栄養不良を悪化させた。フランスのような一部の国では、近代国家の発展が、きわめて重くなっていった税負担によって、一七世紀には農民からの資産剥奪を深刻化させ、そのプロレタリア化を促して、市場経済への移行を加速した。同時に、かつてのローマやビザンティン帝国のように、国家が食糧供給の組織化に努力したのも事実である。

人口と日々のパン

ヨーロッパでは一一世紀から一四世紀の初めまで顕著に見られた人口増加は、ペストのために長期間中断されたが、地方によっては一五世紀以前、あるいは一六世紀に再開され、一七世紀には多くの国で停滞はしたものの、一九世紀末まで続いた。ヨーロッパの人口は、一四世紀中葉に九〇〇〇万人、一八世紀初めには一億二五〇〇万人と推定され、その後急成長を遂げて、一八世紀半ばには一億四五〇〇万、その世紀の終わりには一億九五〇〇万に達した。

一一世紀から一三世紀にかけてと同様に、人口増加は一六世紀、次いで一八世紀にもう一度、かつてより目立たない形ではあったが、開墾活動を再開させる結果となった。フランスでは大革命に先立つ三〇年間で、耕地面積は一九〇〇万ヘクタールから二四〇〇万ヘクタールに拡大した。同じようにイングランドでも、一八世紀後半に何百何千ヘクタールもの土地が囲い込まれ、アイルランド、ドイツ、イタリアでは多くの湿地が干拓された。

北アメリカの植民地や東ヨーロッパの大平原のような新しい領土では、開墾は処女地の植民地化によって実行され、食生活の変化をもたらさなかった。しかし、西ヨーロッパの「すでに満員」の土地では、穀物用農地の拡大は牧畜や狩猟、採取にあてられた土地を犠牲にして実現された。つまりそれは、農民食における食の多様性と食肉の割合を犠牲にして、穀物の割合を増加させた。

ヨーロッパのさまざまな地域に関するいくつかの数字がこれを明白に示しているように思う。ベルリンでは、住民一人あたりの肉の平均的消費量が、一九世紀には一日に四分の一ポンド強にすぎないのに対して、一三九七年には三ポンド、つまり一九世紀の一二倍だった。ナポリでは、一七七〇年、約四〇万の人口に対して二万一八〇〇頭の牛を処理したが、その二世紀前には約二〇万人に対して三万頭、一人あたりにしてほとんど三倍の数を処理している。ラングドックではナルボンヌ近郊の田園地帯で、早くも一五三〇年あるいは四〇年に、農業労働者の栄養摂取量は、とくに食肉について減少を始めた。たとえばある農家では、一五六六年以降は年に一頭の豚しか飼育しなくなったのに、一五四〇年までは同じ六名の牛飼いを養うのに三頭を、一五四九年から六二年のあいだでもまだ二頭を飼育していた。別の土地では、農業労働者に割り当てられた食肉の量が一五八三年以降二〇キロに減少したが、一四八〇年から一五三四年までは約四〇キロだった。個人の身長に関する統計から、続く数世紀のあいだ、ヨーロッパのさまざまな国でなおいっそう減少したと推論される。一八世紀のあいだに、ハプスブルク家が徴兵した兵士の平均身長は低下したようだし、スウェーデンの新兵も同様だ。ロンドンの青年の平均身長は一八世紀末—一九世紀初めに低下したと見え、ドイツの場合、一九世紀初めの平均身長は一四—一五世紀のそれよりもはっきりと低かった。

実のところ、数字が少なすぎて、民衆の栄養摂取量の悪化を具体的に数量化はできないし、地方によって異なると思えるその年代的な経過も正確にはできない。しかし、一八世紀に農業革命が実際に開始されていたのはイングランドだけであって、真の農業革命がないままに起きたこの人口爆発は古い農業国に避けがたい結果をもたらした。強い説得力を持つフェルナン・ブローデルの計算を思い出してみよう。当時の技術環境においては、一ヘクタールの小麦畑からは五キンタルの小麦が収穫され、それは一五〇万カロリーを供給する。しかし一ヘクタールの牧草地は一キンタル半の牛肉しか生産せず、供給するのはわずか三四万カロリーにすぎない。人口増加を維持するには、牧草地が穀物畑に場所を譲り、農民食における食肉の割合が大幅に減って、パンが増やされねばならなかった。

パラドックス

市場で販売される穀物は主として、一〇分の一税の受益者である聖職者、領主その他大農場や小作地の土地所有者から供給されるのに対して、乳製品、卵、肉、ワイン、野菜——つまり野禽獣と穀物以外のすべて——は、むしろ小規模農家の生産物だった。それぞれが自分が消費しないものを売ったとすれば、これは理にかなった分業であり、市場農業の発展を証言する。

民衆の食生活に穀物が重要な場所を占めるようになればなるほど、穀物不足が死亡率におよぼす影響は大きくなった。一七世紀（一六六二年、一六九三—九四年、一七〇九—一〇年などのフランス）あるいは一八世紀（一七三九—四一年のドイツ、一七四一—四三年のイングランド、一七六四—六七年のスペインとイタリア、一七七一—七四年の北欧諸国）の大きな危機は、数千年間続いたあと、いままさに終わろうとしている時代の最後の証人と考えられることが多いが、実際には、過去数世紀には決して達したことがなかったと思われるほどの規模にまで拡大された。

このことを地理的次元における奇妙なパラドックスが確認する。一七世紀末と一八世紀のソローニュ地方は不健康な貧しい土地であり、その住民はようやく生き延びるにかつかつのものしか手に入れられなかったのに対し、隣のボース地方はフランスでもっとも豊かな農業地帯のひとつ、フランス随一の穀倉地帯だった。ところが穀物危機のあいだ、誇り高きボース人は貧しいソローニュの人びとのもとに避難場所を求めた。ソローニュの食生活はより古めかしく、したがってより変化に富んでおり、危機に抵抗することを可能にした。

アベル・ポワトリノーは同様の対照性を、豊かなリマーニュ地方と貧しいオーヴェルニュの山岳地帯について指摘している。リマーニュの住民は、小麦にきわめて適した土壌で、小麦だけを食べていたので、他の地域の人びとと同様に穀物危機にさらされていただけでなく、日常的な栄養失調にも苦しんでいたことが、その脆弱な体格と貧しい健康状態から証明される。山に住む隣人たちは農業に不向きな荒涼とした気候のやせた土地に生まれ、多くが故郷の外に幸運を探しにいかねばならなかった。しかし山の恵みは、あまりにも増加の激しい人口を養うには量的に不充分ではあっても、農作物、牧畜、採取、狩猟、漁労などを組み合わせた変化に富む食生活を提供したので、山の民は隣の平野の民よりも栄養失調がずっと少なく、背が高くて力も強かった。ポワトリノーは、この食生活の違いが、山岳人のほうがはるかに活動的で進取の気質に富むことを説明するだろうと示唆する。

農民の資産剥奪

イングランドのようないくつかの国では、田園における土地所有の変化が農業革命が起きるための条件のひとつだったが、それは、少なくともある一定の期間、とりわけもっとも肥沃で、市場に対して好位置にある地域においては、農民の食生活をさらにいっそう貧しくした。こういった地域においてはすでに一六世紀から、貴族や役人、ブルジョワが中世末期にはいまだに農民のものだった土地の大部分に手をつけていた。

トーマス・モアの『ユートピア』*Utopia* を信じるとすれば、イングランドでは囲い込み運動が早くも一五一六年には開始されていた。イル=ド=フランス地方では、この現象が一五三〇―四〇年代に加速され、宗教改革前夜には驚くべき規模にまで達した。ユルポワ地方〔現在のエソンヌ県・イヴリヌ県の一部〕の七村と六千ヘクタール以上の土地に関する研究によると、いまだに農民に属するのは土地全体のわずか三三・七五パーセントにすぎなかった。宗教戦争がこれをいっそう推し進めた。一六〇〇年、ヴィスーでは農民の所有地はもはや土地全体の二一パーセントに広がっているにすぎず、ジャンティイでは一六二〇年にわずか二九パーセントで、一七世紀中葉にほとんど姿を消した。アヴレンヴィルでは一五五〇年にはまだ四七パーセントあったのが、一六八八年にもはや一七パーセントにすぎず、ブリでは土地の五分の一、三十年戦争直後のブルゴーニュでは、農民所有地が完全に消滅した村も珍しくはなかった。

フランスと西ヨーロッパ諸国では、農民の所有地剥奪はその地方が肥沃で、大都市に近く、農業技術が進歩していればいるほど、強力かつ迅速におこなわれた。小規模農業地域――山岳地帯、ブドウ栽培地帯、低木の多種作地帯――と、それほど肥沃でなく人口も少ない地域では、領主や大都市住民の土地に対する欲求は近郊の土地ほど大きくはなかったので、農民の所有地はよりよく抵抗しえた。

社会経済体制が大幅に異なる東欧諸国――東ドイツ、ボヘミア、ハンガリー、ポーランド、モスクワ公国など――でも、貴族は一四―一五世紀に較べて、収穫のより大きな部分を、土地の占有によるというより（西ヨーロッパよりもずっと人口密度が低かったので、土地は豊富にあり、価格も安かった）、農民の奴隷化と労働賦役の驚くべき増加によってわがものとした。一六―一八世紀には、北欧と東欧の農民の奴隷化のおかげで、より人口が多く、経済的に進んでいた西ヨーロッパ諸国への穀物販売が大きく発展できた。

いつ起こるかわからない農業革命を待つあいだ、まず第一にこれらバルティック海沿岸諸国の小麦が、初めはハンザ同盟加盟都市の商人、次いでオランダ商人によって運ばれて、ますます増大する西ヨーロッパの都市人口を養うことを可能にした。しかもそれは危機の時にかぎらなかった。

「海の小麦」は中世すでに流通し、局地的な不作を救い、またジェノヴァのような後背地に穀倉をもたない商業都市では時を問わず必要とされていた。変わったのは、まず第一に供給源それぞれの重要性である。いまやバルティック海沿岸諸国の小麦が地中海諸国の小麦を圧倒するようになり――その後、一八世紀末には、黒海沿岸の小麦が飛躍的に増加、またアメリカ大陸からも到来する。もうひとつは移送される量の増加である。さらに穀物の国際取引は集権化され、一七世紀、その価格はアムステルダムの広場で決まることが多くなる。

最後に――少なくともフランスでは――食糧補給問題に新たに国家が力を傾けるようになった。食糧補給はこれまでは市政当局の責任であり、また大部分がそうあり続けた。一八世紀、フランスの国王は、パン不足をきっかけにして民衆蜂起が起こる危険に対して、ますます不安を抱くようになる。そのためにあらゆる飢饉を抑制するのに適当な量の備蓄を実行させ、フランス産穀物の商品化についてはいろいろと法律を定めるようになる。どちらについても、政府の措置は状況の改善に大いに貢献したようだが、世論が一致してそれを認めたとは言いがたい。スティーヴン・L・カプランが『パリのパン屋とパン問題　一七〇〇―一七七五年』*The Bakers of Paris and the Bread Question, 1700-1755*で示したように、王令にしたがった商人による穀物備蓄は、小麦の価格を人為的に上昇させ、民衆を飢えさせるための独占の試みと解釈されることが多かった。大量の買いつけが、局地的にはたしかに価格を上昇させただけになおさらである。これがいわゆる「飢饉の陰謀」だ。また、穀物の自由流通を促す法律は、最終的に穀物生産を増進させたが、さまざまな階級からの激しい抵抗に遭って、何度も撤回、あるいは修正されねばならなかった。もっとも有名なのが一七七五年の「小麦粉戦争」である。

すべてをパンのために

フランス国家が食糧補給を昔のように、そして他のいくつかの国のように、市政当局あるいは私的利益にまかせるかわりに、それに介入したのは正しいことだったのだろうか？　おそらく国家としては、これ以外には行動しにくかっただろう。一七世紀、民衆蜂起は基本的に税金に反対するために起きたが、一八世紀には主として穀物不足をきっかけとするようになり、その規模は小さくはなっても、やはり無視はできなかった。

このようにパンの問題は、政治の領域でも農業や栄養学の領域でも、近代の末には最重要課題となる。その解決のために、各アカデミーはコンクールを組織し、「教養人」はさまざまな方法を提案、効果はつねに明らかとは言いがたいが、その方向性には意味がある。たとえばA・P・ジュリエンヌ・ブレールは一七九三年に、穀物畑でも犂起こしによって犂を動かす農耕用動物を、菜園でやっているように人間の腕でおきかえるよう提案した。ブレールはそこからヘクタールあたりの収穫量の増加だけでなく――おそらくこちらのほうがより理にかなっているが――動物の飼料生産にあてられていた空間をとりもどすことを期待した。

またアントワーヌ・オガスタン・パルマンティエのような人びとは、ジャガイモ――穀物の収穫と収穫の合間に休耕地で生産でき、収穫率は小麦の二から三倍――を使って、いまや民衆の欠くべからざる食糧と考えられるようになったパンを製造するよう勧めた。しかし、ヨーロッパの多くの地域で、民衆は、たとえこの豚の食べ物が実際にパンにできるとしても、それを受け入れるほどに自分たちを惨めだとは感じていなかった。ジャガイモはようやく一九世紀になって、どこでも食べられるようになるが、パンとして食べられたのではない。

新しい農作物

ジャガイモはますます増加するヨーロッパ人口に対する食物供給に、一九世紀以前すでに貢献を果たした新しい農作物の一種にすぎない。ジャガイモと並んで、コメ——中世すでによく知られており、エリート層に賞味されたが、一五世紀末になってやっとポー平原に馴化された——もあり、ヨーロッパ北東部からきたソバは一六世紀にオランダ、ドイツ、フランス、北イタリアに広がった。ジャガイモと同様にアメリカ原産のトウモロコシもある。こういった植物はある意味でそれぞれ競合するが、食生活と農業双方の伝統に起因する理由から、おおむね異なった地域に根をおろした。

ソバはそれだけでは、粒か碾割、クレープ、あるいはポレンタの形でしか食べられない。灰色をしたソバのポレンタは、ミレットで作られる明るい黄色の伝統的なポレンタと競合するようになる。この「黒い小麦」は製パン可能な穀物を混ぜなければパンにはできなかったが、軟質小麦では実質的に収穫ゼロの非常にやせた土地でも育つという利点があった。また他の「小麦」と組み合わせて、通常は休耕していた土地に裏作として育てることができた——そのためソバについては一〇分の一税を払わずにすんだ。ソバは、まずブルターニュやアルプス地方のような穀物が育ちにくい貧しい土地に導入された。またおそらくは他の「麦」により適した地域にも植えられたかもしれないが、それほど目立たなかったために、歴史学者の注意からはこぼれ落ちた。

トウモロコシはソバよりも多くの痕跡を残している。早くも一四九三年、コロンブスによってヨーロッパに輸入され、急速に馴化を遂げた。一六世紀初頭にはすでにカスティーリヤ、アンダルシア、カタルーニャで、一五二〇年頃にはポルトガルで栽培されていた。ついでフランス南西部（一五二三年、バイヨンヌ）とイタリア北部（一五三〇年から四〇年のあいだにヴェネト地方）、その後パンノニア〔現在のハンガリー〕とバルカン半島にはいった。初期には、畑で伝統的な作物とおきかわることはめったになかったが、飼料に使われる場合は休耕地で、農民が自分の食用とするときには菜園で栽培された。トウモロコシが少しずつおきかえられていったのは、たいていの場合、トウモロコシをしばしば「スペインのミレット」あるいは「太ったミレット」と呼んだフランス南西部や、ポルトガル、北イタリア、アルバニアのように、伝統的にミレットやパニック〔キビ類〕、つまり粗末でパンにしにくい穀物に食の基礎がおかれていた地方である。

実を言えば、トウモロコシの歴史は、最初、農民が菜園で栽培し、一〇分の一税も領主への賦課租も支払わなかったために、史料にはほとんど痕跡をとどめていない。したがってトウモロコシの歴史を再現するのは容易ではない。この奇跡的な収穫量を誇る作物に、農学者、慈善家、地主がほんとうに関心を抱いたのは、一八世紀に人口が急増したときである。パンノニアでは一八世紀、種一粒に対してトウモロコシなら八〇粒収穫できたのに、ライ麦では六粒がやっと、小麦はさらに少なかった。この大きな収穫量に魅了されて、地主はトウモロコシを畑の広い面積に栽培させ、農民にこの価格の安い食物をしだいに多く食べるよう仕向けた。これ以降、トウモロコシの栽培が小作料の対象となり、それがパンとおきかえられるのが食生活の貧困化と感じられるようになって初めて、農民はトウモロコシの躍進に抵抗した。

この農民の抵抗は妥当なものだった。大麦やミレットのガレットや粥がトウモロコシのガレットやポレンタとおきかえられたとたんに、疫病ペラグラの流行が始まったからである。ペラグラはトウモロコシにニコチン酸アミド〔ナイアシン〕が欠乏しているために起こり、まず皮膚が発疹でおおわれ、そのあと狂気と死が続く。一七三〇年頃、スペイン北西部のアストゥリアスで最初に確認され、民衆の食生活にトウモロコシの割合が増えるにつれて、スペインの直後にフランス南西部、続いて北イタリア、バルカン諸国を襲った。これらの地方では、一九世紀、ときには二〇世紀初頭になってもペラグラの発生が続いた。

フランスの多くの地域、イタリアその他南欧諸国で、クリを食べていた人びとは、おそらく農民のなかでも一番の不幸者というわけではなかっただろう。なにしろときには豚肉も手にしたからである。クリを食べる土地は豚の飼育に適していた。たとえば一六世紀のある商人によれば、セヴェンヌ地方の人びとは普段の食事にクリ添えの豚のフリカッセを食べていた。しかしパンは「日曜日にしか」食べられず、残りの日は例の「木のパン」〔第二三章を参照〕を食べざるをえなかったので、同時代人の目にはサヴォワやリムザンでターニップを食べていた人びとと同じように、想像しうるかぎりでもっとも惨めな人間と映った。

パンを食べられないのは惨めな人間だと考えられたこと、それが穀倉地帯の住民があれほど長いあいだ、ジャガイモを食べるのをいやがった理由である。ソバを裏作で栽培した人がいたように、ジャガイモを裏作として栽培した人びとがいたのは、ふつうは家畜に食べさせるためだった。旅人たちが——たとえば北イタリアで——「トリュフ」で育てた豚肉を絶賛したからと言って、一八世紀末あるいは一九世紀になるまでは、農民たちがその豚肉を自分で食べるようにはならなかった。

しかしながら、ジャガイモを食べ始めた時期は地域によって大幅に異なる。一五七三年には、セビリヤのサングル病院の購買品目に顔を出す。そのあと一五八〇年にジャガイモをオランダに導入したシャルル・ド・レクリューズは、すでに一六世紀最後の数十年間、イタリア人はヒツジといっしょにシチューにしたジャガイモを賞味すると書いた。一六〇〇年、オリヴィエ・ド・セールはアルプスのあちこちにジャガイモがあったことを記している。しかし、いずれの場合も、関連する人口がどのくらいかを知るのは難しい。一七世紀のアイルランド人の場合は話が違う。ジャガイモはまもなくアイルランドのもっとも重要なステープル・フードとなった。またランカシャーや西ヨークシャーなどイングランドの一部、次いでプロシア——一八世紀、七年戦争で捕虜となったパルマンティエは、ここでジャガイモを知った——、フランス東部などに定着した。

他のアメリカ原産の農作物

食用作物はコロンブス以前から旅をしており、古代と中世には、たいてい東方からヨーロッパにやってきた。しかしながらコロンブスのアメリカ到達とともに、突然大挙して押し寄せてきたのは事実であり、そのうちの多くは現代に大成功をおさめるまで、実に何世紀ものあいだ、試練の時を経なければならなかった。たとえばトマトはすでに一六世紀、あるいは一七世紀にイタリア人、スペイン人、プロヴァンス人を魅了していたが、ヨーロッパ全域に広がるのは一八世紀末あるいは一九世紀初めであり、しかも一九世紀にはなお、北欧の多くの人びとから嫌われ、ドイツの植物学者からは有毒植物と非難された。イタリアにおいてさえ、トマトはサラダとして——一七〇四年版の『トレヴーの辞典』*Dictionnaire de Trévoux*〔*Dictionnaire universel français et latin*, イエズス会士によってローヌ渓谷トレヴーで印刷・発行された辞典〕によれば「キュウリを食べるように、塩、コショウ、油を添えて」——食べられはしても、パスタの味つけとしてのトマト・ソースが登場するのは後世のことである。一八世紀には、料理書も旅人もまだその存在を指摘していない。

「黄金のリンゴ」という名でしばしばトマトと混同されるナスは、アメリカではなくアジア原産で、中世にアラブ人によってもたらされた。一四世紀カタルーニャのある料理書は多数のレシピのなかで、すでにナスを使っている。しかしフランスや北欧諸国を征服するにはトマトよりも長い時間がかかった。大革命下の最高価格法〔一七九三年、生活必需品確保のために設けた価格統制法〕の価格表にも、まだ南部のいくつかの地区でしか記載されていない。

キクイモはおそらくその味がアーティチョークに似ていたおかげで、アーティチョークが人気の野菜だった一七世紀、パリの上流の食卓にまで達した。しかし、ほんとうに重要となったわけではなく、『トレヴーの辞典』は「地のリンゴ」の名で主として貧しい人びとに食べられたことを教えてくれる〔現代フランス語で「地のリンゴ」とはジャガイモのこと〕。

より重要なのはインゲンマメで、速やかにしかも摩擦なく導入された。インゲンマメはどこでも、古代および中世に食べられていた近隣種のファゼオル（あるいはファソル）の場所を奪った。現在もファゼオルの変種であるアフリカ原産の、芽の黒い白いササゲが存在する。一七世紀になってもなお、アニーバレ・カッラッチ〔一五六〇―一六〇九。イタリアの画家〕描く《豆を食う男》の椀を満たしていたのはこちらのマメだった。インゲンマメはヨーロッパ人の食生活において、ファゼオルと静かにおきかわっていっただけでなく、多くの国でファゼオルからその俗名――ギリシアのファゾウリア、アルバニアのファズレ、イタリアのファジョロ、ポーランドのファソラ、フランスの「ファイヨ」あるいは「フラジョレ」――を、そしてその学名ファゼオルス Phaseolus を借用した。学者はこの学名をファゼオルから取りあげ、ファゼオルのほうはドリコス Dolichos と呼ぶようになる。フランスでは、ときには「ファヴェロル」のちに「アリコ」と呼ばれた。現在では、「アリコ」という語は古代メキシコでインゲンマメを指した「アヤコトル」から派生したと考えられている。スペイン人によって伝えられたこのメキシコの言葉を、フランス人は聞き間違え、中世のヒツジ肉のシチュー「アリコ・ド・ムトン」と混同して「アリコ」にした。ついでだか、「アリコ・ド・ムトン」は二〇世紀になるまでは、インゲンマメではなくカブで作られていた。

現在では、アメリカ原産の作物が導入される以前のアフリカ料理を想像するのは難しい。一例を挙げれば、キャッサバもピーナッツもトウガラシもなかった。だいいち一六世紀以前、トウガラシは旧世界のどこにもなかったのだから、かつてのタイや朝鮮の料理は、現在われわれが知るものとはまったく違っていた。ヨーロッパでは、トウガラシはスペインで、装飾植物としてもコショウの競争相手としても速やかな成功をおさめた。トウガラシのほうがコショウよりもいっそう「熱」で、味わい深く、ずっと安価と考えられたのである。南イタリア、南方スラブ諸国、ハンガリーに導入され、ハンガリーのパプリカは今日、世界的に評価されている。ヨーロッパ中部と北部では、その運命がそれほどでもなかったのは気候のせいなのだろうか？　その可能性はある。中世のスパイスが基本的にはよその土地で栽培されたものという性格をもつのとは反対に、トウガラシが実際に食生活に定着したのは、たしかにいずれも馴化したあとだったからだ。おそらくはまた、多くのヨーロッパ諸国、とりわけフランスでは、スパイスのきいた料理が見捨てられ始めた時代に到着したという事実にもよるのだろう。現在やっと食べられるようになったとは言っても、それはおもに「ピーマン」と呼ばれる味のやわらかい品種である。

このようにアメリカ原産の野菜ほとんどの普及が緩慢だったことを、古い社会における変化のリズムなら当たり前だとか、その特徴だとか考えるべきではない。実際のところ、ものによってはずっと速やかに導入された品種もあるし、また地域によって導入速度に速い遅いがあった。家禽のひとつシチメンチョウは驚くべきとも言えるスピードで導入された。エルナン・コルテスとその部下によって一五二〇年頃、メキシコで発見された「インドのメンドリ〔シチメンチョウ〕」は、一五三四年にラブレーの『ガルガンテュア』*Gargantua* に登場する。一通の詳細な契約書によれば、同年、ナヴァール王妃マルグリット・ダングレームはこれをナヴァールの農家の一軒で飼育させている。一五四九年、パリの司教館で王妃カトリーヌ・ド・メディシスのために開かれた宴会では、「インドのメンドリ」七〇羽を二〇ソルで、「インドのオンドリ」七羽を三〇ソルで供している。もっとも驚かされるのはこの価格が、フランスに当たり前にいる土着の鳥類よりもはっきりと安かったことだ。サギの雛とクジャクは四〇ソル、ノガンの幼鳥とキジは七〇ソル、ツルが八〇ソル、ハクチョウ一〇〇ソルなどである。シチメンチョウが到来早々に取り入れられたのは、中世の貴族の食卓で、あらゆる種類の大型の鳥を食べていたからだ——そのなかにはウやコウノトリ、サギ、ツル、ハクチョウ、クジャクなどわれわれには想像しがたいものもある。したがって大型であると同時に装飾的で、食べておいしいシチメンチョウを食卓に出すことは、われわれにとってと同じように、一六世紀の人びとに言わせても、なんの問題もなかった。

ミレットを食べていた人びとがトウモロコシを、ファゼオルを食べていた人びとがアメリカ原産のインゲンマメを比較的速やかに導入したことも、これと同じ考え方で説明できるだろう。シチメンチョウの導入よりも多少緩慢に見えるのは、かならずしも大衆がエリート層よりも新しい食品に対して閉鎖的だったからではない。おそらくはすでに見てきたように、史料が貧しい人びとの食には富裕層の食に対するほどの注意を払ってこなかったからにすぎないのだろう。

エキゾティックなスパイスと植民地原産の飲料

他の大陸支配に先立つ大洋の征服は、まず最初、スパイス生産地からの輸入ルート確保のために開始された。第一にポルトガル人が、次いでオランダ人とイングランド人が異国からきた貴重な香味料の販売の大部分を掌握した。しかしレバントの貿易を消滅させたのはようやく一七世紀初めになってからである。

他を大きく引き離して支配的だったコショウについては、ヨーロッパ全体の輸入量、すなわち消費量は一五世紀中に約五〇パーセント増加したが、一六世紀には二七パーセント増えたにすぎない——これは住民ひとりあたりの消費量が減少したことを意味する。他のスパイスの輸入量は、一五世紀中に一七七パーセント、一五〇〇年から一六二〇年のあいだに約五〇〇パーセント増加している。一七世紀には、イングランド人とオランダ人の競争によって価格が低下し、コショウ市場はゆっくりと拡大した。続いてアメリカの密貿易者がイングランドとオランダの東インド会社の独占をなし崩しにしたので、消費量は一八世紀末に飛躍的に増加した。

輸入量がほぼ持続的に増加したにもかかわらず、スパイスはヨーロッパの商業でも料理でも、中世ほど重要な役割は果たさなかった。反対に近代は植民地原産の飲料が繁栄をきわめた時代だった。チョコレート、コーヒー、茶が時の話題となり、食生活に取り入れられ、長期にわたって貿易に決定的な地位を占め続けた。

スペイン人はメキシコでチョコレートを知ったあと、原住民のように辛味ではなく砂糖を入れることを思いついた。コルテスはチョコレートを一五二七年にスペイン国王カルロス一世に送っているが、この飲料がスペインで夢中になって飲まれるのはようやく一六世紀末のことである。おそらくイタリアをのぞいて、他の国にはずっと時間をかけて導入され、一九世紀以前は世界貿易の重要な一品目にはならなかった。

エチオピアとイエメンが原産のコーヒーは、トルコ人によってヨーロッパに持ち込まれた。まずヴェネト（一五七〇年以降）、次いでイタリアを征服。一六四四年、マルセイユに到来し、パリにのぼって、一七世紀後半には上流社会に広がった。都では一八世紀のあいだに、カフェオレが庶民の飲み物にまでなった。ドイツ、イングランドその他多くのヨーロッパ諸国がコーヒーを導入したのも一七世紀である。ヨーロッパにおけるその消費の躍進は、コーヒーのプランテーションが、多くのヨーロッパ諸国、とくにセイロン、ジャワ、スリナムなどオランダの植民地、あるいはジャマイカのようなイングランドの植民地、さらにフランス領アンティル諸島、ポルトガル領ブラジルなどで、早くも一八世紀から増加したことを説明する。

最後に到来した茶は、中国人がヨーロッパに伝えた。オランダとフランスでは一七世紀に文献に登場するが、ほんとうに定着したのはイングランドだけで、一七三〇年以後はコーヒーにとって代わり、急速に国民的飲料となっていった。一七六〇年から九七年までは、東インド会社の貨物の価格の八一パーセントを占めていたようだ。一八世紀にはロシアにも普及したが、他の国はコーヒーを好んだ。

モスレム世界ではすでにコーヒーに砂糖を入れていたように、ヨーロッパでも植民地原産の飲料はすべて、砂糖を入れて飲んだ。しかし、原産国では茶にもチョコレートにも砂糖ははいっていなかった。つまり砂糖消費量の爆発的増加は植民地原産の飲料の成功と結びついており、これは国によって好みの飲料に違いはあったものの、すべてのヨーロッパ諸国に当てはまる。しかし、砂糖消費量の増加はすでに一四―一六世紀に始まっているのだから、ほかにも理由があると思われる。砂糖消費量が増加した結果、近代の三世紀のあいだに、ヨーロッパ人が植民地化した熱帯地域――一六―一七世紀にはマデイラ諸島、カナリア諸島、アソーレス諸島、ブラジル、一八世紀にはアンティル諸島などの「砂糖諸島」――で、大規模な砂糖プランテーションが開設される。それはこの歴史の裏側を構成する黒人奴隷と奴隷貿易に基づく生産システムだった。

新種の高級食品

食材の選択における革新は、ヨーロッパの食生活に異国産の農作物が取り入れられたにとどまらず、中世のあいだ、エリート層が拒否してきた数多くの土着の食材の再評価にも見られた。

フランスの料理書と「必需品市場」の研究は、この点について、会計簿の証言を確認してくれる。あらゆる事実が、エリート層の食生活では、それまで家禽の肉に較べて卑下されてきた牛やヒツジが以前ほどは軽蔑されなくなったことを示している。それは牛やヒツジの肉が民衆の食生活に少なくなった結果かもしれない。パンと肉の対立が重要になるにしたがって、粗の肉と繊細の肉の対立は緩和されていった。

良家の会計簿は、近代におけるパン消費量の低下[1]を記すだけでなく、中世に好まれた碾割その他の穀物粥（精白大麦、アヴェナ、ミヨ、フロメンテ、など）がいっそう明確に好まれなくなったことを示している。エリート層の食生活におけるこのパンと穀物食品の凋落は、明らかに民衆の食におけるその躍進と関連づけるべきだが、肉や魚よりも野菜の消費量を増加させた。

生、あるいは乾燥したエンドウマメをのぞく野菜は、とくにフランスでは、栄養学者の同意を得て民衆へと下げわたされていたが、一六—一七世紀に、おそらくイタリアからの影響を受け、また反宗教改革のおかげもあって流行となった。グルマンの心のなかでは、地中海沿岸のアーティチョーク、カルドン、アスパラガスがメロン、オレンジ、あらゆる種類のレモンと競い合っていたばかりでなく、キノコやトリュフ、多数のヨーロッパ原産種の野菜が上流の食卓に山と積まれ、料理書からあふれ出した。「甘味の強い」グリンピースからヒヨコマメ、ソラマメ、レンズマメにいたるまでマメ類のレシピも増えた。もちろんアメリカ原産のインゲンマメも、ヨーロッパ全域でただ単に古代・中世のファゼオルにおきかわったと言うだけではすまない。同様にニンジンとパースニップ（さらにはある種のターニップさえも）からムカゴニンジン、チョロギ、セイヨウゴボウ salsifis、キバナバラモンジン scorsonère にいたるまでのあらゆる種類の素朴な、あるいは洗練された根菜類、大流行したアスパラガス、ブドウの巻きひげやそれと張り合おうとしたホップの新芽のようなやわらかな芽、レタスとスベリヒユからクレソン、さまざまなキクジシャ、アンディーヴとフダンソウまで菜園で栽培される数え切れないほどの葉野菜やサラダ菜、キュウリとコルニション〔小型のキュウリ〕から伝統的な、あるいは新種のカボチャやセイヨウカボチャまでの多彩なウリ類。一七世紀初めまでは民間からも学者からも警戒されていたトリュフ、アミガサタケ、ムスロンその他の自生種や栽培種のキノコはとくに珍重された。この食材の選択における多様な変化についてはフランスのエリート層に限って研究されているが、他のヨーロッパ諸国にも、多くの場合はフランスよりも多少遅れて、またイタリアのようにフランスに先駆けておよんでいるように見える。

果物は医学者から伝統的に警告されてきたにもかかわらず、中世からすでにとくにイタリアではエリート層に好まれ、近代のあいだに、ヨーロッパのさまざまな国でなおいっそう賞味されるようになった。フランスの食事の流れのなかで、デザートはそれに先立つコースとはなおいっそう明確に区別され、おもにあらゆる形の果物――生、丸ごとあるいはフルーツ・サラダにして、火を通して、コンポート、マーマレード、あるいは「液状のジャム」あるいは「乾燥したジャム」[2]――が特徴となる。ついには上流人士はこれを単に「フルーツ」と呼んで、「デザート」という言葉はブルジョワに下げわたされた。

田園の別荘では果樹園が発展し――やはり増加した菜園よりもはるかに――数多くの貴族やブルジョワの館の主人にとって、自慢の種とも情熱の対象ともなった。こういった人びとのために、ニコラ・ド・ボンヌフォンの『フランスの園芸家』*Le Jardinier français* のような畑いじりに関する文献、そしてその妻たちのためにはジャム作りの概説書が普及した。人は友人たちに自家製の果物の美しさを鑑賞させ、一七―一八世紀を通じてその品種を増やし――たとえばすでに一八世紀には六月をのぞく一年のいつでも、どれかの種類のナシが熟して手にはいるようになるほどだった――医学者は果物の質が大幅に向上したという理由で、そのためらいを捨て去った。

新しい料理と新しい味の嗜好

料理のレシピの研究からもまた、少なくともエリート層に関しては、野菜、果物、乳製品、牛とヒツジの肉への嗜好の発展をともなう食品の選択ばかりでなく、調味についても多くの革新が明らかになる。フランスでは中世に流行した「味の強い」つまり酸味とスパイスのきいた調味は、油脂あるいは甘味による調味――現代栄養学の視点を当てはめれば、より速く吸収される脂質と糖質が豊富な調味——に道を譲った。当時、この脂質と甘味による味つけは「繊細」であり、素材そのものの味をより尊重すると言われた。これらの傾向は、フランスほどスパイスを犠牲にして油脂の粘りけと甘味を追求はしなかったものの、他の多くのヨーロッパ諸国（イングランドのような北国でもポーランドやドイツのような東国でも、イタリアやスペインのような南国でも）に見られた。

近代のあいだに、フランスでは果物 fruit の概念が変化を始めた。この言葉はフランス革命までは、一般的・法律的意味では、土から得られるすべての生産物——教会の一〇分の一税の用語で「大きな果実 fruit」というように——を指しただけではない〔法律用語では、耕地から産出される農作物などを「天然果実」、地代などを「法廷果実」という〕。より限定された意味では、オリーヴ、トリュフ、アーティチョークも、一六世紀、さらに一七世紀になってもなお、デザートで食べるべき「果物」と考えられていた。その後、一七—一八世紀のあいだに、これらの食材は「果物」のカテゴリーから「野菜」のカテゴリーへとゆっくり移動する。甘味と塩味の二律背反は少しずつ時間をかけて基本的な分類原則となっていった。

この原則は一七世紀以降に現れ、その論理を二〇世紀中葉まで押し進めてきた。たとえばすでに一六七四年には、ある料理人が甘味ソースを添えた肉の曖昧な性格を非難している。さらにそれ以前には、果物と砂糖を使用した料理が食事の最後の二つのコースへと移動を始めていた。しかしながらこの風味の論理はゆっくりと勝利をおさめていったにすぎない。一九世紀の初めにはまだオードヴルに三種の果物——メロン、イチジク、クワの実（三種とも塩味で食べた）——がはいっている。世紀の半ばまで、アントルメとして食卓には塩味と甘味の皿が並んでいた。そして熟成したチーズがデザートから追放されたのはなお遅く、二〇世紀のことである。

フランスでは食品に対する好みの変化が、文学や美術における嗜好の変化と歩調を合わせているように見える。たとえば味の強い調味に続く油脂による調味は、素材そのものの味をより尊重することが明らかになったが、この食材の味の維持――一七世紀、新しい料理の支持者お気に入りの主題のひとつ――は、古典主義者が美術と文学の分野で発展させた自然崇拝と関連づけるべきだ。このフランス古典主義に対して、スパイスに忠実なままだった料理人、あるいは肉に甘いソースを添え、果物を飾る料理人はバロックに属する。たとえばヴォルテールは『哲学事典』*Dictionnaire philosophique* の「goût〔味覚・嗜好・趣味〕」の項にこう書いている。「肉体における悪い味覚 goût は、あまりにも刺激が強く凝りすぎた調味によってしかかきたてられないことで成り立っているように、芸術における悪い趣味 goût は、わざとらしい飾りしか喜ばず、美しい自然を感じないことである」。

栄養学とグルマンディーズ

しかしながらこの状況を把握するには別の方法もある。まず最初フランスに、次いで古典主義に逆らっていた他のヨーロッパ諸国に影響をあたえた変化の多くは、料理と栄養学の関係が緩んだことで説明できるだろう。実のところ、中世そして一七世紀初めになってもなお、食材の選択ついても、それに加熱調味して食べる方法についても、エリート層の食生活は医学者の処方をかなり忠実に守っていた。食材の選択については、牛や豚のような大型動物の肉とほとんどの野菜を、より頑丈な胃をもっと思われていた民衆に譲り、繊細な肉である家禽、あまり歯ごたえのない魚、やわらかな軟質小麦のパンを食べた。加熱法は肉の性質に適応させ、たとえばローストには乾きすぎている牛をローストしたり、あまりにも脂の多いウズラをボイルすることは決してなかった。不用心にも乳飲み豚（危険なくらい湿り気が多い）を食べるとすれば、かならずローストした。調味については、通常豚は塩漬けしか食べなかった。生ではあまりにも湿で寒だからである。また消化しにくい肉にはスパイスをたっぷり使った。しばしば果物を食べる危険を冒しはしても、通常はスパイスをよくきかせるか、古い栄養学にしたがって、食事の最初に食べた。

新しい味の嗜好という口実のもとで、一七世紀から一八世紀にかけて消滅する傾向にあったのは、こういった健康上の用心であり、古い栄養学を参考にすることはなくなっていった。料理人とガストロノームはもはや風味の調和についてしか語らず、風味がそれまでは自分たち同様に医学者にも関係があったことを忘れた。風味はもっとも寒のものからもっとも熱のものまで巧妙に分類され、食材の性格と消化しやすさについての確実な指標となってきた。こういった「古い医者」は時代遅れの学問の信奉者として描かれ始める。たとえば早くも一七〇四年版の『トレヴーの辞典』の著者たちは、消化が問題になるたびに化学物質——酸、塩、酒石など——をもちだしている。

結局のところ、科学の進歩が味覚の変化の主要な原因なのだろうか？　当時のガストロノームは味覚の変化をガストロノミー上の感性と調理技術の進歩と理解していた。第三の解釈ができる。料理と栄養学のあいだの絆の緩みは、いうなればガストロノミーを解放したのである。ほぼ次のように言ってよいだろう。料理の洗練はもはや食べる人の健康保持ではなく、グルマンの味覚を満足させることを目的とする、と。グルマンはいまだに自分がグルマンであると公言はせず、美食という自分の「罪」によりあか抜けした「フリアンディーズ」——つまりおいしいものへの愛とそれを見分ける術——の性格をもたせた。「グルマンディーズ」という言葉はいまや「大食らい」の同義語と理解されるようになったからである。

このgoût〔味覚〕という、食べられるものと食べられないものを区別するために自然が動物同様に人間にもあたえた感覚は、一七世紀中頃に奇妙な地位の向上を経験した。これ以降、goût〔趣味〕という言葉は文学や彫刻、絵画、音楽、家具、衣服などについて比喩的に用いれらる。これらすべての領域で、goûtはよいもの、美しいものと醜いものを区別することを可能にする。goûtはオネトンム〔honnête homme　精神に秀で、知識に優れ、礼儀をわきまえた社交人〕の化身のひとつ「趣味人〔homme de goût 味覚の人間〕」を特徴づける感覚器官である。このような地位の向上はフリアン＝グルマンへのある種の寛容を暗示している〔フリアン friand 繊細な味覚をもつ人のこと〕。

フリアンの文学と酒飲みの文学

ようやくフランス革命のあと、グリモ・ド・ラ・レニエールが有名な『グルマン年鑑』*Almanach des gourmands*（一八〇四年）を出版したとき初めて、かつて七つの大罪のひとつと言われたものが素顔のまま堂々と姿を見せるようになる。いずれにせよそれは短いあいだにすぎず、またおそらくはわずかに挑発的な意図もあったのだろう。なぜならば人びとはまもなく仮面として、新しい言葉「グルメ」と「ガストロノーム」を使うようになったからだ。しかしながら、次の時代になってお墨つきの「ガストロノミー文学」が起こる前、近代の三世紀のあいだに、食の芸術に捧げられた著作の多様化、さらにはある意味でグルマンディーズの解放を示唆するフリアンの文学が見られる。

料理の概説書――少なくとも料理のレシピ集――は印刷技術の発明を待って書かれたわけではない。写本はすでに一四世紀初め、おそらくは一三世紀末にはヨーロッパのさまざまな国で出現している。ところが古代ギリシア・ローマや中国、ペルシア、アラブ世界とは異なり、これら初期のレシピ集は技術的なものであって、文学とは関わりなく、サヴォワ王アメデ七世の料理人シカール親方のように、主人の命令により専門の書記の助けを借りて書かれたとしても、とにかく職業料理人によって書かれた。

また一三―一五世紀には栄養学の概説書が多数あり、詳細さに違いはあるものの、料理のレシピを提供している。たとえばシエナのアルドブランディーノの『身体の食養生法』*Le Régime du corps* あるいはミラノのマグニヌスの『風味についての小冊子』*Opusculum de saporibus* はたしかに医学書だが、料理書として見た場合は技術の本であって、グルマンの文学とはなんの関係もない。

印刷がこれら技術書の部数を増加させたのに加えて、その種類も多様化した。まもなく食の技術のそれぞれを扱うようになり、技術そのものもどんどん分化していったが、これには意味がないわけではないだろう。一六世紀のイタリアの料理書は、教皇ピウス五世の料理人スカッピ(一五七〇年)やメッシブーゴ(一五四〇年頃)のレシピのように、その数と洗練で驚かせる。メッシブーゴは料理そのものを扱う前に、エステ家のために準備した豪華な宴会について語り、それぞれの皿の中身やサーヴィスにともなう音楽についてもなにひとつ書き落としていない。イタリアの料理書のヨーロッパにおける唯一のライバルは、マックス・ルンポルトによるドイツ語の『新料理書』*Ein neues Kochbuch*(一五八一年)で、あらゆる国——とくにハプスブルク家に支配されていた中欧諸国——のレシピを紹介し、フランス人グルメたちに三世紀を先駆けて、さまざまな料理と合わせて飲むべきワインを指定している。

次の世紀では、ヴィットーリオ・ランチェロッティの『実践的給仕頭』*Lo Scalco prattico*(一六二七年)はもはや料理書ではなく、単なるメニュー集で、メッシスブーゴよりも数が多く、同じように贅沢だ。ここでもまたそれぞれのコースに列挙された料理は、ほとんどレシピと言っていいほど詳細に定義されている。フランスでも、ピエール・ド・リューヌの『新しくかつ完璧なメートル・ドテル』*Le Nouveau et Parfait Maître d'hôtel*(一六六二年)のようなメートル・ドテルの手引書が登場、食卓の配置図つきで多数のメニューを提供している。イングランド、イタリア、フランスでは、肉の切り分け方の本が多数出版され、切り分ける家禽の図版にナイフを入れる場所が示された。フランスでは、ソムリエやエシャンソンの手引きが『オフィシエ・ド・ブッシュのための完璧な学校』*Escole parfaite des officiers de bouches*(一六六二年)に集成され、これにはナプキンのたたみ方と果物のむき方の図解があった。食の職業はすべてひとつの技術であり、いまや専門家の書いた概説書によって定義される。

一六世紀には、別のタイプの著作、医学、化粧品、笑い話やいたずらをごっちゃに扱う「秘伝集」が増加した。とくに興味深い数冊は二種の専門分野——化粧品とジャム——を喧伝し、おもに女性に向けて書かれた。たとえばノストラダムスの『レシピの建物』*Bâtiment des recettes* や『優れたる、かつ極めて有益なる小冊子』*Excellent et moult utile opuscule*（一五五五年）がある。フランスでもイタリアでも、秘伝集が料理のレシピを提供することは決してなく、せいぜいがジャム、保存食、シロップなど、長いあいだ、薬——つまり治療法——と結びつけられてきた甘いもののレシピを紹介した。このことはおそらく、この二国において、この時代、料理が使用人のおこなう活動であったのに対し、美容とジャム作りには、「奥方」や「令嬢」の関心の対象となる価値があったという事実によって説明されるだろう。反対にイングランドでは、貴族の家の女主人が他家の女主人のために書いた、あるいは書いたと言われる、料理のレシピとジャムその他甘いもののレシピ、薬の処方をいっしょに扱っている本があるる。フェリシティ・ヒールが説明しているように、こういった技術のすべてが、女性たちの属す階級に結びつけられた義務、とくにその一部である客の接待と病人の世話を果たすために必要だった。

これら家の女主人によって書かれた寄せあつめ集の競争相手として、フランスやイタリア同様イングランドにも、貴族やそれに近い家に雇われた職業料理人の手で、より料理に的を絞って書かれた概説書が見られる。しかしイングランドでは、この種の本はフランスの料理書を翻訳したり、フランスからきた料理人やフランス料理の専門家を自任する料理人によって書かれた。このことはひとつには、ヨーロッパには各国料理のうちに支配的な料理が存在したことを表す。それは一六世紀にはイタリア料理であり、一六世紀後半と一七世紀前半には多少なりともスペイン料理だったが、なんと言ってもとくに一七世紀中葉以降のフランス料理だった。一六五三年、フロンドの乱の真っ最中で、フランスの王権が輝かしいものとはとても言えなかったころに、『フランスの料理人』

Cuisinier françois が英訳されたことから判断すれば、それはフランス国王の政治的優位性に先駆けていた。いずれにせよフランスの料理書の影響は、イングランド以外の国、たとえばデンマークとスウェーデン――最初の料理書はフランス本の翻訳だった――あるいはオランダ、そして一八世紀にはイタリアにまで拡大した。

食の芸術とそれを扱う技法書の増加は、様々な形で、フリアンディーズ、さらには大食と酩酊さえをも擁護する文章を道連れにしていた。この傾向は一五世紀のイタリアで、人文学者バルトロメオ・サッキ、筆名「プラティナ」の『高雅なる逸楽について』*De honesta voluptate* によって開始された。プラティナは料理人でも医師でもなかった――たしかに『パリの家政書』*Le Ménagier de Paris* もそのどちらでもなかった。しかしプラティナはその料理と栄養学の記録に混ぜて、自分や友人たちが世紀半ばローマの偉大な料理人マルティーノ親方の料理あれやこれやを味わったときに感じた歓びを郷愁たっぷりに回想している。プラティナはこのすべてを、簡素であると同時に洗練された料理を味わうまじめな歓び、現在のわれわれなら「グルマン」としか形容のしようのない歓びを擁護するために使った。

次の世紀には、プラティナは国境を越えて成功をおさめただけでなく――ラテン語版は一六世紀初めすでにイタリア語、フランス語、ドイツ語に翻訳された――きちんとした食べ物を食べ、おいしいワインを飲むことを楽しみ、それを文字にする弟子も（弟子であることを意識しているいないにかかわらず）登場した。プラティナの弟子のなかに数名の職業人を挙げておきたい。たとえば『巧みにあつかう術』*L'Art de bien traiter*（一六七四年）の著者である謎めいたＬ・Ｓ・Ｒは、おいしい料理と菓子のレシピを教え、健康に害をあたえずに最高の歓びを引き出すようなワインの買い方、保存法、飲み方を説明するが、それだけでは満足しない。肉の正しい加熱について、レアの肉を、焼き汁以外のソースはなしで、場合によっては豚脂の端をカリカリに焼いたものをまわりに添えて食べるというちょっと粗野な楽しみについて、熱を込めて説いてもいる。そのほぼ四分の一世紀前、ニコラ・

ド・ボンヌフォンは『フランスの園芸家』（一六五一年）で、食材の「自然な」味わいを保つような簡素な料理を初めて強く支持し、さらには『田園の快楽』*Délices de la campagne*（一六五四年）でなおいっそう力説した。料理書を書く職業料理人は、ときには『コームスの贈物』*Les Dons de Comus*（一七三九年）に序文を書いたふたりのイエズス会士のような知識人に筆を譲り、本の利点や近年のフランス料理の洗練、フランス人にとっての最初の教師イタリア人にフランスの料理人が負っている恩義、才能と創造性をもつ生徒であるフランス人料理人の長所、そして一七―一八世紀のフランス貴族の大きな特徴となっていた見識ある食べ手の利点――著者たちに言わせれば、フランス貴族がいなければ、なにひとつ可能ではなかったことになる――を謳いあげてもらった。

実際には、多少なりとも見識のある愛好家と調理技術の進歩につくす庇護者を提供したのは、チェスターフィールド卿その他大勢のイングランド貴族を筆頭とする全ヨーロッパの貴族階級だった。しかしフランスでは、こういったフリアンの王侯貴族が、国民的料理の進歩のために効果的に働いたのに対して、他の国、とくにイングランドの貴族は反対に、ヨーロッパで優勢だったフランス料理をひたすら愛するあまり、大衆の料理、ブルジョワの料理、貴族の料理のあいだの対話を疎外したと考えるだけの理由がある。この対話こそは偉大な料理の揺籃だった。ウィリアム征服王以来、イングランドはこの硬直化に最適の土壌を提供してきたとはいえ、筆者には、スティーヴン・メネルが『食卓の歴史』*All manners of food*〔北代美和子訳、中央公論社、一九八九年〕でイングランドについてのみ提出したこの考え方を、さらに一般化してよいように思える。

職業料理人以外によって書かれたフリアンの本に話をもどせば、ジョン・イーヴリンのサラダに関する入念な概説書やフランスの旅籠の正餐についてのアーサー・ヤングの見識あるコメントを忘れることはできない。いずれにせよ、より一般的に見ても、一六世紀から一八世紀にかけての旅行記のなかで、食に示される関心は、近代におけるグルマンディーズの解放をほとんどあからさまに示している。グルマンのドミニコ会士ラボ神父は、この種の著述をもっとも得意としたひとりであり、食に関する話で当時の読者の気を引こうという意図を隠してはいない。

最後に、近代に花開いた酒飲みの文学と集会に触れておかねばならない。酒飲みのシャンソンは中世の伝統を引き継ぎ、近代の初めから終わりまで大いに栄え続けた。これもまた伝統を引き継いでいるが、酒壺とソーセージやハムのあいだに主人公をすわらせるゴロワズリー精神の文学は、ラブレーとともに一般に認められた。そして青年や中年の貴族たちのあいだで一六世紀に流行した人物像「よき仲間」とは基本的には、陽気な大酒飲みのことだった。一七世紀にはさまざまなタイプの飲酒会が創設された。ブドウの丘々の会――その会員は、出されたワインがほんとうに名称どおりの地方産であるかを言えるだけでなく、それが熟成された丘まで正確に言えると自慢していた――はおそらく想像上の会かもしれないが、メドゥーサの会は飲酒会であると同時に賭事の会でもあって、男女が入りまじって酒を飲み、賭けに興じた。こちらはたしかに実在し、その会則は現在まで伝えられている。

こうして飲食の楽しみに捧げられ、近代の三世紀のあいだに出版された書物、詩、シャンソンは、一九世紀の初頭に、質の高いガストロノミー文学が花開くための肥沃な土壌を作りあげた。

食事と食卓の作法

この食の芸術には、食べ方をさらに洗練させることを可能にするような新しい家具と食器の発明によって、いっそう磨きがかけられた。また上流社会では食事の時間が変わり、なおいっそう徹底的に無為な生活に適応させて、労働者の生活リズムとの溝が広がった。食事の「コース」をより厳格に規定し、料理の順番を、新たな味覚の構造にしたがって合理化した。こういった領域のいくつかでは、飲食の作法が全ヨーロッパで同じ方向に変化した一方で、別の領域では、国と国との差異が維持されるか、場合によってはなお硬化された。

フランスでは一八世紀のあいだに、貴族の住居には必ず食堂が設けられ、食事専用の脚の固定されたテーブルが備えられるようになる。この変化はヨーロッパの他の地域でも同様に起こるが、その年代については今後の研究をまたねばならない。

もうひとつヨーロッパのすべての国で新規に取り入れられたのはフォークであり、テーブルよりも大きさはずっと慎ましかったものの、その重要性ははるかに大きかった。フォークはビザンティンで発明されたと言われ、数枚の絵画が証言するように、一四—一五世紀にイタリアのいくつかの食卓に導入された。その後、一六—一七世紀のあいだに近隣諸国に伝えられた。フランスではすでに一七世紀初頭、数枚の食事風景の絵がフォークを描いているが、イギリス人トバイアス・スモレット（一七六三年）のような毒舌家だけでなく、ルイ一五世と宮廷の大貴族たちが食べ物を手づかみして口にもっていくところを描いた一七三〇年のある版画を信じるとすれば、一八世紀になってもなお、エリート層においてさえ、その定着は終わってはいなかった。

これもまた一六世紀以降、中世のトランショワールにおきかえられた平皿は、上流階級にはフォークよりもずっと速やかに取り入れられた。一本のスプーン、一本のナイフ、そしてひとつのグラスを会食者それぞれの専用に供する習慣も同じように取り入れられて、こういった食器を使用後に隣人にまわす習慣は放棄された。取り分け用の食器だけが共用だったが、だれもそれを口に運んではいけなかったし、大皿から直接食べ物を口に運んでもいけなかった。現在と同じように、まず食べる人の皿にのせ、切り分けたあと、個人用のスプーンかフォークで口まで運んだ。旧い時代の親密な会食習慣は終わった。いまや会食者のひとりひとりは一種の透明な檻によって隣人から切り離され、新しい食器はふるいの役を果たした。しかも、それはパストゥールが細菌の存在と病気を媒介するその役割を証明する二世紀も前に起きたのである!

新たな食事時間

書物文化への移行と同様に、新しい食器と新しい食卓作法は、近代の一時期に、さまざまな社会階層のあいだの距離を拡大した。もうひとつの変化もこの拡大に貢献した。食事時間の移動である。

中世、大衆は一日に四回か五回食事をしたが、エリート層では成人は原則として二回しかしなかった。しかしながら、子供や女性、老人、さらにはそれほど禁欲的ではない成人男性など、結局は大勢の人がやはり三回か四回食事をした。とは言うものの、どちらの場合でも、主要な食事二回の時間はほぼ同じだった。一日の真ん中ごろ——九時に朝食を取る場合は一二時か一三時、取らない場合は一〇時頃——に正餐、そして日暮れに夕食である。現在ほどではないにしても、ほとんどの人びとが決まった時間、ほぼ同時に食卓についていたようだ。ところが西ヨーロッパのすべての国で、大衆の食事時間が安定していたのに対し、エリート層の食事時間は少しずつ遅くなっていった。パリでは一六世紀末から一九世紀初めにかけて、正餐の時間は八時間遅くなり、帝政期にはすでに一八時に達していたし、夕食は六時間遅れて、何十年も前から二三時頃という一種の天井にぶちあたっている。イングランドでは、一七世紀には午前の終わり、一一時頃にとっていた正餐が、一八世紀後半には一四時に移動し、ロンドン社交界の人びとは一七時に正餐を出すことさえあって、真夜中の一二時に最後の軽食をとった。スペイン人はこの点については「古くさかった」。というのは同時期、一三時か一四時に食べた宮廷人としばしば一四時か一五時まで待った外国大使をのぞいて、正餐は通常正午にとっていたからだ。反対にイタリア人はだれよりも先をいっていた。早くも一五八〇年、モンテーニュはイタリアの上流家庭では一四時に正餐を取り、二一時、芝居がはねたあとに夕食をとると指摘している。ヨーロッパのどこでも、一八世紀、エリート層は毎日劇場に出かけるようになり、生活が以前よりも夜型になった。夜と昼とを入れ替えられなかった労働者は、社交人士とはだんだんと別の惑星に住むようになっていった。

食卓におけるヒエラルキーと食卓をともにする歓び

しかしながら、社交人士のあいだではヒエラルキーは以前ほど目立たなくなっていた。一八世紀、だれかを自宅に招くには、その人がコレージュで基礎的な教養を身につけ、そのあとサロンでそれに磨きをかけていれば充分だった。格好がよく、社交界の礼儀をわきまえ、機智に富んだ会話ができれば、自分の食卓にすわらせるのにそれ以上は必要なかった。そして食卓では、ますます会食者全員が平等であるようなふりをした。最高位の人びとがつねにある種の上席権を享受してはいても――これは一八世紀同様、現在でも当てはまる。そのためには女性か老人でさえあればいい！――反対に、この人たちのためだけの特別料理やワインが出されることは、少なくともフランスでは、しだいに珍しくなっていった。フランス人旅行者は、しばしばドイツやポーランドの食卓に残っていた暴君的なヒエラルキーに文句を言っている。

反対にフランス人ははるか以前から、こういった国々にある主人と使用人のあいだの気安い関係に驚いている。すでにモンテーニュが一五八〇年、ドイツの宿屋でそれに目をとめていた。これは中世にはどんなに国も見られたような昔ながらの気安さであり、その裏返しとしてヒエラルキーの尊重が必要だった。一方、食卓における平等については、その裏返しとして、異なった条件に属するのがあまりにも明らかな人びと――その教養、会話、作法が庶民、あるいは下層ブルジョワジーであることを明らかにする人びと――の排除があった。これはまずフランスで、次いでイングランドで目につく社会的隔離であり、近代はそれを遺産として現代に遺した。この代償を払って、フランスの正餐は――さらに夜食はなおいっそうのこと――グルマンの楽しみと同様に、機智に富む人びとのあいだの会話、友誼、食卓を分かち合う歓びに捧げられ、一八世紀には一種の完成に達したように見える。フランス革命の生き残りたちは、長いあいだ、それが失われたことを残念がっていた。

給仕法

「フランス式サーヴィス」がその古典的な形式をとるようになったのもまた、一六世紀から一八世紀にかけてのことである。第一のコースはポタージュ、アントレとルルヴェ・ド・ポタージュ。第二のコースはサラダを添えたロ――つまりロースト――と、場合によってはアントルメ。ときにはアントルメが第三のコースとなることもある。そして最後にデザートあるいは「フルーツ」が食事を締めくくる。会食者は自分の好きにとりわけ、会食者のそれぞれが満足するように、メートル・ドテルはできるだけ多様な料理に手が届くよう気を配った。この多様さへの気配りは、長いあいだ、個人のそれぞれが自分の気質に適して必要とする食材を知っており、食欲が自分の必要なものを教えてくれるという考え方に基づいていたが、一八―一九世紀にはもはやグルマンディーズを満足させ、家の主人の豪奢を示す以外の目的はなくなっていた。

ドイツやポーランド、ロシア、イングランドその他多くの国でも、フランスと同じように、それぞれのコースごとに食卓に多数の料理を並べた。しかしこういった料理はそのあとエキュイエ・トランシャン〔肉を切り分ける係の給仕人〕によって切り分けられ、給仕人の手で会食者に回されたので、現在の食事と同じように、会食者ひとりひとりはそれぞれの料理を次から次へと勧められることになった――もっとも料理の数は、たいていの場合、現在よりもはるかに多かったが。反対に、フランスの古いシステムでは、通常会食者ひとりひとりはそれぞれのコースごとに食卓に並べられた料理のうちのごく少数しか味わえなかった。そこから北国の人びとのあいだで、フランス人は少食という評判が生まれた。

フランス式サーヴィスでは、とりにいってくれる給仕人の助けを借りなければ、自分の遠くにおかれた料理に手がつけられないと残念がる外国人もいた。給仕人のいない会食者は自分のそばに置かれた料理で満足しなければならない。たとえばジャン＝ジャック・ルソーやロシア人の毒舌家フォンヴィツィーネはこれを残念がっている。おあいこで、ポーランドで家庭教師をしていたフランス人ユベール・ヴォトランはやはりとても気難し屋だったが、おいしそうな料理なのに、給仕人がヒエラルキー順に会食者全員に勧めていくので、自分の順番がくるまで待たねばならないとこぼしている。ヴォトランによれば、会食者の多くは旨そうな料理に目もやらず、いるのかいらないのかそれを差し出す給仕人にわざわざ応える手間もとらないので、給仕には相当時間がかかったという。事実、この給仕法ではより時間がかかり、こういった国々では食事が際限なく続いたことをだれもが認めている。

飲み方

フォンヴィツィーネだけでなく、大勢が批判したフランスの習慣は飲み物の給仕である。ボトルは――料理に手をのばそうとしてひっくり返すのを恐れて――グラスとともに食卓ではなくビュッフェにおかれた。飲みたいと思うたびに、自分の従者をもつ幸運に恵まれていたら自分の従者に、そうでなければ家の給仕人のひとりに給仕をさせねばならず、家の給仕人の注意を引くのはたいていの場合、とても難しかった。グリモ・ド・ラ・レニエールのようなフランス人もこの事実を認めている。

北欧と東欧では、この問題は起こらなかった。食べながら飲むのは例外的なことだったからだ。古代ギリシア人のように食事は二部制で、それぞれが食べることと飲むことにあてられていた。イングランドでは、女性は一杯か二杯飲んだあと、席を立った。しかし他の国では、そういう証言はない。しかしだれもが――とくにこの習慣をあまり喜ばなかったフランス人が――一致して認めているのは、乾杯を重ね、酒飲みに挑戦するあまり、会食者全員がひどく酔っぱらったことだ。ポーランドでは、会食者が次つぎと食卓の下に転がり、そうすると給仕人が運び出して寝台に突っ込んだ。

差異・類似・影響

このように、飲み方の領域では、国による伝統の多様性がとくに目を引く。旅行者は一般的に飲み方についてほど強い印象は受けていないけれども、給仕法の違いも同様だ。

他の領域では、国ごとの伝統の違いはなおいっそう大きくなった。それはおそらく宗教改革のひとつの結果だろう。たとえばカルヴァン派はとくに「典礼暦を迷信的に尊重する」ことに敵対したので、これ以降は、全ヨーロッパ人が一年の同じ時期に断食をしたり、盛大に飲み食いすることは珍しくなった。同様にイングランドでは、カトリック教会との断絶以来、魚の消費量が大幅に減少した。イングランドの旅行者は一七世紀と一八世紀にフランス人が、義務からだけではなく、魚が好きなことからも、魚をたくさん食べると指摘している。おそらくこういった記述はエリート層にしか有効ではないだろう。しかし、これらのフランス人にとって、「肉抜き」の義務は、イングランド人に対するほど重くはのしかかっていなかったようだ!

料理法と食品の好みについても大きな違いが確認できる。中世では、ヨーロッパのどこでも――少なくとも料理書が教えてくれる料理については――肉食の日には豚脂で、肉抜き日には植物油で料理していたのに対して、これ以降、バターの料理と植物油の料理が地理的な軸によって対立する。バターで料理する国がすべてプロテスタント国というわけではない。宗教改革以降、教会は免除品目を増やしたからである。一方植物油を使う国は、カトリックというだけではなく――そしておそらくはこの点のほうが重要だが――地中海沿岸諸国だった。事実、一七―一八世紀には、肉さえも植物油で料理することがあったが、これは便利さ、味覚、あるいはそれらと似たような理由によるのであり、宗教上の戒律によるのではない。

宗教改革はまた、一七世紀以降、イングランド人がニンニクを嫌悪し、フランス人がミントをソースから追放したことにはなんの関係もないようだ。フランス人がスパイスのききすぎた調味、とくにある種のスパイスに示した嫌悪は、一世紀、あるいは二世紀のあいだは、フランス料理とヨーロッパの他の国の調理慣習との差異を強めた。しかしながらこの差異については、ひとつには――フランス人は中世には隣国の人びと同様にスパイスのきいたものを食べていたのだから――国の伝統によるのではないこと、またひとつにはそれが継続しなかったことを強調するのが重要だ。実際にヨーロッパのほとんどの国で、今日では、あまりスパイスのはいっていない、ときにはフランス料理よりも味の薄い料理を食べている。これと似たようないくつかの進化が、それぞれの国で時代をずらして起きたために、近代においては国ごとの料理間の距離が一時的に増大した。

しかし、すでにある種の接近が輪郭をとり始めていた。砂糖の消費量の飛躍的増加、植民地原産の飲料への嗜好、外国からきた植物の馴化、いまだおずおずとではあったが食生活におけるその導入、そして野菜のようなある種の食品、あるいはバターのような調味料に対する態度の明確な変化などである。

(北代美和子訳)

第三二章

理由なき成長

生産構造・人口・栄養摂取量

ミシェル・モリノー

この章で扱うのは、三つの世紀――一六世紀・一七世紀・一八世紀――をひとくくりにしたいわゆる「近代」と呼ばれる時代である。当時のヨーロッパは現在とは大幅に異なる人口統計上の特徴を有していた。例外をのぞいて、人口の八〇パーセントから九〇パーセントが田園地帯に集中し、収穫高はいまだ少なく、年ごとに大きなばらつきがあったために、どこでも作物の出来が一番大きな強迫観念になっていた。食料資源と養うべき口の数のあいだのバランスがつねに問題だった。栄養失調は人体を脆弱にし、多くの病気がまだ抑制されていなかっただけなおさらに、より高い死亡率の素因となっていた。

しかしながら、こういった制約にもかかわらず、ヨーロッパの人口は一五世紀末から一八世紀末にかけて増加を続け、実質的には八千万から一億八千万人にまで達した。ヨーロッパは危機を乗り越え、世界人口に占める割合を約五分の一に維持した。「維持」であったことを明確にし、人口増加が大西洋とウラルのあいだに位置する狭い大陸だけの快挙だったという考えを排除しておく。実際に、アジアもヨーロッパ以上とは言えないまでも、同程度の増加を遂げた。近代ヨーロッパの人口グラフは均一なカーブを描いていたわけでも、継続的に上昇を続けていたわけでもない。その人口問題を把握するためには、まず各国ごとの変化に注目すべきだろう。

変化の多様性

厳密な意味でのイングランド（ウェールズもモンマス州も含まない）は、ヨーロッパのどこでもそうだったように、一四世紀に黒死病に見舞われ、黒死病以前の人口を回復するのはようやく一六世紀の初めである。バラ戦争〔一四五五―八五〕の終結が引き金となって人口は飛躍的に増加し、それは継続を示した。一五四一年以降については、洗礼、埋葬、結婚を記録した小教区の記録簿(1)が、考察の種をいくつか提供する。猛烈な上昇（八〇年間で約七二パーセント）のあと、一五八〇年から一七〇〇年までの増加率は三〇パーセントにすぎない。ほぼ平らな線が意味するのは、一六〇三年から一六〇四年にかけてのペスト、一七世紀半ばの不幸な清教徒革命、一六六四年から六五年にかけてロンドンを襲ったペストによるつらい損失が、それでも埋め合わされたことである。回復は比較的緩慢だったが、一八世紀前半には確実となる（一四パーセント）。そのあと増加は加速され、六〇年後の一八一一年には過去最高の増加率を超えた（八〇パーセント）。

フランスを現在の国境線内で見ると、一六世紀の人口動態を再現するには問題があり、司祭たちの怠慢のために、その後一六七〇年まで同じような状況にある。[2] 一六世紀最初期について意見を述べるのは困難でも、そこにはさまざまな大量死が刻み込まれ、多くの地方で一五二九―三〇年のペストの結果はきわめて深刻で、続く五〇年間は人口爆発が特徴となっている点は衆目の一致するところである。この増加は一五八〇年、場合によってはそれ以前に中断され、一六〇〇年にふたたび上昇に転じて、一六三〇年に頂点に達するが、またしても疫病に襲われ、総人口は二〇パーセント減少した。不利な状況下で、下落は一時的な好転や悪化をともないながら長期化した。一六七〇年に開始された人口回復が過去の最高水準まで到達するには半世紀が必要だったようだ。こうして増加はふたたび軌道に乗ったが、ささやかなものにとどまり（一七九〇年、二六パーセントのプラスにすぎない）、その後ふたたび停滞した。このように一七世紀フランスの人口推移が描くカーブは、イングランドのカーブよりもずたずたに切断され、そのあともイングランドほど力強い上昇はなかった。このアンバランスは一九世紀と二〇世紀にまで持ち越される。

ドイツ諸国の人口は、一四〇〇年代末から一六三〇年までに五〇パーセント増加したが、その間の推移について詳細は不明である。[3] 一六一八年に勃発し、その後激しさを倍増した三十年戦争は、兵隊による残虐行為とそれにともなう飢饉、疫病によって、深い痕を刻み込んだ。一六五〇年、戦闘が終結したとき、住民数は四分の一減となっていた。しかしながら生残者の子孫たちが一世紀半のあいだに増加し、一八〇〇年には全体で六〇パーセントの増加に達した。この数字は数次の移民の波によってわずかに減少するにすぎない。その後、ふたつの世界大戦にもかかわらず、ドイツの人口は爆発的に増加し、一八〇〇年から一九五〇年のあいだに四倍（一八〇〇万から七〇〇〇万人）になる。

一六世紀カスティーリャについては長いあいだ、一五二八―三六年の調査と一五九四年の人口調査に基づいて、目を見張るような人口増加があったと信じられてきた（四七・五三パーセントと言われる）。現在では、世紀最後の二五年間、つまり一五九六年から一六〇二年にかけてサンタンデルに上陸したいわゆる大西洋ペストの大流行以前すでに、上昇はときおり鈍化し、さらには反転もあったことが認められている。大西洋ペストは一世紀以上にわたる減少の幕を切って落とした[4]。より人口密度の低かったカタルーニャは一七世紀に増加を続けたが、一六四八年に別のペスト――今度は地中海のペスト――が地中海域のスペイン領土全域〔ナポリ王国・シチリア・サルデーニャ〕同様に、カタルーニャに猛威を奮った。災厄の終結直後に始まった急速な人口回復は、スペイン継承戦争（一七〇一―一四）によって中断された。一七一七年、スペインの全地方を合わせた人口は、ギプースコアからガリシアにいたる北西部で増加したにもかかわらず、一五九〇年よりも七分の一減少していた。バレンシア王国とムルシア王国については、一六〇九年のモリスコ〔キリスト教に改宗した元イスラム教徒〕追放とそのあとに続く農民の土地奪回によって問題が複雑化しているので、ここでは触れない。一七九五年の人口調査によれば、一八世紀にはおそらく全体で約四〇パーセントのプラスとなり、この増加はポルトガルにも見られる。

もちろん国全体の平均値は、それぞれが非常に異なる地方の現実を隠している。たとえばドイツでは、三十年戦争がどこでも同じように多数の死者を出したわけではない。メクレンブルクとヴュルテンベルクが人口の三分の二を失ったのに対して、北西部はほとんど影響を受けなかった。もっとも血を流した国のひとつバルト海沿岸のポモジェは、一八世紀になって一三八パーセントの増加を見たが、ほとんど損害のなかったウエストファリアの平均値は横這いだった。

フランスを見ると、パリ盆地は国全体の変化をかなりよく反映している。しかし洗礼の記録が一四八〇年までさかのぼって見つかるブルターニュでは、一六世紀に二倍にまで飛躍的に増加し[5]、この増加率はラングドックと同じか、あるいはそれを超えていた[6]。増加は一五八〇年から一六〇〇年にかけて中断されたあと、ふたたび一六六〇年までは年平均一・五パーセントを維持し、ラングドックをかなり上まわった。壊滅的な一七世紀末のあと、新たな躍進にもかかわらず、一七七一年以降は慢性的な赤痢が猛威をふるったこともあって、かつての勢いは回復されなかった。こういった不運があっても、ブルターニュは再度ラングドックに勝利した。ラングドックでは、一七四〇年頃、ようやく人口が増え始める。しかしながらこの時代、記録を達成したのは王国の周辺地域、フランシュ＝コンテ、ロレーヌ、アルザス（この三地方も三十年戦争で被害を被ったあと、一〇〇パーセント以上の増加を見た）と一六世紀末にオランダの紛争に巻き込まれたエノー（三〇〇から四〇〇パーセント）である。

地理的な範囲をさらに狭めれば、より細かい分析もできるだろう。しかしそのような試みにはそれなりの限界がある。多くの場合、あるひとつの共同体の変化はその共同体自身のことしか語らない。デヴォン州のコリトンがイングランド全土を、サン＝ランベール＝デ＝ルヴェがアンジュー地方を代弁はできない。一八世紀イタリアのラヴェンナ地方については、村を三種に分類できる。第一は人口がはっきりと減少した村、第二は停滞したまま均衡を保った村、第三は非常にダイナミックな人口発展を見た村である[7]。都市にはこのことがなおいっそう当てはまる。一六世紀と一七世紀、ヴェネツィア共和国の本土側地域とナポリ王国は、疫病の流行に本国〔ヴェネツィアは島嶼部、ナポリはシチリア島のこと〕よりもよく抵抗した。一方、ハンブルクは、三十年戦争のあいだに発展し、その間に一万人の住民を獲得した。

最後にもうひとつ明確にしておくべきことがある。「美しい一六世紀」「暗い一七世紀」「激情の一八世紀」といったように、世紀に習慣的に貼られる断定的なレッテルは、必ずしも字義どおりとは言えない。たとえば一六世紀は、あちこち（フランス、イタリア、ポルトガルなど）で悪い始まり方をし、しばしば同じように終わった。同様に一五八〇年（あるいは一五六四年か一五七二年）から一七二〇年（あるいは一七四〇年）にまたがる期間は、人口のカーブがぎざぎざを描き、多くの場合、収支はマイナスに終わるので、これを「輝かしい」と考えるのも難しいように思える。しかし、そこには晴れ間がなかったわけではない。スイス人歴史家フランソワ・ド・カピターニは、中立国だったにもかかわらず、三十年戦争の災禍をこうむった自国について「[……]一七世紀に開始された（一八世紀の）大きな膨張運動」を語ることができた。しかし、人口増加が一八世紀には確固たるものとなり、新たな形態をまといながら、現代まで途切れることなく続いているのは事実である。ただし例外がふたつある。まずオランダ連合州（現在のオランダ）は、一五六〇年と一六四八年に国境を接する国々を襲った戦争による大量の移民流入のおかげで、一七世紀中葉に頂点に達し、一九世紀までそこにとどまる。もうひとつはサルデーニャで、一七八二年の四三万六七五九人から一七九六年の三三万四六八人まで、人口が激減した。

人口統計の指数

すべての生物同様に、人類にも繁殖という使命があるとするならば、さまざまな危険が絶えずその増加を脅かしているのも事実である。細菌やウイルスだろうと、人間自身に責任のある災厄だろうと、歴史はこの現実を証言する。

さまざまな理論が近代ヨーロッパの人口動態を説明しようと試みてきたし、その試みは現在も続いている。そのなかのあるものはイデオロギーと紙一重だ。たとえば人口増加には許容限度があると仮定するマルサスの人口論を過去に遡って適用し、すでに一四世紀には限度に達していたとする説がある。一三四八年の黒死病があれほど壊滅的だったのは、とくに経済的次元の不均衡による窮乏生活によって、すでに弱っていた人体を襲ったからにすぎないというわけだ。つまりふたたび増加に転じるには、真の農業革命の実現が前提となる。しかしながら、この論法は通常、ある一国の内部にしか適応されず、無意識のナショナリズムを逃れえない。それは研究者を特殊な増加要因の追求に走らせる。対象とされるのはフランス、そしてとりわけイングランドであり、イングランドは産業の分野と同様に、この分野でもリーダー国の地位に引きあげられた。しかし、現実はずっと複雑なように見える。実のところ、増加はどこでも見られた現象であり、ある特定の国の専売特許ではない。複数の世紀にわたる変化についても、同じような全体化ができる。まじめな学者なら、もはや人口爆発の生みの親としての農業革命説を擁護はしない[8]。また別のある説は、人口過剰が疫病の原因、少なくともその深刻化の原因だと主張し、ギリシア（一四世紀初めに、一キロ平方あたり一〇人）のように、人口密度は低いのに災難に襲われた国のことをみごとに無視している。この理論は、たとえエスター・ボーザラップ[9]の楽観主義を完全に採用はしなくても、人間の創意工夫の才や、たとえば一七世紀最後の一〇年間のスコットランドやフィンランドのような悪天候[10]という重要な意味をもつ現実を軽視している。

事実、H・H・ラムがおこなったたぐいの気候変化の再現[11]は、人口動態に新たな光を投げかける。一三〇〇年以降、地球は寒冷期にはいり、それは悪化したり、回復したり（一六世紀前半と一八世紀）、一度は最悪に陥ったり（一五六〇年から一七二〇年の「小氷河期」）しながら、五世紀のあいだ継続した。天候不順は季節のサイクルを狂わせ、たとえばとくに湿りがちの夏（豊作には最悪）が繰り返されて、何年も続く収穫不足を引き起こした。季節と人口のあいだの相関関係は簡単に割り出せる。この現象に、ペストの発病力が弱まったあげく、西ヨーロッパから撤退したこと（最後の流行は一七二〇年のマルセイユ）をつけ加えるのが重要だろう。

このように、最後の――一八世紀――飛躍的な人口増加についてだろうと、中間段階の停滞、さらには危機についてだろうと、そのただひとつの原因を、ましてやただひとつの国について求めても無駄だろう。反対に、それぞれの地域で、人口回復のたびごとの形態そのものに関心をもつべきだ。しかも、その影響は現在にいたるまで、絶えず拡大を続けている。

増加の形態

気候変化に基本的な役割を認めることは、型にはまった図式にあてはめるという意味ではない。これまでに把握してきた国ごと、地域ごとの多様性をおろそかにしてはならない。一三〇〇年以降に訪れた寒冷期は、大気の動きを固定はせず、そこから生じる天候の型は気まぐれなやり方で出現した。一部の地域は変化がより少なく、おそらくイングランドの場合がこれに当てはまる。植物は、場所ごとに特殊な条件に適応しなければならなかった。同じ冬のあいだに、ある場所では氷が植物をしおれさせ、別の場所では雪が守った。疫病は、いつでもどこでも同じ苛酷さで襲いかかってきたわけではない。それはさまざまな障害にぶちあたった――一六五六年のペスト流行は、その限界線を地図上ではナポリに引くことができた。こういったいくつかの指摘だけでも、地域ごとの特殊な状況の再現を可能にするうえに、戦争の影響も考えねばならず、ときには戦争の影響と、同時代の飢饉と疫病とを関係づけねばならない。戦争は飢饉と疫病を深刻にし、広い範囲に波及させる。その代償として苛酷であればあるほど、戦争が早期の力強い回復のための土壌を準備するのは、ロレーヌやポモジェなどの地方が証明する通りである。J・デュパキエ(12)は、一六九三年から九四年にかけてのパリ盆地の高死亡率に、これと似た「浄化」効果を認めている。ハンガリー、スロヴェニア、クロアチア、セルビアでは、ドイツ皇帝による領土の奪還と入植者農民の定住、あるいは黒海へのロシア人やウクライナ人の進出を、同じ効率のレベルで考えるべきだろう。

なんと言っても、人間はさまざまな不幸がただ降りかかってくるままにしていたのではなかった。たとえばどの土地でも、飢饉のあと、たとえいかにささやかでもふたたび種を蒔くという行為は、生きようという意志の表れだった。この視点から見れば、新作物をとり入れたことには大きな重要性がある。ソバは一五世紀にブルターニュのフランス領に馴化した。コメは一六世紀初めにポー平野、トウモロコシは一六世紀末にポルトガルとバスク地方、ジャガイモは一七世紀初めにアイルランド、オランダ、ロレーヌ、アルザスなどに馴化し、同じ一七世紀の中頃には、戦争と伝統的穀物の不足にしたがってさらに前進、一九世紀には東ヨーロッパやバルカン諸国にまで達した。それは食糧不足を緩和し、人命を救い、ガリシア（トウモロコシ）、あるいはアイルランドとフランドル（ジャガイモ）でおこなわれた研究が証明するように、人口の上昇カーブの回復に貢献し、人口増加を支えた。(13)

人口増加における自然資源の重要性

自然資源が人口増加にどれほど重要であったかは、人口増加の研究におけるもうひとつの基本的テーマである。これは初めは自明の理に思える。しかし、それを深く掘り下げるべきだ。一部の地域（スウェーデンのノルランド、ロシアの森林地帯、トランシルヴァニアなど）をのぞいて、採集と狩猟は多くの場合、封建君主や領主の用益権によって妨害され、もはやごくわずかの役割しか果たさなかったが、自然条件は農村活動の型、栽培穀物の種類、飼育する家畜を規定してきた。

たとえば地中海地方がその軟質小麦（カスティーリャのティエラ・デ・カンポス〔畑の土地〕、ティエラ・デ・パン〔パンの土地〕）を誇っていたのに対し、ライ麦はより北方を支配し、エンバクはアイルランドからノルウェーにいたるまで盛んで、大麦には北限があった。きわめて限定された地域で栽培されたオリーヴやブドウ（ブドウは霜害の恐れから、緯度ばかりでなく高度によっても限界があった）は言うまでもない。

調理習慣（植物油かバターか動物脂か、あるいはパンかガレットか粥か）と食生活も、このような地理的な差異を呈している。北極圏付近に位置する地域をのぞいて、穀物が食料の基礎を構成し、日々の熱量の二分の一から四分の三を供給した。ヴォバン〔一六三三―一七〇七。フランス元帥。重農学派の先駆者。著書『王の一〇分の一税計画』は比例課税制度を先取りした〕が『王の一〇分の一税計画』*Dîme royale* で、庶民の四人家族に割り当てた麦（ライ麦五〇パーセント、軟質小麦五〇パーセント）六リーヴルから、一人あたり一・五リーヴル（約七五〇グラム）が割り出される。この数字は少しも大げさではない、フランスの行政府は一八四〇年になってもまだこの数字を維持していた。おそらくヨーロッパの平均を表すには多すぎるかもしれない。しかしポルトガルには六二〇グラムという例があり、最低一リーヴルは認めてよいだろう。[14] 同様に、男子と女子のあいだの違いも考慮しなければならない。成人男子は大量に食べた。穀物のほかに、肉――南部より北部が多く、オランダの一〇〇グラムに対して、アソーレス諸島では五〇から六〇グラム――魚、チーズ、牛乳なども食べた。

熱量の点から言えば、判明している栄養摂取量はどれも充分だったように見える（壮年男子には三千カロリー以上）。この驚くべき結果は明らかに飢饉の年ではなく、豊年だけにしか有効ではない。これは一八世紀アイルランドも含めた全体の推定と計算から確認される。アイルランドでは食生活の基本が、ジャガイモ（一日五キロ）、牛乳一パイント、エンバク、エンドウマメで構成されていた。[15] 糖質、脂質、たんぱく質のバランスがよりよい食生活もあったたし、貴族的な性格（高級穀物）、あるいは進歩した性格（一八世紀ケントの住民の日常食における砂糖と茶)[16]をもつにいたった食生活もあった。しかしながら、ビタミンとミネラルの供給源である果物と野菜、ニンニクとタマネギの割合は推定が難しい。ニンニクとタマネギについて、L・ランドワン[17]はエジプトの農民のためにそのすばらしい効能を称讃したが、それはまたクレタ島のクレフト〔山賊をしながらトルコ人に抵抗したギリシア人〕やプロヴァンス(あるいはルエルグ)の羊飼いにも当てはまったはずである。

生産形態

このように、人口増加に加えて、一八世紀の国ごとの差異を説明するのには食生活の質だけでは充分ではない。生産形態も自然条件に完璧に適応していることがわかる――いずれの形態も、それにふさわしくはない環境に強制はできない。二圃式輪作が地中海の自然に対応する一方で、北国には三圃式輪作が出現した。一七世紀ワース地方で実践されたフラマン方式は、繰り返し土に肥料をやり、継続して栽培をおこなったが、きわめて生産性が高かった。しかし、多かれ少なかれ海に近い地域でなければ導入はできなかった。

各国の国民はそれぞれできるなりのやり方で、わが身を窮地から救った。ある者は処女地を利用して開墾や耕作をした。またある者は休耕地を解放して、密かに補助食品、とくに遠くからきた驚異的な収穫量の新作物を招き入れた。当然の相違点は別としても、ナポリのコンチャ・ディ・オロやシチリアのメッシーナ周辺の菜園は、ライデン周辺のオランダの「デリス〔美味なるもの〕」と肩を並べる。一八世紀の農学者はどこを表彰すべきかわからずにいた。ノーフォークか?　ローランドか?　シュレスヴィク＝ホルシュタインか?　ベルンの田園か?ロンバルディアか?　ロンバルディアについて指摘しておくが、一八世紀後半には、イタリア南部のほうが北部よりも人口が急激に増加した。アーサー・ヤングを大いに失望させたとおり、アイルランドとイングランドのあいだも同様である。所有地と大地の実りがどのように分配されたかは、それだけでひとつの問題を構成するが、カラブリアでもガルウェイ州でも、庶民の最大部分にきわめて有利だったようには見えない。反対に、開発と生活水準の向上（あるいは改善）が出生率の低下を招くという現代の考え方を適用すべきなのだろうか？　この理論はアナクロニズムすれすれではあっても、それぞれの人口増加がどのようになされたかという基本的な問題を提起させる。

一八世紀の増加率は議論を呼ぶ。それぞれの国で、さらにはそれぞれの著者によっても、増加の開始と終了で比較基準が変わるからだ。これらのさまざまなデータを統一するために、国を三つに分類する。第一のグループには、一八〇パーセントのボーナスを認めることができるハンガリーを筆頭として、人口増加が領土の拡張をともなう国。ロシア帝国内では、ウクライナと「黒土地帯」で実現された向上が、一八一二年のフランス軍の侵略による損失をおぎなってあまりある。第二のグループは、「トウモロコシとジャガイモの奇蹟」または「トウモロコシあるいはジャガイモの奇蹟」で助かったと言える国を集める。ポルトガル北部、スペインのガリシアとカンタブリック丘陵、アイルランド、フランドル、フランス東部のさまざまな州など、人口は最低でも倍増した。第三の、増加率が五〇パーセントから六〇パーセントのあいだを揺れ動く中間的な状況はより把握が難しい。スカンジナヴィアとドイツは――三十年戦争で土地が放置されたために――国内に充分な場所があった。そこでは食糧不足がそれほど深刻ではなかったものの、死亡率は低下しなかったようであり、寿命は目につくような形では延びなかった[18]。この角度から見ると、イングランドも同じようなものだが、多くの学者が人口増加に決定的影響をもつと判断している工業化のために、多少例外的な性格を認めるべきである。イタリアは全国平均を見ると平凡な記録（三四・九パーセント）しか達成していないが、一八世紀後半に爆発的増加を経験した南イタリア（シチリア西部、パレルモ地方で七五パーセント）と輝かしい農業にもかかわらず息切れした北イタリアのパラドックスを忘れてはならない。このグループの最後はフランスである。一七四〇年の最後の危機のあと、出生率の低下に応じて、死亡率は多少低下したが、イングランドとスウェーデンの好成績に加わることはない。年平均の増加率は低調で、一八世紀の急伸も一七一五年以降は三三パーセントを超えない(地方ごとにかなりの差はあった)。

自然の障害を克服し、生きる手段を手に入れる、言いかえれば数を増やそうとする人間の粘り強さと創意工夫の才をだれも否定はしないだろう。それはどこまで有効だったのか? 新作物に依存せざるをえなくなった結果、多くの国で「奇蹟は偽り」だったことが明らかになった。たとえばアイルランドはある植物病理学上の災厄に翻弄されて、人口の損失はあっという間に倍増し、しかも長期にわたった。一八四六年以降は、死のあとを移民が引き継ぐ。他の場所では、人口密度と資源のあいだのアンバランスが明らかになるのにはもっと時間がかかったが、貧困化の悪循環が結局は引き金となって、アメリカへのノルウェー人やスウェーデン人、ドイツ人、ポーランド人、イタリア人、ポルトガル人の脱出を招いた。人口圧力がより低かったフランスでは、人口移動は内部で相互補完的におこなわれた。

最後にイングランドとその工業化について述べておく。一九世紀には何百万人ものイングランド人が移民となったのだから、工業化は妙薬とはならなかったが、一八世紀には大きな効力が認められた。工業化は青年層が生計の手段を手に入れるのをますます助け、早婚へと促した結果、子供の数が増えた。おそらくこの状況は、産業が拡散し、現地での食糧補給と同様に外部への販路を確保していた農村地帯において事実と認められるだろう。しかしながらトレント川流域における工業化された村と農村のままに残った村との出生率の差は一六七〇年から一八〇〇年のあいだで広がってはいない。(19) さらに人口増加を単純に工業化だけの功績にしてしまうが、最先端の二地域、ランカシャーとウエスト・ヨークシャーでは、ジャガイモ栽培にも同等の功績を認めるべきだろう。ジャガイモの栽培は早い時期にはっきりと確認できる。J・ドラモンドが集めたイングランド北西部ウエストモアランドの摂取品目[20]が示すように、近接するアイルランドとの類似性はあまりにも大きく、ジャガイモに原因の一端があると考えずにはいられない。

事実、もうひとつの工業化が生まれていた。それは、その技術と組織化によって世界の他の地域の工業化に勝る。そこから帰結する発展は前世紀の発展とは大きく異なり、機械の領域でおこなわれ、維持された進歩と交易の部分的な国際化(対オーストラリア、ニュージーランド、アルゼンチン)、そしてアメリカ合衆国という穀倉と過剰人口の移民先によって支えられた。その結果、生活の形態と水準が著しく変化した。ここで問題になる増加リズムは一八世紀の増加リズムと共通項をもたず、一八世紀のものよりも「人口革命」あるいは「人口爆発」の名にふさわしい[21]。しかしながら、この現象はイングランド、あるいはヨーロッパに固有のものではない。それはさまざまな形をもつ世界的な現象であり、古い経済からの脱出は必ずしも必要条件ではない。ここでもまたデータを非常に注意深く検討しなければならない。

生きるために食べる

人びとはなにを食べていたのか? これは大いに好奇心をそそる問題だが、回答は多くの場合、お決まりのイメージを脱せず、王侯の宴会への驚嘆と庶民の貧しい食事への同情のあいだを揺れ動くことになる。手にしている資料が少ないために、それ以上先に進むのには危険がともなう。

たしかに、特定の地域で消費者が入手しえた食料資源の一覧表は簡単に作成できる。ギリシアからスペインにいたる地中海沿岸地域は、軟質小麦、ヒツジあるいはヤギのチーズ、ヒツジ肉、魚をワイン(あるいは水!)で流し込み、ときどきはアーモンドやイチジク、オレンジで彩りを添えた。ヨーロッパの北のほうでは、ライ麦に出会うことが多く、そこここで大麦とソバ、牛肉、ハム、クリ、リンゴ、ビール……

どんな食品リストもすべてを網羅はできないし、広い面積に例外なしで適応できるリストもない。ラインラントの頁岩《けつがん》台地とルクセンブルグではスペルト小麦、イングランドでは軟質小麦、スコットランドでは（ポリッジのために）エンバクを優先した伝統と習慣も、自然条件と合わせて考慮しなければならない。そのほかにも、アーティチョークをイタリアからピカルディー地方に北進させ、オランダのニンジンをナント地方まで南進させたような作物の密やかな広がり、ある海域と別の海域との交易（ニューファンドランド漁場で捕獲したタラがプロヴァンスやラングドックの料理となる）、ポー平原とスペイン領レバントのコメ、一六世紀後半のポルトガルとガリシアのトウモロコシなど外国原産の新作物の導入も考える必要がある。ジャガイモは、一七世紀にヨーロッパの北西部、次いで中部、一八世紀には東部に導入され、一九世紀には猛スピードで普及した。インゲンマメ、トマト、シチメンチョウについては言うまでもない。

加熱の媒体についても同じように列挙できるだろう。その地理的分布は古典的——オリーヴ油、ガチョウの脂、バター、ラード、クルミ油、さらに水まで——で、グリルかローストかボイル（あらゆる種類のポトフ（塊のままの肉を野菜とともに煮こんだ料理））かといったほとんど儀礼に近いような差異があり、塩（国家には課税しやすい物資）少々、香草、あるいはスパイス——コショウ、クローヴ、ナツメグ……——が使われた[22]。さらにチョコレート、コーヒー、茶（砂糖入り）が刺激剤、強壮剤として、ブドウや穀物の蒸留酒のわきに少しずつ忍び込んでいった。

こういったイメージは色彩豊かだが、欺瞞的でもある。いま挙げた飲み物はヨーロッパには遅れて登場したにすぎず、珍奇かつ高価で、どんな財布の手にも届いたわけではないし、値も少しずつしか下がらなかった。さらに上で列挙したどの食品も、だれもが定期的に手に入れられたわけではない。実のところ、普通の人びとの食卓は単調さが支配していた。日常的には主に穀物を、白パンよりも全粒粉を混ぜたパンやガレット——古いと考えられているが、スコットランドからロシアにいたるまで多くの国に残っていた習慣——そして粥の形で食べていたが、肉は少なかった。例外は、穀物の栽培に適さない土地、とくに乳製品を多く使用した山岳地帯、あるいは魚が食の基本だったノルウェーやアイスランドである。

地方料理についても、幻想を抱くのはよそう。現在「郷土」のラベルが貼られる多くの名物料理は、一九世紀に生まれたか、せいぜいがハチミツを使うパン・デピス〔小麦粉(ライ麦粉を混ぜてもよい)、ハチミツ、スパイスで作るきめの細かいパン状の菓子〕やクリスマス・ケーキなど、昔の主婦たちがある種の機会に披露した創意工夫の宝庫を損なわずに、一九世紀に著しく洗練されたものである。食料品の購入は財政状態ばかりか、市場における供給にも依存する。飢饉はかなり頻繁に繰り返されたが、そのあいだは、この両方の要因が組合わさって食生活の後退を引き起こした。ただでさえ貴重な軟質小麦のパンからライ麦パン、そして黒パン、クリ、ターニップ(手にはいればの話だが)、草(野菜を指す用語だが、野原や森の採集の成果も言う)、そのあとは強制的な食制限、断食、そしてもっとも被害を被った人びとには死が訪れる。[23]

人口の大部分について、長期にわたって有効な「平均」や「形態」をどうやって出せばよいのだろうか? 王侯の饗宴はもちろん排除すべきである。一年の季節行事ではあったが、ブリューゲル風の村祭りの宴会も同様に排除すべきだ。コレージュ〔寄宿学校〕や孤児院、病院などの施設の会計簿からは、収容者一人あたりの一日、一週間、一カ月の割当がわかるが、一般大衆については教えてくれない。コレージュは貴族あるいは聖職者のためであり、病人には(回復を速めるのにいいという医学的信念のおかげで)しばしば健康人よりもたっぷりの量があたえられていた。兵隊(歩兵あるいは騎兵)、船員(軍船あるいは商船)、漕役囚の栄養摂取量についても、同様に慎重に扱う必要がある。申請書あるいは論考などが、大衆により近い範疇の人びと（労働者、ブドウ作り労働者、織物職人など）に関する予算や配給量を示している場合は、それがどこまで全体を代表しているかが問題となる。

そのほかにも給料と伝統的な食品の現物支給、価格とのあいだの等価計算を試みることもできる。この方法はヴォバンが『王の一〇分の一税計画』で、職人あるいは日雇い農民一人の財政能力の評価に使用した（一リーヴル四八九グラムとして、夫に二リーヴル半あるいは三リーヴル、妻に一リーヴル半あるいは一リーヴル、ふたりの子供それぞれに一リーヴルの割合で、四人家族にパン六リーヴル）。これは穀物相場の変化に支配され、基本的支出は大きく変動しうる（低価格のときは収入の約三〇パーセント、軟質小麦が不足のときは九〇パーセント以上）。この方法の限界のひとつは消費の一項目だけに頼ることで、献立の構成は事実上意味がなくなる。[24]

基準をパンにではなく、別のことから知られており、日常食に近いと思われる品目に取ることで、この計算を修正できる。筆者の考えでは、これが最良の方法だろう。しかし、給与所得者は古い社会ではごくわずかで、大部分は自家消費を実践していた農民階級に属していた。したがって、さらに不確実な部分があり、しかもいくつかのことはまったく記録に残らずにおこなわれたのだろう（乳清、バターミルク、イラクサの重要性）。これについて、われわれはすべてを完全に把握はできないが、かつての社会では、農民はプロレタリアと同じぐらい、あるいはよりよく栄養を得ていた可能性は大きいと思える。[25]

いずれの計算でも、結論は一致する。平年のカロリー摂取量は、現在中程度の労働をおこなう労働者に適当と考えられている水準（二四〇〇カロリー）をつねに上まわり——しばしば大きく上まわることもあり——肉体労働者の水準（四〇〇〇カロリー）に近い。これは半分以上が穀物消費によって得られた。つまり糖質は豊富、ほとんど過剰なまでに豊富だった。蛋白質と脂質の量は、献立と地方ごとの副次的な要因で変化するが、つねに不足していたわけではない。ミネラル塩とビタミンの量は評価がほとんど不可能である（ビタミンC欠乏は船上で壊血病を発症させ、それは塩漬け肉とタラの果てしない繰り返しのために重症になった）。生きなければならず、生きるには食べなければならなかった。しかし充分な食料は贅沢を意味はしないし、計算された栄養摂取量は平年のことを言っている点を銘記すべきである。物価高の時期——一六世紀、一七世紀、一八世紀のすべての世紀末——が長引けば「平均」は下がり、貧窮を招く。さらに過去の生理的要求がどれほどだったかは完全に明らかではない。

過去の食についての研究にはわからない部分が多く、世紀ごとの変化を追うのは難しい。一七四〇年以降、ヨーロッパの西部では（一八四七年のアイルランドのジャガイモ「飢饉」を別として）食糧不足はそれほど厳しくはなかったが、その原因がどこにあるのかは正確にはわからない。新作物？　伝達手段の改善？　穀物取締対策？　穀物の割合の減少、献立の多様化（大都市における）、あるいは連鎖の反対の端でのトウモロコシ（北イタリアのポレンタ）やジャガイモの料理（たとえばロレーヌ）など、たしかに変化はあった。デンマークやドイツ、パリやレンヌの女性たちのコーヒー好みについての記述は一般化のできる情報である。

最後に、農業革命、食革命、人口革命の三つの革命に触れておく。農業に起こった諸変化は、効果に程度はあるものの、いつの時代にも継続し、一七五〇年（慣例的な年号）以降に起きた変化にはなんの「革命的」なところもなかった。それに続く食革命をいかに考えるべきかについてはこの論文で述べてきた。この二つの革命の結果と言われる人口革命だが、この言葉は魔法のような価値をまとい、現実を曖昧な一般化のなかに溺れさせる。なぜならば人口増加は、さまざまな国において、さまざまな年代以降に確認できるからである。もっとも激しい増加は貧しい地域に起こっており、人口増加はフランスはもちろん、ヨーロッパだけに限ったことではない。

栄養摂取量に関するいくつかの事例

一六世紀中葉のプロヴァンスの船員（商船）(26)

船員二一〇名の一カ月の総栄養摂取量

プロヴァンス州の費用によるパン・ビスキュイ	一二〇キンタル
塩漬け肉	六キンタル
コメ	六キンタル
チーズ	一〇キンタル
イワシ	八キンタル
アンチョビー	四樽
酢	一ボット
ヴェルジュ	二ボット
油	二分の一ボット
ワイン	二七ボット

一八世紀末のアイルランド人成人の食生活(28)

ジャガイモ　一〇ポンド　三四五九カロリー（蛋白質四五グラム、カルシウム一・九二グラム、鉄分二一・三

表 32—1　現代の数値に換算した１人あたり１日の摂取量

	量(グラム)	カロリー	蛋白質	脂質	糖質
パン	800	2704	80	16	560
肉	40	66-140＊	8(?)	4(?)	0
魚	20	27	3,4	1,5	0
チーズ	65	194	17	13	2,6
コメ	40	133	2,6	1	28,6
油	30	270	0	30	0
固形物の総量	995	3394	111	65,5	591,2
ワイン	約1,7リットル	910			
総カロリー		4304 3734＊＊			

＊塩漬け肉が羊か豚かによる
＊＊アルコールの割合を 10 パーセントとした場合

表 32—2　1648 年のオランダ兵１人あたりの栄養摂取量

	量(グラム)	カロリー	蛋白質	脂質	糖質
肉(牛または豚)	102	204	15	16	0
干ダラ	68	177	42	1,2	0
ライ麦粉	489	1653	48,9	9,8	342
油	68	612	0	68	0
バター	68	524	0,3	58	0,3
チーズ	68	237	19	17	2
合計	863	3407	125,2	170	344,3

(現代の数値に換算)

西インド会社の一団体について数カ月間にわたる推定に基づいて計算された平均栄養摂取量。肉とタラは交替で出され、同じ日に献立に載ることはなかった。したがって、出された量もここに挙げたものとは異なる。

表32—3　年収が156トゥール・リーヴルになるノルマンディーの４人家族の栄養摂取量

	量(グラム)	価格(スー(s)とドゥニエ(d)による)	カロリー	蛋白質	糖質	脂質
夫 パン	1222	1s.3d.	2934	90	845	13,7
ニシン	325	0s.7d.	302	35,6	0	17,9
チーズ	100	0s.6d.	368	24,2	0	29,3
合計	1647	2s.4d.	3604	149,8	845	60.9
妻 **合計**	983	1s.5d.	2171	88,9	513	37,7
子供 **合計**	659	0s.11d.	1447	59,3	342	25,1

この一日の栄養摂取量はヴォバンが過少に計算した数字(給料)と同時代のルーアンの商事裁判所判事の資料を組み合わせて出された。一七世紀末および一八世紀最初期の平年(平均的市場価格)の数字である。凶作年(一六九四年、一六九八年、一六九九年、一七〇九年)には、もちろんこの数字にはほど遠かった。反対に一六九五年、一六九六年、一七〇四年、一七〇五年、一七〇六年、一七〇七年には、その構成員の職が保証されているという条件で、この家族はわずかの(ごくわずかの)ゆとりがもてた。

四ミリグラム、ビタミンA一六〇〇単位、ビタミンB1五・七六ミリグラム、ビタミンG〇・三六から〇・四八、ビタミンC五二・五ミリグラム）

生の全脂乳一パイント　三九三カロリー（蛋白質一九グラム、カルシウム〇・七一グラム、鉄分〇・四一ミリグラム、ビタミンA七八七単位、ビタミンB1三九ミリグラム、ビタミンG一・七七から〇・五九、ビタミンC一七一ミリグラム、ビタミンD一七一ミリグラム）

合計　三八四三カロリー（蛋白質六四グラム、カルシウム二・六三グラム、鉄分二一・七五ミリグラム、ビタミンA三九九〇単位、ビタミンB1四四・七六ミリグラム、ビタミンG一・六〇、ビタミンC一七四一ミリグラム、ビタミンD一七六四単位）

アイルランドでは通常脱脂乳を飲んでいた。全脂乳と較べて、熱量は二〇七カロリーに、含まれる蛋白質は二一グラムに、カルシウムは〇・七三グラムに、鉄分は〇・四一グラムに減少する。

（北代美和子訳）

第二三章

地域循環型経済における農民の食

ジャン=ルイ・フランドラン

一六、一七、一八の三世紀における、農民の食になぜ特別な興味を抱くのか？

第一の理由は、農民が人口の八〇から九〇パーセント、ヨーロッパの一部地域ではそれ以上というきわめて大きな部分を構成していたことにある。

第二に周期的に餓死していたのは農民であり、飢饉の期間以外であっても、その日常食に欠けていたものを問うことには、他の社会階級の食に欠けていたものを問うよりもずっと大きな意味がある――もっとも当時の医師たちは宮廷人の食の病理学的影響について、より多くを書き残してはいるが[1]。

最後に農民の日常食は、貴族やブルジョワ、さらに都市の庶民の食よりも資料に痕跡をとどめておらず、したがって歴史学者に特別な問題を提起するからである。

資　料

実際に、都市住民はおもに市外からくる生産物を食料としており、それらは税務上の理由から、市の門あるいは市場で、ほぼ完全に数えられ、重さを量られ、記録された。したがって、ある一都市のある一時期について、さまざまな食品の住民一人あたりの平均消費量を計算できる場合が多い――この平均消費量は、都市と時代によって驚くほど異なっていた。農民のほうは収穫の一部を売却して、王税、領主の賦課税、さらに時代が進むにつれて自分が耕す土地の小作料も支払い、通常は自分が生産するものしか口にしなかった。これがいわゆる地域循環型経済であり、農民の食について詳しく知るのを困難にしている中心的な理由である。

船員、兵士、衛兵、囚人、入院患者などの食の内容は会計資料からつまびらかにできる。賦役者が領主の費用で食べたもの、大地主の費用で雇われている日雇い農民や作男が食べたものについて教えてくれる資料も、ときには存在する。(2) しかしながらいかなる家計簿も、農民が普段家庭で食べていたものを説明はしてくれない。一七世紀と一八世紀のあいだに識字率は大きく上昇したものの、農民はほとんど読み書きをせず、完全な口承文化に浸りきっていたために、会計簿をつける必要を感じてはいなかった。さらに見たとおり、農民は自分の食物を購入したのではなく、生産したのであり、自分の食についてだれかに報告する義務はなかった。

その結果、研究資料の基本を構成するのは文芸的性格をもつ間接証言となる。たとえば、一六世紀のノエル・デュ・ファイユの物語集、あるいは一八世紀のレティフ・ド・ラ・ブルトンヌの小説化された回想録。地方の食習慣については、ジャン・ブリュイラン・シャンピエ、ジョゼフ・デュシェーヌ、あるいは『健康の至宝』*Thresor de santé* の著者の断片的覚書、シャルル・エティエンヌ、ジャン・リエボー、オリヴィエ・ド・セール、ルイ・リジエのような農学者の覚書、アルザスの国王代官エルのような行政官の覚書。旅行者のほとんどは農民の食をたいして気にかけなかったが、ときには旅行者の覚書もある。

近年、農民の消費量を数量化するために、ある国、またはある地方――たとえばヴィヴァレ山地、またはフランス全土(3)――について、農業生産と商業に関する数字から、住民の平均的摂取量を計算しようとする試みがなされた。しかし、地域循環型経済では収穫の主な部分が市場を通さずに生産者によって消費されるために、生産高はどこにも記録されず、その結果、耕作面積や平均的収穫高のような、つねに反論の余地の残る仮定値に基づく複雑な計算を強いられることになる。

しかしながら公証人の手による二種の資料は、もう少し確実なアプローチを可能にする。ひとつは死亡時に作成される遺産目録、もうひとつは両親が生前に農家の家督を譲った場合、相続人が両親に食料で払う扶養料である。

実際には、遺産目録は貯蔵と長期保存が可能な食料について教えてくれるだけで、新鮮なうちに消費する食品のことはなにも語っていない。したがって食生活については歪んだイメージしかあたえない。さらに貯蔵品の量は当然季節によって左右されるので、比較にさいしては季節というデータも考慮しなければならない。また貯蔵品のなかで、人間が食べるためのものと家畜用のもの、販売あるいは賦課税のためのもの、また大農場や小作農家の場合は、主人、その家族、作男、日雇い農民が食べていたものさえ、いつも簡単に区別できるわけではない。たとえばノルマンディーの富農ジャック・グルペル[4]は、自分のソバとライ麦を食べ、二級のシードルを飲んでいたのだろうか？　それともそれは作男や日雇い農民のためだけに蓄え、自分には軟質小麦と上等のシードルをとっておいたのだろうか？　ロルランジュの富農ジャン・ラシェルはライ麦三四スティエ〔穀物の容積の単位〕のほかに、大麦六スティエとエンバク三スティエを自分のために所有していたのだろうか？　あるいはワイン二五壺に加えて二級ワイン三〇壺を？　それともそれらは作男専用だったのか？

とはいうものの、遺産目録には食品の量と同様に質についても興味深い情報が見つかり、それらは問題の地方の農作物の種類、あるいは世帯主の社会的肩書と関係づけるべきである。たとえばノルマンディーのジャック・グルペルは無塩の動物脂、調味した動物脂、バターを備蓄していたのに対し、オーヴェルニュのジルベール・オベールはラードと豚脂、クルミ油、アサの実の油を備蓄していた。[5]他方、ノルマンディーでは、穀物の蓄えは皆無で、したがってその日その日でパンを稼いでいたひとりの日雇い農民が、肉抜き日にも肉食日にもパンに塗れるように、バター一壺と無塩の動物脂一壺をもっていたことを記しておくのには意味があるだろう。

扶養料のほうは受益者の食事について、遺産目録より完全で明確なイメージをあたえてくれ、かなり正確な栄養摂取量の計算を可能にする。[6]しかしながら、それはいわば最低栄養必要量を構成しており、受益者が菜園や採集の生産物を加えた可能性はある。

農民食のイメージ

一六世紀のレンヌ地方、カラスが畑をあとにして森のはずれの樹々の梢にとまりにいく時間、ノエル・デュ・ファイユの主人公たちはわが家ではスペ souper ＝夕食の準備ができていることを知っている。(7) 夕食はいつもボイルしたキャベツと豚脂で、まず最初に「スープ soupe」——つまり大型パンのスライス——を浸しながら、そのブイヨンを食べる。

『農村噺』*Propos rustiques* の著者デュ・ファイユがパンについてはっきりと言及しているのはこれだけだ。しかしその重要性は、粉挽き小屋とかまどにたびたび触れていることから推し量れる。デュ・ファイユ描く農民たちは、キャベツのほかに「ポレ」——おそらくポワレ（フダンソウの別名）ではなく、リーキ〔フランス名ポワロー〕だろう——を菜園に植えていた。またさまざまな「よい草」、ソラマメ、エンドウマメ、根菜類「ナヴォ」も育て、根菜類はふつう炉の灰のなかで火を通した。そのほか、菜園、あるいは野原にリンゴの木やナシの木、クルミの木を植え、その下を通りかかるときには、実を摘んで食べたし、おそらく保存もしただろう。収穫のずっとあと、クリスマス・キャロルを歌う芸人たちに実をあたえているからだ。

肉類については、家禽——メンドリとガチョウの雛——はむしろ販売と領主賦課税の支払いにあてられ、塩漬けの豚肉で満足していた。それを日常食にしていただけでなく、農民たちにとっては塩漬けの豚肉以上に魅力的な食べ物は思い浮かばなかった。「大領主」になったらなにをするか想像するとき、ソラマメかエンドウマメを添えた「すてきな黄色の豚脂」——言いかえれば酸敗して悪臭のする豚脂を思う存分食べている自分の姿を思い浮かべた農民もいた。酸敗した豚脂は、他の社会階級からは嫌悪されたが、農民にとっては、ポテ〔肉・根菜・ジャガイモ・キャベツなどを水とともに土器のポットpotのなかで火を通したもの〕に味をより濃くつけられるという利点があった。あるいは「ポレ」――ここではリーキ〔ポワロー〕の白い部分――のピュレをつけ合わせた「すてきなアンドゥイユ」〔豚などの消化器官を黒い腸に詰めたもの〕がいいという農民もいた。しかしながら、機会があれば、「くくり罠〔輪に結んだ紐で、鳥や獣を捕らえるために使う〕で獲ったヤマシギ」やカエル、釣った魚を密かに食べなかったわけではない。家のあるじが客に「自分のメンドリやガチョウの雛、ハム」を提供するのは祝宴のときだけで、客のほうも「自分たちの雌ヒツジ全部」を運んできた。飲料――少なくとも仲間と食卓で飲むもの――は、祭りの日の正餐だろうと夕食だろうと夕食後の団欒だろうと隣村の男たちとの殴り合いの前だろうと、出てくるのはワインだけだ。

ノエル・デュ・ファイユの作品にぱらぱらと出てくるこれらの情報は、ほとんどがフランソワ一世の侍医ブリュイラン・シャンピエの『食物について』の一節にまとめて見られる。

「農業者たちの食べ物は、この死すべき人間にとってのすばらしき黄金の世紀のものとほぼ同じだった。つまり敬虔で汚れなく自然にもっとも適していた。あらゆる贅沢、味覚の歓びとはかけ離れていた。事実、農民は自分たちの収穫と果実とで満足し、〔ヒツジの〕群れの生産物、乳、乳精、バターで生きている。さらにベーコンやこのうえもなく美味な塩漬け豚の切り身を無償で楽しむ。〔……〕そのほかに、肉への欲望にかきたてられない者たちは、キャベツやリーキ、タマネギ、ニンニクに塩をつけて食べる。あるいはパンに塩だけをつけて食べることさえある。実のところ、ごくまれに、農民たちは他の肉を手にできる。祭日の仔ヤギや仔ヒツジの肉、あるいは客があるときには、鶏小屋のメンドリかガチョウの肉である。(8)」

ここにはわずかにイデオロギー的な色彩があるが、ブリュイラン・シャンピエは通常、その証言に細心の注意を払っているので、この文章を軽視はできない。肉類のうちシャンピエは、デュ・ファイユ同様に、塩漬けあるいは燻製の豚肉の重要性を強調している。他の肉を味わう機会はまれであり、特別だった。しかもこの農村的な、ほとんど唯一の肉も、だれもが食べていたわけではない。シャンピエはものごとを奇妙に楽観的な口調で紹介し、まるで決然たる菜食主義者のようだが、その点は受け入れがたい。しかしかなりの数にのぼる農村の住民が、かさかさになったパンを、タマネギやリーキ、あるいはただ数粒の塩だけと食べていることを隠してはいない。ここにはエンドウマメやソラマメは出てこないが、キャベツはしっかり登場する。

シャンピエの証言がノエル・デュ・ファイユのものととくに異なるのは乳製品についてである。奇妙なことにデュ・ファイユがチーズに触れているのは、主人のところにチーズを運ぶために町にいく農民、あるいは寓話『カラスとキツネ』*Le Corveau et le Renard* についての部分だけだ。デュ・ファイユの農民たちは自分ではチーズを、乾燥させたものも非熟成のものも食べなかったのだろうか？　そう思わせるようなことはどこにも書かれていない。もっと奇妙なのは、牛乳、バターミルク、バターにまったく触れていないことで、当時のブルターニュにおけるその重要性は他の資料からわかっている。おそらくこういった乳製品は、食卓を仲間と分かち合うときにふさわしい食品ではなかったのだろう。いずれにしても農民食におけるその重要性に疑いの余地はない。それは数多くの他のテキスト、ヨーロッパのさまざまな地域で描かれたあらゆる種類の絵画――たとえば刈り入れ人の食事を描いたもの――によって確認されており、原始の人間を牧畜経済に結びつけていた古い文化の名残にすぎないと矮小化はできない。

二世紀後、レティフ・ド・ラ・ブルトンヌはブルゴーニュ北部の農民の食について、似たような描写をしている。レティフ描く裕福な農民のイメージにはどこか牧歌的なところが残るが、それは貧しい農民のかなり悲惨な情景によってうち消される。

「私たちの食べ物、つまり裕福な農民の生活様式についてひとこと申し添えよう。裕福でない者にとって、大麦かライ麦のパン、クルミ油のスープ、さらにはアサの実の油のスープ、まずい飲み物、つまりブドウの搾りかすを通した水あるいはただの水、それが絶え間のない苛酷な労働に運命づけられた生命を維持するためのすべてだった。しかし主人の家では、私たちは犂にとりつく前に、キャベツか丸いエンドウマメといっしょに火にかけた塩漬け豚のブイヨンのスープに加えて、この塩漬け豚の一切れとマメかキャベツを一皿食べた。あるいはバターとタマネギのスープに続けてオムレツかゆで卵数個、あるいは葉野菜、けっこう旨いフレッシュ・チーズ。秋、小麦の種まきのときや春には、四時か五時まで犂で耕した。おやつにはパンとクルミいくつか、あるいはフレッシュ・チーズの塊と水がいっぱいはいった土製のびんをもってきた。外の空気でとても喉が渇いたからだ(9)」。

基礎食品

こういった証言から充分に浮かびあがってこないのは、パンと穀物とが農民の食を大きく支配していたことである。当時のヨーロッパ全域で、カロリー摂取量の八〇パーセント前後を穀物——ときにはその他のデンプン食品——が供給していた。一六八八年から一七〇五年まで、シチリア・ダッムージの農家で働いていた日雇い農民は、年によってそのカロリー摂取量の七二から七六パーセントを穀物から得た。一六世紀から一七世紀にかけてポーランドの大農場——フォルヴァルクス——では、八一から八六パーセントを穀物がもたらした。一七七二年から一七八九年にヴィルゴッテムの農民が受け取っていた扶養料によると、アルザスではその割合は九〇パーセントにまで達した。

このような穀物の優位性は社会のエリート層の食生活よりも農民の食生活においてより明確だった。しかしこのことは、他の点で両者がすべて同じと考えて、食べる人が貧しければ貧しいほど、穀物が優位性を増したという意味ではない。実際に、穀物は他の食品と較べて、現在のわれわれが考えるほど安価ではなかった。ヴィルゴッテムの「貧農」manouvrier〔耕具・役畜を有さない農民〕と職人の栄養摂取量を見ると、穀物は全体の八九パーセントしか供給していないのに対して、富農 laboureur〔耕具・役畜を有する農民〕では九一パーセントとなる。実際には、富農はどの食品も貧農よりずっと大量に食べたので、そのカロリー摂取量はすべてを合わせると二倍にのぼった。それでもなお相対的な値では、貧農の栄養摂取量においてよりも富農の栄養摂取量において、穀物が大きな割合を占めたことは重要である。

あらゆる種類のパン

パンはただ庶民の食品だったというだけではない。それは食べ物のなかの食べ物であり、おそらくそのために、農民の食をスケッチした人びとは、その優越性を強調しなかったのだろう。現在、アジアの多くの民族にとってコメがそうであるように、パンはヨーロッパ人にとって、もっとも当たり前の食品であると同時にもっとも高い価値をあたえられた食品でもあった。シャルル・エティエンヌとジャン・リエボーは『農業と農村の家』*L'Agriculture et Maison rustique*（一五七二年）にこう書いている。

「人間の糧となるべきもののなかで、パンが第一の位置を占めるのはまったくたしかなことである〔……〕。その他の食品のほとんどは味覚に心地よく、きちんと調理され、おいしいソースで調味されていても、たいていは飽きるし、うんざりする。パンだけが健やかなときも病めるときも決して嫌われない。病気のとき、最後に食べたくなくなり、最初に食欲がわくのはパンである。健康なときには、(食事の) 最初と最後に食べるのはパンで、どんな食事でも好まれるし、旨い。また自然の驚異的な恵みによって、パンはあらゆる味わいに優れ、それらは食べられるべき食品に〔対し食欲を〕とくに刺激し、そそる〔……〕。その他の食品は味はよくても〔……〕パンを添えなければ、旨くもないし、健康に益するところもない。パンはその善なることによって他の食品の欠点を正し、美点を助長さえする。だからこそ俗諺では、どんな食べ物もパンが添えられているときは旨く、益するところあり、と言うのである。」

実のところ、中世末期から近代初めにかけては、貴族やブルジョワもまたかなりの量のパンを食べた。しかし食べていたのは、農民と同じパンではなかった。金持ちの白パンに対して貧乏人の黒パンという対立はよく知られている。しかしながら、これが法律上の対立ではなかったことを思い出しておこう。金さえあれば、だれもが製パン職人の店で白いパンを買うことができた。さらに農民は通常パンを自分の「麦」を使って自分で作っていたのであり、軟質小麦を育てたり、それが完全に白くなるまでふるいにかけることをだれも禁じてはいなかった。理解しなければならないのは、だからこそ農民はほとんどいつも黒いパン、つまり「パン・ビ」を作ったのである。

白いパンは軟質小麦のパンであり、他の穀物で作ったパンは黒かった。しかしイタリアやフランスの多数の地方——たとえばプロヴァンスやシチリア——で、農民は軟質小麦のパンを食べていた。これはその国の自然資源と伝統に依存するのであり、伝統には、農業、食、アイデンティティなどあらゆる次元が含まれる。ローヌ渓谷のブール=サン=タンデオル周辺では、全員、あるいはほぼ全員が白いパンを食べていた。しかしそこからほど近いヴィヴァレ山地では、大部分がライ麦か、さらには大麦の粉をふるいにかけずに作った黒パンが主流だった。ライ麦は、ドイツ、ポーランドその他北欧や東欧諸国、そしてフランスの多くの地方で、もっとも重要な穀物だった。一六世紀、エティエンヌとリエボーは書いている。

「(ライ麦は) それほど注意深く栽培することも、それほど肥沃な耕作地も要求せず、さらに軟質小麦同様に土地を改良する。と言うのは、どんな土地でも、非常によく実を結ぶので、耕し方や肥料の施し方が悪くても、ただの一粒から一〇〇粒が収穫できる。その証人はオーヴェルニュ人、リムーザン人、ペリゴール人、フォレ人、そして第一に、この種の小麦が豊富なソローニュのボースである。」

軟質小麦のパンが言うほど白かったわけではない。白さはふるいにかける割合による。レティフ・ド・ラ・ブルトンヌが証言するように、粉をふるいにかけることは、田園でも想像外のことではなかった。

「だれもが同じパンを食べた。白いパンとパン・ビとのおぞましい区別はこの家にはなかった。だいいちそれは節約からではなかった。ちょっと粉の混ざったふすまは、馬やヒツジ、肥育している豚のために必要だった……」(10)

しかし農民全員が同じような計算をしたのではない。しかも、最貧の農民はいつでも豚を所有できたわけではない。そして最富裕の農民が、使用人たちが自分と同じパンを食べるのを拒否することも多かった。
また古い栄養学では、白パンは軽すぎて、肉体労働者には充分な栄養にはならないと言われていた。エティエンヌとリエボーは書いている。

「耕作人、墓堀人、仲仕その他、いつも重労働をしている人びとは、重くて濃い粘着性のエキスをもつ食品を必要とするだけに、これらの人びとには、ふるいでなにも取り除いていない全粒の軟質小麦で作ったパンが適している。やはりこの連中に適するのは、パン種をあまり使わず、あまり焼かず、粉っぽくもべたべたもせず、スクルジョン（大麦）の粉や軟質小麦に混ぜたライ麦、クリ、コメ、ソラマメのような粗末な野菜で作ったパンである。」

このような古い栄養学に金持ちの悪意だけを見るのは間違いだろう。腹を空かせた者が重量感ある食べ物を求めるのは今日でも見られることだ。

軟質小麦で作られ、色は白くても、農民のパンはあいかわらず大型のままで、乾いてぱさぱさになったものを食べたが、社会の上層ではその日に焼いた小型のパンを食べた。実際、農村では、時間と燃料を節約するため、パン作りはごくたまにしかおこなわれなかった。一七世紀末に、ドーフィネの地方長官が国務大臣コルベール・ド・クロワシーに書いたところによれば、アルプスの辺鄙な谷間では、年に一回か二回しか焼かないところもあった。パンはなるべく硬くならないように、重さ一〇から二〇リーヴルの大きな車輪型に作り、厚い皮で身を保護した。それでもやはり硬くなり、食べるにはよっぽど腹が減っていなければならなかった。ことわざは言う。「二週間前のパンには三週間分の空腹」。つまりパンをめったに焼かなければ、それほどパンを食べず、したがって穀物の消費も少なくすんだ。ぱさぱさのパンを食べるということは、農民の道徳と経済に深く根をおろした原則「よい家ではパンはぱさぱさ、薪は乾いている」「硬いパンは確かな家を造る」に関連している。

「だれもがパンを食べていた」というのは、部分的には言葉の上だけのところもある。あらゆる基礎食品を「パン」と呼ぶ傾向があったし、また――成功の度合いはさまざまだったが――あらゆる種類の穀物、さらにはその他の穀粒、野菜、木の実をパンにしようと試みたからである。ブルターニュでは、ソバの粉――ソバは穀物にはいらない――をパン・ド・カンパーニュに加えた。一六世紀のガスコーニュでは、キビとパニックのパンを作り、どちらもまだ温かいうちはけっこうおいしかったそうである。一七七三年に国王代官エルが書いたところによると、アルザスでは、

「耕作人たちはジャガイモにエンバク、コモンベッチを混ぜてパンを作る。軟質小麦が三分の一はいっているとより味がいい。」

イタリア北部ドロミテアルプスの山岳地帯に住む人びとは、クリのパンを作ったが、ラバ神父の描写から判断すれば、焼き型のなかで乾燥させた一種のピュレのような感じだ。[11] カラーブリアその他イタリアの貧しい地方にも、クリのパンとルピナスのパンがある。エティエンヌとリエボーによれば、ルピナスはフランスで「冬にウシの餌にするのによく使われ［……］、麦が高価なときにはパンを作るために、人間の食料にも使われる」。コモンベッチはもっと普通に見られ、年に二回収穫した。最初の一回は家畜のため、そして「二回目は二月か三月に［……］種子を得て、他の穀物といっしょにパンを作るため」だった。おそらく春が端境期で、飢餓の季節だったからだろう。一八世紀のフランス南西部とアルザスの一部では、トウモロコシのパンについての証言もある。ジョン・タウンゼントによると、スペイン西部アストゥリアスでは「トウモロコシの粉で作るパンは、ふくらまず、まったく発酵せず、捏ねた生地の状態にとどまっている」。したがって、現在ではむしろポレンタと呼ばれるものだろう。

パンのかわりに

かつてこれらの食用植物は、パンと同等に扱われはしても、パンとははっきりと異なる形で食べられた。多くの穀粒はフランスやイタリアの多数の地方ばかりでなく、とくにヨーロッパの中部、北部、東部で、碾割の形で消費された。たとえばポーランドとリトアニアではミレットや大麦、一五世紀以降はとくにソバでカスツァが作られ、すべての社会階級で食べられた。またカルパチアではトウモロコシの碾割を作り、これは農民だけが食べた。北イタリアの人びとは昔からポレンタを食べていた。キビで作った中世の白いポレンタ、ルネッサンス時代にはソバの灰色のポレンタ、その後トウモロコシの黄色いポレンタが前二者を駆逐した。同じように、フランス南西部では、最初はミレットかパニック、一七世紀以降はトウモロコシで「ミラード」あるいは「ミラス」を作った。ブルターニュ人は一六世紀初めにはエンバクを食べることで、また現在でもソバを粥や碾割、ガレットにして食べることで知られている。共和暦九年〔一八〇〇年〕のイル=エ=ヴィレーヌ県の統計には、「ブルターニュの人びとはとくにガレット、発酵させていないソバ粉の生地に塩味をつけ、円形の鉄板で焼いた一種の焼き菓子のようなもので糧を得ていた」と証言する。精白大麦のほうは、フランスのあちこちで、そしてすべての社会階級で消費された。

多くの歴史学者が、中世、さらには近代にも、ヨーロッパの中部、東部、北部のほとんどの地域で、細かく砕いたり、粉に挽いたりした穀物の粥をパンよりもよく食べていたと主張した――おそらく粥で食べるほうが手軽で、時間と製粉料、かまど使用料を節約し、あらゆる点から見てずっと経済的だからだろう。さらに粥ならば、とくにヨーロッパ大陸のこの地域に普及していた、パンにできない穀粒やパンの形にしにくい穀粒を使うことができる。この「粥のヨーロッパ」――それは通常パンを完全に排除はしないが、その重要性を減じさせる――に対して、西部と南部の「スープのヨーロッパ」——パンが基本要素を構成する——を対比させるという誘惑にかられる。すでに見たとおり、中世には「スープ」という言葉はまずパンの薄切りを指した。この当初の意味から、現在、「スープを浸す」〔スープ皿のパンにスープを注ぐ〕という表現と、一六世紀から一八世紀までは特別な場合をのぞいて、パンなしでスープが出ることはなかったという事実が残る。

しかしながら、この対立には議論の余地がある。ヨーロッパ西部と南部にも、粥を食べていたさまざまな地域があり、またスープと粥の差は必ずしもいつも明白ではないからだ。たとえばアルザスでは、粥のなかに穀物といっしょにエンドウマメやレンズマメ、コモンベッチのようなマメ類を入れていた。またスープには、葉野菜と肉、あるいは葉野菜か肉のブイヨンのなかに、パンと同じように腹にたまる素材、とくに上記と同じマメ類、そして一九世紀初頭以降はジャガイモを入れることもできた。

マメ類はしばしば穀粒と結びついて登場する。穀粒のように、ときには穀粒とともに、マメ類はスープ、粥、さらにはパンの材料となった。穀物不足の期間には、しばしば補充食品として使われ、ある種の穀物をまねて、精白して保存した。アルザスでももっとも穀物栽培が盛んな地域では、インゲンマメとソラマメが遺産目録の四通に一通、三通に一通、あるいは二通に一通の割合で登場し、非常に大きな割合を占めていたことが確認される。別の地域では、エンドウマメとレンズマメが優位となる傾向がある。この二種のマメは、とくに庶民的な栄養源となっていたようだ。修道院内部では、まず第一に、使用人の食事にあてられていたからである。マメ類が重要だったのは、アルザスに限ることではない。それどころか、一九世紀初め、グラフノエルはアルザスではマメ類が「フランスの他の県におけるよりも、量が少ない」と証言する。

南ヨーロッパの山岳地帯の多くでは、長いあいだ、クリに頼って生活してきた。たとえば一六世紀、ブリュイラン・シャンピエは書いている。

「民衆の多くにとって、とくにペリゴールの人びとやセヴェンヌの山の住民には、クリは〔麦の〕収穫のようなものだ。実際に、私は、ある日、あのあたりを旅していて、現地の人から、そこでは――貴族をのぞいて――週の第七日目（つまり日曜日）か盛大な祭日以外に、パンを食べる家族は少数だと聞いた〔……〕。クリが長くもつように〔……〕、イガのある萼のすぐ下のやわらかな殻をむく。それから実のすぐ近くにあって、味わいを損なう渋皮が取り除かれる。それから完全に乾燥するよう注意深く見張る。クリを簀の子に並べ、そのあと暖炉のなかに吊すのである。使うために、乾燥して保存する。たいていは、大鍋で豚の肉といっしょに加熱する。人びとはそれをシチュー、あるいはパンのかわりに、おいしそうにたらふく食べる。[12]」

同様に、フォジャ・ド・サン=フォンは一七七八年、ヴィヴァレ山地とテュエツ地方の住民について説明している。

「（人びとは）スープのなかにまったくパンを入れない。なぜならば塩を手に入れるため、あるいは領主に支払をするために、穀物を売却するからである。しかし〔……〕クリがパンの代わりとなる。したがって食事のときには、先ほど話したポタージュ一さじと水のなかで火を通したクリを交替で食べる。人びとは、とくに熱々のときには、クリのほうを好む……[13]」

とくにフランスとイタリア、そしてスペイン、スイス、ドイツで、クリを食べる例はいくらでも挙げられるだろう。一五八〇年、モンテーニュはミッテンヴァルトの宿屋で、その年の初物を生で出されている。

貧しい地域では、ターニップがもうひとつの伝統的な食品を構成し、それはクリよりもなお蔑視された。ターニップはリムザンやサヴォワではとくに重要だった。ブリュイラン・シャンピエは「フランスでは俗に、ターニップが霜や太陽あるいは天候によるなにかの害のせいでだめになったときには、サヴォワ人とリムザン人には、もはや首をくくる縄しか残っていないと言う」と記している。しかしあちらこちらで、ターニップは農民食の特徴となっていた。アルザスでは、一八世紀初頭に、人びとは「冬を待ちながら、それを薄く切り、塩を振りかけて生で食べた。それを消化し、消化不良が原因のガスで不快にならないためには、農民の胃袋をもっていなければならない」とモーグ医師は言っている。

アイルランドとイングランドの一部では早くも一七世紀に、そして他の多くのヨーロッパ諸国でも一八世紀には、しだいにジャガイモがこの貧者のパンの役割を果たすようになる。フランスも、ジャガイモに征服されたのは遅かったが、例外ではない。ある観察者は一七八一年、ヴィヴァレの山中で「しばらく前から、冬にはジャガイモをたくさん食べる」と書いている。事実、オリヴィエ・ド・セールが一六〇〇年に「(ジャガイモは)スイスからドーフィネにきたが、それはしばらく前のことである」と証言しているように、ジャガイモは一六世紀末から、この地方に出没していた。シャルル・ド・レクリューズの一六〇一年の証言によると、イタリアではさらにもっと早かった。

「ジャガイモはイタリアの一部では、とてもありふれて、よく見られるので、[……]その塊茎を、まるでターニップかパースニップのようにヒツジの肉とともに火を通して食べ、また豚に餌としてあたえもする。」

一七七二年と七五年の資料からは、アルザスで「ジャガイモの使用が穀物の不足を補充し」そして「一年中パンを食べるには貧しすぎる住民の日常の栄養源になるだろう」ことがわかる。たとえばローテブールの代官所では一七七一年に、「住民の三分の一は、大粒の穀粒、八分の三はトルコの小麦〔トウモロコシ〕、大麦、ジャガイモを混ぜた穀粒、八分の一がジャガイモだけで糧を得た」。見てきたとおり、ジャガイモでパンを作ろうとする者や、また一七六〇年代すでに、それを料理するさまざまな方法を発案した者もいた。ロレーヌ人のやり方で、熱湯や灰のなかで火を通したり、あるいはまた「熱湯〔……〕、牛乳、ヴィニョー、水のなかで、あるいは肉とともにブイヨンの形で」食べることもできた。一七七二年、代官エルは、ジャガイモの碾割、パナード〔パン、ブイヨン、牛乳（バター）で作る一種の粥スープ〕、オムレツを絶賛している。代官が「碾割」と呼ぶのは、無塩バターと豚脂とともに牛乳のなかで火を通したジャガイモのことである。この「碾割」をいため、ブイヨンのなかで一時間ぐつぐつと火を通すことによってパナードができ、エル代官によればそれを「住民は〔……〕旨そうに食べる」。そこに卵数個、塩、タマネギ、香草を加えれば、とても栄養があり、安価なオムレツができた。またジャガイモを薄切りにして、パンを焼いたあとのかまどで乾かし、日持ちをよくした。この乾燥法はアルザスや多数のドイツ諸国で伝統的に果物に使われたが、当時は、そう頻繁にはおこなわれなかったようだ。

補助食品

中世には、調味料と副次的な食品を合わせてパンに添えるものを意味する「コンパナギウム」という概念〔第二七章参照〕によって、パンの優位性がきわめて鮮明にされていた。近代のあいだにこの言葉が消滅しても、その現実、そして人びとがそれについてもっていた意識が消えたわけではない。二〇世紀にいたるまで、農村では、糧となるもの――大量に食べるためのパンおよびその他の基礎食品――と、そうでない食品とを区別していた。

そして後者は多少とも調味料のように考えられ、扱われていた。

スープと生鮮野菜

スープはこれら補助的な食品のなかで、他を大きく引き離してもっとも大切なものだった。朝と夕方、ぱさぱさに乾ききった大きな田舎パンを呑み込むのを助けてくれるのはスープだった。スープは家で食べる食事すべてで、基本的な、そしてたいていの場合は唯一の料理を構成していた。たとえば南仏ユバイ川上流やイタリア北西部アオスタ渓谷のように、農民は、妻あるいは家にいる娘が運んでくる熱いスープを、畑で食べることさえあった。「パン」という言葉があらゆる食品を指したように、「スープ」という言葉はカス=クルート〔パン、チーズ、ハム類などの軽食〕以外のすべての食事に適応する。すべての社会階級で、自分の食卓に人を招くときは「スープを食べにきてください」と言った。

このスープのブイヨンには、さまざまな根菜や葉野菜、可能な範囲内で肉――ふつうは塩漬けの豚肉――で香味をつけるか、あるいは油、バターまたは植物油で調味した。たとえば一七七八年頃、クリが多いヴィヴァレの山岳地帯、テュエツ地方の住民は、スープを「キャベツたっぷり、カブ、根菜、その他の野菜をバターあるいは豚脂のかけらを入れた湯のなかで火を通して」作った。先に見たノエル・デュ・ファイユのブルターニュのスープ、あるいはレティフ・ド・ラ・ブルトンヌのブルゴーニュのスープの描写と類似する。どれにもキャベツと豚脂がはいっている。裕福なブルゴーニュ農民の家では、エンドウマメとキャベツが交互に使われた。実際に、アルザスその他の地域で、遺産目録にさまざまなマメ類が記載されているが、それらは粥と同様にスープにも使用できた。

遺産目録には野菜よりもマメ類がずっと多く登場し、野菜の消費については質、量ともにとらえにくい。しかし、農民の食――とりわけスープ――のなかに野菜が日常的にあったことに疑いの余地はない。根菜はしばしば遺産目録に記載もされている。カブ、そしてとくにカブより粗末と言われていたターニップが、ニンジンやパースニップその他の味のいい根菜よりも多い。資料はしばしば農民の香味料であるニンニクやリーキ、その他の球根、地方ごとに異なる香草に触れている。一六八八年、フランス人旅行者マクシミリアン・ミッソンはイタリア・パヴィア地方の農民が、生のアスパラガスを食べていることを記している。サラダ菜や菜園の葉野菜はさまざまで、ある程度までは地方による違いが明確である。しかしながら地中海から温帯の境界付近まで、そしてヨーロッパの西の端から東の端まで、キャベツがつねに農民の食生活に第一の位置を占めていた。

キャベツには、地方ごと、季節ごと、使用法ごとに、二〇ほどの種類があった。アルザスでは、よそと同様にスープに入れたが、赤キャベツやサヴォイキャベツはむしろサラダの材料になり、タマキャベツはシュークルートを作るのに使った。「人びとが細かく刻んだあと酸敗させるこれらの丸い大きなキャベツは、この国に生まれた人びとの主要な食べ物シュグルートになる」と一八世紀初め、モーグ医師は書いた。これは「人びとにとって、よい食事のすべてに出され、ごちそうを食べるすべての日のためのいちばんおいしくて、いちばん喜ばれる料理である」。したがって「キャベツにはその指定日、日曜日と木曜日」――つまり一週間のうちで祭日的な二日間――があり、「この日にキャベツがないと、正餐をとったという気がしなかった」。アルザスにおけるキャベツの重要性を強調しながら、医師はこう結論する。「もし私たちがいまもなお、魂のないものを信仰し、儀式をおこなう時代にいるとすれば、アルザス人はキャベツの神さまを作るだろう！」

たしかにフランドルからロシアにいたるまでのヨーロッパ中部と東部全域は、地域によってその情熱に多寡はあるものの、シュークルート――そしてモンテーニュがアウクスブルクで刻まれているのを目撃したカブやターニップ、あるいはポーランド人やロシア人の塩漬けキュウリのようなその他の塩水に漬けた野菜――をたっぷりと食べた。厳しい冬が、新鮮な野菜を食べることを不可能にしたからだ。キャベツをシュークルートにする方法とその調理法は、実は場所によって異なる。モーグ医師によると、アルザスでは「機械でごく細かく刻んだあと、樽に入れ、塩とジュニパーベリー、コリアンダー、サンザシで調味し、発酵させる。発酵によって酸味と臭味が出るのを待って食べる」。一七世紀末の証言者、J・ド・レルミーヌは「三カ月から四カ月漬け込んだ〔……〕あと、黄色の豚脂の塊と火にかけるこのキャベツ」をモーグ医師同様あまり評価はせず、こう結論している。「ドイツ人はこのまずい料理が大好きなので、ザウルクルウトが欠けていると、ごちそうを食べたような気がしない」。しかしながら、豚脂風味のシュークルートは、フランス農民が食べていた豚脂風味のキャベツの特殊な一形態にすぎず、一八世紀、この料理に取り入れられたジャガイモによって、シュークルートはフランスのポテやドイツのアイントップフ Eintopf〔ひと鍋料理〕に近いものとなる。

果　物

農民食に果物の占める位置は野菜よりもなお把握が難しい。実のところ、ワインやシードル、ポワレ〔ナシ果汁を発酵させて作るアルコール飲料〕の製造に使われるのでなければ、果物の収穫と消費は記録されずにすんでしまう。しかしながら現代の歴史学者の多くのように、そこからわれわれの先祖は果物を食べず、そのためにビタミン欠乏症に悩んでいたと結論するのは慎重を欠くことになるだろう。だいいち見てきたとおり、ブリュイラン・シャンピエは果物について、まず「フルギブス・ポミスクエ」として総括的に、さらに農民が作る飲料の原料としてはひとつずつ名前を挙げて――「リンゴ、ナシ、サクランボウ、酸っぱいナナカマドの実」――触れている。レティフ・ド・ラ・ブルトンヌのほうはクルミを挙げ、ノエル・デュ・ファイユはそれにリンゴとナシを加える。最近の歴史研究はさらに多くを教えてくれる。ノルマンディーのウーシュ渓谷では、農村の人びとはボンクレティアン種のナシ、レネット種のリンゴ、サクランボウ、プラム、マルメロを食べていた――モモとアンズの木が到来したのはもっと遅く一九世紀である。[15] 一六七二年、ドロミテ山地の農民とともに正餐をとったジュヴァン・ド・ロシュフォールは、デザートに「森や山に育つ小さな果物で、ブドウの味がし、ブドウとよく似た果物の皿」――おそらくビルベリー――を出されている。地中海沿岸諸国では、どの旅人も豊富な果物とその多様性に驚嘆しているが、農民食におけるその地位については語っていない。

果物の役割が明確なのは、ヨーロッパの中部と東部においてのみである。そこでは果物が保存され、よそよりも洗練されたやり方で料理されたからだ。ポーランドでは、リンゴ、ナシ、プラム、サクランボウは生食、燻製、あるいは乾燥、さらにマーマレードの形で食べられた。果物単独で食べただけではなく、肉のつけ合わせやソースにした。ドイツでは、モンテーニュその他のフランス人旅行者が、肉や家禽を果物といっしょに料理すること、農民には果物を保存するためにかまどで乾燥させる習慣があることを、驚嘆とともに記している。保存したのは、プロヴァンスのブリニョル産プラムやロワール渓谷などフランス各地のプルーンのように売却するためではなく、冬の備蓄とするためだった。アルザスでは、生や乾燥のリンゴ、ナシ、プラム（とくにクエッチ）とサクランボウが一八四〇年代以降の遺産目録の約半数に見つかる。ほかにも多数の証人が、その食べ方について教えてくれる。モーグ医師によれば、「シュニッツ」は「かまどで乾燥し、ポットのなかで脂か豚脂といっしょに加熱した」保存食だった。セレスタでそれを知ったアーサー・ヤングにとって「シュニッツはハムと火を通したナシの料理で、悪魔の晩餐のための料理と言われるかもしれないが、味わってみると、驚いたことに、けっこう旨いのを発見した」。

農民が乾燥果物を食べたのは、基本的にはアルザスの高地で、穀物に乏しい地域である。このことは果物が調味料だけでなく、それ自体食品としての役割も果たしたことを示唆する。一八世紀、フェレットの地方長官補佐は、困難な端境期に乾燥したものを消費できるので、「サクランボウは〔……〕大きな資源である。なぜならばそれはパンを節約するからだ」と認めている。一七四〇年代以降、果物の保存が増加したのは、少なくともジャガイモの到来以前については、糧を得るのがおそらく次第に難しくなっていたことを意味するのだろう。一七七〇年代に、代官エルは指摘している。

「ジャガイモを栽培するようになって以来、われわれの農民は果樹の手入れを非常に怠るようになった。ジャガイモは冬のあいだ貧しい人びとの食物となっていた乾燥果物の代わりとなって、なおあまりある。」

肉と油脂

現代の栄養学者は、蛋白質と脂質のどちらもがほとんどの肉や魚、乳製品に含まれているにもかかわらず、両者を注意深く区別する。過去においては、農民のスープについて語る証言者のすべてが、肉と油脂とを同じレベルにおいている。たとえばレティフ・ド・ラ・ブルトンヌ描くブルゴーニュの農民は、裕福なら「塩漬け豚のブイヨンのスープ」、貧しければ「クルミ油のスープ、さらにアサの実の油のスープ」さえ食べた。肉と油脂が同等だったことは、古文書の資料からも確認できるように思う。よき富農はその地方で生産される油脂とともに塩漬け豚肉を保存したのに対し、惨めな貧農の家には豚肉が欠けていた。たとえばオーベルニュでは、地域によりかなり異なる多様な油脂を使用したが、大富農ジルベール・オベールは一七八七年一一月に、アサの実の油二〇リーヴルとクルミ油四〇リーヴルのほかに豚脂八〇リーヴルとラード一五リーヴルを遺している。オベールよりもつつましい小作人アントワーヌ・ブラテロンはそれでも豚脂七から八リーヴル、七から八リーヴルのクルミ油をもっていた。しかしアントレグのジャン・ルネーグルのような貧しい農民は、バター二リーヴルと動物脂とラード少々しか所有していなかった。

ルイ一四世の治世末期、ヴォバンはその『豚飼育概論』*Traité de la cochonnerie* のなかで、豚について「この動物は餌やりがたやすいのでだれもが飼育でき、どんなに貧しくても年に一頭自前の豚を育てない農民はいない」と書いている。長いあいだ容認されてきたこの一般的な概念に、いまから二五年ほど前、異議が唱えられた。現在では、近代初期に習慣的に見られた豚の飼育が一八世紀に大きく後退し、また一部の地方では盛んだったことは一度もなかったと考えられている。パリ盆地のような森や低木林が乏しく、穀物を栽培していた平野では、豚はひとつの村に一〇頭もいなかった。反対にボカージュ〔畑地、牧草地などを生け垣や林で区切った地帯〕や森林地帯、山岳地帯では、相対的によく見られたようであり、最貧層をのぞくほとんど全員が、少なくとも一頭は所有していた。

プロヴァンスはフランスのなかでも、豚飼育の退潮著しい地方のひとつである。一七世紀と一八世紀、豚は牧畜において重要な地位を占めたことは一度もなく、最高でも動物資産の七パーセントにすぎない[16]。しかしながら、他の歴史家によれば、一四世紀と一五世紀、自家用の豚を家で飼うのは都市においてさえ、しっかりと確立した慣行だった[17]。村では地主の三〇から四〇パーセントの家につねに豚がいて、そのほとんどが家内での使用のために飼育されていたようだ。

アルザスでは一七世紀半ばには、ほとんどの農民が豚を所有していたが、一八世紀には、経済的法的条件が悪化したために、半数までの家がもはや飼育はしていなかった。一八世紀初めにモーグ医師はアルザスについて、それでも「豚の肉、あるいはその塩漬けは一年を通じて農民たちの基本的な食品である」と書いている。医師はそれに完全に賛同しているわけではなく、塩漬けしていない豚肉は「夏場にはあまり適さない」食品だと考えていた。また「フレッシュ・ソーセージをアルザスの人はとても好み〔……〕煙にあてて乾燥させたあと、シュルグルートのなかに大量に入れる」と記している。アンメルは一八〇七年になってもまだ、家庭では年に一頭か二頭の豚を処理し、燻製の豚肉を週に二回から三回食べたと言っている。

遺産目録のなかでは、豚肉加工食品が詰まったサロワール〔塩漬け品貯蔵室〕とハムやベーコン、ブラッド・ソーセージ、あるいは大まかに刻んだ肉で作るフレッシュ・ソーセージがぶら下がる梁に出会うこともある。しかし、全体では、こういった名が挙がっているのは調査した遺産目録の一五パーセントから五〇パーセントであり、実のところ、アルザスの農村社会で豚肉を食べていた人びとの割合はこれ以下でもこれ以上でもありえる。おそらくそれよりももっと意味があるのは、豚肉を食べる人が、穀物が豊かな地域よりも乏しい地域（アルザス中部と南部）で明らかに多かったという事実だろう。

田園地帯では、牛や仔牛が日常的な肉だったところはない。アルザスでは、調査した三〇〇点の遺産目録で、牛と仔牛は一〇回しか登場しない。たとえば革命期のバス=アルプ県、アルプ=マリティーム県、アルデーシュ県、アリエージュ県のように、山岳地帯の人びとはときにはヤギの塩漬け肉を食べた。肥育した雄ヤギを好んだ場所もある（ニース、マントン、あるいはピレネ=オリアンタル県のセレ）。あちこちで、ある種の季節行事のために、仔ヒツジ、仔ヤギ、ガチョウをつぶし、旅の客があるときには老いたメンドリや若いオンドリをつぶした。

貧しい農民のスープで豚脂の代わりとなった油脂については、ふつう想像される以上に多様で局地化しており、その重要性は驚くほど大きかった。原則として植物油はすべてのカトリック国で菜食日に必要とされた。また多くの場合、貧農の家にあった唯一の脂肪性食品だった。しかしながらブルターニュやノルマンディーあるいはフランドルなど一部の州ではごく早いうちに、バターを使った料理を四旬節に食べることが許された。これらの諸州では、植物油は庶民には高価すぎたからである。実際に、どの地域でもバターはすべての乳製品と同様に、農村的な食物と見なされており、豚脂、ラード、ガチョウ脂を使う料理はバターを使う料理よりも贅沢だと考えられていた。

クルミ油と地中海のオリーヴ油に加えて、アサの実の油、亜麻仁油、ケシ油などがあった。ポーランドでは、植物油はつねに亜麻仁油かアサの実の油だった。しかしアサの実の油は、オーヴェルニュの遺産目録で示したように、クルミ油を生産するところも含めて、フランスの多くの田園にも見られる。どこでも農民は衣料用の麻布の原料となるアサを栽培しており、その繊維同様に種子も活用しないことなどは思いもしなかったのだろう。

飲料

肉と油脂以上に、農民の飲料については相矛盾する証言があり、歴史学者のあいだで論争の的となっている。リヨンの人ブリュイラン・シャンピエは一六世紀に次のように書いた。

「農民の飲料についてだが、それは泉、あるいは井戸、あるいは湖、あるいは川の水である。なぜならばワインの飲用は農民にはきわめて珍しいからである。実のところ、農民、とくに都市とのつきあいからもっとも離れている者たちは、ホラティウスが言ったように、甘き大甕からその年のワインを汲むのでなければ、ワインのことなど気にもかけない。これはブドウが植えられた土地の農民のことである。」

それは、ごく少数だと考えていたようだ。

「実のところ、リンゴ、ナシ、サクランボウ、プラムから、酵素によって飲料を作る者もあり、すっきりした酸味はワインをまねている。しかし、こういった飲料を毎日は飲まない。祭日その他、労働によって疲労し、弱った肉体を休ませようという日だけだ。」

この証言は、農民食の牧歌的なイメージの一部を成すだけに、いっそう信頼できるように思えるかもしれない。レティフ・ド・ラ・ブルトンヌのほうは『わが父の生涯』*La vie de mon père* に書いている。

「ワインについては、一家の父親はわずかしか飲まず、飲むようになったのもすっかり年を取ってからで、古いワインしか飲まなかった。一家の母親は水しか飲まず、だからその夫は、ただ一滴のワインだけで、妻の顔を赤くするのにたいした苦労はいらなかった。子供たちは全員、例外なく水を飲んだ。犂担当の作男とブドウ作りの労働者はワインを飲んだが、この男たちにとって、それは主人が飲むワインよりもずっと旨く感じられた。それはブドウの搾りかすに水を加えて搾った圧搾ワイン（つまりピケット）だった。だれもが知っているように、農民は喉を刺激するワインを好む。人間がそう例はないほどに粗野で頑丈だったサシでは、この一般的な嗜好がいっそう強かった。(18)」

ロジェ・ディオンやマルセル・ラシヴェのような最高のワイン専門家を含めて多くの歴史家が、他のデータに基づいて、フランスその他のワイン生産国では、都市住民は中世以来ワインを飲んでいたのに対して、農民が規則的にワインを飲むようになるには一九世紀を待たねばならないと考えている。(19) ブドウ作り労働者――たとえば一八世紀のセーヌ川下流のブドウ作り労働者――さえも、ワインはすべて売り、ピケットを飲んでいたようだ。

ワイン

しかしながらブドウ作り労働者の例は、この人びとが基本的には市場経済の内部にいたのに対し、農業は一八世紀末まで、またそれ以降もその大部分が地域循環型経済にとどまっていたという意味で、きわめて説得力があるとは言いがたい。農民の飲料は、地域循環型経済の枠内で問題とすべきである。現在のように、そして古代すでにそうであったように、ブドウが特定の地域で専門的な栽培家によって栽培されていたのか、あるいは自家消費用とするために、ほとんどが専門の栽培家ではない農民によって栽培されていたのかを問いかけてみるべきだろう。ワインの歴史とは、基本的に商品化された名醸ワインの歴史であり、ワインの専門家は自動的に第一の仮説を採用する。しかし、農民食を扱う歴史家がそれに従うのはどうだろうか！

そうすることはまず第一に、昔の栄養学者たちの証言を無視することになるだろう。事実、学者たちはワインを多数のタイプに分類し、タイプごとに特定の社会階級に割り当てた。一八世紀までは、白いワインと黒いワインの対立は白いパンと黒いパンの対立に類似する。社会のエリート層を形成していた「休息の人びと」には繊細な白かクラレット〔軽い赤ワイン〕が必要であり、肉体労働者は滋養のある赤か黒のワインを要求した。たとえば『健康の至宝』は一六〇七年にこう記している。

「黒と非常に濃い赤のワインはしっかりとした物質で、性格を鈍くし、肝臓と脾臓の障害を起こし、気分を悪くし、胃に痛みを生む〔……〕。しかしながらブドウ作り労働者や耕作者には益がある。というのは胃の力と労働によって一度消化されてしまうと、より強く実のある糧となり、労役に対して人間をより頑丈にする。〔……〕赤ワインは白ワインと黒ワインの中間である。〔……〕それは白やクラレットよりは滋養があり、厳しい生活を送る者に向いている。というのは労働と不断の活動とが、赤ワインがもたらす不快感を取り除くからである。」

ヴィヴァレの地主オリヴィエ・ド・セールは一六〇〇年、非常に色の濃いワインに対する農民の好みを確認している。農業労働者の嗜好と欲求を満足させるためには、収穫したブドウを桶のなかで長時間発酵させずに——それはワインの力を失わせるから——むしろ色づけ用のブドウを加えるよう勧めた。

「一部の農民がするように、三〇日間あるいは四〇日間発酵させずとも、このようにしてどっしりしたよい赤と黒のワインが手にはいる。労働をする人びとに適した飲み物で、絶えざる労働がその消化をたやすくし、この理由でこういった人びとからは好まれ、求められている。休息の人びとが白ワインやクラレットを求めるようなものである。」

さらに古いアリストテレス自然学とヒポクラテス衛生学の体系では、水は内在する寒と湿のため、きわめて危険だと考えられていた。だいいち、汚染のために水はほんとうに危険だったと想像できる。汚染は人口密度が高ければ高いほど深刻だった。したがって水がおそらくはより澄んでいて、ブドウが生育しない山岳地帯でなければ、農民が水を日常の飲料にしていたということを、検証をせずに認めるべきではない。

これを裏づけるのは、一五八〇年に、モンペリエの医師ロラン・ジュベールの『民衆の過ち』*Erreurs populaires* 第二部にある記述だ。ジュベールは、ワインは当時考えられていたほどには健康に必要ではないことを示そうとした。

「われわれの山では（私が言うのはワインを生産する丘陵や平野からちょっと離れた山々のことだ）、貧しい人びとは澄んだ水しか飲まず、豊かな国の人たちよりも病気にならないので、より長生きをする。〔……〕無知な俗人、とくに農民はワインをとても好み、ワインなしでは生きていけないと考えるほどである。健康でも病気でも、たとえ高熱を出して寝込んでいるときでもいつもワインをほしがる。」

この時代、さらに一世紀以上にわたって、ラングドックの低地では、ブドウを穀物の栽培に向かない石の多い丘陵の斜面でしか栽培していなかったことに注目しよう。しかも適当な販路がなかったために、生産品はすべて地元で消費された。

長いあいだ、ワイン輸入国に輸出するための立地条件が整わなかったプロヴァンスでも、状況は同じだった。一四世紀から一五世紀にかけて、それぞれの都市で、それぞれの農村で、だれもが自分のブドウから醸造したワイン、あるいは隣人から買ったワインを飲んでいた。食料備蓄のなかでワインの占める位置については、ワイン関係の用具の存在と重要性がそれを明確に証明する。樽のない家は実質的に皆無である。住んでいる部屋さえ自分のものでない貧しいヒツジ飼いや雇われ農民も、しばしばブドウ畑の一区画について、土地台帳に名を記していた。これは農村でも都市でも同じ一般的な現象だった。ヴナスク伯爵領とドーフィネの州境近くのピュイムラでは、一四一四年に調査した三三名の地主のうち、三二名がブドウ畑を所有していた。フォコンデは四七名中四二名、サロン地方のアラン村では、地主の八三パーセントが数ジュルナル〔土地の面積の単位。農民ひとりが一日で耕せる面積を示す〕のブドウ畑をもっていた。

アルザスでは一七世紀と一八世紀、農民も自分が生産するワインを食事のときに飲んでいた。ある証言者は一七七九年に「これはこの地方でほとんど日常的な飲み物である」と言っている。一七六〇年頃までは、所有者の社会的職業的階級、あるいは農場の大きさのいかんにかかわらず、ワインはほとんどすべての地下蔵に貯蔵されていた。しかし相対的に消費量が多かった期間（一七三〇—六〇）のあと、一七六〇年代後半にはワイン所有者の割合が低下すると同時に、家一軒あたりの貯蔵量も減少した。

とはいうものの、家族の数が子供も含めて一軒あたり五人か六人と計算すれば、アルザス人は一人あたり年に一・五から三ヘクトリットル、つまり女性と子供も含めて、一日あたり〇・五から一リットルを飲んでいた可能性がある。

シチリアでは、中世末期に、農民のほとんどがやはりブドウ畑を所有していた。成人の男性労働者の割当ては、一人あたり一日〇・八五八リットル、つまり年に三一三・五リットルである。この割当量は一六世紀にも見られるが、つねに収穫や耕作といったきつい仕事と結びつけられていた。一方、特権階級では、男女ともにもっと少なく、修道女には年に一〇八リットル、カーザ・プロフェッサのイエズス会士には二二六リットルだった。つまりワインは肉体労働者のカロリー源だったと思われる。それはパンのように、少ない量で、かつ安価に、多くのカロリーを供給した。フィレンツェでは一六〇〇年から一六一九年のあいだ、同一カロリーを価格に換算すると、ワインは小麦の八〇パーセント、チーズはワインの四倍、肉のなかでもっとも安い牛は五倍となる。[20]最後に農民がブドウ栽培地帯で時間と土地——ラングドック低地で見たように、小麦の栽培には適さない土地——をワイン生産に捧げたという事実はとりわけ驚くことではない。

ピケット

一八世紀初め、モーグ医師はアルザスではワインと同じくらいにピケットを生産していると推定している。そのためにはワインを一度や二度ではなく、三度、四度、五度と搾った。たとえばサン゠ピエール゠ル゠ヴューの教会参事会はブドウ摘みのひとりひとりにすでに四回の圧搾を経た搾りかすをあたえ、そこからなんと第五回目の圧搾によるピケットを作らせた！　もっともすべてのピケットがこれほど水っぽかったわけではないだろう。

通常、歴史学者は色の薄いワインと濃いワインのもつ社会的意味合いを意識せず、反対にワインとピケットの対立を大げさに扱ってきた。現代ならば、その対立には大きな意味があるように見える。ワインの法的定義はアルコール度に基くからである。しかし、かつてアルコール度を計測できなかったときには、この対立にはそれほどの意味はなかった。当時、基本はアルコールの含有量よりも色と渋みにあった。父親が農事使用人たちにあたえていたピケットを、レティフ・ド・ラ・ブルトンヌは「ブドウの搾りかすを搾った圧搾ワイン」と呼んでいる。この飲み物に対する使用人たちの好みを説明するときには、ピケットがワインよりも渇きを癒し、酩酊の危険がないという事実でなく、「農民は喉を刺激するワインを好む」という点を強調する。ピケットは搾りかすがすでに受けた圧搾の回数によってかなりの量の水を含んでいた。そして含まれる水が多ければ多いほど保存がきかないこともわかっていた。しかしまず第一に記しているのは、それが「圧搾ワイン」だったこと、そのために皮や房の成分を多く含み、したがって色が濃くて渋かったことである。一部の地域では保存をよくするために、種母となる搾りかすに第一回圧搾の果汁を加えたのに対し、良質のピケットをより多く得るために、第一回の圧搾からすでに搾りかすに水を加えるところもあった。

さらにワイン飲みとピケット飲みは必ずしも違う人物ではなかった。たとえばオーベルニュの遺産目録からは、ロルランジュの富農ジャン・ラシエルが一七三四年一月に、ワインの壺二五と「小さなワイン」つまりピケットの壺三〇を家においていたことがわかる。あるいはヴェルテゾンのジルベール・オベールは一七八七年一一月にワインの壺二〇と「小さなワイン」の壺二五をもっていた。これらの富農たちはレティフ・ド・ラ・ブルトンヌの父親のように、ピケットを作男や日雇い農民専用にしていたのか？　あるいは自分でも、状況によってワインかピケットのどちらかを飲んだのだろうか？

マノスクの援助修道会では、一三二一年に牛飼いにはピケットしかあたえていなかった。しかしガルデンヌのルネ王の牛飼いは一四五八年から一四五九年に、一八「ミルロル」のワインと一二「ミルロル」の「トランプ」つまりピケットを受け取っている。ローヌ河口フォスの援助修道会の使用人は、ワイン四「ソーメ」に加えて、ピケットを好きなだけもらっていた。もうひとつの例では、一四八〇年にラングドックの農業労働者が、ピケットを量に入れずに、一日あたり水で割っていないワイン一・七〇リットルの配給を受けていた。ワインが肉体労働者に有効なカロリー――現代のわれわれはある限度以下なら有効だと考えるが、その限度を正確に出すのは難しい――を供給するとしても、ピケットは炎天下に畑で働く者たちにとっては理想的な飲料となっていた。それはワインのように酔わせず、水よりも渇きを癒し、さらに水よりも殺菌力が高かった。農民はワインとピケットを、可能なかぎり状況によって飲み分けていた。

ビール

知っての通り、ヨーロッパの北部と東部――ワインが肉体労働者のための安価なカロリー供給源ではなく、反対に社会のエリート層の飲料だった国々――では、ビールが主流だった。ビールは一般的にワインほどアルコール度が高くなかったので、より大量に飲まれた。ポーランドでは城の使用人は――場所と年代によって――一日に二・五から六リットル、小フォルヴァルクスの農民は一・二から二・七リットル飲んだ。場所によっては似たような量の弱いビールをあたえている。

ホップ添加のビール――一六―一七世紀には早くもヨーロッパ大陸全体を席巻したようだが――は、すでに専門の職人がビール醸造所で作りあげる半工業製品だった。ホップを添加しない古いセルヴォワーズがエールの名で一八世紀まで生き残ったのは、ブリテン諸島だけのようである。これは保存に向かないため、すぐに飲まねばならず、したがって家内で製造され続けた。

ワインと併存していたヨーロッパ中部の地域では、ビールの社会的ステータスは必ずしもわれわれが想像するようなものでなかった。ワインよりもアルコール度が低く、カロリーが高く、たいていはワインよりも安価に製造でき、文化的ステータスが劣っていたにもかかわらず、アルザスではビールは農民の日常的な飲料ではなかった。それは都会と酒場の庶民の飲み物だった。このことはおそらくワインが地域循環型経済のなかにその場所を維持したのに対して、ビールは市場経済に属すという事実から説明できるだろう。なにしろ一九世紀の初めになってもまだホップは「よそからやってくる」と言われたほどである。しかしながら一八世紀後半、ワインの高騰はビールが農村地帯において存在を確実にし、農民の日常の食生活にはいりこむことを可能にした。たとえば帝政時代初期、セレスタの市長は書いている。

「ワインが高くなって以来、ビールを飲む習慣は大いに広がり、ビール醸造所は毎年数を増し、大麦は人の糧となるかわりに、たっぷり飲ませるために使われる。」

ハイドロメルとシードル

ビールやワインと比較すると、ハイドロメルとシードルはヨーロッパでは副次的な飲料だが、両者はまったく反対の歴史的運命をたどった。ハイドロメルはより古い起源をもち、真の重要性を保ったのは、野生のハチミツが豊富だったロシアとポーランド、リトアニアだけである。この採集の産物から作られる飲み物はロシア皇帝の食卓にのせられ、また一七世紀初めのジャック・マルジュレの言葉を信じれば「庶民」によっても消費された。

反対にシードルは近代の三世紀のあいだに、その帝国を拡大した。中世には、野生の果実、またおそらくは栽培した果実から作るポメやポワレがあり、これらは水で薄められていた。しかし栽培リンゴから選んだ品種の果汁で水を使わずに製造される良質のシードルは、スペインおよびフランスのバスク地方から到来した。このシードルがバス＝ノルマンディー、次いでブルターニュとオート＝ノルマンディーに出現したのは近代の初めである。シードルがこれら諸州からワインを追い出し、同時に質のあまりよくない古いポメやポワレと置き換わったのは近代の出来事だ。良質のシードルがあっても、ビールの搾りかすから「小さなビール」を、ブドウの搾りかすから「小さなワイン」あるいは「ピケット」を搾ったように、リンゴの搾りかすに水を加え、何度も搾り機にかけて「小さなシードル」も作られた。たとえばノルマンディーの富農ジャック・グルペルの遺産目録からは、一七五三年一月に、家に良質のシードル半樽と「小さなシードル」一樽半があったことが確認できる。

蒸留酒

蒸留酒の飲用は、一六世紀以降、北部と東部の諸国から始まり、農村地帯も含むヨーロッパに広まった。ロシアのウォッカは原則としてエンバク――パンにならない穀物――を原料にして製造された。農民も他の人びとと同様に、祭日にはウォッカで酔っぱらい、早くも一六世紀には、その酩酊の仕方がドイツ人さえも含む西ヨーロッパからの旅人に強い印象をあたえた。

アルザスでは、蒸留酒が遺産目録に登場するのは例外的で、しかも時代が進んでからである。しかしながら一八世紀後半には広まっていた。アメルが強いアルコール飲料に対するアルザス農民の好みを語るには一八〇七年を、グラフノエルがその過度の飲用を告発するには一八一六年を待たねばならない。しかしそれは、それまでわずかしか飲まれなかったからだろうか？　それとも証言者たちの姿勢が変化したからだろうか？　アメルによれば、「ほとんどすべての農夫が、朝、外に出る前に、そして冬、納屋で脱穀をするとき、蒸留酒を飲む」。しかしながらすでに一六―一七世紀から、フランスの別の場所で、他の社会階級においても、このような飲み方があったことはわかっている。しかも当時は、それが栄養学者によって奨励されていた。モーグ医師は一八世紀初めに、アルザス人がときに蒸留酒を飲み過ぎても、ふだんなじんでいるこってりとした食事のせいで、その健康にはなんの重大な影響もないと書いている。医師は蒸留酒に、病気を防ぎ、傷口をふさぎ、消化を助け、寒さや重労働の疲れから保護し、そしてとくに朝、よい体調で仕事を始めさせる力を認めている。また一六九七年以降、国王が穀物の蒸留を禁止し、違反には重い罰金を科した。この禁止令は、一八世紀を通じて何度も出しなおされたが、それはアルザス人が、ブドウの搾りかす、果物――とくにサクランボウ――そして世紀の終わりにはおそらくジャガイモを原料とするアルコールに目を向けたことを意味する。

非アルコール飲料

数多くの古い資料は、農民が牛乳や乳精、バターミルクなどチーズとバター生産の副産物を飲んでいたと証言する。たとえば『健康の至宝』は、

「角のある動物を大量に養っている村や山の人びとは、雌牛、ヤギ、雌ヒツジの乳精しか通常は飲まない[……]。オランダ人はたとえわずかしかなくても、それを飲み、それでも背が高く、堂々として、健康で、強い。」

しかし、農民の食生活において、これらの乳製品が真の重要性をもっていた地域を正確に示すようなデータはあまりない。おそらくはブルターニュ、ノルマンディー、フランドルの農村地帯など、牛乳、チーズ、バターの産地だろう。

植民地原産の飲料については、一八世紀にただ一種だけが農民の食生活に導入された。イングランドにおける

茶である。このことはフランソワ・ド・ラ・ロシュフーコーの一七八四年の記述から確認される。

「茶の飲用はイングランド全域で一般的である。一日に二度飲み、かなりの出費にもかかわらず、いちばんの金持ちと同じように、日に二度飲まない農民はいない。茶には大変に高価な砂糖、あるいは粗糖が大量に必要だが、それでもこの飲料は例外なく一般に普及している。」

農民の料理

農民の食はそれぞれの地域ごとに、消費される食品と栄養バランスが異なるだけでなく、調味、加熱、名物料理によっても違っている。ひとことで言えば地方料理があったということだが、現代の歴史学者はそれをいくぶん認めがたく感じている。しかし、それではまるでしばしば生活必需品にもこと欠く人びとは、料理というこの余分な贅沢を望んではいけないかのようではないか。たしかに農村の料理については、きわめて資料が少ないのは事実だ。だからといって、料理の存在や、その多様性、世紀を経るあいだに受けた変化を否定する理由にはならない。

調味の独創性

調味の領域では、地方ごとの差異、また年代によるある種の進化がきわめて明白である。中世に農民が使えたのは、地物の香草、タマネギ、リーキ、ニンニク（「農民のテリアカ〔解毒剤〕」と言われた）、パセリ、ミント、ヒソップなど、ときには貴族のレシピにも見られる香草のようだ。地域循環型経済の論理が他の調味料を使うことを許さなかったのだろう。しかしながら一六世紀の著述家ふたりが、まるで申し合わせたかのごとく、同時代の農民たちがこのかつての素朴さを捨て去り、都市の住民のように、インド風のスパイスを取り入れていることを嘆いている。ブリュイラン・シャンピエは断言する。

「〔……〕この（農村風の）食べ物は無垢で信心深くするのだから、もっとも年をとり、もっとも丈夫な人間を目にするのは畑においてである——実のところ、これは神の思し召しなしでは実現しない〔……〕。神にはこの原始的で贅のない生活がつねにお気に召していた。現在、都市の贅沢が田園に入り込んだ（のを、したがって神は嘆かれている）。というのは農民たちは食のなかにインドそのものを招き入れ、コショウ、ショウガ、シナモン、サフランその他この種（のスパイス）で調味されていない料理は上品だとは思わないからだ。」

ノエル・デュ・ファイユも同じように嘆く。

「〔……〕これら善良な人びとが知らなかったもの、コショウ、サフラン、ショウガ、シナモン、コリント風のミラボラン、ナツメグ、クローヴ、その他、都会からわれわれの村に移送された夢の品々は、人間に糧をあたえるどころか、人間を歪め、無に帰さしめる。しかしながら無知で愚かな民衆のあまりにも鈍重な判断によれば、今世紀の宴会は、それなしでは趣向もなく、秩序もないことになる。」

根拠のない伝聞か？　おそらくそうではないだろう。しかしこれは日常の慣習なのか、祭りのときのことなのか？　どの程度の資産をもつ近代農民が、これら異国的な香料を自分たちの料理に使っていたのか？　この贅沢に身を投じる農民がどれほどの割合でいたのか？　たとえばイスラム世界の農民などはたしかにそれをたっぷりと使うことができた。しかしヨーロッパの農民の場合もそうだったのかどうかは疑わしい。アルザスでは、塩入れはかなり早い時代から遺産目録に確認されるが、スパイス入れやコショウ挽きが登場するのはようやく一八世紀の後半である。

しかし地方ごとに、ときには距離的に近い場所どうしでも、異なったハーブや加熱用油脂を選択したことは、資源と食材選択の多様性を強く印象づける。ヴィヴァレの例をとろう。ローヌ平野のブール＝サン＝タンデオルのあたりでは、野菜にオリーヴ油か豚脂で味をつけたが、バターはほとんど使用しなかった。反対に山岳地帯で優勢なのはバターであり、植物油を使うとすれば、それはクルミ油だった。したがって数リューしか離れていない平野の料理と山岳地帯の料理の違いに気づかないわけにはいかない。

ある匿名の証言者は、アルザスの農民について一七二一年に「農民たちは大量に食べるものの、つねに食べ方は悪く、味も悪い。なぜならばサフランと香草をどっさり入れた悪魔も毒殺するようなシチューを作るからである」と書いている。そのあとこの証言者は「農民たちが細かく刻み、［……］耐えがたい臭いの塩漬けキャベツ」を罵倒する。農民たちがキャベツを樽のなかで「塩とジュニパーベリーとコリアンダーとサンザシ」で調味し、発酵させて「酸味と臭味が出るのを待って食べる」のはすでに見たとおりだ。他の証言者たちもまた、このシュークルート好みを批判していることから、アルザス人がフランスの他の地方の同時代人とは異なる味覚をもち、異なる料理をしていたことが証明される。

地方の名物

アルザス人は、ヨーロッパの中部、東部のすべての人びとと同様に、シュークルートを食べていただけではない。そのシュークルートは樽に入れる香味料のせいで、おそらく他の土地のものと完全に同じではなかっただろう。さらに一八世紀から一九世紀にかけては豚脂、フレッシュ・ソーセージなど、その後はジャガイモも入れて作る習慣をもつようになった大皿料理は、ついには正真正銘の名物料理となる。もうひとつの典型的アルザス名物シュニッツは、モーグ医師が確認するように豚脂か、あるいはアーサー・ヤングが言うようにハムで作られた。テュエツの農民が、パンの薄切りを浸すかわりに、クリと食べていたスープは、たしかにフランスの他の地方では価値のある料理ではなかった。客観的に見て、それもやはり独特の名物である。同様に、リムザンには、他のどこの地方でも作られなかったようなターニップ料理が多数あり、『田園の快楽』は一六五四年に「レ、あるいはラーヴ〔ターニップ〕について」の項で短く記述している。

「これはとても粗野な食べ物なので、それに時間と紙を費やすのは残念だ。とはいうものの〔……〕リムザンの農民はそれを宴会一のごちそうにする。ポットのなかでボイルするときはそれをカルテラと呼ぶ。水と塩だけで料理するときはロンデオである。熾火の下でローストするときはロン・ボレと名づける。フライパンのなかでバターか油とフリカッセにするときは、それはラーブ・フリカッセで、すべての宴会でもっとも貴重な料理として、とくに上席に供する。」

次は、モンテーニュがコンスタンツの近くで見かけた独特のパンを使う料理である。

「村人たちは作男たちの正餐にとても平たいフワスを出す。そのなかにはフェンネルがはいり、上にはごく細かく刻んだ豚脂の小片とニンニクの一かけらをのせる。」

ガスコーニュではミレットの粉を使ってアロモットと呼ばれる粥、あるいは牛乳粥を作った。「それを農民はおいしがって食べる」と一七世紀初めにジョゼフ・デュシェーヌは書いている。またミレットでは、かまどで焼くミラ millas, 練り粉の小さなボールを水のなかで火を通したミック mique, キャベツの葉で包み、熾き火のなかで火を通したブラゼール brazaire という、それぞれがはっきりと異なる三「種類のパン」も作った。同じ著者によると、もうひとつのガスコーニュ名物はガチョウ脂のなかで火を通す塩漬けのガチョウで、それは一八世紀以降には、コンフィとなる。デュシェーヌによれば「通常はボイルしてマスタードと食べる」。金持ちは、ときには二日しか塩に漬けていないものを食べた。デュシェーヌはつけ加える。

「これは一年はもつ肉であり、ときには何年も塩漬けにして保存するので、酸敗する［。］この古いガチョウのごく小さな一切れをキャベツと火にかけると、こってりした白身とおいしいポタージュになる。それを村人と貧しい人びとはあたりまえに詰め込む。」

まだ「ガルビュール」という名はつけられていなくても、このガスコーニュのスープはすでに一六世紀、立派な名物料理だった。

意はつくされたと思うので、料理を列挙するのはこの辺でやめて、加熱について、社会のエリート層の食と対比した場合、農民の料理すべてに共通する点をひとつ強調しておこう。

実のところ、ヨーロッパのほとんどの地域で、貴族の料理ではロースト、フライ、ソースをかけた肉が主流だったのに対し、農民に特徴的なのはボイルだった。たしかにいくつかの遺産目録にフランパンがあったことは、ときにはオムレツ、あるいは若ドリのフリカッセにさえさっと火を通したことを語りはする。しかし複雑な料理に必要なグリル、焼き串、ソトワール、カスロールなどはめったになかった。農民の調理器具はどこでも、豚脂と野菜に水のなかで火を通して、ポテやスープを作るためのポットかマルミットだった。しかしながら、根菜や根茎に灰のなかで火を通したり、さらにはガスコーニュの「ブラゼール」のようにさらに手の込んだ名物も忘れてはならない。

この農民世界に特徴的な加熱方法は、農村的な嗜好から単なる思いつきで生まれたとは言えない。灰のなかで加熱することも水のなかでボイルすることも、緩慢で穏やかな加熱であって、事故を回避し、四六時中監視する必要もない。農村では女たちは料理だけをやっていればいいわけではなく、毎日、他の活動と平行して、家族の食べ物を料理しなければならず、それを焦がす危険は冒せなかった。しかしながらこの加熱の領域に関しては、燃料となる資源の違いによって、ある種の地域性がある。しかしこの点は今後の研究にゆだねねばならない。

要するに、農民の伝統食はつねに土地の資源に基礎をおいていたので、ヨーロッパの各地域ごとで大幅に異なるものとなりえた。さらに一五世紀末から一九世紀初めにかけては、新たな食用植物の利用によって、かなりの変化を遂げた。他方、裕福な農民はつねに貧しい農民よりもより多く、より変化に富んだ食物を食べ、そのカロリー消費量が二倍にのぼることも珍しくはなかった。しかしながらどの地方でも、豊かな者と貧しい者は同じように、農民社会に特徴的な食生活を送り、そこでは他の社会階級よりも、植物性食品が大きな場所を占めた。穀物、根菜、葉野菜、とりわけキャベツである。カロリー摂取量における糖質の割合はとくに大きく、しばしば八〇パーセント以上にのぼり、肉はふつう動物脂のように調味料としての機能しかもっていなかった。食品選択におけるこうした共通の性格に加えて、共通の加熱法と粥やポレンタ、あるいは穀物の碾割、野菜のスープとポテのように、農村に特徴的な料理があった。

(北代美和子訳)

Paris, Edition de l'École des hautes études en sciences sociales, Jean Touzot, 1985, pp. 268-277. このあとの部分で，ヴィヴァレに関するいくつかのデータはこの著作から引用した。

（4） G. Audisio, *op. cit.*, pp. 84 et 94.

（5） *Ibid.*, pp. 94-95.

（6） J.-M. Boehler, *Une société rurale en milieu rhénan : la paysannerie de la plaine d'Alsace*（*1648-1789*）, 2e édition, Presses universitaires de Strasbourg, 1995, p. 1733. アルザスに関する多数のデータはすべてこの著書から引用した。

（7） N. Du Fail, *Propos rustiques, présenté et annoté par Arthur de la Borderie*, Paris, 1878. 本稿におけるこの作品からの引用はすべて，パリ第8大学学生フランソワ・モニエによって集められた。

（8） J. Bruyerin Champier, *De re cibaria*, 1560, livre IV, chap. II.

（9） Rétif de la Bretonne, *L'École des pères*, I, pp. 142-143. Cité d'après G. Rouger（éd.）, *La Vie de mon père*, Garnier, 1970, pp. 191-92.

（10） Rétif de la Bretonne, *L'École des pères*, I, pp. 142-143. Cité d'après *La Vie de mon père*, Garnier, 1970, p. 130.

（11） Cité par Philippe Gillet, *Par mets et par vins*, Payot, 1985, p. 88. フィリップ・ジレ『近世ヨーロッパ美食紀行・旅人たちの食卓』宇田川悟訳，平凡社，1989年，102-2ページ。

（12） Bruyerin Champier, *op. cit.*, livre XI, chapitre 25.

（13） Cité par A. Molinier, *op. cit.*, p. 262.

（14） Cité par J.-M. Boehlert, *op. cit.*, p. 1702.

（15） G. Audisio, *op. cit.*, p. 101.

（16） R. Baehrel, *Une croissance : la Basse-Provence rurale...*, Paris, SEVPEN, 1961, pp. 171-172.

（17） L. Stouff, *Alimentation et ravitaillement en Provence aux XIVe et XVe siècle*, Paris, Mouton, 1970, p. 123.

（18） Rétif de la Bretonne, *op. cit.*, pp. 130-131.

（19） R. Dion, *Histoire de la vigne et du vin en France des origines au XIXe siècle*（Riprint Flammarion, 1977）, pp. 471-474. M. Lachiver, *Vin, vigne et vignerons. Histoire du vignobles français*（Paris, Fayard, 1988）. この著者はまた，多くの地方で，とくに中世末期の数世紀，農民はワインを飲んでいたことを示している。

（20） M. Livi Bacci, *Popolazione e alimentazione, Sagio sulla storia demogrfica europea*, Bologne, 1987, tab. 16, p. 122.

ロワからは高級すぎると見なされた。

(25) *Pour une histoire économique vraie*（Lille, Presses Universitaires, 1985）に収録した栄養摂取量についての筆者の研究を参照のこと。農村地域の日雇い農民は，多くの場合，雇用者の家で日に一回，あるいは二回の食事をあたえられたし，もちろん午前・午後には数多く軽食もとったことを指摘しておく。

(26) これらの事例はM. Morineau, *Pour une histoire éconimique vraie, op. cit.* et « Boudgets populaires en France au XVIIIe siècle », *Revue d'hisotire économique et sociales*, 1972, n°s 2 et 4 より引用した。

(27) ライデンのラシャ工場の平均的労働者とアムステルダムの石工手伝いの平年の経費に基づく。

(28) この事例はK. H. Connell, *The Population of Ireland*, Oxford University Press, 1950. から引用した。

参考文献

Bergier, J. F., et alii, *Nouvelle Histoire de la Suisse et des Suisses*, Lausanne, 1982.

Bersbekov, L. G., Kabouzan, V. M., et Iatsounski, V. K., « Bilan démographique de la Russie, 1789-1815 », *Annales de démographie historique*, 1965.

Biraben, J. N., « Essai sur l'évolution du nombre des hommes », *Population*, 1979.

Bourgeois-Pichat, J., et alii, *Colloque franco-hellénique de démographie*, Athènes, 1990.

Deane, Ph., et Cole, A., *British Economic Growth, 1688-1959. Trends and Structures*, Cambridge, 1964.

Eisenach, A., et Grochulska, B., « La population de la Pologne aux confins du XVIIIe et du XIXe siècle », *Annales de démographie historique*, 1965.

Flandrin, J. -L., *L'Église et le contrôle des naissances*, Paris, 1970.

Goubert, P., *Beauvais et le Beauvaisis de 1600 à 1730*, Paris, 1961.

Hemardinquer, J. -J.（éd.）, *Pour une histoire de l'alimentation*, Paris, 1970.

Henry, L., et alii, « La population française de 1740 à 1829 », *Population*, 1975.

MacEvedy, C., et Jones, R., *Atlas of World Population History*, Londres, 1978.

Morineau, M., *Les Faux-semblants d'un démarrage économique. Agriculture et démographie en France au XVIIIe siècle*, Paris, 1971.

Sorre, M., *Les Fondements biologiques et la géographie humaine*, Paris, 1943.

Svenska Statistik Centralbyren, *Historisk Statistik for Sverige I. Befolkening Andra upplagen, 1720-1967*, Stockholm, 1969.

Tremolière, J., et alii, *Manuel d'alimentation humaine*, Paris, 1984.

第33章

（1）M. Langhans（médecin de Berne）, *Des maladies des gens de cour et du beau monde français*, trad. de l'allemand, Lausanne, 1771.

（2）M. Aymard, et H. Bresc, « Nourritures et consommation en Sicile entre le XIVe et XVIIIe siècle » in *Histoire de la Consommaiton, Annales E. S. C.*, mars-juin, 1975, pp. 592-599. シチリアに関する他のデータもこの論文から引用した。

（3）G. Audisio, *Des Paysans, XVe-XIXe siècle*, collection « Les Français, d'hier », t. 1, Paris, Armand Colin, 1993, pp. 104-108. A. Molinier, *Stagnation et croissance. Le Vivarais aux XVIIe-XVIIIe siècles*,

（2）果物のパートと砂糖漬けのこと。

第32章

原　注

（1）R. S. Schufield et E. A. Wrigley, *The Population of England, 1541-1871. A Reconstruction*, Cambridge, 2e éd., 1989.
（2）J. Dupâquier, *Histoire de la population française*, Paris, 1989.
（3）J. Mirow, *Geschichte des deutschen Volkes vom den Anfangen bis zur Gegenwart*, Gernbach, 1990.
（4）J. Nadal, *La Población española, Siglos XVI a XX*, Barcelone, 2e éd., 1974.
（5）A. Croix, *La Bretagne aux XVIe et XVIIe siècles. La vie, la mort et la foi*, Paris, 1981.
（6）E. Leroy-Ladurie, *Les Paysans de Languedoc*, Paris, 1966.
（7）A. Bellettini, *La Popolazione italiana. Un profile storico*, Turin, 1987.
（8）G. E. Mingay, et alii, *Agricultural History of England and Wales, 1750-1850*, Cambridge, 1989.
（9）E. Boserup, *Population and Technological Change. A Study of Long Terms to Trends*, Chicago, 1981.
(10) E. Juttikala, « La grande famine finnoise de 1696-1697. La population d'une province finlandaise au XVIIe siècle », *Scandinavian History Review*, 1955 et 1957.
(11) H. H. Lamb, *Climate, Present, Past and Future*, London, 1977.
(12) J. Dupâquier, *op. cit.*
(13) J. M. Perez Garcia, *Un modelo de sociedad rural de Antiguo Regimen en la Galicia costera*, Saint-Jacuqes-de-Compostelle, 1979.
(14) V. Magalhães Godinho, *Introdução a historia economica*, Lisbonne, 1970.
(15) K. H. Connell, *The Population of Ireland, 1740-1845*, Oxford, 1950.
(16) J. Drummond, *The Englishman's Food. A Study of Five Centuries of English Diet*, London, 1939.
(17) L. Randoin, *Vues actuelles, sur le problème alimentaire*, Paris, 1937.
(18) A. Imhoff, *Lebenserwarterungen in Deutschland vom 17 bis 19 Jahrhundert*, Weinheim, 1990.
(19) J. D. Chambers, « The Vale of Trent, 1670-1800. A Regional Study of Economic Changes », *Economic History Review*, 1951.
(20) J. Drummond, *op. cit.*
(21) M. Reinhard, A. Armengaud, J. Dupâquier, *Histoire générale de la population mondiale*, Paris, 1967.
(22) 生食は牡蠣のようなものいくつかを除いて，しかも一部の国でしか好まれなかった。牡蠣をなま暖かく食べるところもあった。しかしながら乾燥，あるいは燻製の肉を加えておく（たとえばスイスのグラウビュンデン州のもの）。
(23) 19世紀に，人口の大部分の基本的食品となる前，ジャガイモは代用食品の役割を果たした。その後，ジャガイモは料理界でひっぱりだこになり，数え切れないほどの地方料理が創作された。
(24) ヴォバンは計算にさいして，最悪の仮定をとった。しかし，計算してみると，結果は恐れるほど悪くはないことがわかる。さらに，内容を価格に応じて変化させるときは，「食生活の後退」のインパクトを検討しなければならない。つまり一定の期間は食事の質を犠牲にして熱量を維持した。またヴォバンが職人あるいは日雇い農民に割り当てたパンの品質は，当時かなり普及はしていたものの，同時代人ポティエ・ド・ラ・エスト

Biadene, L., *Cortesie da tavola in latino e in provenzale*, Pisa, 1893.

Contini, G., *Le opere volgari di Bonvesin de la Riva*, Roma, 1941.

Id., *Poeti Bel Duecento*, vol. I, tomo 4, *Poesia didattica del Nord*; vol. II, tomo 7, *Poesia didattica dell'Italia centrale*, Milano-Napoli, 1960.

Croce, G. C., *Cinquanta cortesie overo creanze da tavola*, Bologna, 1609.

Della Casa, G., *Galateo*, Torino, 1975.

Francesco da Barberino, *Documenti d'amore*, Roma, 1905.

Id., *Reggimento e costumi di donna*, Torino, 1957.

Francesco Eiximenis, *Lo libre de les dones*, Barcelona, 1981.

Id., *Dotzè llibre Bel Crestià*, vol. II, tomo l, Girona, 1986.

Furnivall, F. J., *The Babees Book*, London, 1868.

Paolo di Pace da Certaldo, *Libro di buoni costumi*, Firenze, 1945.

Petrus Alphonsi, *Disciplina clericalis*, in « Sammlung mittellateinische Texte », I, 1911.

Ugo Di San Vittore, *De institutione novitiorum*, in P. Migne（a cura di）, *Patrologiae Cursus Completus. Series Latina*, Paris, 1878-1904, vol. 176.

Vincent De Beauvais, *De eruditione filiorum nobilium*, Cambridge（Mass.）1938.

第 31 章

参考文献

Alexandre-Bidon, D., « Folklore, fête et tradition populaire de Noël et du premier de l'an », *Mythe et culture folklorique au Moyen Âge, RAZO*, Nice, VIII, 1988, pp. 37-64.

——, « À la table des miniaturistes : archéo-iconographie des gestes et des mets », in C. Lambert（éd.）, *Du manuscrit à la table. Essais sur la cuisine au Moyen Âge*, Montréal-Paris, 1992, pp. 45-55.

——, « Le bœuf est servi », *Aurochs, le retour, catalogue de l'exposition*, Lons-le-Saunier, 1994, pp. 147-57.

—— et Mane, P., « Images des repas de fête au Moyen Âge », *Se nourrir à Besançon au Moyen Âge*, Besançon, 1990, pp. 28-32.

Closson, M., « Us et coutumes de la table du XIIe au XVe siècle à travers les miniatures », *Manger et boire au Moyen Âge*, Nice, 1984, t. II, pp. 21-32.

Mane, P., « L'alimentation des paysans en France et en Italie aux XIIe et XIIIe siècles à travers l'iconographie des calendriers », *Manger et boire au Moyen Âge*, Nice, 1984, t. I, pp. 319-33.

——, « Les bovins dans le tacuinum sanitatis », *Aurochs, le retour, op. cit.*, pp. 159-63.

——, *Calendriers et techniques agricoles, France-Italie, XIIe-XIIIe siècles*, Paris, 1983.

Rigaux, D., *À la table du Seigneur. L'eucharistie chez les primitifs italiens, 1250-1470*, Paris, 1989.

第 6 部

原　注

（1）他の手がかりがないことから，パンの消費量が低下したのは，16 世紀以降，それまでトランショワールとして使われていた大きなパンのスライスが平皿に置き換えられた結果と解釈できる。

1949, pp. 95-165.
Scully, T., *The Opusculum de saporibus of Magninus Mediolanensis*, in « Medium Ævum », LIV, 1985, pp. 178-207.
Stouff, L., *Ravitaillement et alimentation en Provence aux XIVe et XVe siècle*, Paris-La Haye, 1970.
Weiss-Amer, M., *The role of medieval physicians in the diffusion of culinary recipies and cooking practices*, in C. Lambert (a cura di), *Du manuscrit à la table. Essais sur la cuisine au Moyen Âge*, 2 voll., Montréal-Paris, 1992, pp. 69-80.

第 29 章

参考文献

1. 総論

Aresty, E. B., *The Best Behavior. The Course of Good Manners — from Antiquity to the Present — as Seen through Courtesy and Etiquette Books*, New York, 1970.
Bertelli, S., Crifò, G., *Rituale cerimoniale etichetta*, Milano, 1985.
Elias, N., *Über den Prozess der Zivilisation. Soziogenetische und psychogenetische Untersuchungen*, vol. I, *Wandlungen des Verhaltens in den weltlichen Oberschichten des Abendlandes*, Basel, 1939 [trad. it. *La civiltà delle buone maniere*, Bologna, 1982]. ノルベルト・エリアス『文明化の過程』上下, 赤井慧爾・中村元保・吉田正勝訳, 法政大学出版局, 1977 年。
Jaeger, C. S., *The Origins of Courteliness. Civilizing Trends and the Formation of Courtly Ideals 932-1210*, Philadelphia, 1985.
Le Goff, J., Lauwers, M., *La civilisation occidentale*, in *Histoire des Mœurs*, vol. III, *Thèmes et systèmes culturels, Encyclopédie de la Pléiade*, Paris, 1989-91.
Romagnoli, D. (a cura di), *La città e la corte. Buone e cattive maniere tra Medioevo ed Età Moderna*, Milano, 1991 ; nuova ed. *La ville et la Cour. Des bonnes et des mauvaises manières*, Paris, 1995.

2. 食卓での礼儀作法について

Brunet, J., Redon, O., *Tables florentines* (*Écrire et manger avec Franco Sacchetti*), Paris, 1984.
Franklin, A., *Les repas. La vie privée d'autrefois : arts et métiers, modes, mœurs, usages des Parisiens, du XIIe au XVIIIe siècle, d'après des documents originaux ou inédits, Paris 1887-1902*, vol. VI, 1889.
Id., *La civilité, l'étiquette, la mode, le bon ton, du XIIIe au XIXe siècle*, 2 voll., Paris, 1908.
Glixelli, S., *Les contenances de table*, in « Romania », XLVII, 1921, pp. 1-40.
Lévi-Strauss, C., *L'orrgine des manières de table*, Paris, 1968 [trad. it. *Mitologica* III. *Le origini delle buone maniere a tavola*, Milano, 1971].
Manger et boire au Moyen Âge. Cuisine, manières de table, régimes alimentaires. Actes du Colloque de Nice (*15-17 octobre 1982*), 2 voll., Nice, 1984.
Merker, P., *Die Tischzuchtenliteratur des 12. bis 16. Jahrhunderts*, in « Mitteilungen der Deutschen Gesellschaft zur Erforschung Vaterländischer Sprache und Altertümer in Leipzig », I, 1, 1913, pp. 1-52.
Plaisirs et manières de table aux XIVe et XVe siècles (*Exposition*), Toulouse, 1992.

3. 文献資料

Alberti, L. B., *I libri della famiglia*, Torino, 1969.

セル・ドゥティエンヌ『アドニスの園』小苅米・鵜沢武保訳, せりか書房, 1983年。

出 典

Aldobrandino da Siena, *Le Régime du corps*, a cura di L. Landouzy, R. Pepin, Paris, 1911 (rist. Genève, 1978).

Bruyerin Champier, J., *De re cibaria libri XXII omnium ciborum genera, omnium gentium moribus, et usu probata complectentes*, Lyon, 1560.

Duchesne, J., *Le pourtraict de la santé. Où est au vif représentée la règle universelle et particolière, de bien sainement et longuement vivre...*, Saint-Omer, 1618.

Fagarola, P., *Regimen conditum*, ms. Sloane 3124, fol. 74 r-77 r, in L. Thorndike, *Advice from a physician to his sons*, in « Speculum », VI, 1931, pp. 110-14.

Magnino da Milano, *Regimen Sanitatis Magnini mediolanensis medici famosissimi...*, Lugdunum, 1517, B. N. [4° Tc10.45. B].

Id., *Opusculum de saporibus domini M. Mayni de Mayneriis*, a cura di L. Thorndike, *A Medieval sauce book*, in « Speculum », IX, 1934, p. 183-98.

Platina, B. *Sacchi detto il, De honesta voluptate*, Venezia, 1475 (rist. e trad. ingl. 1967).

Platine en françoys tresutile et necessaire pour le corps humain qui traicte de honneste volupté et de toutes viandes et choses que lomme menge, quelles vertus ont, et en quoy nuysent ou prouffitent au corps humain, et comment se doyvent apprester ou appareiller..., a cura di D. Christol, Lyon, 1505.

Thresor (*Le*) *de santé ou Mesnage de la vie humaine* [...] *Faict par un des plus célèbres et fameux Médecins de ce siècle*, Lyon, 1607.

参考文献

Braudel, F., *Civilisation matérielle, économie et capitalisme, XVe-XVIIIe siècles*, Paris, 1967-79 [trad. it. Torino, 1977-82].

Céard, J., *La Diététique dans la Médecine de la Renaissance, in Pratiques et discours alimentaires à la Renaissance. Actes du colloque de Tours, mars 1979*, Paris, 1982, pp. 21-36.

Grieco, A. J., *The Social Politics of Pre-Linnean Botanical Classification*, in « I Tatti Studies. Essays in the Renaissance », n. 4, 1991, pp. 131-49.

Jansen-Sieben, R., *From food therapy to cookery-book, in Medieval Dutch Literature in its European Context*, Cambridge, 1994, pp. 261-79.

Laurioux, B., *Spices in the medieval diet. A new approach*, in « Food and Foodways », I, 1985, pp. 43-76.

Lopez, R., *The trade of medieval Europe, the South*, in *Cambridge Economic History of Europe*, Cambridge, 1952.

Miller, J. L, *The Spice Trade of the Roman Empire 29 B. C. to A. D. 641*, Oxford, 1969.

Patni, R., *L'assaisonnement dans la cuisine française entre le XIVe et le XVIe siècle*, thèse dactylographiée, Paris, 1989.

Peterson, T., *The Arab influence on Western European cooking*, in « Journal of Medieval History », 6, 1980, pp. 317-40.

Riddle, J. M., *The introduction and use of Eastern drugs in the early Middle Ages*, in « Sudhoff Archiv », 49, 1965, pp. 185-98.

Rodinson, M., *Recherches sur des documents arabes relatifs à la cuisine*, in « Revue des études islamiques », XVII,

pp. 43-76 を参照。
（7）Id., « Modes culinaires et mutation du goût à la fin du Moyen Âge », in Ria Jansen-Sieben（éd.）, *Artes mechanicae en Europe médiévale. Actes du colloque du 15 octobre 1987*, Bruxelles, 1989（Archieves et bibliothèque de Belgique, numéro spécial 34）, pp. 199-222.
（8）J.-L. Flandrin, « Le goût et la nécessité. Sur l'usage des graisses dans les cuisine d'Europe occidentale（XIVe-VXIIIe siècles）», *AESC*, t. XXXVIII/II, 1983, pp. 369-401.
（9）M. Rodinson, « Romania et autres mets en arabe en italien », *Romania*, t. LXXI, 1950, pp. 433-449.
（10）本文中に引用した料理書については，現在印刷中の論文を参照のこと。B. Laurioux, *Les Livres de cuisine*, « Typologie des sources du Moyen Âge occidental », Turnhout, Brepols.

参考文献

Flandrin, J. -L., *Chronique de Platine. Pour une gastronomie historique*, Paris, 1992.
Henisch, B. A., *Fast and Feast. Food in Medieval Society*, London, 1976. ブリジット・アン・ヘニッシュ『中世の食生活　断食と宴』藤原保明訳，法政大学出版局，1992 年。
Lambert, C.（a cura di）, *Du manuscrit à la table. Essais sur la cuisine au Moyen Âge*, 2 voll., Montréal-Paris, 1992.
Laurioux, B., *Nourritures*, in « Médiévales », 5, 1983.
Id., *Contre Marco Polo. Pour une histoire comparée des pâtes alimentaires*, in « Médiévales », 16-17, 1989.
Id., *Le Moyen Âge à table*, Paris, 1989.
Manger et boire au Moyen Âge. Cuisine, manières de table, régimes alimentaires. Actes du Colloque de Nice（15-17 octobre 1982）, 2 voll., Nice, 1984.
Montanari, M., *Alimentazione e cultura nel Medioevo*, Roma-Bari, 1988.
Redon, O., Sabban, F., Serventi, S., *La Gastronomie au Moyen Âge. 150 recettes de France et d'Italie*, Paris, 1991［trad. it. *A tavola nel Medioevo con 150 ricette dalla Francia e dall'Italia*, Roma-Bari, 1995[2]］.
Stouff, L., *Ravitaillement et alimentation en Provence aux XIVe et XVe siècles*, Paris-La Haye, 1970.

第 27 章

参考文献

Grieco, A. J., *The Social Politics of Pre-Linnean Botanical Classification*, in « I Tatti Studies. Essays in the Renaissance », n. 4, 1991.
Lovejoy, A. O., *The Great Chain of Being*, Cambridge（Mass.）1936［trad. it. Milano, 1981］.
Mahoney, E. P., *Metaphysical foundation of the hierarchy of being according to some late-medieval and renaissance philosophers*, in P. Morewedge（a cura di）, *Philosophies of Existence Ancient and Medieval*, New York, 1982.
Montanari, M., *La fame e l'abbondanza. Storia dell'alimentazione in Europa*, Roma-Bari, 1993. マッシモ・モンタナーリ『ヨーロッパの食文化』山辺規子・城戸照子訳，平凡社，1999 年。
Tillyard, E. M. W., *The Elizabethan World Picture*, London, 1943.

第 28 章

原　注

（1）M. Detienne, *Les Jardins d'Adonis : la mythologie des aromates en Grèce*, Paris, Gallimard, 1972. マル

Nada Patrone, A. M., *Il cibo del ricco e il cibo del povero. Contributo alla storia qualitativa dell'alimentazione. L'area pedemontana negli ultimi secoli del Medioevo*, Torino, 1981.

Pini, A. I, *Vite e vino nel Medioevo*, Bologna, 1989.

Pinto, G., *La Toscana nel tardo Medioevo. Ambiente, economia rurale, società*, Firenze, 1982.

Id., *L'alimentazione contadina nell'Italia bassomedievale*, Pistoia, 1986.

Postan, M. M.（a cura di）, *L'agricoltura e la società rurale nel Medioevo*, in *Storia economica Cambridge*, vol. I, trad. it. Torino, 1976（ed. or. Cambridge, 1966）.

Problemi di storia dell'alimentazione nell'Italia medievale. Atti del Convegno（*Modena 1980*）, in « Archeologia Medievale », VIII, 1981, pp. 5-450.

Rösener, W., *I contadini nel Medioevo*, Roma-Bari, 1989.

Stouff, L., *Ravitaillement et alimentation en Provence aux XIVe et XVe siècle*, Paris-La Haye, 1970.

Terra e uomini nel Mezzogiorno normanno-svevo. Atti delle settime giornate normanno-sveve（*Bari, ottobre 1985*）, Bari, 1987.

第 24 章

原　注

（1）以上の用語が中世を通じて区別なく使用されたことは,飲食店を好んで舞台にしたファブリオー〔韻文の笑い話〕や詩その他の小話が証明している。

第 25 章

参考文献

Peyer, H. C., *Von der Gastfreundschaft zum Gasthaus*, in « Schriften der MGH », n. 31, 1987 [trad. it. *Viaggiare nel Medioevo. Dall'ospitalità alla locanda*, Roma-Bari, 1990].

第 26 章

原　注

（1）B. Laurioux, « Table et hiérarchie sociale à la fin du Moyen Âge », *Du manuscrit à la table*（参考文献参照）, pp. 87-108 を参照。

（2）Id., « Les menus de banquet dans les livres de cuisine de la fin du Moyen Âge », in *La Sociabilité à table. Commensalité et convivialité à travers les âges*, textes réunis par M. Aurell, O. Dumoulin, et F. Thélamon. Rouen, 1992, pp. 173-182.

（3）F. Audoin, « Les ossements animaux dans les fouilles médiévales de la Charité-sur-Loire. Conclusions relatives à l'alimentation du XIe au XVIe siècle », *Comptes rendus des séances de l'Académie des inscriptions et belles-lettres*, janvier-mars, 1984, pp. 199-217.

（4）F. Piponnier, « Equipements et techniques culinaires en Bourgogne au XIVe siècle », *Bulletin philologique et historique du Comité des travaux historiques et scientifiques*（*histoire jusqu'en 1610*）, *année 1971*, 1977, pp. 57-81.

（5）B. Laurioux, « Entre savoir et pratiques : le livre de cuisine à la fin du Moyen Âge », *Médiévales*, N° 14,1988, pp. 59-71.

（6）B. Laurioux, « Spices in the Medieval Diet. A New Approach », *Food and Foodways*, vol. I, 1985,

Riera-Melis, A., *Alimentació i poder a Catalunya al segle XII. Aproximació al comportament alimentari de la noblesa*, in « Revista d'Etnologia de Catalunya», 2, 1993, pp. 8-21.
Id., *Alimentació i ascetisme a Europa occidental en el segle XII. El model cluniacens*, in *I Colloqui d'Història de l'Alimentació a la Corona d'Aragó*, Lleida, 1995, vol. I, pp. 39-105.
Id., *Pobreza y alimentació en el Mediterráneo Noroccidental en la Baja Edad Media*, in *La Mediterrània, àrea de convergència de sistemes alimentaris* (*segles V-XVIII*), Palma de Mallorca, 1996, pp. 39-72.
Id., *Senyors, monjos i pagesos : alimentació i identitat social als segles XII i XIII*, Barcelona, 1997.
Roussell, J., *Medieval Demography*, New York, 1987.
Sesma, A., *Aproximaciáon al estudio del régimen alimentario fiel reino de Aragon en los siglos XI y XII*, in *Homenaje a don José María Lacarra en su jubilación*, Zaragoza, 1977, vol. II, pp. 55-78.

第23章

参考文献

Cherubini, G., *L'Italia rurale del basso Medioevo*, Roma-Bari, 1985.
Comet, G., *Le paysan et son outil. Essai d'histoire technique des céréales* (*France, VIIIe-XVe siècles*), Roma, 1992.
Cortonesi, A., *Terre e signori nel Lazio medioevale. Un'economia rurale nei secoli XIII-XIV*, Napoli, 1988.
Desportes, F., *Le pain au Moyen Âge*, Paris, 1987.
Drummond, J., Wilbraham, A., *The Englishman's Food. A History of Five Centuries of English Diet*, London, 1955.
García de Cortázar, J. A., *La sociedad rural en la España Medieval*, Madrid, 1988.
Gibault, G., *Histoire des légumes*, Paris, 1912.
Grand, R., Delatouche, R., *Storia agraria del Medioevo*, trad. it. Milano, 1968 (ed. or. Paris, 1950).
Il vino nell'economia e nella società italiana medioevale e moderna. Atti del Convegno (*Greve in Chianti 1987*), Firenze, 1988.
La chasse au Moyen Âge. Actes du Colloque de Nice (*juin 1979*), Nice, 1980.
L'approvisionnement des villes de l'Europe occidentale au Moyen Âge et aux Temps Modernes. Cinquièmes Journées internationales d'histoire (*septembre 1983*), Auch, 1985.
Le Roy Ladurie, E., *I contadini di Linguadoca*, trad. it. Bari, 1970 (ed. or. Paris, 1969).
Les problèmes de l'alimentation. Actes du 93e Congrès National des Sociétés Savantes (*Tours 1968*), I, Paris, 1971.
Licinio, R., *Uomini e terre nella Puglia medievale. Dagli Svevi agli Aragonesi*, Bari, 1983.
Manger et boire au Moyen Âge. Cuisine, manières de table, regimes alimentaires. Actes du Colloque de Nice (*15-17 octobre 1982*), 2 voll., Nice, 1984.
Maurizio, A., *Histoire de l'alimentation végétale*, Paris, 1932.
Mazzi, M. S., *Note per una storia dell'alimentazione nell'Italia medievale*, in *Studi di storia medievale e moderna per Ernesto Sestan*, vol. I, Medioevo, Firenze, 1980, pp. 57-102.
Messedaglia, L., *Il mais e la vita rurale italiana*, Piacenza, 1927.
Id., *Per la storia dell'agricoltura e dell'alimentazione*, Piacenza, 1932.
Montanari, M., *L'alimentazione contadina nell'alto Medioevo*, Napoli, 1979.
Id., *Campagne medievali. Strutture produttive, rapporte di lavoro, sistemi alimentari*, Torino, 1984.
Id., *Alimentazione e cultura nel Medioevo*, Roma-Bari, 1988.
Id., *La fame e l'abbondanza. Storia dell'alimentazione in Europa*, Roma-Bari, 1993.

Santa María, R., Ritos y costumbres de los hebreos españoles, in « Boletín de la Real Academia de la Historia », XXII, 1893, pp. 181-88.

Sanz Egaña, C., *Matanza por el rito judío*（*Schechitah*）, in « Revista de la Biblioteca, Archivo y Museo del Ayuntamiento de Madrid », 21,1929, pp. 75-82.

Schuhl, P. M., *Tracce di costumanze ellenistiche nel « Seder » di Pasqua*, in « Rassegna mensile di Israel », 34,1968, pp. 138-42.

Segre, R., *Gli ebrei e il mercato delle carni a Casale Monferrato nel tardo Cinquecento*, in *Miscellanea di studi in memoria di Dario Disegni*, Torino, 1969, pp. 219-37.

Shaitesley, J. M., *Culinary aspects of Anglo-Jewry*, in « Folklore Research Center Studies », 5,1975, pp. 367-400.

Shatmiller, J., *Droit féodal et législation rabbinique : la cuisson du pain chez les juifs du Moyen Âge*, in *Manger et boire au Moyen Âge. Cuisine, manières de table, régimes alimentaires. Actes du Colloque de Nice*（*15-17 octobre 1982*）, 2 voll., Nice, 1984, pp. 68-69.

Shaul, J., *El destierro y la simiente*, in *Cocina Sefardí*, Olot, 1989.

Silver, D. J., *Considering candles and cake*, in « Journal of Reform Judaism », 26,1979, pp. 11-19.

Siporin, S., *The table of the angel and two other Jewish-Venetian food customs*, in. « Lares. Rivista di studi demo-etno-antropologici », 50,1984, pp. 357-65..

Toaff, A., *Il vino e la carne. Una comunità ebraica nel Medioevo*, Bologna, 1989.

Woolf, M., *Prohibition against the simultaneous consumption of milk and flesh in orthodox Jewish law*, in N. Kiell（a cura di）, *The Psychodynamics of American Jewish Life:An Anthology*, vol. IV, New York, 1967, pp. 287-306.

第 5 部

第 22 章

参考文献

Alexandre, P., *Le climat en Europe au Moyen Age. Contribution à l'histoire des variations climatiques de 1000 à 1425, d'après les sources narratives de l'Europe occidentale*, Paris, 1987.

Bisson, T. N., *Fiscal Accounts of Catalonia under the Early Count-Kings*（*1151-1213*）, Berkeley-London, 1984.

Block, M., *La société féodale*, Paris, 1978[6].

Bredero, A. H., *Cluny et Cîteaux au douzième siècle*, Amsterdam, 1985.

Brooke, C., *Europe in the Central Middle Ages, 962-1154*（*A General History of Europe*）, London-New York, 1987.

Conde, R., *Alimentación y sociedad : las cuentas de Guillema de Montcada*（*1189*）, in « Medievalia », 3, 1982, pp. 7-21.

Fossier, R., *Enfance de l'Europe : aspects économiques et sociaux, Xᵉ-XIIᵉ siècles*, 2 voll., Paris, 1982［trad. it. Bologna, 1987］.

Laliena, C., *Sicut ritum est in terra aragonensis*, in *I Colloqui d'Història de l'Alimentació a la Corona d'Aragó*, Lleida, 1995, vol. II, pp. 665-91.

Montanari, M., *Campagne medievali. Strutture produttive, rapporti di lavoro, sistemi alimentari*, Torino, 1984.

Id., *La fame e l'abbondanza. Storia dell'alimentazione in Europa*, Roma-Bari, 1993. マッシモ・モンタナーリ『ヨーロッパの食文化』山辺規子・城戸照子訳, 平凡社, 1999 年。

Poly, J.-P., Bournazel, E., *La mutation féodale, Xᵉ-XIIᵉ siècles*, Paris, 1980［trad. it. Milano, 1990］.

Ethnology Review », 9,1987, pp. 6-12.

Jordan, W. C., *Problems of the Meat Market of Béziers, 1240-1247. A Question of Anti-Semitism*, in « Revue des Études Juives », CXXXV, 1976, pp. 31-49.

Id., *Jews on top. Women and the availability of consumptions loans in Northern France in the mid-thirteenth century*, in « Journal of Jewish Studies », XXIX, 1978, pp. 9-56.

Kirshenblatt-Gimblett, B., *The kosher gourmet in the 19th century kitchen. Three Jewish cookbooks in historical perspective*, in « Journal of Gastronomy », 2,1986-87, pp. 51-89.

Kriegel, M., *Un trait de pshycologie sociale dans les pays méditerranéens du Bas Moyen Âge. Le juif comme intouchable*, in « Annales Esc », XXXI, 1976, pp. 326-30.

Lacave Riaño, J. L., *La carnicería de la aljama zaragozana a fines del siglo XV*, in « Sefarad », XXXV, 1975, pp. 1-33.

Leibovici, S., *Títulos de nobleza de la adafina*, in « Maguen-Escudo », 57,1985, pp. 7-12.

Leon Tello, P., *Costumbres, fiestas y ritos de los judíos toledanos a fines del siglo XV*, Universidad Complutense, s. d., vol. II, pp. 67-81.

Levine-Melammed, R. C., *Women in Spanish Crypto-Judaism*, 1492-1520, Ann Arbor, 1986.

Manger et boire au Moyen Âge. Cuisine, manières de table, régimes alimentaires. Actes du Colloque de Nice (15-17 octobre 1982), 2 voll., Nice, 1984.

Molho, M., *Usos y costumbres de los Sefardíes de Salónica*, Madrid-Barcelona, 1950.

Montanari, M., *Alimentazione e cultura nel Medioevo*, Roma-Bari, 1988.

Motis Dolader, M. A. *et al., Ritos y festividades de los judeoconversos aragoneses en la Edad Media : la celebración del Yom Kippur o Día del Perdón. Ensayo de etnología histórica*, in « Jerónimo Zurita. Cuadernos de Historia », 61-62,1990, pp. 59-92.

Id., *Régimen alimentario de las comunidades judías y conversas en la Corona de Aragón en la Edad Media*, Lleida, 1990.

Neuman, A., *The Jews in Spain. Their Social, Political and Cultural Life during the Middle Ages*, Philadelphia, 1942.

Paul, S. M., *Classifications of wine in Mesopotamian and Rabbinic sources*, in « Israel Exploration Journal », 25,1975, pp. 42-44.

Raphael, F., Weyl, M., *Trois « chants du Séder » des juifs d'Alsace*, in « Ethnologie française », 11,1981, pp. 271-78.

Rehfeld, M., *Was heisst das eigentlich : « Kascher » und « Kaschrut »*, in « Tradition und Erneuerung », 47,1981, pp. 20-32.

Riera i Sans, J., *La conflictivitat de l'alimentació dels jueus medievals (segles XII-XV)*, in *Alimentació i Societat a la Catalunya Medieval*, in « Anuario de Estudios Medievales », 20,1988, pp. 295-311.

Romano Ventura, D., *Creencias y prácticas relagiosas de los judíos de Valencia (1467-1492). Propuestas metodológicas a base de documentos inquisitoriales*, Valencia, 1987.

Romero, E., *Algunas recetas de repostería sefardí de Bosnia [por, Gina Camhy]*, in « Estudios Sefardíes », 1,1978, pp. 161-88.

Rosner, F., *Milk and cheese in classic Jewish sources*, in « Hototh », 9,1987, pp. 517-32.

Sánchez Moya, M., *El ayuno del Yom Kippur entre los judaizantes turolenses del siglo XV*, in « Sefarad », XXVI, 1966, pp. 273-304.

Santamaría, A., *Sobre la Aljama de Mallorca : el impuesto « size del vin juheuesch », 1400-1435*, in « En la España Medieval », I, 1980, pp. 467-95.

IV-V, 1986, pp. 227-78).

（4）ロダンソン Rodinson,M.,« Les influences de la civilisation musulmane sur la civilisation européenne dans les domaines de la consommation et de la distraction. L'alimentation »（*Accademia nazionale dei Lincei. Atti dei convegni*, Rome, XIII, 1971, pp. 479-99），同じ著者による « La Ma'mûniyyat en Orient et en Occident »（*Études d'orientalisme à la mémoire d'E. Lévi-Provençale,* 1962, t. II, pp. 733-47）。

（5）Peterson, T. « The Arab Influence on Western European Cooking »（*Journal of Medieval History*, t. VI, 1980, pp. 317-40). イスラム世界の食物シンポジウムが 1991 年にスペインのサティバ Xativa で開かれ，Marín, M. と Waines, D. が *La alimentación en las culturas islámicas*（Madrid, 1994）としてシンポジウム論文集を出版した。

第 21 章

原　注

（1）食堂のある場所の割合は次の通り。17 %は玄関ホールに，33 %は 2 階のパラシオに，16 %は特別な用途のない部屋に，20 %は寝室に。ただし，全体の 3 分の 1 のケースでは，食堂は玄関ホールに近い 1 階の広い部屋にあり，2 階にあることはきわめて少ない。

参考文献〔イタリア語版より〕

Apfel, J., *The service for Yom Kippur Kattan*, in « L'Eylah », 24,1987, pp. 34-36.

Avery-Peck, A. J., *Law and society in early Judaism. Legal evolution in the Mishnaic division of agriculture*, in *Religion, Literature and Society in Ancient Israel*, vol. I, Jerusalem, 1987, pp. 69-87.

Bahloul, J., *Le culte de la « table dressée », étude du rituel alimentaire chez les Juifs d'origine algérienne vivant en France*, in I. Ben-Ami (a cura di), *The Sepharadi and Oriental Jewish Heritage. Studies*, Jerusalem, 1982, pp. 517-28.

Beinart, H., *Los conversos ante el tribunal de la Inquisición*, Barcelona, 1983.

Benayoun, J. A., *Les pratiques culinaires : lieux de mémoire, facteur d'identité*, in « Rassegna mensile di Israel », 49,1983, pp. 615-37.

Brin, G., *The firstling of unclean animals*, in « Jewish Quarterly Review », 68,1977, pp. 1-15.

Cantera Burgos, F., *Carne trifá*, in « Sefarad », XIV, 1954, pp. 126-27.

Cantera Montenegro, E., *« Solemnidades », ritos y costumbres de los judaizantes de Molina de Aragón a fines de la Edad Media*, in *Actas del II Congreso Internacional. Encuentro de las tres Culturas*, Toledo, 1985, pp. 59-88.

Dobrinsky, H. C., *A Treasury of Sephardic Laws and Customs. The Ritual Practices of Syrian, Moroccan, Judeo-Spanish and Portuguese Jews of North America*, New York, 1986.

Espadas Burgos, M., *Aspectos sociorreligiosos de la alimentación española*, in « Hispania », 131,1975, pp. 537-65.

Estrugo, J. M., *Tradiciones españolas en las juderias del Oriente Próximo*（*Reminiscencias y apuntes*）, in « Sefarad », XIV, 1954, pp. 128-47.

Feliks, J., Rabinowicz, H., *Dietary laws*, in *Encyclopedia Judaica*, Jerusalem, 1971, vol. VI, pp. 26-45.

Freudenstein, E. G., *Sabbath fish*, in « Judaism », 29,1989, pp. 418-31.

Grant, R. M., *Dietary Laws among Pythagoreans, Jews and Christians*, in « Harvard Theological Review », 73,1980, pp. 297-310.

Gutwirth, J., *Les pains azymes de la Pâque chez les hassidim*, in « Oriente moderno », 16,1976, pp. 137-48.

Hershman, A. M., *Rabbi Isaac ben Shéshet Perfet and His Times*, New York, 1943.

Herzog, M., *The culinary treasures of the language and culture atlas of Ashkenazic Jewry*, in « Jewish Folklore and

österreichischen Byzantinistik », 23,1974, pp. 229-243.

Schreiner, P., *Die Produkte der byzantinischen Landwirtschaft nach der Quellen des 13. -15. Jh.*, in « Bulgarian Historical Review », 10,1982, pp. 88-95.

Id., *Texte zur spätbyzantinischen Finanz- und Wirtschaftsgeschichte in Handschriften der Bibliotheca Vaticana,* Città del Vaticano, 1991.

Sirks, B., *Food for Rome. The Legal Structure of the Transportation and Processing of Supplies for the Imperial Distributions in Rome and Constantinople,* Amsterdam, 1991.

Thiriet, F., *La romanie vénetienne au moyen âge. Le développement et l'exploitation du domaine colonial vénetien* (*XIIe-XVe siècles*), Paris, 1959.

Tinnefeld, F., *Zur kulinarischen Qualität byzantinischer Speisefische ,* in « Studies in the Mediterranean World. Past and Present », XI, Tokyo, 1988, pp. 156-176.

第20章

参考文献

アラブ語で書かれた料理の本は何種類かある。しかし入手が難しいため，以下に翻訳書を挙げておく。

（1）13世紀の概説書をArberry, A. J. が翻訳した « A Baghdad Cookery Book »（*Islamic Culture,* XIII, 1939, pp. 21-47,189-214）。

（2）Huigi Miranda, A. によるアンダルシア地方の料理概説書 *Traducción española de un manuscrito anónimo del siglo XIII sobre la cocina hispano-magrebí*（Madrid, 1966）.

（3）13世紀のアンダルシアの著述家Ibn Razîn al-Tujîbî による料理書をde La Granja, F. が部分的に翻訳した *La Cocina arábigo-andaluza según un manuscrito inédito*（Madrid, 1960）。

（4）Bolens, L. は *La Cuisine andalouse, un art de vivre*（Paris, 1990）に上記2冊の料理集からのレシピをのせている。

（5）15世紀のグラナダの食事療法論 « Un tratado nazarí sobre la alimentación, Al-Kalam 'ala-l-agdiya de al-Arbulî » は Diaz Garcia, A. によって翻訳編集された（*Cuadernos de estudios medievales,* VI-VII, 1978-79, pp. 5-37 と XI-XII, 1982-83, pp. 5-91）。

（6）ムフタシブ muhtasib〔食品監視官〕の手引きが Lévi Provençal, E. によって翻訳された *Séville musulmane au début du XIIe siècle*（Paris, 1947）.

概論的研究としては

（1）フランス語で最良のものは，*Encyclopédie de l'islam* 第2版の2巻の「Ghidha'」の項である。ロダンソン Rodinson, M. が執筆し，大量の参考文献がついている。同じ著者は« Recherches sur des documents arabes relatifs à la cuisine »（*Revue des études islamiques,* 1949, t. XVII, pp. 95-165）を発表した。

（2）Heine, P., *Kulinarische Studien. Untersuchungen zur Kochkunst im arabisch-islamischen Mittelalter. Mit Rezepten*（Wiesbarden, 1988）は興味ある論述で，豊富な文献目録を付している。

（3）スペイン語圏研究者には，前述のボラン Bolens, L. の著作以上に，以下の文献が参考になるだろう。ボランのものほど一般読者向けではない。Garcia Sanchez, E., « La alimentación en la Andalucía islámica. Estudio histórico y bromatológico. I cereales y leguminosas »（*Andalucía islámica,* t. II-III, 1981-1982, pp. 139-78）; « II carne, pescado, huevos, leche y productos lácteos »（t.

Haldon, J. -F., *Constantine Porphyrogenitus. Three Treatises on Imperial Military Expeditions*, Wien, 1990.

Harvey, A., *Economic Expansion in the Byzantine Empire 900-1200*, Cambridge, 1989.

Hendy, M. -F., *Studies in the Byzantine Monetary Economy, c. 300-1450*, Cambridge, 1985.

Herz, P., *Studien zur römischen Wirtschaftsgesetzgebung. Die Lebensmittelversorgung*, Stuttgart, 1988.

Ieraci Bio, A. -M., *Testi medici di uso strumentale*, in « *Akten XVI. Internationaler Byzantinistenkongreß* », vol. II, tomo 3, Wien, 1982, pp. 33-43.

Jacoby, D., *La population de Constantinople à l'époque byzantine: un problème de démographie urbaine*, in «Byzantion », 31, 1961, pp. 81-109.

Jeanselme, E., *Le régime alimentaire des anachorètes et des moines byzantins*, in « Comptes rendus du IIe Congrès int. d'histoire de la médecine », Paris, 1921, Évreux, 1922, pp. 106-133.

Jeanselm, E. et Œconomos, L., *Aliments et Recettes Culinaires des Byzantins*, in *Proceedings of the 3rd Int. Congress of the History of Medicine*, London, 1922, Anvers, 1923, pp. 155-168.

Kalleres, I., *Cibi e bevande nei papiri protobyzantini* [in greco], in « Epeteris Hetaireias Byzantinon Spudon », 23, 1953, pp. 689-715.

Kaplan, M., *Les hommes et la terre à Byzance du VIe au XIe siècle. Propriété et exploitation du sol*, in « Byzantina Sorbonensia », X, Paris, 1992.

Kislinger, E., *Taverne, alberghi e filantropia ecclesiastica a Bizanzio*, in « Atti della Accademi delle scienze di Torino. Class di scienze morali, storiche e filologiche », 120, 1986, pp. 83-96.

Koder, J., *Gemüse in Byzanz. Die Versorgung Konstantinopels mit Frischgemüse im Lichte der Geoponika*, Vienne, Verlag Fassbaender, 1993.

Kolias, T., « Essgewohnheiten und Verpflegung im byzantinischen Heer », in BYZANTIOS, *Festschrift H. Hunger*, Wien, 1984, pp. 193-202.

Köpstein, H., *Zu den Agrarverhältnissen*, in *Byzanz im 7. Jahrhundert*, Berlin, 1978, pp. 1-72.

Lefort, J., Martin, J. -M., *L'organisation de l'espace rural: Macédoine et Italie du sud* (*Xe-XIIIe siècle*), in V. Kravari, J. Lefort, C. Morrisson (a cura di), *Hommes et richesses dans l'Empire byzantin*, vol. II, Paris, 1991, pp. 11-26.

Leven, K. -H., *Festmähler beim Basileus*, in D. Altenburg *et al.* (a cura di), *Feste und Feiern im Mittelalter*, Sigmaringen, 1991, pp. 87-93.

Lilie, R. -J., *Handel und Politik zwischen dem byzantinischen Reich und des italienischen Kommunen Venedig, Pisa und Genua in der Epoche der Komnenen und der Angeloi* (*1081-1204*), Amsterdam, 1984.

Montanari, M., *Alimentazione e cultura nel Medioevo*, Roma-Bari, 1988.

Œconomos, L., *Le calendrier de régime d'Hiérophile d'après des manuscrits plus complets que le Parisinus 396*, in *Actes VIe Congrès Int. Et. Byzantines*, vol. I, Paris, 1950, pp. 169-179.

Oikonomidès, N., *Hommes d'affaires grecs et latins à Constantinople* (*XIIIe-XVe siècle*), Montréal-Paris, 1979.

Ostrogorsky, G., *Storia dell'Impero Bizantino*, Torino, 1973[2].

Papagianne, E., *Monaci e mercato nero nel 12 secolo. Osservazioni su alcuni problemi del libro del prefetto* [in greco], in « Byzantiaka », 8, 1988, pp. 61-76.

Patlagean, E., *Pauvreté économique et pauvreté sociale à Byzance, IVe-VIIe siècle*, in « Civilisations et sociétés », n. 48, Paris, 1977.

Schmalzbauer, G., *Medizinisch-Diätetisches über die Podagra aus spätbyzantinischer Zeit*, in « Jahrbuch der

13,1959, pp. 87-139.
（5） Chrysostomides, J., *Venetian Commercial Privileges under the Palaeologi*, in « Studi Veneziani », 12, 1970, pp. 267-356.
（6） Weber, T., *Essen und Trinken im Konstantinopel des 10. Jahrhunderts nach des Berichten Liutprands von Cremona*, in J. Koder-T. Weber（a cura di）, *Liutprand von Cremona in Konstantinopel*, Wien, 1980, pp. 71-99.
（7） Kislinger, *op. cit*, 1991.
（8） Mango, C., *Il santo*, in G. Cavallo（a cura di）, *L'uomo bizantino*, Roma-Bari, 1992, pp. 381-422; Hirschfeld, Y., *The Judean Desert Monasteries in the Byzantine Period*, New Haven-London, 1992.
（9） Strazzeri, M. V., *Drei Formulare aus dem Handbuch eines Provinzbistums*, in « Fontes Minores », 3, 1979, pp. 323-351.
（10） Hiestand, R., *Skandinavische Kreuzfahrer, griechischer Wein und eine Leichenöffnung im Jahre 1110*, in « Würzburger medizinhistorische Mitteilungen », 7,1989, pp. 143-153.
（11） Volk, R., *Gesundheitswesen und Wohltätigkeit im Spiegel der byzantinischen Klostertypika*, in « Miscellanea Byzantina Monacensia », n. 28,1983.
（12） Hunger, H., *Allzumenschliches aus dem Privatleben eines Byzantiners. Tagebuchnotizen des Hypochonders Johannes Chortasmenos*, in *Polychronion, Festschrift F. Dölger*, Heidelberg, 1966, pp. 244-252.
（13） Paviot, J., *Cuisine grecque et cuisine turque selon l'expérience des voyageurs (XVe-XVIe siècles)*, in « Byzantinische Forschungen », XVI, 1991, pp. 167-177. Moutsos, D, *Prodromic droubaniston oxygala*, in « Byzantion », 54, 1984, pp. 586-592.

参考文献

これまででもっとも完全な原典資料集成は，残念ながら 1 部は凌駕されたものの，6 巻からなる Ph. Kukules, *Vita e civilizzazione dei Bizantini*〔ギリシア語〕, Atene, 1948-55 のなかの「食物と飲料」*Cibi e bevande*（vol. V, tomo 1, pp. 9-135），「ブドウ栽培」*Viticoltura*（ivi, pp. 280-95），「養蜂」*Apicoltura*（ivi, pp. 296-309），「牧畜」*Pastorizia*（ivi, pp. 310-30），「狩猟」*Caccia*（ivi, pp. 387-423）にある。

Balard, M., *La Romanie génoise*（*XIIe-début du XVe siècle*）, I-II, Genova-Roma, 1978.

Battaglia, E, *Artos. Il lessico della panificazione nei papiri greci*, Milano, 1989.

Brandes, W., *Die Städte Kleinasiens im 7. und 8. Jahrhundert*, Berlin, 1989.

Bryer, A., *The estates of the empire of Trebizond. Evidence for their resources, products, agriculture, ownership and location*, in « Archeion Pontou », 35, 1978, pp. 370-477.

Dagron, G., *Naissance d'une capitale. Constantinople et ses institutions de 330 à 451*, Paris, 1974.

Dalby, A., *Siren Feasts. A History of Food and Gastronomy in Greece*, London-New York, 1996.

Dar, S., *Food and archaeology in Romano-Byzantine Palestine*, in J. Wilkins, D. Harvey, M. Dobson（a cura di）, *Food in Antiquity*, Exeter, 1995, pp. 326-335.

Dembinska, M., *Diet : a comparison of food consumption between some Eastern and Western monasteries in the 4th-12th Centuriesi*, in « Byzantion », 55, 1985, pp. 431-462.

Durliat, J., *De la ville antique à la ville byzantine. Le problème des subsistances*, Roma, 1990.

Eideneier, H., *Ptochoprodomos. Einführung, kritische Ausgabe, deutsche Übersetzung, Glossar*, Köln, 1991.

Garzya, A., *Diaetetica minima*, in « Diptycha », 2,1980-81, pp. 42-52.

原注及び参考文献

第4部

原　注

（1）ウラディミール1世の逸話は, I. P. Sbriziolo, *Racconto dei tempi passati*, Torino, 1971, pp. 49ff にある。

（2）*Liber in Gloria Martyrum*, 79 in « Monumenta Germaniae Historica. Scriptores rerum Merovingicarum », I, 2, p. 91.

（3）同じ食卓につくことの象徴的役割については, Massimo Montanari, *Convivio. Storia e cultura dei piaceri della tavola dall'antichità al Medioevo*, Roma-Bari, 1989, pp. VII sgg. および本書第18章を参照のこと。

（4）Walter Map, *De Nugae curialium*, tras. and ed. M. R. James, rev. C. N. L. Brooke & R. A. B. Mynores, Oxford Medieval Texts, Oxford, 1983, p. 122.

（5）中世初期の宗教性がもつ強い「旧約聖書」的性格とキリスト教の食の倫理とユダヤの伝統のあいだの関係については, Massimo Montanari, *Alimentazione e cultura nel Medioevo*, Roma-Bari, 1988, pp. 49-50 を参照。肉が食に対する関心のなかで果たす象徴的な中心としての役割については, Massimo Montanari, *La fame e l'abbondanza. Storia dell'alimentazione in Europa*, Roma-Bari, 1993, pp. 19-23 も参照のこと。

（6）ヨーロッパの食モデル構築にイスラムが果たした役割については, Massimo Montanari, *Mahometto, Carlo Magno e lo storico dell'alimentazione*, in « Quaderni medievali », 40,1995 で, 若干の考察をおこなっている。

（7）アラブの食文化に対するペルシアの食文化の影響の可能性については, C. Perry（たとえばパスタに関しては, *Notes on Persian Pasta*, in « Petits propos culinaires », 10,1987. pp. 48-49）が論じている。

（8）Liutprando, *Relatio de legatione constantinopolitana*, in *Liutprando opera*, ed. J. Becker（Hannover-Leipzig, 1915）pp. 181-182.

第19章

原　注

（1）Koder, J., *Der Lebensraum der Byzantiner. Historisch-geographischer Abriß ihres mittelalterlichen Staates im östlichen Mittelmeerraum*, Graz-Vienne-Cologne, 1984. Kislinger, E., *Retsina e balnea:Consumo e commercio del vino a Bisanzio*, in P. Scarpi（a cura di）, *Homo edens* vol. II, *Storie del vino*, Milano, 1991, pp. 77-84.

（2）Karpozelos, A., *Realia in Byzantine epistolography X-XII c.*, in « Byzantinische Zeitschrift », 77, 1984, pp. 20-37.

（3）Kislinger, E., *Pane e demografia:l'approvvigionamento di Costantinopoli*, in O. Longo, P. Scarpi,（a cura di）, *Homo edens* vol. IV, *Nel nome del pane*, Bolzano, 1995, pp. 279-293.

（4）Teall., J. -L., *The Grain Supply of the Byzantine Empire, 330-1025*, in « Dumbarton Oaks Papers »,

原タイトル一覧（仏語）

Quatrième partie : Les Occidentaux et les autres（第4部）

Modèles alimentaires et identités culturelles

Les Chrétiens d'Orient : règles et réalités alimentaires dans le monde byzantin（第19章）

La cuisine arabe et son apport à la cuisine européenne（第20章）

L'alimentation juive médiévale（第21章）

Cinquième partie : Plein et bas Moyen Âge（XIe-XVe siècle）（第5部）

Vers un nouvel équilibre alimentaire

Société féodale et alimentation（XIIe-XIIIe siècle）（第22章）

Autoconsommation et marché : l'alimentation rurale et urbaine au bas Moyen Âge（第23章）

Les métiers de l'alimentation（第24章）

Les débuts de l'hôtellerie en Europe（第25章）

Cuisines médiévales（XIVe et XVe siècle）（第26章）

Alimentation et classes sociales à la fin du Moyen Âge et à la Renaissance（第27章）

Assaisonnement, cuisine et diététique（aux XIVe, XVe et XVIe siècles）（第28章）

Guarda no sii vilan : les bonnes manières à table（第29章）

Du feu à la table : archéologie de l'équipement de bouche à la fin du Moyen Âge（第30章）

Festin d'images et « hors d'œuvre » enluminés（第31章）

Sixième partie:De la chrétienté occidentale à l'Europe des États(XVe-XVIIIe siècle)（第6部）

Les temps modernes

Croître sans savoir pourquoi : structures de production, démographie et rations alimentaires（第32章）

L'alimentation paysanne en économie de subsistance（第33章）

執筆者紹介

エヴァルト・キスリンガー (Ewald Kislinger)　〔第19章〕
ウィーン大学研究員。

ベルナール・ロザンベルジェ (Bernard Rosenberger)　〔第20章〕
パリ第8大学助手。

ミゲル・アンヘル・モティス・ドラデール (Miguel Angel Motis Dolader)　〔第21章〕
サラゴサ大学教授。

アントニ・リエラ=メリス (Antoni Riera-Melis)　〔第22章〕
バルセロナ大学教授。

アルフィオ・コルトネージ (Alfio Cortonesi)　〔第23章〕
ヴィテルボ大学教授。

フランソワーズ・デポルト (Françoise Desportes)　〔第24章〕
パリ第10大学助教授。

ハンス・コンラッド・ペイヤー (Hans Conrad Peyer)　〔第25章〕
チューリッヒ大学教授。

ブリュノ・ロリウー (Bruno Laurioux)　〔第26章〕
パリ第8ヴァンセンヌ=サン=ドニ大学助教授。

アレン・J・グリーコ (Allen J. Grieco)　〔第27章〕
フィレンツェ・ハーバード大学ルネサンス研究センター研究員。

ダニエラ・ロマニョリ (Daniela Romagnoli)　〔第29章〕
パルマ大学教授。

フランソワーズ・ピポニエ (Françoise Piponnier)　〔第30章〕
仏社会科学高等研究院教授。

ダニエル・アレクサンドル=ビドン (Danièle Alexandre-Bidon)　〔第31章〕
リュミエール・リヨン第2大学講師。

ミシェル・モリノー (Michel Morineau)　〔第32章〕
パリ第12ヴァル=ド=マルヌ大学教授。

編者紹介

ジャン=ルイ・フランドラン (Jean-Louis Flandrin)

1931年生。2001年歿。アナール派の中心として感性の歴史の新たな分野を開拓し，性，家族，食をテーマに優れた著作を残す。著書に『性の歴史』(藤原書店)『フランスの家族』(勁草書房)『農民の愛と性』(白水社) など。

マッシモ・モンタナーリ (Massimo Montanari)

1949年生。ボローニャ大学教授。中世の農村史と食文化を専門に研究。スローフード運動にも関わる。著書に，10カ国以上で翻訳された『ヨーロッパの食文化』(平凡社) を始め『イタリア料理　ある文化史』(未邦訳) など。

監訳者紹介

宮原　信 (みやはら・まこと)

1933年生。東京大学名誉教授，元神奈川工科大学教授。仏語・仏文学専攻。訳書に『性の歴史』(フランドラン著，藤原書店)『空間の日本文化』(ベルク著，筑摩書房) など多数。

北代美和子 (きただい・みわこ)

1953年生。翻訳家。訳書に『食卓の歴史』(メネル著，中央公論社)『極上のイタリア食材を求めて』(ブラック著，白水社) など多数。

訳者紹介

菊地祥子 (きくち・さちこ)
エコールキュリネール国立職員。

鶴田知佳子 (つるた・ちかこ)
東京外国語大学外国語学部教授。

末吉雄二 (すえよし・ゆうじ)
慶應義塾大学文学部教授。

食《しょく》の歴史《れきし》 II

2006年2月28日　初版第１刷発行©

監訳者　宮原　信
　　　　北代　美和子
発行者　藤原良雄
発行所　株式会社　藤原書店

〒162-0041　東京都新宿区早稲田鶴巻町523
電話　03 (5272) 0301
FAX　03 (5272) 0450
振替　00160-4-17013

印刷・製本　図書印刷

落丁本・乱丁本はお取替えいたします
定価はカバーに表示してあります

Printed in Japan
ISBN4-89434-490-4

「医・食・農」三位一体の視点から

学芸総合誌 環 vol. 16

〈特集〉「食」とは何か

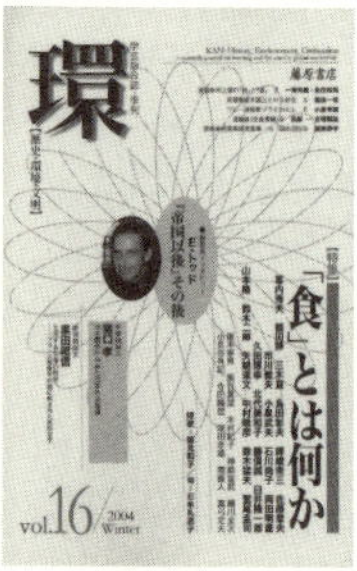

〈特集〉幕内秀夫＋鶴田静＋三木亘／島田彰夫／暉峻衆三／佐藤章夫／市川健夫／小泉武夫／石川尚子／岡田明憲／久田博幸／北代美和子／勝俣誠／臼井隆一郎／山本隆／鈴木二郎／矢嶋道文／中村靖彦／鈴木猛夫／鷲尾圭司／阪本寧男／熊谷真菜／木村紀子／神崎宣武／礫川全次／小長谷有紀／寺田隆信／塚田孝雄／南直人／真弓定夫

〈寄稿〉トッド／猪口孝／黒田昭信

〈連載〉一海知義＋魚住和晃／高銀／粕谷一希／小倉孝誠／高野静子／鶴見和子／石牟礼道子

菊大並製　三二八頁　**二九四〇円**

（二〇〇四年一月刊）

◇4-89434-371-1

日本人の食生活崩壊の原点

「アメリカ小麦戦略」と日本人の食生活

鈴木猛夫

なぜ日本人は小麦を輸入してパンを食べるのか。戦後日本の劇的な洋食化の原点にあるタブー〝アメリカ小麦戦略〟の真相に迫り、本来の日本の気候風土にあった食生活の見直しを訴える問題作。

【推薦】幕内秀夫

四六並製　二六四頁　**二三一〇円**

（二〇〇三年二月刊）

◇4-89434-323-1

「食」からみた初の朝鮮半島通史

韓国食生活史

（原始から現代まで）

姜仁姫（カン・インヒ）

玄順恵（ヒョン・スンヒェ）**訳**

朝鮮半島の「食と生活」を第一人者が通史として描く記念碑的業績。キムチを初めとする厖大な品数の料理の変遷を紹介しつつ、食卓を囲む人々の活き活きとした風景を再現。中国・日本との食生活文化交流の記述も充実。

A5上製　四八〇頁　**六〇九〇円**

（二〇〇〇年一二月刊）

◇4-89434-211-1

新しい性の歴史学

性の歴史

J-L・フランドラン

宮原信訳

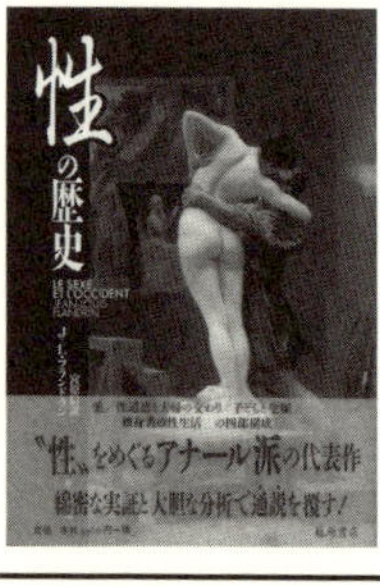

性の歴史を通して、西欧世界の全貌を照射する名著の完訳。愛／性道徳と夫婦の交わり／子どもと生殖／独身者の性生活の四部からなる本書は、かつて誰もが常識としていた通説を、綿密な実証と大胆な分析で覆す。アナール派を代表する性の歴史の決定版。

A5上製　四四八頁　**五六七〇円**

（一九九二年二月刊）

◇4-938661-44-6

LE SEXE ET L'OCCIDENT

Jean-Louis FLANDRIN